GUERNICA

Gijs van Hensbergen

a tela de Picasso

Tradução
BEATRIZ HORTA

JOSÉ OLYMPIO
EDITORA

Título do original em inglês
GUERNICA

© 2004 by Gijs van Hensbergen
Os direitos morais do autor estão assegurados.

Reservam-se os direitos desta edição à
EDITORA JOSÉ OLYMPIO LTDA.
Rua Argentina, 171 – 1º andar – São Cristóvão
20921-380 – Rio de Janeiro, RJ – República Federativa do Brasil
Tel.: (21) 2585-2060   Fax: (21) 2585-2086
Printed in Brazil / Impresso no Brasil

Atendemos pelo Reembolso Postal

ISBN 978-85-03-01041-2

Capa: INTERFACE DESIGNERS / SERGIO LIUZZI

CIP-BRASIL. CATALOGAÇÃO-NA-FONTE
SINDICATO NACIONAL DOS EDITORES DE LIVROS, RJ

V325g   Van Hensbergen, Gijs
　　　　Guernica: a história de um ícone do século XX / Gijs van Hensbergen; tradução Beatriz Horta. – Rio de Janeiro: José Olympio, 2009.
　　　　il.

　　　　Tradução de: Guernica: the biography of a Twentieth-Century icon
　　　　Inclui bibliografia
　　　　ISBN 978-85-03-01041-2

　　　　1. Picasso, Pablo, 1881-1973. Guernica. 2. Artes – Aspectos políticos – Espanha – História – Século XX. 3. Espanha – História – Guerra Civil, 1936-1939 – Arte e a guerra. I. Título.

09-2972
　　　　　　　　　　　　　　　　CDD: 759.6
　　　　　　　　　　　　　　　　CDU: 75(036)(46)

Para Tom Titherington,
que tanto participou,
em agradecimento.

Nós, artistas, somos indestrutíveis. Até numa prisão ou num campo de concentração eu seria onipotente no meu mundo da arte, mesmo que tivesse de pintar meus quadros com a língua molhada no chão sujo da minha cela.

Picasso, *Der Monat*, 1949

Sumário

Prefácio   11

1. O pesadelo que se tornou real   19
2. Um réquiem silencioso   57
3. Homero na Galeria Whitechapel   83
4. Rumo ao Novo Mundo   97
5. A morte de Paris   125
6. O *big bang*   151
7. Vermelhos embaixo da cama   171
8. A resistência calada   205
9. Operação retorno   231
10. A volta para casa   251
11. A última viagem   291

Agradecimentos   315
Bibliografia   319
Índice remissivo   325

Prefácio

EM 3 DE NOVEMBRO DE 1998, o secretário-geral das Nações Unidas, Kofi Annan, dirigiu-se ao Conselho Internacional do Museu de Arte Moderna (MoMA) de Nova York, composto de uma elite mundial de formadores de opinião e guardiães da cultura. Annan falou sobre a tapeçaria *Guernica*, cópia do quadro de Picasso que estava dependurada no corredor ao lado da sala do Conselho de Segurança:

> O mundo mudou bastante desde que Picasso pintou essa primeira obra-prima política, mas não se tornou necessariamente mais simples. Estamos próximos do final de um século tumultuado, que testemunhou tanto o melhor quanto o pior do esforço humano. Enquanto a paz se espalha por uma região, a fúria genocida ataca em outra. Uma fartura jamais vista coexiste com uma privação terrível, e um quarto da população mundial continua presa à pobreza.[1]

Era uma análise sombriamente realista de quanto o mundo tinha progredido desde 1937, quando Picasso reagiu com tamanha força à catástrofe do bombardeio da capital espiritual dos bascos. Era também uma mostra do quão distante estávamos daquela ilusória meta da ONU de conseguir uma paz mundial duradoura. O discurso de Annan para o Conselho Internacional do MoMA também reconhecia a posição ímpar de *Guernica* na história da arte mundial, tendo chegado à posição de exemplo moral, de ícone universal avisando que, a menos que aprendêssemos a lição que ensinava, a História estava condenada a se repetir.

Apenas cinco anos depois, na última semana de janeiro de 2003 e no rastro do trágico ataque às Torres Gêmeas em Nova York, um pano azul foi descaradamente estendido sobre a tapeçaria de Picasso para escondê-la do público. Considerando o papel central que *Guernica* teve no programa educacional da ONU, a decisão foi estranha e altamente simbólica. Segundo Fred Eckhard, porta-voz da ONU que recebeu a missão impossível de minimizar o significado do fato, foi só porque o azul do pano era uma cor mais adequada para servir de fundo para as câmeras de tevê, em vez da mistura visualmente confusa de pretos, brancos e cinza pintados por Picasso. Mas outras pessoas tiraram logo suas conclusões. O problema não era a cor ou a forma do quadro, mas o fato de ele mostrar a embaraçosa contradição entre assumir uma postura moralmente superior e, ao mesmo tempo, fazer campanha pela guerra.

Em 5 de fevereiro, o secretário de Estado Colin Powell, ao lado de George Tenet, diretor da CIA (Agência Central de Inteligência, na sigla em inglês), foi incumbido de dar algumas informações ao Conselho de Segurança, num desesperado esforço para conseguir a aprovação da ONU na guerra contra o Iraque. O ataque começaria, segundo analistas militares, com o bombardeio aéreo maciço de Bagdá, que deveria receber o duro código de "choque e pavor". Naquela mesma semana, esperava-se que Hans Blix comprovasse a descoberta ou, como parecia mais provável, a falta de provas concretas de que Saddam Hussein estocava armas de destruição em massa. Em relatórios quase diários, o embaixador dos Estados Unidos na ONU, John Negroponte, saía ao corredor com o objetivo de passar informações à imprensa internacional e qualquer pessoa podia ver atrás dele o quadro de Picasso, com seus corpos mutilados e suas mulheres gritando. Parecia que a presença de *Guernica* confundia quem o visse. Pintado como um indignado protesto contra a violência sem sentido, o quadro estava conseguindo, mais uma vez, ilustrar perfeitamente a verdade banal de que parecemos não aprender com nossos erros.

Em reação ao cobrimento do quadro com um pano, a representante da Austrália na ONU, Laurie Brereton, sublinhou que:

> Durante toda a discussão sobre o Iraque houve muitas informações, evasivas e negações, ainda mais quando se trata das sombrias realidades da ação militar. Podemos estar vivendo no tempo da chamada "bomba inteligente", mas o horror em terra será o mesmo que os habitantes de Gernika (nome basco da cidade) sentiram (...). E não será possível colocar um pano sobre este fato.[2]

Era óbvio que, desde o dia em que foi criada, *Guernica* jamais perdeu sua capacidade de chocar. Mesmo quando copiada, seja numa tapeçaria (como no caso do corredor da ONU), ou num cartaz, a tela continua a refletir o horror da guerra e a jogar uma luz dura na nossa tendência à crueldade. Sutilmente, com os anos, *Guernica* reinventou-se, de uma pintura que nasceu da guerra para uma que fala de reconciliação e esperança numa paz mundial duradoura.

Na segunda-feira 26 de abril de 1937, quando as forças nacionalistas de Franco avançaram para o norte para destruir Bilbao e controlar o País Basco, decidiram arrasar a resistência com uma poderosa demonstração de força. Desde as 4 horas da madrugada e durante as três horas seguintes, sessenta aviões italianos e alemães jogaram bombas incendiárias sobre Gernika, reduzindo-a a uma bola de fogo. Jamais se tinha visto nada parecido na Europa. E nada foi tão premonitório de algo que o mundo logo viria a entender: a inacreditável realidade da guerra total, na qual pessoas inocentes são bombardeadas indiscriminadamente, ou atingidas por metralhadoras quando fogem da carnificina da cidade a caminho de refúgio nas colinas. Os jornais mostraram a tragédia e o mundo foi atingido por ondas de choque.

Em Paris, no dia 1º de maio, Pablo Picasso, então o mais famoso artista vivo do mundo, começou a dar forma à sua imensa indignação, colocando rapidamente no papel algumas ideias. A partir de então, esboços preparatórios, desenhos e pinturas foram surgindo numa paixão febril.

No final de junho de 1937, ele estava pronto para dar os toques finais num quadro que tinha sido executado num tamanho tão grande que foi preciso colocá-lo atravessado no enorme ateliê na Rue des Grands-Augustins. A tela, que recebeu o título de *Guernica*, mostrava o que, à primeira vista, parecia uma mistura caótica de animais e corpos humanos contorcidos, pintados em austeros tons de pretos, brancos e cinza esbatidos. As fotos tiradas por sua mulher, Dora Maar, mostram o artista no alto de uma pequena escada, os braços esticados trabalhando na parte superior do painel. Transpirando, quase totalmente absorto, Picasso percorre a tela com os olhos de cima a baixo, sentindo e lendo sua presença quase palpável e experimentando sem parar a pressão sufocante de seu espaço interior. Ele colocava papel rasgado na tela para testar prováveis mudanças e logo retirava. Ideias e esboços arrancados do éter eram elaborados e aplicados uns sobre os outros, à medida que entravam no turbilhão criativo do pintor e tomavam forma. Com muito pouco tempo disponível, Picasso completou os quase 30 metros quadrados de tela em pouco mais de cinco semanas. De todos os pontos de vista, foi um feito extraordinário.

A partir do caos, Picasso conseguiu dar forma a uma cena impressionante e profundamente perturbadora. Não havia nada que aludisse especificamente a Gernika, ou ao terror que veio do céu. Picasso tinha usado imagens cuja simplicidade e sentido podiam atingir todas as áreas culturais. Na base do quadro, caído e arrasado, está o corpo sem cabeça de um soldado morto, que lembra estranhamente um busto clássico. Acima dele, o peso de um cavalo contorcido de dor e que no esgar da morte ameaça desabar no chão. À direita, três mulheres em vários estados de desespero assistem à cena. Ao fundo, mal distinguível à primeira vista, um galo sobre uma mesa olha para cima. Mais emocionante de tudo, o quadro é ancorado e emoldurado, na ponta esquerda, pela imagem trágica de uma mãe tendo nos braços o corpo lívido do filho morto. Sobre a criança, por sua vez, a figura impassível de um touro. O fantasma de um vento sopra pela tela e levanta o rabo do animal.

À primeira vista, parece não haver uma ligação clara entre causa e efeito. Não é fácil ler a história e descobrir exatamente em que ponto da narrativa estamos. Mas no meio das paredes destruídas, das portas e tetos mal definidos, entendemos aos poucos que algo terrível ocorreu naquele lugar.

Em 1937, ao ser mostrado pela primeira vez na Exposição de Paris, o quadro foi recebido com estranho mutismo. Na verdade, considerando essa frieza inicial, demonstrada sobretudo pela delegação oficial basca, seria razoável pensar que *Guernica* podia acabar enrolada e guardada no fundo do ateliê de Picasso, como *Demoiselles d'Avignon*. Deixada para empoeirar e assustar os que a viram como ecos cada vez mais fracos de um drama havia muito cessado. Talvez fosse esse o destino mais provável daquela obra estranha e difícil de transportar. Afinal, nos baluartes republicanos que ainda restavam (Madri, Barcelona e Valência), cidades mais óbvias para exibir a obra, ela só teria servido para desmoralizar os militares que assistiam diariamente ao que estava pintado com tanta força no enorme cenário de Picasso.

Mas, durante a Segunda Guerra Mundial e sobretudo após o bombardeio de Pearl Harbor, a cena mostrada em *Guernica* ficou mais reconhecível e até dolorosamente familiar. Na Europa, cidades foram bombardeadas em série. Até que as lições catastróficas de Hiroshima e Nagasaki levaram à dura conclusão de que o mundo jamais seria o mesmo. Sem qualquer toque de ironia, o presidente dos Estados Unidos, Harry S. Truman, anunciou, sombrio: "Temo que as máquinas estejam alguns séculos à frente da moral, e quando a moral se emparelhar com elas, não será mais necessária." *Guernica* havia sido horrendamente premonitória. Mostrava a moderna carnificina em massa mal disfarçada atrás dos antigos rituais de morte. Qualquer comunidade no mundo que tenha passado por uma grande atrocidade virou sinônimo de *Guernica*-a-tela, e de Gernika-a-cidade, o brutalizado centro espiritual dos sitiados bascos.

À medida que o longo som das sirenes de ataques aéreos soa sobre uma cidade ameaçada em algum lugar distante, cada novo conflito, cada novo bombardeio, cada ato de total devastação traz a pergunta: será essa a Gernika do nosso tempo? Varsóvia, Coventry, Dresden, Roterdã, Hamburgo, Stalingrado, Hiroshima, o arquipélago Gulag de Stalin, o Camboja de Pol Pot e, mais próximos de nós hoje, Ruanda, o sul do Sudão e Srebrenica. O Curdistão iraquiano tem sua Halabja. Recentemente, na crise dos Bálcãs no Kosovo, os sérvios tentaram liquidar o Exército de Libertação do Kosovo. Todos e cada um dos exemplos foram dados como a Gernika da vez.

Em 23 de setembro de 1998, em Washington D.C., o senador John McCain discursou:

> Não nos falta eloquência, mas somos lamentavelmente incapazes de apoiar as palavras com atos firmes. (...) Sr. presidente, o prédio da ONU em Nova York expõe com destaque o famoso e assustador quadro *Guernica*, de Picasso. Esse quadro simbolizou para o artista o massacre, o sofrimento humano numa enorme dimensão, e que resultou da Guerra Civil Espanhola como prelúdio à Segunda Guerra Mundial. Talvez seja abstrato demais para os países membros da ONU que são contra o uso da força para cessar com as atrocidades que passaram a simbolizar a ex-Iugoslávia, ou que acreditam que a guerra no Kosovo seja um problema interno da Sérvia.[3]

Da mesma forma que a história de Anne Frank passou a simbolizar todas as crianças judias mortas em campos de extermínio e Auschwitz se tornou uma amostra do horror apocalíptico do holocausto, *Guernica* virou sinônimo de matança indiscriminada em qualquer canto do mundo onde ocorra uma tragédia parecida. Todos os dias, em algum lugar do planeta, em parlamentos, câmaras e debates abertos, *Guernica* é citada para dar uma dimensão moral e premência à discussão. A tela é a imagem que chama sempre nossa atenção para a iminência da catástrofe. Reproduzida milhões de vezes, copiada por outros artistas, reinterpretada por mais artistas ainda, mesmo assim ela se mantém inviolada e incólume.

O extraordinário é que, apesar de tudo, a obra se recusa a ceder e afundar sob o peso da própria onipresença. Continua sendo uma imagem que pode trazer os pesadelos de nosso passado histórico, ao mesmo tempo que pinta um cenário terrível do que ainda está por vir. Apesar do marketing e das inúmeras interpretações psicológicas, sociológicas, históricas e de historiadores de arte, que dariam para encher uma biblioteca, o quadro ainda consegue deixar mudo de pasmo quem o vê. Ele tem, e isso é ainda mais incomum, a capacidade de falar a cada pessoa, ao mesmo tempo que se mantém como um símbolo universal que todos entendem.

De Paris, em 1937, à ONU hoje, muito do sentido do quadro ultrapassou o alcance e o controle de Picasso. *Guernica* tem vida própria, criando uma relação com seu público que muitas vezes fica inteiramente separada do gênio que a imaginou. Com os anos, o público e as circunstâncias históricas continuaram a mudar. E, como era inevitável, o quadro ficou datado em matéria de estilo. Mas, enquanto a tela, como objeto — e devido à sua rica e variada vida —, ficou cada vez mais frágil, como obra de arte, ela sabe envelhecer. Nunca perdeu a importância, nem a atração magnética quase assustadora. Desde a primeira vez em que foi vista em Paris até chegar à Espanha 44 anos depois, testemunhou e ajudou a definir um século. Que suas lições ainda não tenham chamado a atenção ou sido aprendidas faz com que ela seja tão relevante e icônica hoje como jamais foi. Para o melhor ou para o pior, e mais do que qualquer outra imagem na História, *Guernica* ajudou a forjar nossa maneira de enxergar.

Notas

1. *Release* do Departamento de Imprensa da ONU SG/SM/6782, 3 de novembro de 1998.
2. *Toronto Star*, 9 de fevereiro de 2003.
3. Documentos do Congresso americano, 23 de setembro de 1998.

1

O pesadelo que se tornou real

> Esta é uma estranha nova forma de guerra em que você aprende tanto quanto consegue acreditar.
>
> Ernest Hemingway, "Um novo tipo de guerra"
> (14 de abril de 1937)

> Quando o artista é vencido, não deveríamos nos surpreender que um Savonarola* venha queimar a obra dele.
>
> Ernesto Giménez Caballero

No final de agosto de 1934, Picasso saiu de Paris com a mulher Olga e Paulo, o filho do casal, para ver touradas na Espanha. A família tinha feito a mesma viagem no ano anterior e o roteiro começava a parecer um hábito, combinando perfeitamente com a crescente obsessão de Picasso pelas touradas. Viajar com todo o conforto pela estrada hispano-suíça era o tipo de programa que Olga apreciava, uma pequena compensação para o fato de seu casamento estar acabado. Embora tivesse apenas 24 anos, Marie-Thérèse Walter já era amante de Picasso havia sete.

---

*Girolamo Savonarola (1452-1498): padre que governou Florença por um curto período, no qual mandou queimar livros e objetos de arte. (*N. da T.*)

A viagem de 1934 seria marcante por diversos motivos. Havia planos de conhecer o palácio El Escorial e, ao passar por Burgos, de estudar o assustadoramente realista *Cristo Crucificado*, do século XIV, revestido de um maleável couro de vaca com cortes e marcas hiper-realistas. Dizia-se que o *Cristo* transudava todas as sextas-feiras à tarde. Igualmente marcante era a visita ao Museu de Arte Catalã, em Barcelona, para ver obras de arte romanescas, como o Cristo Rei na abóbada de San Clemente de Taull, cujos olhos hipnóticos e losangulares iriam aparecer no touro de *Guernica*. Mas a viagem ficaria na lembrança também por um motivo mais triste: seria a última vez que Picasso pisaria em solo espanhol.

Naquele mês de agosto, cruzando a fronteira na cidade de Irún, Picasso concentrou toda a sua atenção no drama a ser vivido pelos touros. O clima de *fiesta nacional* das touradas era eletrizante, afastando qualquer pensamento que não fosse ligado ao que se passava aqui e agora. Mas era também antigo e profundamente ritualístico. Justamente por isso, Picasso tinha se inspirado nele pouco antes para ilustrar a capa da revista *Minotaure*, de Tériade, com uma colagem do legendário animal misturando renda, papel prateado, marcas de dedos e papelão dobrado num conjunto que era tão grudento e *kitsch* como alguns detalhes da *fiesta* e que serviu para dar uma imagem curiosamente benigna do monstro com cabeça de touro que aterrorizou a antiga Creta.

Para os ricos aristocratas espanhóis, a cidade de San Sebastián, primeira escala na viagem dos Picasso, era sinônimo da cultura da Europa setentrional: sofisticada, intelectual e civilizada. Em contraste direto com o litoral mediterrâneo, o porto atlântico oferecia clima agradável e uma elegância cosmopolita. Era uma cidade perfeita para Olga.

No início dos anos 1930, um renascer da vanguarda estava mexendo com a complacência da burguesia. Em San Sebastián, Picasso foi convidado a participar da reunião inaugural do GU, um clube cultural e gastronômico sediado no Café Madri que ficava logo depois do porto, na Calle Angel, e que foi projetado pelo jovem e brilhante arquiteto José Manuel Aizpúrua. A força motriz por trás do Café Madri[1] (incomum, talvez) era tentar juntar as qualidades revolucionárias da vanguarda à nova ideologia fascista, muito inspirada no futurista italiano Filippo Marinetti. Era pouco provável que fossem convidar Picasso para ir ao café, mas a admiração por sua obra ainda conseguia passar por cima da divergência política. Ele tinha muitos amigos[2] e conhecidos que aceitaram o convite do GU, inclusive García Lorca, Max Aub e o poeta Gabriel Celaya. Entre outros convidados, compareceram o escritor de direita Rafael Sánchez Mazas, colaborador da revista de vanguarda católica *Cruz y Raya*, imortalizada na obra de Javier Cercas, *Soldados de Salamis*. Se Picasso tinha ido lá sem curiosidade, o interesse que despertava era bem mais pragmático. Para a direita da Espanha, conquistar sua fidelidade seria um golpe extraordinário.

A força intelectual por trás do GU era o artista, provocador e crítico Ernesto Giménez Caballero, que mais tarde passaria a escrever os discursos de Franco.[3] Mas no centro do sucesso estava Aizpúrua, que tempos antes tinha aceitado o cargo de delegado responsável pela Imprensa e Propaganda Nacional na Junta Nacional da Falange Espanhola, uma organização descaradamente fascista. Foi talvez sua trajetória política e artística, mais do que outra coisa qualquer, que deu um sentido à atração do GU. Aizpúrua encarnava a observação de Walter Benjamin de que "o fascismo é a estetização da política". Foi um dos fundadores do GATEPAC, grupo de arquitetos em Barcelona criado pelo jovem arquiteto catalão Josep Lluís Sert, grande amigo de Picasso. Com 27 anos, já um destacado fotógrafo de vanguarda, Aizpúrua[4] projetou o elegante iate clube Real Náutico e um audacioso pavilhão branco inspirado em Le Corbusier, que se debruçava sobre a praia de La Concha, em San Sebastián. E era lá que Aizpúrua e Giménez Caballero esperavam convencer Picasso e trazê-lo para o fascismo. Em *Arte y Estado*, publicada no ano seguinte (1935), Giménez Caballero lembrou o encontro extraordinário.[5]

Picasso, Olga e o pequeno Paulo descansavam do almoço com amigos quando, segundo Caballero, o carismástico líder a serviço da Falange, José Antonio Primo de Rivera, aproximou-se e sentou-se à mesa. Picasso já o conhecia, tendo contado uma vez que o pai dele, o ditador Miguel Primo de Rivera, tinha sido o único funcionário do governo espanhol a demonstrar algum interesse por sua obra.[6] Olhando para Picasso do outro lado da mesa, Caballero ficou impressionado porque o artista tinha o mesmo olhar penetrante de Benito Mussolini.

Picasso apreciava uma intriga e contou que, na visita anterior à Espanha, tinha conversado com o governo republicano a respeito de uma exposição, mas que o projeto fracassara porque o governo não podia pagar o seguro do transporte das peças. Só podia, ao que pareceu, oferecer escolta policial.[7]

Aproveitando o momento, Primo de Rivera inclinou-se para Picasso à mesa e ofereceu, gentil: "Um dia, vamos receber você com uma escolta da Guarda Civil, mas como guarda de honra. E só depois de termos colocado sua obra no seguro."[8]

Um ano antes García Lorca também tinha sido abordado. Ele excursionava com seu grupo de teatro universitário, La Barraca, e foi jantar num restaurante, ainda com o casaco azul que era a marca do grupo. A biógrafa de Lorca, Leslie Stainton, lembra que Primo de Rivera entrou no restaurante com três amigos, todos usando a camisa azul da Falange. "Olha ali o José Antonio (Primo de Rivera)", notou, em voz baixa, o ator Modesto Higueras para Lorca.

"Sim, eu vi", disse Lorca, nervoso. Primo de Rivera reconheceu Lorca, rabiscou algo num guardanapo de papel e mandou o garçom entregar ao poeta. Lorca olhou o bilhete e rapidamente enfiou-o no bolso. Higueras perguntou o que dizia.

"Psiu. Não fale comigo. Não diga nada. Nada", cochichou Lorca. Mais tarde, Higueras leu o que o líder falangista tinha escrito no guardanapo: "Federico, não acha que com sua jaqueta azul e nossas camisas azuis podemos forjar uma Espanha melhor?"

O convite de Rivera não surtiu efeito com Lorca, mas Picasso podia ser uma presa melhor.

Em *Arte y Estado*, Caballero logo declarou que a reunião com Picasso foi um grande golpe de publicidade e que o artista tinha finalmente se rendido à direita graças ao envolvente charme de Primo de Rivera. Felizmente sem saber dessas conclusões, Picasso continuou sua viagem pelo sul rumo a Madri, planejando visitar também Toledo, Zaragoza e Barcelona, antes de voltar a Paris em meados de setembro. Quase imediatamente, ele conseguiu retomar o contato diário com Marie-Thérèse, voltar às gravuras da *Suíte Vollard* e, sobretudo, cuidar das quatro versões do *Minotauro cego guiado por uma menina*.

A visita de Picasso à Espanha, em agosto de 1934, coincidiu com o conflito pelo qual passava o país. Apenas um mês após sua volta a Paris, em 6 de outubro de 1934, como reação direta ao fato de Primo de Rivera assumir a chefia nacional da Falange, houve um levante da esquerda liderado pelos sindicatos de mineiros da CNT e da UGT nas Astúrias. A repressão, reforçada pelo general Franco, foi brutal, com estimativa de 4 mil mortos e mais de 40 mil presos.[9] Era estranho como a situação tinha mudado profundamente em apenas um ano. No verão de 1933, o governo era republicano e, apesar de crescentes demonstrações de anarquismo e de um aumento na radicalização política, ainda havia um certo otimismo. Embora com tendência a ser romantizada, a curta idade de ouro (durou apenas dois anos, de 14 de abril de 1931 a novembro de 1933), da Segunda República, liderada por socialistas, foi um período de tentativas sérias para mudar uma sociedade que se configurava muito injusta. Tinha também incentivado um crescente renascimento das artes, à medida que seus integrantes se engajavam mais diretamente com o povo. Para os políticos de esquerda, não era difícil fazer uma lista de insatisfações que tinham transformado a vida de muitos de seus eleitores numa sobrevivência miserável. Na Andaluzia, os *braceros* (camponeses sem terra) só tinham emprego nos cinco meses de colheita, recebendo quase nada de salário e sendo dispensados pelo resto do ano. Era um sistema feudal, sem qualquer dos privilégios da relação paternalista entre vassalo e senhor, mas com todo o sofrimento inerente. A relação das massas com a elite dominante era muito distante, como se cada um vivesse num mundo totalmente diferente. Num país que supostamente adotava o voto universal, as cédulas costumavam ser coletadas pelos *caciques* (os chefes) antes das eleições, e, em troca, o eleitor tinha uma vida calma e miserável. Nas cidades onde o proletariado urbano era explorado sem dó, seus sindicatos eram atacados, os salários, reduzidos, e as condições de trabalho, pioradas. A fome era disseminada e havia frequentes surtos de epidemias, além de más condições sanitárias. Em alguns lugares, como no isolado vale de Las Hurdes, perto de Salamanca, a vida era brutal em sua pobreza extrema, ao lado de doenças hereditárias.

É revelador que até Primo de Rivera tenha se chocado e surpreendido com o que viu pelo país. Até 1931, a educação esteve quase totalmente nas mãos da Igreja Católica. Mais da metade da população continuava analfabeta. Tudo isso, apesar da vida intelectual espanhola ser tão importante e interessante quanto a de qualquer outro lugar e ter fornecido alguns dos mais duradouros romancistas, artistas, intelectuais, médicos e músicos do século XX, como Miguel de Unamuno, Antonio Machado, Manuel de Falla, Juan Ramón Jiménez, Federico García Lorca, Picasso, Miró, Dalí, Menéndez Pidal, América Castro e Severo Ochoa. As ideias revolucionárias e originais faziam oposição frontal ao torpor de uma aristocracia imobilizada em um tempo que tinha acabado. Os valores marciais eram muito importantes num país cuja hierarquia militar era tão antiquada a ponto de ter o maior número de generais na ativa no mundo. Quando o rei Alfonso XIII foi para o exílio, em 1931, após o fracasso da ditadura de Miguel Primo de Rivera, o país estava prestes a ruir. A força que levava inexoravelmente a um conflito declarado era, nas palavras de Paul Preston, apenas "o ápice de uma série de lutas desiguais entre as forças da reforma e reação e (...) a derradeira tentativa de elementos reacionários da política espanhola de acabar com qualquer reforma que ameace a situação dos privilegiados".[10]

Quando a Segunda República tomou posse, em 14 de abril de 1931, foi saudada com enorme euforia. Mas, por trás dessa euforia, ouvidos mais atentos já escutavam o murmúrio insatisfeito dos poucos privilegiados (carlistas, católicos, fascistas, militares, a jovem Falange, os monarquistas constitucionais e conservadores) que, em graus diversos, mantinham a república doente. Para eles, qualquer ataque à situação vigente era uma afronta pessoal às suas posses e privilégios, uma ameaça ao seu estilo de vida. Não é de estranhar então que medidas reformistas (como a construção de 13.570 escolas em dois anos e meio, um feito marcante, e os movimentos para legalizar o divórcio) fossem vistas pela Igreja como os primeiros passos para o colapso da moral. Reformas agrárias, por sua vez, irritavam a elite latifundiária que, como ocorrera na Rússia, não tinha qualquer apego à terra e considerava seus hectares herdados apenas como máquinas de fazer dinheiro, permitindo que vivesse com pompa em seus palácios. Reformas culturais, como as louváveis "missões pedagógicas", promoviam a ideia de educação itinerante, de levar a cultura aos isolados e despossuídos, mas foram logo transformadas pelos comentaristas da direita em "conspiração comunista" e, com a mesma rapidez, rotuladas de obra diabólica de maçons e judeus. Usar o medo era talvez a tática mais eficiente que a direita poderia ter, frente à derrota nas urnas. E, somado a essa mistura explosiva, o País Basco e a Catalunha tomaram coragem para manifestar seus anseios separatistas.

Na primeira visita à Espanha, no verão de 1933, Picasso chegou no fim do primeiro parlamento de esquerda. Vários de seus amigos tiveram papel importante nessa mudança e conseguiram muitas vitórias. Mas a inquietação civil aumentava à medida que a política ficava cada vez mais polarizada. Conventos foram incendiados, numa onda de tumultos antirreligiosos. O governo, apesar das previsões otimistas, jamais devia ter divulgado todos os seus utópicos programas de reforma, pois a extrema esquerda se sentiu cada vez mais traída. A direita, por outro lado, se sentiu sitiada e, em muitos casos, ignorou a política do governo, usando a Guarda Civil para derrubar pela força o que considerava como atividade revolucionária. Em agosto de 1932, o general Sanjurjo, herói da guerra do Marrocos, tentou dar um golpe que fracassou. E em novembro de 1933, sem querer uma coalizão, as diversas tendências da esquerda foram varridas do poder pela direita unida.

O novo governo de direita era liderado pelo cínico ex-radical Alejandro Lerroux que, quando jovem, fora um falante agitador das massas e por isso recebeu o apelido de "imperador do paralelo". Ele se pôs sistematicamente a desmantelar as reformas do governo anterior. Do dia para a noite, a política da vingança e da retaliação substituiu a do otimismo inadequado e da provocação intencional. Essa fase, chamada de *bienio negro*, só serviu para aumentar a tensão. Ao contrário de muitos de seus colegas, e apesar de ser interesseiro e totalmente corrupto, Lerroux continuava moderado.

Em 1933, José Maria Gil Robles fundou a Confederação Espanhola de Direitos Autônomos (CEDA) para "enterrar de uma vez o cadáver putrefato do liberalismo". Como a tolerância mútua acabou, parecia cada vez mais provável o surgimento de uma solução violenta.

Foi a essa Espanha que Picasso voltou em 1934, um país onde intelectuais muito respeitados, como Aizpúrua e Giménez Caballero, seduzidos pelo sofisticado Primo de Rivera, tinham passado para a direita. No inverno daquele ano, já em Paris, Picasso recebia notícias da situação política espanhola por intermédio de sua mãe, dos primos Vilatos e de amigos como Josep Lluís Sert, arquiteto, e seu tio, o muralista da moda, José Maria Sert. Na casa do artista, porém, a guerra doméstica estava prestes a ser deflagrada. Marie-Thérèse estava grávida e Picasso pensou em se divorciar de Olga, mas afastou logo a ideia, considerando a repercussão sobre a venda de seus trabalhos. Ficou então com uma vida mal resolvida e cada vez mais amarga. A primeira prejudicada com isso foi sua obra, pois ele estava quase totalmente paralisado e incapaz de entrar no ateliê para encarar seu passado captado em tinta. Olga e Paulo tinham se mudado para o Hotel Californie, no sul da França, mas estava fora de cogitação Picasso ir lá em agosto, com o verão acima dos 30 graus e Marie-Thérèse em final de gravidez. Cada vez mais ele buscava a poesia como uma saída para seus talentos inquietos. Apesar de sua aparente letargia e resistência psicológica, produziu uma obra seminal, uma gravura marcante: *Minotauromaquia*, desenho de apenas 50×70cm que parecia conter todas as suas preocupações e obsessões.

Há duas áreas bem distintas na gravura: à direita, o mar aberto ameaçado apenas por uma nuvem ensolarada e, à esquerda, um pátio escuro iluminado por uma vela segura por uma inocente menina. O violento Minotauro sai da direita e se intromete na cena perseguindo um cavalo que tem sobre si uma toureira descabelada e de seios nus. À esquerda da gravura, o equilíbrio, com duas mulheres à janela e uma pomba no peitoril, olhando a menina da vela. Também à esquerda, na borda da cena, um homem sobe uma escada. Gertrude Stein testemunhou muitas vezes a necessidade de Picasso de produzir arte quase como quem vomita:

> Picasso tinha sempre necessidade de se esvaziar, de se esvaziar completamente, sempre, ele é tão cheio disso que toda a sua vida é uma repetição de um esvaziamento total, ele precisa fazer isso, não pode nunca se esvaziar de ser espanhol, mas pode se esvaziar do que criou. Assim, todos dizem que ele muda, mas não é isso, ele se esvazia e, tão logo acaba, precisa voltar a se esvaziar e se preenche outra vez rapidamente.[11]

Com *Minotauromaquia*, criada numa fase quase sem outras obras, essa observação se torna duplamente relevante. A gravura contém um mundo e um oceano de sentimentos. William Rubin nos avisa, corretamente, que "como uma espécie de alegoria privada, *Minotauromaquia* seduz o intérprete. Mas a interpretação, seja ela poética ou pseudopsicanalítica, é fatalmente subjetiva".

Inúmeras tentativas foram feitas para identificar os protagonistas da gravura e batizá-los. Olga. Marie-Thérèse. Picasso, o Minotauro. E o homem na escada era ao mesmo tempo Picasso e o pai dele, o artista. Herbert Read também reconheceu o Cristo na figura do homem, no seu disfarce mítico de redentor junguiano. Ele sobe a escada ou desce? E o que significa essa indefinição? Há uma possibilidade intrigante, sugerida por Gerald Howson, que nos tira da autobiografia e nos leva de volta à política espanhola. O minotauro tem uma incrível semelhança com as fotos de época de Francisco Largo Caballero, o líder de extrema esquerda do Partido Socialista. O homem de barba na escada representa um típico espanhol "querendo ser" intelectual, como Miguel de Unamuno, que ainda não tinha resolvido se apoiava as massas ou mantinha o poder e os privilégios da elite intelectual.[12]

Na época, Caballero era assediado por Manuel Azaña, líder do Partido Republicano de esquerda, e Indalécio Prieto, líder do Partido Socialista de centro, para formar uma coalizão da Frente Popular, termo cunhado no Sétimo Congresso Mundial da Terceira Internacional. Chocado com o sucesso de Hitler, Stalin reconheceu que o comunismo na Europa podia moderar a "pureza" de suas metas para derrotar a ameaça bem maior que era o nazismo. Numa fina peça de *Realpolitik,* os comunistas foram incentivados a fazer pactos. A esquerda não podia repetir o erro de 1933 e, dividida, voltar à selvageria política. O sucesso dependia de Caballero parar de prevaricar e passar a mostrar liderança às massas. Como o homem que está na escada de *Minotauromaquia,* preso num limbo intelectual, ele poderia decidir: subir a escada e sumir na obscuridade política ou descer à arena e assumir um papel ativo? Caballero escolheu essa última alternativa e, em fevereiro de 1936, a Frente Popular venceu a eleição por pequena margem de votos. Ficou então totalmente claro, se nunca esteve antes, que havia duas Espanhas, opostas e irreconciliáveis.

Por temor a uma repetição do golpe do general Sanjurjo, os generais tidos como conspiradores foram enviados o mais longe possível de Madri: Mola foi para Pamplona e Francisco Franco, para as ilhas Canárias. Era hora de a esquerda mergulhar numa espiral de vingança pelas indignidades que sofrera durante o *bienio negro.* Nas cidades e nos latifúndios, a vida virou uma anarquia. Bandos falangistas e *requetés* (milícias de direita católica) treinados na Itália lutavam contra os anarquistas. Na Andaluzia, grupos de trabalhadores do campo se apossaram de propriedades particulares e declararam-nas "coletivos livres". E por todo o final da primavera o número de assassinatos políticos fugiu ao controle. Chegara a hora em que as piores previsões dos "catastrofistas" (que previam uma guerra civil) pareciam finalmente estar se realizando.

Em 13 de julho de 1936, o político de direita Calvo Sotelo foi assassinado em Madri. Para Franco (que costumava ser reservado, conhecido por sua indecisão e excessivamente cuidadoso para um soldado que ganhou fama de bravura na guerra no Marrocos), essa foi a hora de definição. O "senhorita ilhas Canárias", como estava sendo chamado jocosamente, prontificou-se a apoiar a insurreição armada e planejou imediatamente voar para o Marrocos e entrar para sua amada Legião Estrangeira. Em 18 de julho de 1936, começou a Guerra Civil Espanhola. O sucesso da insurreição armada não estava nada garantido e os generais rebeldes esperavam que os republicanos, cada vez mais desanimados e sitiados, compreendessem logo que estava tudo perdido e se rendessem. Era essa a marca dos *pronunciamientos* militares do século XIX, que costumavam preceder um golpe sem derramamento de sangue. Nesse cenário, o general Sanjurjo, seguro no exílio em Portugal, voltaria de avião para a Espanha e "aceitaria" o cargo de chefe de Estado. Mas, em 19 de julho, ele morreu num desastre de avião. Franco era um dos poucos generais com suficiente fama popular e respeito dos companheiros para assumir a liderança, mas ficou preso no Marrocos, enquanto a marinha republicana assumia o controle do estreito de Gibraltar. Após alguns dias angustiantes de intensa negociação, nos quais os emissários de Franco para Hitler exageraram a possibilidade de intervenção da França e a crescente ameaça comunista, ficou acertado que a Alemanha mandaria aviões para ajudar a transportar as tropas de Franco. A decisão de ajudar os rebeldes, tomada por Hitler após assistir à ópera *Siegfried*, de Wagner, na cidade de Bayreuth, foi adequadamente chamada "Operação Fogo Mágico". Segundo Paul Preston, essa decisão fatídica "transformou um golpe de Estado que estava dando errado numa sangrenta e demorada guerra civil". E, talvez, tenha sido o "verdadeiro" começo da Segunda Guerra Mundial.[13]

A ajuda italiana para os rebeldes, ao lado do envolvimento alemão, aumentou rapidamente a insurreição. Em Pamplona, o general Mola se rebelou. E na Andaluzia, as tropas do general Yagüe, formadas por um misto de legionários e mercenários mouros, foram incentivadas a espalhar o terror na população instigando estupros e assassinatos em qualquer cidade que demonstrasse a mínima resistência ao avanço das tropas. O governo republicano legítimo, sabedor do que acontecia e prevenido do provável colapso da lei e da ordem, ficou surpreso e paralisado. Até o último instante, o presidente Manuel Azaña não quis acreditar no que as cortes viam havia meses. Os discursos cada vez mais violentos, tanto dos membros da direita quanto da esquerda (respectivamente, Calvo Sotelo e "La Pasionaria" Dolores Ibárurri), foram um grande aviso de que a retórica furiosa não podia durar muito. O primeiro-ministro Casares Quiroga foi ineficiente, assim como seu substituto Martínez Barrio, cujo mandato durou apenas um dia. Foi substituído pelo professor José Giral em 19 de julho e logo se viu que o momento criado pela liderança decisiva tinha acabado. No vácuo que se formou, entraram as milícias de esquerda e corpos revolucionários que incluíam toda a esquerda recém-unida, de anarquistas a respeitáveis burgueses republicanos. Logo também se veria que não havia apenas uma guerra civil, da mesma forma que ela não teve uma causa isolada. *Braceros* lutaram contra nobres, assim como operários lutaram contra donos de fábrica. Católicos lutaram contra ateus, como monarquistas lutaram contra republicanos. E carlistas lutaram contra bascos, como centralistas lutaram contra regionalistas. O governo legítimo, entretanto, logo ficaria em posição de desvantagem. Hermann Göring ficou muito satisfeito por encontrar um campo de provas para sua primorosa *Luftwaffe* (Força Aérea Alemã). Hitler também apreciou a compensação pela ajuda militar e logística por sua participação, além de todos os direitos minerais no País Basco. Por outro lado, o governo republicano recebeu apenas promessas vazias.

Na França, o primeiro-ministro Léon Blum simpatizou com seus aliados socialistas ao sul dos Pirineus e ofereceu ajuda em armas. Mas a França estava também preocupada em não provocar um atrito com a Inglaterra. A política inglesa, que muitos comentaristas consideravam "pérfida", defendia cautela e "não intervenção". Num encontro, Blum soube que *sir* Anthony Eden e o primeiro-ministro inglês Stanley Baldwin não pretendiam se envolver. Era quase como se acreditassem que a Espanha podia perder a âncora e se soltar, fazendo com que a guerra fosse parar no meio do oceano. Para o ministro francês Blum, era difícil decidir. Estava claro que simpatizava muito com o vizinho ao sul da França, pois o País Basco e a Catalunha seguiam pelos Pirineus até o solo francês. Mas havia certa lógica no argumento de que, na França, o apoio para a República incentivaria uma temida reação da direita. A "não intervenção" que a Inglaterra preferiu era mais cínica e, na prática, uma farsa total. O escritor George Orwell acompanhou de perto a Guerra Civil Espanhola e não teve dúvidas. Em seu ensaio *Considerações sobre a Guerra Espanhola*, publicado em 1943, ele fez um análise rigorosa da política externa inglesa:

O mais espantoso na Guerra Espanhola foi o comportamento das grandes potências. Na verdade, os alemães e italianos ganharam a guerra para Franco por motivos bastante óbvios. Já os motivos da França e da Inglaterra são mais difíceis de entender. Em 1936, estava claro para todos que, se a Inglaterra ajudasse o governo espanhol com alguns milhões de libras em armamentos, Franco iria ceder e a Alemanha iria ficar gravemente abalada. Àquela altura, não era preciso ser vidente para prever que Inglaterra e Alemanha entrariam em guerra: podia-se até prever que seria dentro de um ou dois anos. Mas a classe governante inglesa fez o possível, da forma mais mesquinha, covarde e hipócrita, para entregar a Espanha a Franco e aos nazistas. Por quê? Porque era a favor dos fascistas, é a resposta óbvia. Não há dúvida e, quando chegou a hora, eles preferiram enfrentar a Alemanha. Ainda não se sabe qual o plano deles para apoiar Franco, e podem não ter tido plano algum. Uma das dúvidas mais difíceis do nosso tempo é saber se a classe governante inglesa é fraca ou apenas estúpida.[14]

No outono, o general Mola controlava quase todo o norte da Espanha, exceto o País Basco e a Catalunha. A cidade de fronteira de Irún, a apenas 15 quilômetros a leste de San Sebastián, já estava sendo bombardeada quase diariamente pela força aérea italiana. No centro da Espanha, muitas cidades da Velha Castela tinham logo se rendido a Franco, como fez Granada, no sul, onde, em 19 de agosto, Federico García Lorca foi assassinado. Em Sevilha, o general Quiepo de Llano controlava a cidade e recebeu reforço com a tomada do campo de aviação em Tablada. Logo o general Franco veio se juntar a ele, instalou seu quartel-general no palácio de Yanduri e pôs-se a fortalecer sua tomada de poder. Manipulou prováveis rivais dando-lhes apoio e, em 28 de setembro, foi declarado chefe de Estado. Uma semana depois, Franco entrou em Madri e os limites geográficos entre as facções em guerra ficaram cada vez mais claros. Os nacionalistas tomaram os campos, exceto as terras bascas e grande parte da Catalunha (que jurou fidelidade à esquerda em troca de uma promessa de independência), enquanto os republicanos controlavam as cidades industriais mais importantes

(Barcelona, Bilbao e a capital, Madri) e quase todas as cidades litorâneas, de Valência a Málaga.

Em Paris, Picasso estava entretido com Dora Maar, sua nova mulher, e só podia acompanhar os acontecimentos na Espanha pelos jornais. Mas ia ficando óbvio que ele estava se envolvendo mais politicamente. Para comemorar Léon Blum e a vitória da Frente Popular nas eleições, ele desenhou um pano de boca para a peça de Romain Rolland *14 de julho*, a ser encenada nessa data no Teatro Alhambra. O desenho se baseava na aquarela *Composição com Minotauro* e mostrava um monstruoso homem-pássaro carregando um minotauro vencido, enquanto um homem escondido na pele de um cavalo, como se fosse surpreendido num ritual primitivo de fertilidade, carregava um menino nos ombros e levantava o punho direito, desafiador. A aquarela dá uma sensação burlesca, com as verdadeiras emoções e ideias políticas de Picasso disfarçadas atrás de uma máscara teatral. Gertje Utley ajudou a entender o simbolismo: "Na época, o punho levantado era uma saudação comunista.[15] Tinha se tornado também a saudação dos republicanos espanhóis, servindo como gesto polêmico em resposta ao braço esticado da saudação de Hitler que havia sido adotado pelos que apoiavam Franco." Para Picasso, pintar a saudação foi um gesto corajoso, chamando a atenção para si numa época de crescente aversão a estrangeiros na França, somada ao medo de que o pinga-pinga de exilados espanhóis se transformasse num dilúvio. Cada vez mais, os franceses de todas as tendências políticas consideravam o estrangeiro causa de todos os problemas. Os espanhóis, comunistas e judeus eram indivisíveis. A imprensa popular (como *L'Ami du Peuple* e o *Le Figaro*) logo batizou Paris de "Canaã à margem do Sena", envenenada pelo influxo dos estrangeiros.[16] Com o pano de boca *Composição com Minotauro* na peça, Picasso afirmava claramente que aceitava entrar numa guerra que seria lutada não só com armas, mas também com propaganda. A arte em espaços públicos, fosse em teatros, em cartazes de propaganda ou na imprensa popular, também podia se tornar uma arma eficiente. Lida e entendida com facilidade, a melhor propaganda misturava a arte da persuasão com um apelo quase visceral. A eficácia de *Composição com Minotauro* fica provada pelo fato de o simpatizante da direita André Derain jamais ter perdoado Picasso essa comemoração do 14 de julho.

Em 19 de setembro, o presidente Azaña, consciente do potencial da propaganda e sob as ordens do diretor-geral de Belas Artes José Renau, ofereceu a Picasso o cargo de diretor do Museu do Prado. No fundo, um cargo honorário, já que ele nunca voltou à Espanha para ver o museu, nem arrumou tempo para acompanhar pessoalmente a remoção das obras de arte quando o museu foi bombardeado. Em 6 de novembro, com Madri cercada pelo exército nacionalista de Franco, o governo se retirou para Valência, logo seguido pelo acervo do Prado, que foi transportado à noite, em furgões camuflados. As obras de arte foram guardadas em Las Torres de Serranos e no Colégio de Patriarco. Um amigo de Picasso, José Bergamin, poeta, escritor e frequentador do Café Pombo, acompanhou a retirada do acervo do Prado. A pressa da remoção aumentou quando o carro que levava os quadros *Dois* e *Três de maio*, de Goya, bateu, causando danos às duas obras e obrigando a uma restauração de emergência no caminho. Embora Picasso sentisse certo alívio com os relatos dramáticos enviados por Bergamin de Valência, informando que o acervo estava finalmente seguro, não achou necessário ir à Espanha, mesmo depois de convidado pelo subsecretário de Educação e Arte Pública, que colocou um avião particular à disposição. Mais tarde, Picasso lembrou: "Jamais pude tocar num centavo do meu 'salário', que era bem pequeno. Afinal, eu era apenas o diretor de um museu fantasma, de um Prado esvaziado de todas as suas obras-primas, que foram guardadas em Valência."[17]

Naquele inverno, o cerco de Madri passou a ser a prioridade das forças nacionalistas. Os republicanos, sob a inspiradora liderança do general José Miaja e do coronel Vicente Rojo, empreenderam uma luta desesperada para salvar a cidade. Os suprimentos russos tinham começado a chegar, assim como voluntários de muitos países, prontos a servir na Brigada Internacional: esses idealistas estavam dispostos a morrer para salvar o princípio da democracia. Para os republicanos, tal compromisso só podia ajudar a levantar o moral.

Em Paris, Picasso estava também prestes a colocar sua arte a serviço da causa republicana. Fica claro que considerava sua arte como uma arma viável, como mostrou numa declaração bastante conhecida, dada numa entrevista no final da Segunda Guerra. Provocado pelo repórter, respondeu:

> O que é um artista? Um imbecil que só tem olhos, se for pintor, ou ouvidos, se for músico, ou uma lira em todos os níveis de seu coração, se for poeta, ou até só músculos, se for boxeador? Pelo contrário, ele é ao mesmo tempo um ser político, sempre pronto a se comover com fatos empolgantes ou felizes aos quais reage de todas as maneiras. Como não se interessar pelos outros e, mediante uma total indiferença, se isolar da vida que eles trazem tão fartamente para você? Não, a pintura não é para decorar apartamentos. É um instrumento de guerra para atacar e se defender do inimigo.[18]

Na primeira semana de janeiro de 1937, Picasso recebeu a encomenda que iria mudar sua vida e permitir que colocasse em prática sua filosofia. A pedido de Josep Lluís Sert, aceitou se encontrar com uma delegação de políticos e servidores civis espanhóis. Entre os que subiram a escada para seu apartamento na Rue de la Boëtie, 23 estavam José Renau, diretor-geral de Belas Artes e um dos melhores cartazistas da República, e Juan Larrea, poeta e diretor de informação da Agência Espanha, da Embaixada espanhola. (Larrea era também um famoso colecionador de arte pré-colombiana, por isso Picasso já o conhecia; mais tarde, seria o primeiro a escrever uma monografia sobre *Guernica*.) Sert levou seu colega arquiteto Luis Lacasa, mais José Bergamin (que voltou a Paris em segurança após levar as obras do Prado para Valência) e o poeta Max Aub, cujas memórias *El laberinto magico* continuam sendo a mais pungente visão da vida na Espanha durante a Guerra Civil. Os três últimos eram membros importantes da Aliança de Intelectuais Antifascistas em Defesa da Cultura; Max Aub e José Renau também editavam o jornal valenciano *Verdad*. Todos se conheciam bem e esperavam convencer Picasso a fazer um mural para o Pavilhão Republicano na Feira Mundial, prestes a ser inaugurada em Paris.

A ideia da participação da Espanha na exposição internacional começou em meados do *bienio negro*, em 1934, quando o governo foi contatado pela primeira vez. As ilhas Baleares e as regiões da Catalunha, Castela e País Basco pediram pavilhões próprios, e o começo da Guerra Civil fez com que isso ficasse em segundo plano. As negociações só começaram após a posse de Largo Caballero como primeiro-ministro, em setembro de 1936, e sua acertada indicação de Luis Araquistáin para embaixador da Espanha na França.

Providenciaram logo um novo grupo para orientar a filosofia, o projeto e a construção do pavilhão e sua exposição. José Gaos, ex-reitor da Universidade de Madri, tornou-se o responsável geral no cargo de *comisario*; Sert e Lacasa, apoiados por Antonio Bonet Castellana, foram contratados para completar o projeto. Ventura Gassol entrou como representante dos catalães e o dos bascos foi José Maria Ucelay, cujo mural de 16 metros de largura em Bermeo tinha provocado críticas entusiasmadas. Ficou claro quase imediatamente que o grupo era bem formado. E os acontecimentos dramáticos que se passavam na Espanha estimulavam-no a cumprir o prazo final de maio e, se possível, usar o pavilhão como uma enorme jogada de propaganda para alertar o mundo para a dignidade e grandeza da cultura republicana, mesmo sob a ameaça mortal de uma guerra arrasadora para ambos os lados. O primeiro nome na lista de expositores potenciais era, claro, o de Picasso. O fato de ter aceitado a direção do Museu do Prado levava a crer que daria total apoio à exposição. Mas, a princípio, foi cauteloso. Nunca trabalhara por encomenda, nem tinha sido um artista abertamente político. Na sua juventude anarquista, claro, produzira uma série de obras baseadas na classe operária despossuída de Barcelona, mas com um conteúdo político apenas implícito. O comitê do pavilhão queria, supõe-se, algo ousado e explícito, que chamasse tanta atenção quanto um cartaz de Renau. Picasso não gostava de prometer o que sabia que não ia cumprir.

Estava claro que os seis visitantes estavam prontos para fazer pressão sobre Picasso. Só no verão anterior Josep Lluís Sert tinha organizado a primeira retrospectiva do artista, sob os auspícios do seu grupo Amigos das Artes Novas (ADLAN, na sigla em espanhol), que passou por Barcelona,

Madri e Bilbao e recebeu elogios do poeta Paul Éluard. A República precisava de Picasso e estava desesperada pelo apoio concreto do mais famoso artista do mundo. Principalmente porque, em 6 de janeiro, Hitler tinha defrontado os bascos com uma escolha simples, mas drástica: ou se rendiam ou seriam totalmente arrasados.

Em 8 de janeiro de 1937, animado pelo encontro, Picasso terminou o primeiro desenho de *Sonho e mentira de Franco* em apenas um dia, criando uma agressiva sátira na qual as pretensões de grandeza de Franco eram ironizadas sem piedade. Foi feita uma edição limitada de mil cópias a serem vendidas em benefício da Assistência aos Refugiados Espanhóis. Em sua primeira criação abertamente política, Picasso escolheu o formato das antigas gravuras religiosas populares, as "aleluias" que, em tiras horizontais de três cenas, contavam algo no formato das histórias em quadrinhos. Picasso trabalhou tão rápido que não notou, ou simplesmente não se incomodou, com o fato de a data da impressão ficar invertida. Estava no calor da criação e no auge do sadismo visual. Esse sentimento de ira explosiva espontânea foi mais tarde transformado num poema que vinha junto com a gravura. Na avalanche de imagens cascateando da imaginação para a página, Picasso soltou sua fúria:

> fandango de corujas trêmulas mergulho de espadas de pólipos de maus agouros esfregando escovas de cabelos da tonsura dos padres nus no centro da frigideira — colocado sobre o cone do sorvete de bacalhau frito nas crostas de seu coração de chumbo-osso — a boca cheia da geleia de suas palavras de percevejo — trenós com sinos da lâmina de enfeitadas tripas de lesmas — dedinho em pé não é uva nem figo — *commedia dell'arte* de trama pobre e nuvens tingidas — cremes de beleza do vagão de lixo — estupro de donzelas em lágrimas e ranhos — sobre os ombros dele, o manto forrado com salsichas e bocas — ira distorcendo a risca que açoita os dentes dele cravados na areia e o cavalo de frente para o sol que lê para as moscas que costuram os nós da rede cheia de anchovas o foguete de lírios.[19]

Trata-se de uma cornucópia que cospe ininterruptamente imagens sem pontuação nem sintaxe, sem rima ou sentido. O jorro de imagens, com sua cacofonia caótica, deixa o leitor vazio e exausto, preso num mundo giratório inventado por Picasso. Se existe uma vertigem ou náusea poética, é isso. "Cremes de beleza do vagão de lixo", escreveu ele. Mas em *Sonho e mentira* não há beleza, apenas o lento desmantelar das pretensões ridículas de Franco. Inspirado no dramaturgo setecentista Calderón de la Barca (um dos temas preferidos das Missões Pedagógicas e cuja peça *A vida é um sonho* é um dos grandes clássicos da literatura espanhola), Picasso usa um espelho (ou nove ilustrações-espelhos, para ser mais exato) para mostrar no gênero mais popular de todos, a tira de quadrinhos cômicos, a perversidade de um líder estimulado pelos anos que passou na Legião Estrangeira que tinha o absurdo grito necrófilo de guerra "Viva a morte".

Franco aparece primeiro como um bufão de teatro, montado num cavalo com as vísceras de fora, as tripas despencando. Orgulhosa e convencida, a criatura de traje listrado tem uma espada e parece um vilão; cavalga ereto, indiferente ao sol que, atrás dele, abre um sorriso.[20] Nas palavras de Joaquín de la Puente, Franco fica reduzido a um "grotesco homúnculo cuja cabeça parece uma batata-doce tuberosa que gesticula".[21] Na série, a besta-Franco usa vários chapéus de teatro que denotam sua situação na vida e a cínica apropriação de qualquer símbolo que lhe sirva: a coroa, a mitra de bispo, o barrete de cardeal, o fez dos mouros, a mantilha das fiéis. O sorriso "dissimulado como o de uma raposa", os dentes arreganhados, o bigode fino fazem um retrato selvagem de Franco, uma caricatura tão cruel como qualquer desenho de Gillray, Goya, Grosz ou Daumier.

Na segunda cena, Franco tem um falo enorme com dois cabeludos testículos e anda numa corda bamba como um acrobata de circo. Na terceira cena, o monstro está prestes a destruir um lindo busto clássico. A cada vez, a figura fica ainda mais ridícula. Primeiro, enfrenta um touro, depois se ajoelha para rezar num altar e venerar um *duro,* gíria para a moeda de cinco pesetas. Nas três últimas cenas, o monstro tenta três tipos de transporte: primeiro, um cavalo caído de cujo órgão sexual saem serpentes; depois, um Pégaso que se recusa a ser montado e, por último, um leitão gordo que segue devagar na direção do sol poente. É, ao mesmo tempo, cômico e inesquecível. Em seu encontro com Giménez Caballero, Picasso observou que o fascismo envolvia uma perda de perspectiva humana e uma tendência para o grotesco.

No mesmo dia, ele iniciou uma nova série, baseada no mesmo tema. Mas só terminou cinco das nove cenas. As outras teriam de esperar, pois a grande encomenda para o pavilhão era mais importante. Para criar um quadro do tamanho de um grande mural, dinâmico e marcante o bastante para preencher o local escolhido (que tinha 11×4m), o artista enfrentou problemas bem diferentes de esboçar caricaturas do tamanho de cartões-postais. As dimensões sugeriam uma obra épica, mas quadros épicos tendem também a ficar exagerados e pouco convincentes.

Em 27 de fevereiro de 1937, foi colocada a pedra fundamental do pavilhão. Fotos provam que Picasso esteve no início da obra para estudar o espaço que o mural iria ocupar. A partir de suas primeiras anotações, fica claro que estava pensando em algo que refletiria o clima amplo, arejado e quase clássico de uma *villa* mediterrânea como lembrava o projeto arquitetônico de Sert e Lacasa. Mas antes de começar, ele precisava resolver sua vida pessoal, cada vez mais confusa. Ao se separar de Olga, Picasso abriu mão do ateliê na Rue de la Boëtie e se instalou no Hotel Bisoon. Dora Maar vivia perto, no Quartier Latin. Marie-Thérèse estava morando no campo, na casa de Vollard, Le Tremblay-sur-Mauldre, onde Picasso ia visitá-la e à bebê Maya, nos finais de semana. Parecia uma farsa de Feydeau, com o artista correndo de uma para outra de suas três mulheres.

Ele precisava muito de um ateliê onde coubesse um quadro nas dimensões das vastas telas que estavam no Louvre. Consta que foi o reconhecido bom-senso de Dora Maar que conseguiu para ele o ateliê da Rue des Grands-Augustins, 7. Mas Fernando Martín Martín, em sua tese de doutorado *El Pabellón Español*, diz que o ateliê pertenceu aos irmãos Labalette, construtores que Sert e Lacasa usaram no pavilhão e que o local serviu de depósito de material da obra. Juan Larrea negociou a compra do ateliê pelo governo espanhol por um milhão de francos para uso exclusivo de Picasso. Era um endereço adequadamente abençoado por um passado rico. Balzac comentou sobre ele em *A obra-prima desconhecida* e, mais tarde, o ator Jean-Louis Barrault (que faria o papel principal em *Crianças do paraíso*, de Marcel Carné) usou o sótão para ensaiar com seu grupo teatral. Mas talvez a coincidência mais estranha fosse o local ter sido usado para reunir o grupo de esquerda Contra-Ataque, dirigido pelo pornógrafo surrealista Georges Bataille. Ele foi amante de Dora Maar e seu guia nas misteriosas e obscuras artes do sexo. O endereço tinha uma aura adequada porém, mais que isso, tinha um enorme sótão, apelidado de "celeiro do monge" e que com uma rápida reforma se transformaria num ateliê perfeito.

Não havia mais desculpa para Picasso não produzir. Jaime Vidal, jovem assistente do artista, foi lá fazer um chassi e preparar uma tela medindo grandiosos 3,51×7,81m. Mas Picasso não encontrava inspiração. Continuava pintando: naturezas-mortas e também alguns carinhosos retratos de Marie-Thérèse num estilo cubista suavizado e terno que dá a impressão de que ela continuava sendo seu porto. Mas ainda não havia nada que pudesse ser passado para a monumentalidade exigida pelo projeto do pavilhão e que, aliás, a República merecia. No início da década de 1980, foram encontrados 12 desenhos, que eram certamente estudos para o mural, nos arquivos do novo Museu Picasso, em Paris. Datados de 18 e 19 de abril de 1937, os esboços mostram o alarmante fato de, a apenas um mês da inauguração da Feira Mundial, Picasso estar com mais de 27 metros quadrados de tela para preencher. Mas o tema desses esboços era o artista e a modelo, bastante relacionado com o de *A obra-prima desconhecida*, de Balzac, e focado nas voluptuosas curvas de Marie-Thérèse. Quando essas curvas se transformam lentamente em formas abstratas, quase adquirem vida própria. Na série, entretanto, a ternura se evapora num desmembramento sádico à medida que olhos, dedos inchados e bicos de seio vermelhos e descarnados flutuam sobre o fundo branco. Aos poucos, até a figura de Marie-Thérèse sai do quadro, com os estudos enfocados na colocação de uma tela imaginária num espaço de exposição.

Na tarde de 27 de abril de 1937, uma grande passeata pelos direitos humanos percorreu o centro de Paris, com a participação de um grupo de intelectuais espanhóis. À medida que os boatos se espalhavam pela multidão, ficava evidente que algo terrível tinha ocorrido do outro lado da fronteira com a Espanha. Talvez um dos participantes da passeata tivesse sintonizado a Rádio Bilbao naquela mesma tarde e ouvido o presidente basco José Antonio Aguirre relatar ao mundo a atrocidade cometida em solo basco, apenas 24 horas antes:

> Pilotos alemães a serviço dos rebeldes espanhóis bombardearam Gernika, queimando a cidade histórica pela qual todos os bascos têm enorme veneração. Tentaram nos atingir no ponto mais sensível de nosso patriotismo, deixando bem claro, mais uma vez, o que o Euskadi (País Basco, em basco) pode esperar dos que não vacilam em destruir até o santuário que guarda os séculos de nossa liberdade e democracia.[22]

A notícia causou incredulidade. Em Paris, o pintor basco José Maria Ucelay encontrou por acaso Juan Larrea saindo do metrô nos Champs-Elysées e contou o que tinha acabado de ouvir. Larrea entrou imediatamente num táxi rumo ao Café de Flore para falar com Picasso. Segundo Ucelay, foi Larrea quem sugeriu o bombardeio como o tema que o amigo buscava. Picasso argumentou que não sabia como ficava uma cidade bombardeada. Larrea então, buscando uma descrição mais vívida, disse: "É como um touro numa loja de porcelanas chinesas, desembestado." Essa história é bem adequada, talvez um pouquinho arrumada e produzida. Anos depois, em 1979, Ucelay declararia numa entrevista sua aversão por Picasso, a quem descreveu como um "ignorante". Por que todos estavam tão interessados em *Guernica*, quando Ucelay tinha pintado um mural de 17 metros, *O porto de Bermeo*, em pouquíssimo tempo? Ucelay disse também que quando o presidente Aguirre, do País Basco, perguntou dos dedos inchados da mulher em *Guernica*, o artista respondeu: "Não são dedos, são pênis."[23]

Ucelay era basco, nascido em Bermeo, a pouca distância de Gernika, por isso se compreende que achasse que um basco é que deveria fazer um memorial da tragédia. Escolheu então um pintor tradicional e muito respeitado, Aurélio Arteta, que por algum tempo também foi diretor do Museu de Belas Artes de Bilbao. Telefonou para Arteta, que tinha se exilado em Biarritz, e explicou o que pretendia, mas recebeu uma recusa na hora. Arteta estava a caminho do México e achava que Picasso era muito mais adequado para a tarefa. Dias depois, Salvador Dalí foi à Embaixada da Espanha oferecer seus serviços. Ele já tinha deixado sua marca com o profético *Construção leve com feijões cozidos: premonição de Guerra Civil* (1936), mas estava claro que Picasso continuava sendo o artista preferido.

Ainda segundo Ucelay, a ideia de Arteta fazer o mural ainda interessava ao presidente Aguirre e ao ministro da Cultura basco José Leizola, que tinha fugido para Paris após o bombardeio.[24] Os dois queriam pressionar Arteta e insistir que adiasse a mudança para o México. Mas o caos provocado pelo bombardeio fez com que o governo basco no exílio tivesse de enfrentar um problema bem maior: o que fazer com os 150 mil bascos que estavam na fronteira com a França. *Guernica*, o quadro, teria de esperar. Mas também ficou claro que o comissário do Pavilhão Espanhol, José Gaos, e sua equipe estavam ansiosos para as coisas andarem. Uma solução rápida foi encontrada. Ao trazer o acervo do Museu de Bilbao para ficar seguro na França, o governo basco contraiu uma inesperada dívida de alfândega de 1 milhão e 400 mil francos. Numa boa demonstração da política de uso de verbas do governo, Juan Negrín, ministro da Fazenda do governo central, ofereceu pagar a dívida. *Guernica*, disse ele, ou fosse lá como se chamasse a tela, seria pintada por Picasso, já que ele acreditava sinceramente que "um mural pintado por Picasso tem o mesmo valor, em termos de propaganda, de uma vitória na frente de batalha".[25]

Mas em Paris, na tarde de 27 de abril de 1937, ainda não se sabia exatamente o que tinha ocorrido do outro lado da fronteira com a Espanha. Os boatos pareciam implausíveis e, se fossem verdadeiros, inacreditavelmente bárbaros. Nem mesmo os nacionalistas podiam dar tão pouca importância à opinião pública mundial e ignorar a possibilidade de uma forte retaliação. Embora Gernika fosse a capital espiritual dos bascos, só pouco antes tinha assumido importância estratégica como uma das únicas estradas para as tropas bascas (*gudaris*, em basco) fugirem e ficarem em posição de defesa atrás do "cinturão de ferro" de Bilbao. Apesar de os nacionalistas estarem perto de Gernika, tudo parecia relativamente calmo. Os bascos desconfiaram da ameaça do general Mola, divulgada no rádio e num folheto que os aviões jogaram sobre as cidades mais importantes, em 31 de março: "Se a rendição não for imediata, vou arrasar Vizcaya, começando pelas fábricas de guerra. Tenho meios de fazer isso."[26] Por natureza, os habitantes de Gernika tinham capacidade rápida de recuperação e ficaram em alerta. A determinação deles parecia ter sido justificada. Na segunda-feira, 26 de abril, o mercado funcionou como sempre, com os camponeses saindo de seus *caserios* (pequenas propriedades) e encontrando os moradores das aldeias próximas a caminho da cidade. A única coisa ligeiramente fora do normal às 11 horas daquela ensolarada manhã de primavera, como lembrou depois Antonio Ozamiz, era um avião de reconhecimento, voando em círculo. Algumas lojas baixaram as venezianas e fecharam as portas, pois seus proprietários já sabiam dos bombardeios que destruíram Irún, Durango, Eibar e Ochandiano como parte da política de Franco de oferecer "redenção moral" aos que se pusessem no caminho dele.[27] Mas a maior parte das pessoas ficou no mercado ou conversando nos bares em redor. Perto das 15 horas, outro avião de reconhecimento voou baixo sobre o centro de Gernika. Nesse período de calma aparente, o repórter australiano Noël Mokns, a serviço do *Daily Express*, passou por Gernika de carro, rumo à cobertura da batalha em Marquina, que ficava 30 quilômetros a leste. Às 3h45, mais ou menos, já se podia ver dos limites da cidade a fumaça subindo ao leste, na batalha que estava se travando em Marquina. Pouco depois das 16 horas, ouviu-se o ronco dos motores dos aviões vindo diretamente do norte em formação, acompanhando o rio Mundaca rumo ao estuário, em Gernika. No mar, um navio da Marinha Real, HMS *Hood*, tentava evitar que os navios mercantes ingleses passassem pelo bloqueio nacionalista e desrespeitassem as regras de não intervenção. Michael Culme-Seymour, então jovem oficial da Marinha, assistiu, incrédulo, à infinita série de aviões marcados com a cruz negra voando em forma de "X", vindos da baía de Biscaia, em Bermeo, e da nascente do rio Mundaca, prontos para o ataque final. "Foi horrível, vimos do mar a fumaça subindo.

Claro, na hora não sabíamos qual era o alvo deles", contou Seymour.[28] Do alto do convento dos carmelitas, que ficava no centro de Gernika, os sinos de Santa Maria dobraram avisando a população.

Durante três horas, vindos numa onda atrás da outra, os aviões jogaram 250 quilos de um misto de bombas de fragmentação com bombas incendiárias térmicas ECB1, projetadas para explodir à temperatura de 2.500 graus centígrados, transformando a cidade numa bola de fogo apocalíptica. Os que conseguiram escapar para o campo ou as colinas em volta de Urdaibai foram metralhados pelos aviões. Às 19h45, quase toda Gernika tinha desaparecido. Só ficaram de pé a fábrica de armas Astra, a ponte Rentería e a simbolicamente importante Casa de Juntas, com seu famoso carvalho onde os bascos juravam lealdade à pátria e onde o presidente Aguirre, primeiro presidente de Euskadi, havia prestado juramento. Ficaram de pé como fantasmas em meio às chamas, aos gritos e à fumaça acre. O bombardeio teve um efeito devastador no moral dos habitantes de Bilbao. Quase imediatamente após, milhares de crianças foram retiradas da cidade por navio, na sua maioria para a Inglaterra.

No total, 23 aviões Junkers Ju 52S, quatro Heinkel IIIs, dez Heinkel He 51S, três Savoia-Marchetti S81 Pipistrelli, um Dornier Do 17, doze Fiat CR 32S e, provavelmente, aviões Messerchsmitt Bf109 saídos direto das linhas de montagem representavam a força aérea conjunta alemã e italiana que rompeu o pacto de não intervenção. Foi o primeiro exemplo de bombardeio de saturação em solo europeu. Já em 10 de novembro de 1932, Stanley Baldwin tinha avisado à Câmara dos Comuns lotada: "Na próxima guerra, vocês verão que qualquer cidade ao alcance de um aeroporto poderá ser bombardeada nos primeiros cinco minutos de guerra numa extensão que era inconcebível na guerra anterior."[29] Para as forças aliadas ocidentais, o terrível em Gernika não foi ter sido um ataque totalmente de surpresa, mas ter realizado o pesadelo havia tanto esperado.

A máquina bélica alemã estava à espera de um laboratório adequado para testar suas novas táticas e a eficiência de seus novos aviões. Gernika foi esse laboratório. Durante meses, o general alemão Hugo Sperrle, chefe dos 18 mil soldados da forte Legião Condor, foi se frustrando com a lentidão de Franco em tomar Madri e destruir a resistência no País Basco. Franco tinha um objetivo, que era nada menos que eliminar completamente os liberais, comunistas e anarquistas espanhóis. Mas Sperrle não entendia a incapacidade de ele dominar o novo tipo de guerra total, que juntava ataques por terra e pelo ar, em *Blitzkrieg* (ataque-relâmpago, em alemão). À medida que se deslocava de Madri para o norte, Speerle confiava cada vez mais no seu chefe de Estado-Maior, o tenente-coronel Wolfram von Richthofen, primo do ás da aviação da Primeira Guerra conhecido como Barão Vermelho. A tática de Richthofen era acabar com qualquer resistência dando uma enorme demonstração de poder e arrasando o moral do inimigo. Isso, num alvo indefeso como Gernika, foi o que hoje conhecemos como "guerra total". O ataque final no País Basco estava sendo preparado havia meses. Na ampla planície aberta de Vitória, os generais Mola e Franco autorizaram a construção de um novo campo de aviação. E, de Burgos e Vitória, organizou-se um plano preciso e coordenado para reabastecer os aviões e recarregar a artilharia rapidamente para que aeronaves pudessem decolar outra vez e jogar uma nova carga.

Na segunda-feira à noite, no Hotel Torrontegui, em Bilbao, as equipes da imprensa internacional estavam de volta da cobertura da batalha em Marquina e se preparavam para jantar. Assim que a terrível notícia sobre Gernika chegou, eles conseguiram carros e foram para a velha cidade. Entre esses jornalistas estavam Mathieu Corman, belga correspondente de guerra a serviço de um novo diário parisiense, *Ce Soir*; Christopher Holme, da agência de notícias Reuters; Noël Monks; George Lowther Steer, do *Times*. Consta que Steer era o repórter mais experiente, tendo presenciado o uso de material químico na guerra ítalo-abissínia, material que os italianos costumavam jogar sobre postos da Cruz Vermelha para aterrorizar os observadores estrangeiros. Ridicularizado por Evelyn Waugh como "um anão africano muito alegre", Steer era agitado, ousado e muito destemido.[30] Seu sangue-frio sob ataque era lendário: chegou a fazer a cerimônia de seu casamento na Legação Britânica de Adis Abeba enquanto a cidade estava sendo atacada. Poucas semanas depois do bombardeio de Gernika, durante a retirada dos habitantes de

Bilbao, ainda achou tempo para colher cerejas como um colegial travesso, enquanto a cidade era sitiada e choviam bombas sobre ela.

O que os jornalistas viram ao chegar em Gernika não foi uma cidade, mas uma imensa pira funerária. Eles imediatamente entraram em meio aos destroços e começaram a entrevistar os sobreviventes. O fato de Gernika ser hoje sinônimo de matança indiscriminada de inocentes deve-se quase inteiramente a esses jornalistas estrangeiros estarem por perto. Na tarde de 27 de abril, o *Evening News*, usando o telegrama de Christopher Holme para a agência Reuters, deu a manchete: O MAIS TERRÍVEL ATAQUE AÉREO JAMAIS VISTO.[31] Em Paris, quando a passeata pelos direitos humanos estava prestes a terminar, os jornais *Ce Soir* e *Paris-Soir* publicaram a notícia. Na manhã seguinte, o relato de Noël Monks no *Daily Express* começava dizendo: "Nos últimos seis meses, vi muitas cenas impressionantes na Espanha, mas nada tão horrível quanto a destruição da antiga capital basca de Gernika pelo bombardeio aéreo de Franco."[32]

O relato indignado de Steer, publicado simultaneamente pelo *Times* e pelo *New York Times*, continua sendo o mais forte.

> Às 2 da madrugada de hoje, quando estive na cidade, a cena era de horror, queimando de um lado a outro. O reflexo das chamas podia ser visto nas nuvens de fumaça sobre as montanhas, a 16 quilômetros. Durante a noite, as casas desmoronavam até que as ruas ficaram com longas pilhas de destroços rubros e estranhos. Muitos civis percorreram a longa trilha que vai de Gernika a Bilbao em velhas e sólidas carroças bascas puxadas por bois. As carroças estavam carregadas de objetos domésticos que conseguiram ser salvos do incêndio e engarrafaram as estradas a noite toda. Outros sobreviventes foram retirados por caminhões do governo, mas muitos foram obrigados a ficar em volta da cidade em chamas, deitados em colchões ou procurando parentes e filhos perdidos, enquanto unidades das brigadas de incêndio e a polícia motorizada basca, sob o comando direto do ministro do Interior, *señor* Monzon e sua mulher, continuaram o resgate até de madrugada.

Pela forma como foi levado a efeito e pela destruição que causou, assim como pela escolha do local, o ataque a Gernika não tem similar na história das guerras. Gernika não era um alvo militar. Fora da cidade, há uma fábrica de material de guerra, mas ficou intocada. Como ficaram dois quartéis a certa distância da cidade. A cidade ficara bem atrás das linhas de batalha. O objetivo do bombardeio parece então ter sido desmoralizar os civis e destruir o berço do povo basco. É o que tudo leva a crer.[33]

Naquela noite, 1.645 pessoas morreram e 889 ficaram feridas. Segundo o historiador Angel Viñas, o responsável moral por essa atrocidade foi, sem dúvida, Franco. Três dias depois, as tropas nacionalistas tinham ocupado Gernika e a contrapropaganda entrou em ação negando qualquer envolvimento. Na noite de 27 de abril, a Rádio Nacional divulgou sua diatribe: "Mentiras, mentiras, mentiras", acusando os bascos (como fizeram em Eibar e Irún) de incendiar a própria cidade para ganhar solidariedade internacional. Em Irún, essa política de "terra arrasada", em que as tropas em retirada fizeram armadilhas e bombardearam os prédios mais importantes, foi realmente implementada. Mas Gernika, como sabiam todos os que viram, foi totalmente diferente.

Em Paris, isso não impediu que jornais como *Le Jour*, *L'Echo de Paris* e *L'Action Française* insistissem que os bascos tinham atacado a si mesmos. O jornal satírico *Le Canard Enchainé* deu a entender que Gernika, como Joana d'Arc, tinha se imolado na fogueira que ela própria acendeu. Durante meses, a imprensa de direita continuaria essa invenção perversa: no livro *Visita aos espanhóis*, Claude Farrère afirmou simplesmente: "Em Bilbao, os marxistas em retirada explodiram as seis pontes da cidade, da mesma forma que explodiram Gernika, que quem não viu imagina com tocante ingenuidade ter sido destruída pelo bombardeio dos nacionalistas vitoriosos."[34] A guerra de propaganda tinha chegado a um novo patamar. Mas também estava claro que, ao bombardear Gernika, Franco tinha quebrado o último tabu, ou seja, bombardeado indiscriminadamente civis em solo europeu. Foi o que causou enorme indignação no mundo inteiro.

Gernika não foi, de maneira alguma, o primeiro exemplo de bombardeio de saturação. Como Sven Lindqvist demonstrou de forma convincente em *A history of boombing* [Uma história do bombardeio],[35] as primeiras atrocidades foram cometidas pelas potências ocidentais, como parte do sistema colonial de controle. Havia uma lógica cruel: "As bombas eram recursos da civilização. Os que já eram civilizados não seriam bombardeados." O primeiro bombardeio foi feito pelos italianos sobre um oásis isolado em Trípoli, em 1911. A partir daí, a frequência e gravidade de cada ataque aumentou: em 1919, os ingleses bombardearam Dacca, Jalalabad e Cabul; em 1920, continuaram o bombardeio no Irã, na Transjordânia e em Bagdá. Em 1922, os sul-africanos bombardearam os hotentotes quase até dizimá-los. Em 1925, aviões americanos voluntários, por ordem da Força Aérea francesa e a serviço dos espanhóis, destruíram Chechauen, no Marrocos, enquanto os franceses mataram mais de mil pessoas em Damasco, na Síria. De 1928 a 1931, graças a ataques aéreos, os franceses conseguiram reduzir a população árabe na Líbia em 37%; em 1932, os japoneses bombardearam Xangai e em 1936, os italianos bombardearam os etíopes com gases e produtos químicos fazendo com que o imperador Hailé Selassié pedisse à Liga das Nações para suspender a "chuva de morte". Frente a tantos atos viciosos de destruição, por que Gernika teve um significado tão grande? Lindqvist explica com assustadora imparcialidade: "De todas as cidades e aldeias bombardeadas, apenas Gernika ficou na História porque está na Europa. Em Gernika, fomos *nós* que morremos." Mas não foi só esse o motivo.

À medida que a Alemanha e a Itália formaram suas forças aéreas num nível sem precedente na década de 1930, a guerra vinda do ar se tornou a nova obsessão. No Congresso Nacional francês de 1931, os representantes socialistas foram avisados de que armamentos aéreos podiam causar a morte de "dez, quinze, vinte milhões de pessoas".[36] Em Lyon, Toulon, Dunquerque e Nancy foram realizados ataques simulados com gases. Esses preparativos e o debate que se seguiu sobre a defesa dos civis causaram medo e uma sensação de inevitável, deixando a população apática, com um sentimento de derrota e desmoralização. Já em 1929, foi criado um

Centro Internacional de Documentação de Material Bélico Químico Transportado pelo Ar para monitorar a proliferação de bombardeios e registrar a dramática mudança na psicologia da guerra.

O mais influente pensador do novo tipo de guerra foi o italiano Giulio Douhet, que em 1921 lançou o livro *Il Dominio dell'Aria* [O domínio do ar]. Em 1935 saiu *Der Totale Krieg* [A guerra total], do general alemão Erich Ludendorff. Os dois livros afirmavam que a organização militar que não conseguisse conviver com a nova realidade estaria condenada. O bombardeio oferecia salvação aos que soubessem usá-lo em todo o seu potencial, semeando terror, morte e destruição. Não é de estranhar que ocorresse uma explosão de livros e filmes sobre o tema. Os profetas da destruição se superavam nas terríveis previsões do que traria o futuro. Em 1935 o filme de H. G. Wells, *Things to come* (no Brasil, *Daqui a cem anos*), mostrava ao público o que ele mais temia: o caos, a anarquia, a destruição. A destruição total de Gernika era o primeiro presságio do que o futuro poderia trazer. Hamburgo, Coventry, Roterdã, Dresden e Hiroshima ainda eram nomes de cidades e não códigos de catástrofes. De certa forma, a destruição de Gernika obrigou a cidade a existir para o mundo e trouxe seu nome para as conversas. Mas a cidade basca, que já não passava de um monte de cinzas, ainda precisava se transformar em *Guernica*, o quadro. Na tarde de 27 de abril de 1937, no Café de Flore, Picasso se esforçou, como todo mundo, para entender a gravidade do que tinha acabado de ouvir e as implicações do fato, principalmente para a família dele em Barcelona que, era razoável concluir, podia muito bem ter o mesmo fim que os habitantes de Gernika.

Na manhã de 28 de abril, a manchete do *Humanité*, o jornal que Picasso costumava ler, berrava: "Milhares de bombas incendiárias jogadas pelos aviões de Hitler e Mussolini." O relato, ao lado de patéticas fotos dos mortos e de uma panorâmica da cidade devastada, mostrava a tragédia com horrorizante imediatismo. Picasso já havia adiado muito. Ao ver o que estava exposto à sua frente, em vívidas fotos em preto e branco, a inércia acabou. No dia primeiro de maio, enquanto a cidade estava tomada pelas comemorações do Dia do Trabalho, ele fez as primeiras anotações de esboços para *Guernica*. Do primeiro esboço até terminar o quadro, apenas cinco semanas depois, o artista teve uma energia criativa que juntou as tramas da crucificação, de martírio, touradas e a vida do minotauro. Fotografado no processo de criação, seu quadro é talvez o mais bem registrado exemplo de trabalho em desenvolvimento na história da Arte. Por becos sem saída, ideias descartadas, inspirações passageiras, transmutações e transformações, podemos reconstruir o processo criativo de Picasso. Em 1935, ele havia pensado:

> Seria muito interessante preservar fotograficamente não as fases, mas as metamorfoses de um quadro. Provavelmente, assim seria possível descobrir o caminho que a mente percorre para concretizar um sonho. Mas é muito estranho observar que um quadro não muda e que a primeira visão continua quase intacta, apesar das aparências.[37]

O primeiro esboço de Picasso, uma anotação rápida a lápis que deve ter levado menos de um minuto para ser feita, medindo apenas 21×27cm, juntava o touro com um pássaro pousado nas costas, uma agitada imagem esquematizada de um cavalo caído e, mais acima, uma mulher na janela segurando um lampião, que também podia ser um vaso. No último segundo, como para fixar a imagem e equilibrar a composição, Picasso rabiscou com o lápis duas vezes para dar mais peso, formando um semicírculo quase com o mesmo efeito de um foco de holofote sobre um palco. O esboço era um resumo de várias preocupações dele na década anterior: o minotauro, as touradas e a guerra dos sexos. Mas, como Picasso sagazmente antecipou, a imagem final já estava tomando forma.

É errado insistir, como fizeram alguns críticos, que *Guernica* começou com o primeiro esboço do artista e a modelo. Ou sugerir, como fez Zervos, que algumas cenas de praia no formato horizontal, feitas na fase de gestação do quadro, levaram à imagem que conhecemos. A *Guernica* que conhecemos foi apenas uma segunda reação à encomenda original. Fica evidente de imediato que não há nada no primeiro esboço que descreva especificamente a cidade de Gernika, o bombardeio, os aviões, o efeito das bombas incendiárias, as chamas ou as explosões e os cadáveres. Do segundo ao sexto esboços, criados naquele primeiro dia, Picasso, como um diretor de teatro ou uma criança totalmente absorta em seus brinquedos, recoloca no lugar seus atores e dispensa os que não se enquadram na trama, refinando lentamente as ideias e aparando-as de acordo com a "primeira visão". Foi o que ele quis dizer quando declarou, enigmático, que "um quadro é a soma de suas destruições".[38] Na tarde de 1º de maio, ele tinha chegado bem perto do quadro terminado. No sexto esboço, há o touro, o cavalo, a mulher (agora claramente segurando um lampião) e também o soldado caído. Mas há detalhes que teriam de sumir, eram muito evidentes e literais: o pequeno Pégaso saindo de uma ferida aberta no flanco do cavalo; o capacete ateneu do soldado. Enquanto os esboços de 1 a 5 tinham fundo azul-claro, o sexto é branco. Picasso buscava no final do dia o "clima" de acabamento e uma ideia geral da composição.

No dia seguinte, quase como um fotógrafo, ele começou, dando um *zoom* nos detalhes. A essa altura, estava claro que o cavalo assumiria grande parte da carga de sofrimento do quadro. Nas touradas, particularmente antes de 1928, quando as leis proibiam que os cavalos participantes das touradas usassem mantas, esses animais tragicômicos representavam a vítima inocente.[39] Por duas vezes, no papel de fundo azul, o cavalo relincha levantando a cabeça para o alto. E então, impaciente, Picasso pega suas tintas e destaca dramaticamente a cabeça do cavalo num fundo preto. Ao procurar no ateliê um material mais resistente, que dê uma sensação maior de permanência, ele encontra um pedaço de madeira. Então, no final do segundo dia de trabalho, a cena fica cada vez mais refinada, com o aparecimento de outra mulher como vítima, jogada no chão e com o fundo irregular do esboço dando uma sensação ainda maior de claustrofobia.

Uma semana depois, Picasso remanejou outra vez a disposição do quadro. No dia 8 de maio, tentou um arranjo parecido com o do sexto esboço e acrescentou a mãe com o filho morto. Nos cinco dias seguintes, fez mais 11 esboços que, às vezes em cores discordantes, voltavam ao cavalo ferido e à mãe com o filho morto. Às vezes, a mulher estava subindo uma escada ou num arremedo da descida de Cristo da cruz. Ficou claro, como sempre ocorre em Picasso, que ele estava fazendo um arrastão em suas vastas reservas de memória pictórica, rapidamente editando e refinando. Os esboços focam as expressões faciais que, com o tom exato do drama, se aproximam da caricatura. Em 9 de maio, no esboço 15, intitulado *Estudo de composição*, ele chega mais perto do resultado final. Dois dias depois, com a enorme tela já montada no "celeiro do monge" (o ateliê no sótão), ele começou a mapear a composição. Como transpor um estudo de apenas 24×45,4cm para uma tela quase 250 vezes maior? As dimensões manteriam o efeito? E o tamanho das figuras em relação ao espectador não ficaria muito opressivo? No fim do dia 11 de maio, Picasso teve o primeiro estudo transposto e convidou Dora Maar para registrá-lo em fotos.

Ficou óbvio que a estrutura piramidal deu resultado, mas que o quadro tinha elementos demais. Em primeiro plano, o soldado caído, agora na posição de um Cristo crucificado, levanta o punho, desafiador. Mas está muito plano e preso à superfície, impedindo qualquer distanciamento. Durante um mês, Dora Maar registrou o desenvolvimento do trabalho mais oito vezes e, a cada "pausa" fotográfica, o quadro mudava sutilmente. Na primeira foto, o cavalo estava com a cabeça caída, vencido. Aos poucos, Picasso virou a cabeça dele mas, ao ver que apesar dessa mudança continuava confuso e sem criar o efeito desejado, colocou o pescoço do cavalo no alto da pirâmide. Aos poucos, partes do fundo, o espaço negativo, foram escurecidas, criando assim um dramático efeito de luz. Entre o terceiro e o quarto estágios, o quadro entrou numa fase crítica. O touro virou 180 graus, com o rabo chegando ao alto do canto esquerdo. Muitas piadas foram feitas depois, de que o rabo seria para cobrir a mancha na tela por causa de um vazamento no telhado. E, sabendo do deleite surrealista de Picasso com esse mero acaso, a brincadeira pode ter sido verdade. Mais radical ainda foi a introdução da técnica de colagem, com um largo pedaço de papel de parede colorido colado à mulher que entra à direita, para indicar um vestido, retirado à medida que o quadro foi se simplificando. Herschell B. Chipp tem razão, certamente, ao dizer que essa mudança ocorreu devido às visitas que Picasso fez ao Pavilhão Espanhol.[40] Comprovou lá que só se o quadro fosse ousado e simples conseguiria vencer as atrações ao redor. Mais uma vez, entretanto, Picasso mudou de ideia, voltou à colagem e chegou a acrescentar mais à esquerda, como se estivesse assustado com a austeridade do quadro.

No final de maio, Henry Moore e Roland Penrose encontraram Giacometti, Max Ernst, Paul Éluard e André Breton num grande almoço no ateliê. Moore depois lembrou:

> (...) foi muito animado e interessante, todos nós fomos ao ateliê e acho que até Picasso ficou animado com nossa visita.
> Lembro dele amenizando o ambiente, como gostava de fazer. *Guernica* ainda estava longe de ser terminada. Era como um cartum em preto e cinza, e ele poderia ter colorido como fazia com os esboços. Mas sabe aquela mulher no quadro que vem correndo da salinha à direita com a mão esticada na frente? Bom, Picasso nos disse que estava faltando uma coisa ali, entrou no ateliê, pegou um rolo de papel higiênico e enfiou na mão dela como se quisesse dizer que ela estava no banheiro quando as bombas caíram.[41]

"Pronto. Assim não fica dúvida sobre o efeito mais comum e mais elementar da guerra", disse Picasso.[42] Penrose lembrou que "quando as visitas chegavam, ele discutia com elas o movimento das figuras como se o quadro fosse vivo".

E, sob vários aspectos, era. *Guernica* tinha se tornado uma interação entre a imaginação de Picasso, sua imensa técnica e quase perfeita coordenação mão-olho, sua autobiografia, a história da arte e o drama em sua vida emocional, que se desenrolava à medida que o quadro progredia.

A vida cotidiana de Picasso se tornara cada vez mais dedicada à família. Durante a semana, ele ficava no ateliê em Paris, perto de Dora, e nos finais de semana ia para o campo ficar com Marie-Thérèse e Maya. O curioso é que, no campo, ele expulsava toda a indignação contida em *Guernica* e pintava flores e naturezas-mortas.

Pouco antes do término do quadro, certo dia, Marie-Thérèse entrou no ateliê e encontrou Picasso na escada e Dora aos pés dele. Essa ficou sendo "uma das melhores lembranças dele", Françoise Gilot, companheira do artista depois da guerra, lembrou a cena, contada por ele:

"Tenho um filho com esse homem. O meu lugar é aqui com ele", disse Marie-Thérèse. "Vá embora", exigiu Dora Maar. "Tenho tanta razão quanto você para estar aqui. Não tenho filho dele, mas isso não faz diferença."[43]

Picasso não quis se envolver na discussão das duas, preferiu assisti-la. E contou:

> Por fim, Marie-Thérèse virou-se para mim e disse: "Resolva. Qual das duas vai embora?" Era uma decisão difícil de tomar. Eu gostava das duas, por motivos diversos: de Marie-Thérèse, porque era doce e gentil e fazia tudo o que eu queria; de Dora, porque era inteligente (...) Respondi que elas é que deviam discutir. Então, as duas começaram a brigar.[44]

Marie-Thérèse e Dora tinham entrado no quadro. O perfil grego da primeira era reconhecível na mulher segurando o lampião. Mas Dora tinha participado fisicamente na criação do quadro. Quando *Guernica* estava quase pronta, ela ajudou Picasso a pintar a sombra em forma de cruz no dorso do cavalo. Mas, de uma forma mais profunda, Dora tinha passado também a representar o teor emocional do quadro. Ela era a mulher que chora: orgulhosa, provocante, inteligente, linda, mas essencialmente kafkiana e destinada a uma vida infeliz.

Guernica estava terminada. Ou o mais terminada que poderia ficar. Picasso era capaz de retocar e repintar, como tinha feito com muitas outras obras, até não parecerem nem um pouco com o que eram antes mas, de certa forma, mais fiéis à primeira ideia. Ele disse a Sert que era melhor ele vir buscar o quadro. O quadro era um feito extraordinário, sobre o qual Picasso declarou: "Se a paz vencer no mundo, a guerra que pintei será coisa do passado. (...) O único sangue a correr será o de um lindo desenho, um belo quadro. As pessoas vão se aproximar dele e, ao tocarem-no com os dedos, vão sentir uma gota de sangue, mostrando que o quadro está realmente vivo."[45]

Notas

1. Sob vários aspectos, o Café Madri foi uma sucursal no norte espanhol do lendário Café Pombo de Madri, onde o crítico Ramon Gomez de la Serna reinava absoluto. Foi ele quem, em 1917, organizou a primeira homenagem espanhola a Picasso e, em 1931, publicou seu inovador estudo de 386 páginas intitulado *Ismos*, onde o Picassismo tem a parte do leão. Gomez de la Serna, R., *Ismos* (Madri: Biblioteca Nueva, 1931).
2. Bonet, J. M., *Diccionario de las Vanguardias em España* (Madri: Alianza, 1995).
3. Ernesto Giménez Caballero foi o fundador da muito influente *La Gaceta Literaria*.
4. Morto no outono de 1936, em San Sebastián, Aizpúrua foi um dos primeiros mártires da *intelligentsia* nacionalista. Sanz Esquide, J. A. *Real Club Náutico* (Almeria: Colegio de Arquitectos de Almeria, 1995).
5. Giménez Caballero, E., *Arte y Estado* (Madri: Gráficas Universal, 1935).
6. Chipp, H. B. *Picasso's Guernica* (Londres: Thames and Hudson, 1989), p. 4.
7. O diretor-geral de Arte na época, Ricardo Orueta, procurou saber do embaixador espanhol em Paris, o famoso escritor Salvador de Madariaga, se depois de morar tanto tempo fora, Picasso ainda era cidadão espanhol. Madariaga confirmou que sim, mas também informou que a costumeira recusa de encontrar o embaixador de seu país e a incapacidade de atender os convites eram apenas "falta de modos" de Picasso. Orueta aceitou o conselho de Madariaga e o projeto foi deixado de lado. Puente, J. de la, *Guernica: The making of a Painting* (Madri: Silex, 1997), p. 75.
8. Giménez Caballero, E., *Arte y Estado* (Madri: Gráficas Universal, 1935).
9. Low, R., *La Pasionaria: The Spanish Firebrand* (Londres: Hutchinson, 1992), p. 4.
10. Preston, P. *The Spanish Civil War* (Londres: Weindenfeld & Nicolson, 1986), p. 9 e 10.
11. Stein, G., *Picasso* (Londres: Batsford, 1938), p. 32 e 33.
12. Unamuno e, sobretudo, Ortega y Gasset em seu influente livro *La deshumaniuzación del arte*, 1925, chegou quase a se afastar do liberalismo em favor de uma elite cultural.
13. Preston, P., *The Spanish Civil War* (Londres: Weinfeld & Nicolson, 1986), p. 60.
14. Orwell, G., *Collected Essays* (Londres: Secker & Warburg, 1975), p. 218.
15. Utley, G., *Picasso: The Communist Years* (New Haven: Yale University Press, 2000), p. 15.
16. Weber E., *The Hollow Years: France in the 1930's* (Londres: Sinclair Stevenson, 1995), p. 88.
17. Brassaï, *Conversations with Picasso* (Chicago: University of Chicago Press, 1999), p. 198.
18. Téry, S., *Picasso n'est pas officier dans l' armée française*, 24 de março de 1945, *Les Lettres Françaises* — tradução para o inglês de Oppler, E. C., *Picasso's Guernica* (Nova York: Norton, 1988), p. 152 a 153.
19. Oppler, E. C., p. 184.
20. Críticos tinham indicado uma relação com o *Ubu Rei*, de Alfred Jarry.
21. Puente, J., *Guernica, The Making of a Painting* (Madri: Silex, 1997), p. 94.
22. Southworth, H.R., *Guernica! Guernica!* (Berkeley: University of California Press, 1977), p. 16.
23. *El País*, 22 de novembro de 1981.
24. Considerando que o presidente Aguirre só saiu de Bilbao no dia 14 de junho, seria bem perto de Picasso terminar *Guernica*.
25. Southworth, H. R., p. 14.

26. Southworth, H. R., p. 188 a 189.
27. Preston, P., *Franco* (Londres: Fontana Press, 1993), p. 242 a 244.
28. Entrevista com o autor, outubro de 1997.
29. Weber, E., *The Hollow Years* (Londres: Sinclair Stevenson, 1995).
30. Ver o ótimo perfil de George Lowther Steer por Nick Rankin em seu livro *Telegram from Guernica* (Londres: Faber and Faber, 2003).
31. Southworth, H. R., p. 12.
32. Southworth, H. R., p. 12.
33. *The Times*, 27 de abril de 1937, Southworth, H. R., p. 14.
34. Southworth, H. R., p. 175 a 76.
35. Lindqvist, S., *A History of Bombing* (Londres: Granta, 2001).
36. Weber, E.
37. Zervos, C., *Conversations with Picasso* (Paris: *Cahiers d'Art*, 1935).
38. Ashton, D., *Picasso on Art* (Londres: Thames and Hudson, 1972), p. 38.
39. Agradeço ao dr. Ivan Moseley, ex-presidente do Clube Taurino de Londres, por fornecer este detalhe.
40. Chipp, H. B., p. 127.
41. Russel, J., *Sunday Times*, 17 de dezembro de 1961.
42. Penrose, R., *Picasso* (Londres: Granada, 1981), p. 306.
43. Gilot, F., *Life with Picasso* (Londres: Virago, 1990) p. 200 a 201.
44. Ibidem.
45. Ibidem.

2

Um réquiem silencioso

> A guerra é linda porque é o começo do sonho da metalização do corpo humano. A guerra é linda porque enriquece um prado florido com as orquídeas ígneas das metralhadoras. A guerra é linda porque faz uma sinfonia com os tiros de canhão, os cessar-fogo, os odores e o fedor da putrefação.
>
> F. T. Marinetti

> Imagens escuras, confusas, incertas têm mais poder sobre a fantasia para formar os sentimentos mais avassaladores do que as imagens claras e definidas.
>
> Edmund Burke, *Philosophical Enquiry into the Origin of Our Ideas of the Sublime and Beautiful* (1757)

GUERNICA TINHA SIDO UMA batalha épica para Picasso lutar contra as formas e vencer os demônios. É curioso que, ao analisar seu enfoque singular, ele tenha concluído que "há formas que se impõem ao pintor. Não são escolhidas. E, às vezes, vêm de uma memória ancestral anterior à vida. É muito misterioso e incomoda bastante".[1] Incomodou mais ainda o fato de, com *Guernica* exposta a todos, os críticos terem uma necessidade quase pedante de mostrar o significado dos símbolos que Picasso usou. Seu velho amigo, Palau I Fabre, observou: "Após mergulhar nas profundezas da alma humana, ele encontrou em si mesmo a criança e o homem primitivo. Reinventou a história do ser humano e transformou-a em lenda."[2] O que significava o touro e o que simbolizava? Era um autorretrato? Seria, como disseram alguns críticos, uma válvula de escape para uma realidade violenta demais? Ou talvez uma máscara em que o artista houvesse escondido a dualidade de seus sentimentos? O Minotauro passou anos ao lado de Picasso, todos os dias. Outros viram no touro a encarnação do demônio e, por extensão, um retrato de Franco. Em contraste absoluto, outros ainda viram nele um símbolo do tão sofrido povo espanhol. Era impossível dizer qual a interpretação mais convincente, sobretudo porque Picasso se irritou com a necessidade de os críticos serem tão literais e redutivos, e não quis ajudá-los a entender o quadro.

Para os estudiosos de arte, prontos a procurar os antepassados de *Guernica* na história da arte, o quadro também foi um campo minado. Picasso destacou muitas vezes a necessidade de o artista moderno ser um cleptomaníaco visual e confirmou isso em *Guernica*. Passou meses vasculhando os arquivos da história da arte e usou inúmeras fontes potenciais: da escultura funerária romana ao *Juramento de Horácio,* de Davi; do *Apocalipse de são Severo*, no códice do século X de Beatus de Liébana, à arte primitiva catalã. Do clássico *Vitória alada da Samotrácia* à *Estátua da Liberdade*, de Bartoldi; do *Altar de Isenheim*, de Grünewald, ao *Massacre em Quíos*, de Delacroix; da *Barca de Medusa*, de Géricault, ao *Horror da guerra*, de Rubens, que está no palácio Pitti, em Florença. De Guido Reni a Poussin; de Pierre-Paul Pru'dhon a fotos dos jornais *L'Humanité* e *Ce Soir*; da *Descida da cruz*, de Rogier van der Weyden, ao *Três de maio*, da aterradora série de gravuras *Desastres,* de Goya. Uma das teses mais recentes sugere que ele se inspirou também num afresco catalão anônimo, *O triunfo da morte*, do Palazzo Abatellis, em Palermo. Todas essas obras foram absorvidas, metamorfoseadas e transformadas. Em seu estilo de trabalho, o artista teria canibalizado também temas mais antigos. Encontramos no quadro, claro, trechos de *Sonho e mentira* e *Minotauromaquia*, além de *Crucificação, Três dançarinas* e da *Suíte Vollard*, além de ecos de antigos desenhos de touradas feitos na juventude e centenas de outros, inclusive gestos levemente sugeridos, composições parecidas e suas técnicas habituais. Pouco importava que Picasso tivesse se inspirado em outras partes, o que interessava mesmo era que conseguisse ao mesmo tempo algo que fosse impressionante e novo. Ele tinha feito uma espécie de alquimia visual em que a força imediata e o cartaz de propaganda ficavam lado a lado com algo tão antigo e atávico quanto o bisão de Altamira. Em 12 de julho de 1937, as portas do Pavilhão Espanhol foram abertas, e o público pôde ver *Guernica* e tirar suas próprias conclusões.

Poucos artistas na história (exceto Goya, que criou *Dois e Três de maio* em apenas dois meses) foram capazes de criar e concluir uma obra tão complexa e convincente em tão curto tempo. Foi uma façanha marcante, tanto física quanto intelectualmente. Sempre surpresa com a extraordinária energia desse artista, Françoise Gilot perguntou a ele qual o preço físico de um impulso tão obsessivo:

> Perguntei se ele não se cansava de ficar tanto tempo num lugar. Ele balançou a cabeça:
> "Não. Por isso os pintores vivem tanto. Quando vou trabalhar, deixo meu corpo lá fora, como os muçulmanos tiram os sapatos antes de entrar na mesquita."[3]

Na segunda metade de junho, a tela de *Guernica* foi retirada da parede do ateliê, enrolada e levada para o Pavilhão Espanhol, cuja construção estava atrasada, embora outros pavilhões também estivessem. Na verdade, a Exposição Internacional de Artes e Técnicas na Vida Moderna estava atrasada dois anos e corria o risco de não ser inaugurada, já que já havia sido cancelada em 1934, após protestos trabalhistas no centro de Paris. O primeiro-ministro Blum tinha investido um enorme capital político no projeto, pois a política cultural da Frente Popular dependia da promessa eleitoral de "abrir as portas da cultura". A direita criticara a Frente por sua obsessão por um materialismo grosseiro e barato, razão pela qual estava ansiosa pela aprovação do público. A inauguração foi marcada para coincidir com o Primeiro de Maio, realizando assim a vontade de Blum de fazer da exposição uma vitória simbólica sobre as forças internacionais do fascismo. Mas, devido ao aumento das disputas trabalhistas, a inauguração foi adiada para 24 de maio. Desde o começo, a exposição foi perseguida por agitações e tumultos trabalhistas e até pela morte dos seis participantes assassinados pela polícia em 16 de março, numa luta da extrema direita com a esquerda. Para complicar ainda mais a situação, foi marcada greve geral para 18 de março. Em maio, no dia 24, apenas cinco pavilhões estavam prontos: o russo, o alemão, o italiano, o dinamarquês e o holandês. A iluminação das ruas não estava funcionando e algumas ainda não tinham o revestimento de cascalho. O presidente francês Lebrun, sua comitiva e os jornalistas foram guiados por um caminho complicado para que não viessem a ver as falhas mais evidentes.

Sob vários aspectos, a exposição foi um desapontamento, e seu eventual sucesso dependeu muito de improvisos de última hora. O arquiteto-chefe, Jacques Gréber, queria tirá-la do centro de Paris e usá-la como justificativa para reviver e repovoar um subúrbio afastado. O mais famoso arquiteto francês de vanguarda na época, Le Corbusier, também defendia a ideia de um espaço totalmente novo para testar suas últimas teses de planejamento urbano. Mas isso não aconteceu. A contribuição de Le Corbusier foi mínima e sua tenda Pavilhão dos Novos Tempos foi colocada no anexo arquitetônico perto da Porte Maillot. Finalmente, com o prazo se esgotando e a impossibilidade de criar uma nova zona urbana com a infraestrutura adequada, foi decidido manter o que era comprovado e conhecido, e usar o mesmo local da exposição de 1900, entre o Campo de Marte e o Trocadéro. Mais uma vez, a exposição iria usar a ideia de criar uma cidade dentro de outra. Seria uma cidade temporária, abrindo uma janela para o mundo. E, numa época de guerra e com a ameaça de o conflito europeu aumentar, a exposição seria uma experiência enaltecedora, comemorando — como fez — a ligação entre modernidade, bom desenho e tecnologia de ponta.

Paris tinha muita experiência em organizar gigantescas feiras e exposições mundiais: na verdade, aquela seria a sétima vez. O local, embora bem espaçoso em 1900, seria ampliado com dois quilômetros de avenidas para desfiles nas duas margens do Sena. Quarenta e quatro países foram convidados a participar, além de todos os grandes estandes de comércio, restaurantes e infraestrutura para atender os visitantes que, no final, somaram o número impressionante de 37 milhões. Uma das decisões mais importantes, tomada logo no início, foi de demolir os palácios de Davioud e Bourdais, projetados para a exposição realizada em 1878, e criar um novo ponto de interesse. Os arquitetos Carlu, Boileau, Azéma venceram o concurso para construir o palácio de Chaillot na colina bem em frente à avenida da Torre Eiffel do outro lado do Sena. Com seus pavilhões clássicos, baixos e em forma de meia-lua, o palácio ficou tão asséptico e indefinível que Picasso, Matisse, Cocteau e Maillol, entre outros, se sentiram na obrigação de exigir outro arquiteto. Mas, enfeitado com frases refinadas de Paul Valéry, o palácio de Chaillot tinha o estilo perfeito de anonimato corporativo misturado com os habituais anseios de metas mais altas. Logo na base da colina, no meio, foi colocado o Monumento à Paz, de bronze, com 50 metros de altura, inspirado aparentemente sem qualquer ironia na pouco pacífica Coluna de Trajano. Perto, ficava o palácio de Tóquio, um prédio mais bem realizado, projetado como espaço para expor arte contemporânea.

A ilusória ideia de permanência dada por esses prédios, junto com os pavilhões nacionais e suas bem planejadas exposições, contrastava com as atrações, efêmeras e muitas vezes aprontadas na última hora. Fontes, jardins e a onipresente silhueta da Torre Eiffel foram o pano de fundo para espetaculares fogos de artifício nas margens do tranquilo Sena, preparados pelo engenheiro espanhol Carlos Buigas e ao som de música especialmente composta para o evento por Honneger, Milhaud, Auric, Ibert e Messiaen. A exposição, sobretudo didática, também era divertida. Bondes elétricos transportavam os visitantes para todo canto, havia uma feira de variedades, um festival da cozinha regional francesa e diariamente os alto-falantes informavam ao visitante as atrações extras. O artista Amédée Ozenfant ficou impressionado: "Foi incrível! Era tudo grandioso! Vasto, diversificado, organizado e completamente natural, leve, jovem. Um choque!"[4]

O Pavilhão Espanhol abriu para o público a 12 de julho, mas fechou no dia seguinte para ser terminado. Foi o trigésimo quinto dos 41 a serem inaugurados. Embora seja um lugar-comum dizer que os espanhóis têm um dom especial para improvisos, a exposição comprovou isso. Naquele momento, em meio a uma guerra fratricida que exauria as forças, as finanças e o ânimo, é incrível que o pavilhão tenha sido terminado — e um milagre que tenha produzido arte de qualidade tão duradoura. Considerando tudo isso, talvez não surpreenda que os comissários José Gaos, José Maria Ucelay e Ventura Gassol tenham recebido medalhas de ouro pela colaboração no evento, mas nos meses de abril e maio de 1937 eles cortaram um dobrado. Julio González só foi contratado em meados de abril. E Picasso só começou a pintar em meados de maio. Miró não tinha ainda colocado os andaimes para pintar seu bonito *Camponês catalão em revolução*. Os comissários devem ter quase enlouquecido, às vezes tentando ter uma ideia geral da filosofia e da intenção do projeto.

Hoje, se alguma coisa faz lembrar a Exposição Internacional de Artes e Técnicas na Vida Moderna de 1937, é o Pavilhão Espanhol e, mais exatamente, a *Guernica*. Mas no verão de 1937 foi bem diferente. O modernismo, "racionalismo", ou estilo internacional, como era chamado na época, só interessava a poucos. Quando o visitante descia a grande escadaria de desfile do palácio de Chaillot para entrar na exposição, passava pelas fontes ornamentais e as cerradas fileiras de bandeiras dos países expositores e via então que todas as atenções iram para os pavilhões da União Soviética e da Alemanha nazista ladeando a entrada da ponte Jena. Os dois gigantescos monolitos de pedra eram francamente políticos como a arquitetura jamais tinha sido. A construção clássica projetada por Albert Speer era a reação direta por ele ter podido dar uma olhada na maquete do Pavilhão Soviético, de Boris Iofán. E Speer aproveitou. Com proporção e simplicidade, ele reduziu o efeito dos blocos de pedra de Iofán que vinham logo após. Vera Mujina esculpiu uma enorme estátua de 25 metros de altura, de um casal de operários idealizados, empunhando bigorna e foice, rumo a se apossar de seu futuro proletário. Speer então rebateu com a águia nazista, as patas bem presas à suástica, olhando para baixo, prestes a agarrar o casal. Os dois pavilhões estavam unidos pelo contraste, como uma dialética marxista esculpida em pedra. Nas palavras de Eric Hobsbawm, era nada mais do que "pompa e gigantismo", a versão do século XX das grandes pirâmides de Gizé. Mas Speer também se inspirou no estilo moderno e, em particular, no conceito de escultura que Raymond Hood mostrou em arranha-céus de Nova York. Com o prédio do *Daily News* e, mais radicalmente, com a Torre Chrysler, Hood conseguiu transformar arquitetura em propaganda. A ideologia e a identidade corporativa são as realidades intercambiáveis da era da produção e da doutrinação em massa.

O Pavilhão Italiano, projeto de Marcello Piacentini, mostrou que elegância e regimes totalitários não se excluíam. Mas a exposição não era apenas uma oportunidade para os novos estados totalitários flexionarem seus músculos arquitetônicos. O Pavilhão Japonês, de Sakakura, e o finlandês, do jovem Alvar Aalto, foram exemplos inspirados do estilo racionalista, mostrando todo o potencial expressivo do vidro e do aço. O Pavilhão Inglês, projeto do arquiteto Oliver Hill (famoso por seu Hotel Midland, na baía Morecambe), tinha obras de John Nash, Eric Ravilious, Edward McKnight Kauffer e Edward Bawden. A obra mais impressionante era um painel de vidro gravado de 15 metros de comprimento, de Gertrude Hermes. Além das mostras de artesanato e comércio, havia também uma seleção provinciana de cenas de caça, pesca e tênis que entravam em choque com o clima predominantemente político. Era puro escapismo, coroado pela foto comicamente adequada do novo primeiro-ministro Neville Chamberlain "em pescaria" e uma bizarra reação aos organizadores da exposição, que queriam celebrar as "artes e técnicas na vida moderna".

Uma das mostras mais bem-sucedidas foi o Palácio da Eletricidade, de Robert Mallet Stevens, que acabou projetando seis pavilhões. Raoul Dufy fez o maior mural do mundo, dedicado à "fada da eletricidade" e que media incríveis 10 metros de altura por 60 de comprimento. Em suas cores suaves de sempre, Dufy conseguiu misturar a beleza bucólica de trigais assolados pelo vento a geradores de eletricidade como se fossem deuses bondosos numa maravilhosa visão futurista em que o passado rural e o futuro mecanizado estão em perfeita e eterna harmonia. No total, expuseram 300 artistas, de diferentes níveis de reconhecimento. O mural de Fernand Léger, *Transporte das forças*, no Palácio da Descoberta, provou que o artista não precisa reduzir sua criatividade para fazer uma encomenda com tema definido. Outro impressionante mural abstrato, em 1.800 metros quadrados de parede no Palácio da Estrada de Ferro e numa explosão de cores caleidoscópicas, era de autoria de Robert e Sonia Delaunay, estrelas da Exposição das Artes Decorativas de 1925. Embora os pavilhões em geral oferecessem entretenimento, eram essencialmente didáticos. E o Pavilhão da Defesa Passiva, com sirenes de ataques aéreos e máscaras contra gases, trazia imediatamente o visitante de volta à realidade.

O Pavilhão Espanhol ficava ao lado do Pavilhão Polonês e com o Pavilhão Pontifical atrás. Considerando o apoio do arcebispo de Toledo (cardeal Isidro Goma y Tomás) a Franco e seu ódio mortal pelos "vermelhos" ("filhos de Caim", como ficaram conhecidos), talvez não surpreenda que o Vaticano permitisse que seu pavilhão exibisse obras que criticavam muito a República. As mensagens pastorais do cardeal Isidro sempre foram inflamadas, mas foi o cardeal Pacelli, secretário de Estado do Vaticano, quem autorizou e estabeleceu a política em relação aos rebeldes bascos católicos que continuavam apoiando a causa republicana. Em 1º de julho de 1937, o papa lançou a encíclica "Aos bispos do mundo", na qual legitimava a rebelião militar.

Ao entrar no Pavilhão Pontifical, o visitante ficava de frente para a enorme tela de 6×3m de José Maria Sert, intitulada *Santa Teresa, embaixadora do Amor Divino na Espanha, oferece a Nosso Senhor os mártires espanhóis de 1936*. A obra foi especialmente encomendada pelo cardeal Isidro. Nela, Cristo crucificado se lança sobre a santa como um piloto de caça num vertiginoso ataque aéreo e recebe a alma dos mártires mortos. A santa tem a seus pés os bispos e, abaixo deles, o rebanho de fiéis, uma representação perfeita da hierarquia tão abençoada por Franco e pela Igreja do cardeal. Sert sempre foi um brilhante executor de pinturas murais, misturando influências de Piranesi, Tiepolo e Goya num fascinante coquetel moderno com uma teatralidade de *trompe l'oeil*. Elegante, rico e bem relacionado, ele fez parte do círculo de Picasso quando morou em Paris e era também tio de Josep Lluís Sert. Como tantos amigos de Picasso, Sert havia apoiado a República em sua idade de ouro e em 1936 chegou a receber a encomenda de um mural para o Conselho da Liga das Nações, em Genebra.[5] Segundo consta, após a prisão dele como "vermelho", no final do outono de 1936, o cunhado de Franco e eminência parda Ramón Serrano Suñer ofereceu anular a pena de morte a que estava condenado, caso ele declarasse publicamente que tinha mudado de lado. Sert aceitou. Foi um grande golpe de propaganda e um aviso claro para qualquer artista espanhol no exílio sobre o que esperar, caso fosse bobo ou azarado a ponto de ser preso pelas tropas de Franco. Mas é absolutamente certo que a queima dos murais de Sert na catedral de Vic por simpatizantes da República, em 21 de julho de 1936, teve um grande efeito sobre sua imagem política. Em meados de 1937, ele foi à sede do Partido Nacionalista em Burgos e ofereceu ajuda à causa de Franco. Não por acaso, a igreja em chamas que aparece no quadro de *Santa Teresa, embaixadora*, era a catedral de Vic.

A modesta oferta de José Lluís Sert e de Lacasa ficou à sombra da forte declaração de Speer. A máquina nazista já havia demonstrado em Gernika que, na guerra moderna, não havia mais tabu a romper. A única reação viável do governo republicano era usar o pavilhão como uma oportunidade de afirmar sua legitimidade, realçar seu sofrimento e provar sua capacidade de recuperação. Afinal, em termos de qualidade de arte, o que eram os super-homens teutônicos de Arno Breker, comparados com a *Guernica* de Picasso?

Claro que o Pavilhão Espanhol só podia gastar uma fração do orçamento de seu arrogante vizinho alemão e, com o Pavilhão Pontifical situado logo atrás, deve ter parecido enclausurado. Em setembro de 1936, após Caballero ser indicado primeiro-ministro, Gaos substituiu o comissário Carlos de Battle e escolheu Luis Lacasa para arquiteto do pavilhão. Lacasa era um cosmopolita, tinha morado em Paris e participado do planejamento urbano de Dresden, onde visitou a Bauhaus várias vezes. Embora fosse um arquiteto perfeito, sua verdadeira força era como teórico. Era também membro ativo do Partido Comunista espanhol. Tinha ótimas credenciais, portanto, mas foi só quando se juntou a Josep Lluís Sert e depois a Antonio Bonet que o trio criou a mais simbólica e bem-sucedida construção espanhola do estilo racionalista.

Na fase de planejamento do pavilhão, os arquitetos e prováveis expositores (inclusive Picasso, Miró, González e o escultor Alberto Sanchez) se reuniam em Paris na Secretaria de Turismo Espanhol, no Boulevard de la Madeleine, para discutir seus projetos. Em 27 de fevereiro de 1937, foi colocada a pedra fundamental e Lacasa esperava que, quando estivesse pronto, o pavilhão mostrasse alto e bom som "as glórias dos *pueblos* de Espanha" em toda a sua diversidade. Situado entre as grandes árvores dos jardins do Trocadéro, permitiu que Sert e Lacasa tirassem partido da paisagem de uma forma que os pavilhões soviético e nazista não conseguiram. O projeto era muito simples, em essência. O térreo, em alvenaria, era aberto, com pilotis de aço colocados a espaços regulares como suporte para os dois andares. A primeira impressão era de um espaço claro e, ao mesmo tempo, leve e aberto. Contrastando com o colosso da Alemanha nazista, ele parecia flutuar. Sert teve essa inspirada ideia porque era impossível cumprir o prazo para a construção; então, deixou de lado o material mais "nobre" (pedra e tijolo) e usou elementos pré-fabricados que destacavam mais os ambientes. A aplicação espartana da cor, com o metal pintado de vermelho ou branco e o cinza sombrio dos beirais de cimento corrugado em algumas partes do segundo andar, confirmou mais uma vez a funcionalidade do prédio e sua orientação racional.

Surpreendentemente e em total descompasso com o tema da exposição, a República fugiu do efêmero, não para enfocar o desenho industrial, mas a arte e a propaganda. No primeiro andar, estava planejado expor documentos, inclusive mapas e fotografias que abordariam e celebrariam as conquistas na área da educação e, sobretudo, a iniciativa bem-sucedida de maior acesso às artes. A lógica do pavilhão como espaço de exposição, entretanto, foi invertida: uma rampa levava o visitante à entrada no segundo andar, com acesso ao primeiro apenas por uma escada interna.[6]

O primeiro contato com o pavilhão era marcado pela imponente escultura de 12,5m de Alberto Sanchez. Padeiro e ativista do sindicato de comércio, era até pouco tempo antes, segundo Juan Manuel Bonet, "o segredo mais bem guardado da Espanha". A quintessência do artista do proletariado valorizado pela arte. Muito inspirado na natureza, ele criou para o pavilhão um enorme totem de cimento que, como um cacto no deserto, foi colocado sobre uma pedra de moinho. O toque telúrico da obra combinava com um título muito literal e quase utópico: *O caminho do povo espanhol leva a uma estrela*.[7] A inclinação romântica de Sanchez fazia um contraste perfeito com a escultura de ferro fundido de uma mãe-terra catalã, *La Montserrat*, de Julio González. As fotos mais impressionantes de Gernika publicadas na imprensa eram de mulheres fugindo de bombardeios aéreos. E, embora ainda existisse a imagem tradicional da camponesa dona de casa, devota e sofredora, sempre de negro, havia também a "nova" espanhola da República. Uma mulher como a famosa líder comunista Dolores Ibárruri, La Pasionaria, pronta a ir para as trincheiras, ombro a ombro com os homens, mas cuja força interior vinha de arquétipos históricos como *La Montserrat*. Do outro lado da entrada ficava a *Cabeça de mulher*, de Picasso, unindo moderno e antigo de uma forma que representava com mais agudeza o tema tácito do pavilhão.

Depois dessas três esculturas, a atenção do visitante era atraída pela parte externa do pavilhão, coberta por uma enorme fotomontagem, ao lado de estatísticas e também de frases do presidente da República Manuel Azaña. O visitante era então convidado a passar por um pátio coberto que dava num palco de teatro, com uma rampa de concreto à esquerda formando um arco elegante e suave. Era ao passar por aí que se deparava, cara a cara, o impacto de *Guernica*. Seguindo o itinerário de visita e subindo inicialmente a rampa para o segundo andar, o visitante era levado ao tema da Guerra Civil por meio de uma seleção de quadros, desenhos, cartazes e fotomontagens. José Renau foi particularmente forte em seu estilo direto e vigoroso. Uma fotomontagem mostrava caminhões transportando a *Trindade*, de El Greco, do Museu do Prado para a segurança de Valência, numa fina peça de propagada para destacar que os "vermelhos" eram na verdade os salvadores da cultura e não seus destruidores, como Franco queria que se acreditasse. Uma coleção de arte contemporânea espanhola estava exposta em murais no interior e, se antes de ir lá, o público fosse avisado do assustador mural de Picasso, ficava então bem claro que ele não era o único com direito a mostrar angústia e dor. As obras de Arturo Souto, Rodriquez Luna, Miguel Prieto, Mateo, Puyol, Horácio Ferrer e Edouardo Vicente tratavam quase exclusivamente dos horrores da Guerra Civil. Usando sobretudo negro e marrom, esses artistas mostraram e cortaram, com a faca de suas cores, os registros apaixonados do que viram de bombardeios, fome, tortura e penúria. A obra mais perturbadora, já bem conhecida do público parisiense, era de José Gutiérrez Solana, com quadros que mostravam os rituais e superstições da velha e sombria Espanha da Inquisição e sua obsessão pela morte.

Outro fato muito emocionante da exposição foi a homenagem a figuras de destaque na cultura que já tinham se tornado vítimas da guerra. García Lorca estava numa foto e os dois escultores realistas Emiliano Barral e Francisco Perez Mateo ficaram em lugar de honra, entre a obra de seus pares, inclusive *Cabeça de mulher*, imortalizada na *Suíte Vollard*, e a *Mulher com jarro*, ambas de Picasso, sendo que esta última seria mais tarde colocada no túmulo dele. Determinadas áreas no Pavilhão Espanhol davam a impressão mais de um obituário do que de uma exposição. Elas ilustravam perfeitamente o sentimento de Antonio Machado expresso nos famosos versos finais de *Proverbios y cantares*:

> *Ya hay un español que quiere*
> *vivir y a vivir empieza,*
> *entre una España que muere*
> *y otra España que vosteza.*
> *Españolito que vienes*
> *al mundo, te guarde Dios.*
> *Una de las dos Españas*
> *ha de helarte el corazón.**

Mais além, eram mostradas obras selecionadas do Museu de Belas Artes de Bilbao e uma coleção de arte catalã. Infelizmente, o registro exato de tudo o que foi mostrado desapareceu, assim como muitas obras, depois do retorno a Valência e da subsequente vitória de Franco.[8] Para deixar a

---

*Não há um espanhol/que queira viver/e comece a viver/numa Espanha que,/de um lado, morre e,/de outro, boceja./Espanholito que vens ao mundo,/Deus te guarde./Uma dessas duas Espanhas/há de gelar teu coração. (*N. da T.*)

exposição menos arrogante e mais democrática, as artes aplicadas foram bem representadas com cerâmicas, tecidos, utensílios, cestaria, bordados, joalharia e uma boa coleção de trajes tradicionais muito apreciados pelo público. Dessa parte, o visitante descia a escada para o primeiro andar, passando pelo *Camponês catalão na revolução*, de Miró, um grande mural de 5,50×3,65m, pintado diretamente nos painéis de *celotex*. Era uma técnica que Miró descreveu como "direta e brutal" e ficava evidente que a tinta luminosa foi aplicada com uma fúria controlada. Misturado com uma paródia grotesca de um camponês carregando uma foice, tema próximo de Millet e Van Gogh, o camponês de Miró aparecia dramaticamente sobre fundo negro e transformado num símbolo do sofrimento humano. Nesse aspecto, ele é quase tão pessimista quanto *Guernica*, fazendo a nobreza do camponês catalão parecer uma lunática cena de carnaval. Ao lado, via-se o impressionante cartaz *Ajude a Espanha*, também de Miró, demonstrando perfeitamente que até o estilo mais vanguardista poderia ser colocado a serviço de uma causa maior.

Já no primeiro andar, o visitante podia ver com mais detalhes o programa de reformas da República. Havia interessantes painéis sobre o trabalho pioneiro das Missões Pedagógicas; o projeto de escolas catalãs; os planos de reformas na agricultura; as minas de mercúrio em Almade e o novo *campus* universitário de Madri, que tinha sido parcialmente destruído durante o cerco. Considerando a dificuldade de fazer uma exposição temática que ia de áridas estatísticas a objetos do cotidiano e cartazes de propaganda, de obras do realismo socialista aos mais avançados exemplos de vanguarda, Gaos e sua equipe conseguiram fazer uma narrativa convincente e interessante. Mas o verdadeiro teste para o talento da curadoria era quando o visitante chegava no lado de fora, no térreo. Apoiados em finos pilotis, os dois andares do pavilhão faziam a arcada aberta ficar na sombra. E era lá que *Guernica* cobria toda a parede ao fundo, tendo só a *Fonte de Mercúrio*, de Alexander Calder, na frente para atrapalhar a visão.

Ficava imediatamente óbvio que, enquanto a ideia inicial de Picasso, de *Artista em seu estúdio*, ecoava no grande vão do prédio, *Guernica*, com sua estrutura claustrofóbica, fazia um contraste direto com o frio e racional espaço de Sert, criando uma tensão que era estranhamente irritante. A energia e o foco de *Guernica* atraíam os olhos para o centro de seu caos, para um vazio que Picasso tinha colocado entre a luz do sol e o ferimento do cavalo. A sensibilidade de Lacasa para aproveitar o espaço, usando as grandes árvores debruçadas para filtrar a luz e uma engenhosa cobertura retrátil sobre o teatro ao lado, transformou o local numa área para tranquila meditação. Oferecia uma sensação bem mediterrânea, como se fosse a versão moderna de um espaço grego onde as artes, o debate público e as tragédias *Orestes* e *Ilíada* ficassem ao lado de mosaicos gregos e imagens de guerra num simples vaso ateniense. Já se disse que Lacasa também se inspirou nos *corral de comedias* típicos da idade de ouro — eram pequenos teatros nos arredores da antiga Madri que encenavam obras de Cervantes, Calderón e Lope de Vega.[9]

Guernica se alimentou dos antigos e épicos rituais de morte. E foi também um silencioso réquiem. As mulheres com rostos contorcidos de dor e bocas em forma de grito parecem berrar aos céus, desesperadas. Mas não há som. O cavalo relinchando, com as cordas vocais cortadas (como era hábito antes de os cavalos usarem mantas nas touradas) também ficam mudos em sua dor. O quadro foi símbolo de um réquiem para uma geração inteira. Mas, considerando a extraordinária força de sua imagem, como foi recebido pelo público que passava diariamente pelo pavilhão?

Em 11 de julho, um dia antes da inauguração oficial, os operários foram reunidos numa cerimônia simples para comemorar a construção. Max Aub fez um pequeno mas emocionante discurso em francês:

> Parece quase impossível, na luta que estamos travando, que a República espanhola tenha conseguido construir este prédio. Ele possui, como tudo o que é nosso, algo de milagroso. Não falo da construção em si, resultado do trabalho de nossos arquitetos Lacasa e Sert, e do nosso próprio. O homem inventou o trabalho que, por sua vez, nos formou. O resto é paralisia, putrefação e morte.
>
> Na entrada, à direita, o grande quadro de Picasso salta à vista. Ele será comentado por muito tempo. Picasso representou nele a tragé-

dia de Gernika. É possível que essa arte seja acusada de muito abstrata ou difícil para um pavilhão como o nosso, que procura ser, acima de tudo e antes de mais nada, uma manifestação popular. Não é momento para nos explicarmos, mas tenho certeza de que, com um pouco de boa vontade, todos perceberão a indignação, o desespero e o terrível protesto que essa tela significa. (...) Para os que reclamam que as coisas não são assim, é preciso perguntar se não têm olhos para ver a terrível realidade da Espanha. Se o quadro de Picasso tem algum defeito é o de ser real e terrível demais, atrozmente verdadeiro.[10]

No dia seguinte, a inauguração oficial teve a presença do novo embaixador espanhol Ángel Ossorio y Gallardo, que estava havia poucas semanas no posto; do comissário da exposição, Edmond Labbé; de José Gaos e de muitos artistas que estavam expondo. Se a plateia esperava que a diplomacia substituísse o apaixonado discurso de Aub no dia anterior, enganou-se. Falou-se em "trabalhos titânicos" e na "imortal e gloriosa luta da Espanha na defesa dos direitos da inteligência". Foi uma fina peça de propaganda. Mas o que deve ter deixado Labbé desconfortável foi a observação fria de que "teríamos de ser cegos para não prever isso. Uma Espanha oprimida significa uma França cercada".[11] A comemoração terminou com um conjunto catalão de *cobla*, o que encantou Picasso, que décadas antes tinha registrado esse gênero musical num hermético quadro cubista que fez na aldeia catalã de Céret.

Considerando o prestígio de *Guernica*, surpreendeu o fato de o governo basco não demonstrar muito entusiasmo pela obra.[12] É difícil dizer se foi devido à ressaca de dois meses antes, quando sentiram que estavam bem defendidos na situação, ou por não conseguirem ver nada no quadro que tratasse do problema terrível que enfrentaram. Picasso ficou compreensivelmente irritado com a falta de entusiasmo do representante do Partido Nacionalista Basco (PNV), Manuel de Irujo, que tinha recusado o convite para ver *Guernica* ser pintada.[13] O presidente Aguirre demonstrou um desprezo maior ainda quando Picasso ofereceu: "Se o presidente Aguirre quiser, o quadro fica para o povo basco."[14] Aguirre não aceitou. Talvez ele tivesse o mesmo tipo de inflamada repulsa de Ucelay, para quem "*Guernica*, como obra de arte, é uma das coisas mais pobres já feitas no mundo. Não tem senso de composição, nem de nada (...) são apenas 7 por 3 metros de pornografia, defecando em cima de Gernika, do País Basco, de tudo".[15]

Picasso esperava, como esperavam amigos dele como Louis Aragon, que *Guernica* conseguisse agradar aos operários. Edouard Pignon, filho de um mineiro e membro de um sindicato comunista, escreveu em *La Quête de la Reálité*: "Quanto à classe operária, na verdade ela jamais viu o quadro."[16] Outros, como Paul Nizan, muito amigo de Jean-Paul Sartre, afirmaram que a arte de Picasso era ao mesmo tempo torre de marfim e estéril, dava a impressão de que todas as tentativas de aburguesar os operários com a arte dos senhores deles fracassaria. Como crítica, esta deve ter doído. Mais engraçada, mas irritante o suficiente para Picasso guardá-la até morrer, foi uma crítica alemã. Considerando o tema do quadro, era pouco provável que fosse agradar nos corredores da chancelaria do *Reich*, em Berlim. No guia alemão da feira, o Pavilhão Espanhol foi criticado por sua pobreza geral, e *Guernica* recebeu a afronta especial de ser "uma confusão de pedaços de corpo que qualquer criança de quatro anos poderia ter pintado".[17] Em julho, foi inaugurada em Munique a exposição *Entartete Kunst* [Arte degenerada], o que mostrava bem a opinião dos alemães sobre esse tipo de arte.

Talvez a reação mais famosa tenha sido de Le Corbusier: ele disse que ninguém viu *Guernica* porque todos ficaram de costas para ela. Mas essa crítica implícita foi apenas uma constatação. A tela foi colocada no espaço mais público de todos, o que explicava em parte seu imediatismo descritivo e sua força. Atrás do palco do teatro havia um pequeno auditório de cinema que todas as tardes exibia filmes como *El Escorial y Felipe II*, de Carlos Velo, e documentários tão variados quanto *Almadabras*, que tratava da pesca do atum na baía de Cadiz, e *Las Hurdes*, de Luis Buñuel, além de *Terra espanhola*, de Ernest Hemingway e Joris Ivens, e o filme também intitulado *Guernica*, de Nemésio M. Sobrevila. Eles eram exibidos no intervalo entre as peças. De vez em quando, o grupo teatral La Barraca encenava Lope de Vega, Tirso de Molina e Juan Encina, enquanto outros grupos mostravam clássicos da idade de ouro como os "autos sacramentais", de

Calderón. Uma das apresentações mais interessantes era a de *Fuenteovejuna*, de Lope, pelo grupo La Barraca, melodrama de lascívia e política feudal, com cenários de Alberto. A atração mais popular foi, sem dúvida, a apresentação diária do guitarrista segoviano Agapito Marazuela, que dedicou sua vida a divulgar músicas folclóricas e mantinha instrumentos antigos como o *dulzaina* no repertório. Acompanhado de grupos de dançarinas da Castela com seus *jotas*, ele se apresentava a cada meia hora, o que às vezes desviava a atenção de *Guernica*. Sobretudo se considerarmos que duas mesas do café estilo basco de Antonio Rementaria ficavam quase em cima do quadro.

No décimo segundo número dos *Cahiers d'Art*, Ozenfant escreveu em seu diário sobre a exposição:

> DOMINGO: escrevo numa mesinha na taberna catalã do Pavilhão Espanhol. Doloroso. Uma demonstração do sofrimento espanhol. (...) *Guernica* faz *sentir* o terrível drama de um grande povo abandonado a tiranos medievais e faz com que se *pense* nisso.[18]

Ao ouvir uma mãe explicar à filha o que sentiu ao ver as fotos de atrocidades na Guerra Civil, Ozenfant ficou pasmo com as imagens usadas por ela: "Que lástima tudo isso! Faz minhas costas comicharem como se uma aranha estivesse no meu pescoço."[19] E, olhando para *Guernica*, disse à filha: "Não sei o que isso quer dizer, mas dá uma sensação esquisita. Estranho, é como se alguém estivesse me cortando em pedaços."

O famoso químico Francisco Giral estava por acaso em Paris assistindo a uma conferência internacional promovida por Fréderic e Irene Joliot-Curie e uma tarde conseguiu escapar para ver o Pavilhão Espanhol, sempre cheio de visitantes. Paris inteira estava lá, segundo ele: "Foi uma reunião da *intelligentsia* mundial e o casamento perfeito da razão com a sensibilidade e a imaginação." Confirmando o entusiasmo de Giral (que depois seria presidente da Ação Republicana Democrática Espanhola), o pavilhão era apenas parte de uma programação maior que festejava a cultura espanhola. Houve uma homenagem a García Lorca na sala Jena e Agapito Marazuela tocou numa sala Pleyel lotada. Picasso foi um dos dez artistas a expor no palácio de Chaillot comemorando o destaque da Escola de Paris, enquanto o Museu de Belas Artes de Bilbao exibia seu acervo na Maison Lafitte e, no Museu Jeu de Paume, a famosa coleção de arte catalã romanesca também atraía grande público. Lá, pelo menos, era uma prova concreta da falta de fundamento da propaganda franquista, que acusava os republicanos de serem um bando de iconoclastas malucos.

Houve uma crítica que ficou e continuaria perseguindo a reação do público durante anos. Para muitos, *Guernica* era obscura, seu estilo cubista era difícil, e o tema, intencionalmente enigmático. Um dos primeiros a escrever sobre a tela foi Anthony Blunt, que escreveu no *Spectator* de 6 de agosto de 1937:

> O quadro é decepcionante. Basicamente, é igual às cenas de touradas de Picasso. Não é um ato de lamentação pública, mas a expressão de muitas tempestades cerebrais de uma vez, que mostram que Picasso não entendeu o significado político de Gernika.[20]

Blunt estava enganado. Em conversa com Brassaï, em 9 de abril de 1944, Picasso observou:

> Os espanhóis gostam de violência, de crueldade, de sangue, gostam de ver o sangue esguichar, escorrer: sangue de cavalos, de touros, de homens. Seja de "brancos" ou de "vermelhos", quer estejam esfolando padres ou comunistas, há sempre o mesmo prazer em ver o sangue correr. Nesse aspecto, são imbatíveis.[21]

Picasso sabia muito bem como era horrível a situação. Em pouco tempo, a opinião de Blunt causou uma acalorada troca de desaforos com Herbert Read, na seção de cartas do *Spectator*. No dia 8 de outubro, Blunt admitiu que os sentimentos de Picasso eram autênticos, mas que o artista mostrou "um horror inútil, que só vai atingir o limitado círculo dos estetas".[22] Read respondeu tachando Blunt de ser um daqueles "teóricos de classe média que querem usar a arte para propagar suas ideias idiotas".[23] E, pertinente, lembrou na edição de 15 de outubro: "Este quadro está realmente no mercado, onde o sr. Blunt quer ver a arte, e centenas de milhares de pessoas o viram, e garanto como testemunha ocular que o aceitaram com o respeito e encanto que provocam todas as grandes obras de arte."[24] A discussão estava apenas esquentando e chegaria ao auge em outubro do ano seguinte.

Do outro lado do canal da Mancha, na Inglaterra, *Guernica* também tinha ganhado defensores. O círculo de Penrose ficou imediatamente impressionado, assim como Myfanwy Evans, uma crítica de arte menos conhecida. Ela editava com o marido, o artista John Piper, a revista de vanguarda *Axis* e foi muito sagaz ao criticar *Guernica*. Deu uma resposta visceral à obra-prima de Picasso numa série meio excêntrica de ensaios que escreveu sobre Léger, Moore, Ernst, Kandinsky e Ozenfant, intitulada *O objeto do pintor* e publicada pela Curwen Press em 1937. Conseguiu resumir sua opinião em poucos parágrafos e prever muitas discussões sobre *Guernica* nas décadas seguintes.

> Picasso fez um enorme mural para o Pavilhão Espanhol da Exposição de Paris. Trata-se de um quadro terrível das atrocidades que, se fossem ao vivo, fariam qualquer pessoa ficar de cabelos brancos. Mas não foi criado com suavidade para amenizar o golpe; não se trata de um quadro de Laocoonte. Nem é o testamento extravagante de um homem preocupado com seu sofrido país e, menos ainda, um cartaz do "governo vermelho" berrando horrores para uma *intelligentsia* em pânico. É um apaixonado reconhecimento dos fatos, tão redimido a ponto de se tornar quase uma afirmação isolada e imparcial, que acaba sendo tão irrealista a ponto de ficar quase tão abstrato quanto o mais abstrato quadro dele. Mas só um espanhol poderia ter feito esse quadro porque só um espanhol poderia ter explorado o tema exatamente da forma que os atuais fatos na Espanha permitem. Não é como espanhol que ele faz isso, mas como integrante de uma raça sofrida que consegue sentir suas dores, vivê-las e usá-las com suas próprias intenções.

Picasso jamais poderia fazer uma *Guernica* para a França, a Alemanha ou a Inglaterra na Grande Guerra, pois estaria explorando sua imparcialidade. Hoje, ele está explorando sua ligação, mas sempre redimindo, analisando. E sempre, quer na guerra ou não, envolvido ou não, quer aparentemente abstrato ou aparentemente realista, a imparcialidade está no quadro e não no sentimento. É isso que dá vida aos seus quadros abstratos e faz de *Guernica* uma grande obra e não apenas uma peça sentimental de propaganda política. O que ocorre depois que o quadro está terminado é, como diz Picasso, totalmente diferente. O quadro acaba e se transforma em outra coisa. Pode ser usado como propaganda e, nesse caso, sorte do anunciante se achar que o quadro serve. Pode ser usado como um chicote e açoitar outros artistas para que prestem mais atenção às crises mundiais de cada dia e menos à única finalidade da arte deles. Mas, acima de tudo, eles precisam lembrar que não foi como incentivador de crises que Picasso pintou *Guernica*, da mesma forma que não foi quando pintou a natureza-morta que está no início deste livro.

Quanto à forma: trata-se da velha e clássica história romântica, e quem não pode ver a mesa, a taça de vinho, o violão, os ossos, as qualidades abstratas entre os membros esmagados e o sangue de *Guernica* só sentirá seu horror sádico e enlouquecerá por ressuscitar continuamente um pesadelo entendido pela metade e que alguns ouviram pela metade.

Não se pode comparar a forma como Picasso mantém a atualidade, a forma como torna válida sua experiência, sua resposta hilariante à apavorante carga de escapismo, com as formas que outros pintores e escultores sem qualificações e acréscimos elaborados, e mesmo assim tateantes. O mais surpreendente nesse gênio é a rapidez extraordinária com que digere (para usar a metáfora dele mesmo) as mais cruas e indiscriminadas experiências. Ele engole tudo, nada recusa: não escolhe a comida, não precisa de cardápio. É o rei do processamento rápido: usa todos os materiais e tem uma queda pelos subprodutos. Só depois de engolidos é que passam por sua fórmula especial, são expurgados. É isso que dá aos materiais que ele usa uma curiosa existência dupla e separada. Ao mesmo tempo clássica e romântica, *mas não misturada.*

Se Picasso fez um esboço abstrato para o quadro (como se pode fazer um esboço abstrato de um quadro de Poussin), com as linhas e traços mais importantes e deixando de lado os detalhes, teríamos não um esqueleto sem vida nem meta, mas um novo quadro completo, cheio de vida própria e especial. Mas na obra de Poussin os dois quadros seriam inseparáveis (o clássico e o romântico) e um abstrato ficaria parecido só com um esboço de estudante ao copiar um quadro de museu. Hoje, como espanhol, Picasso tem a capacidade suplementar de absorver e o direito suplementar de expressar as emoções mais violentas, mas sua prática como artista tem sido de tirar uma virtude formal do caos, de explorar a ruína incrível, inconsequente e sem finalidade do mundo hoje, ao quebrar as coisas e fazer com os pedaços uma nova ordem. Uma pintura cubista é o exemplo mais óbvio disso, mas podem ser outros quadros também, dando forma a uma figura ou objeto a partir do caos. E assim, uma mesa, uma taça de vinho e um violão sem qualquer significado especial em si ficam cheios de vida numa tela e passam a ser quase símbolos formais da *vida* hoje. Enquanto *Guernica,* que já estava carregada de uma insuportável e violenta emoção, passa a ser no quadro um símbolo formal da *arte* hoje.[25]

A crítica concluiu corretamente que, muito tempo depois de a exposição fechar suas portas, o quadro passaria a ter vida própria. Disse também que a luta entre o estilo clássico e o romântico no quadro refletiam o tema violento, dando-lhe uma ressonância e uma profundidade a mais.

Em Paris, o amigo de Picasso Christian Zervos, editor dos *Cahiers d'Art,* passou quase todo o ano de 1937 tentando entender a evolução da obra dele em reação direta à Guerra Civil Espanhola. Obcecado pela obra do amigo, Zervos ficou numa animação febril com *Guernica,* como se suas antenas críticas e seus sentidos estivessem em chamas:

Guernica expressa de forma contundente um mundo de desespero onde a morte está onipresente, onipresentes o crime, o caos e a desolação; o desastre é mais violento que um raio, uma inundação e um furacão, pois tudo nesse quadro é agressivo, incontrolável, incompreensível, portanto eleva os gritos de cortar o coração de pessoas que estão morrendo por causa da crueldade do homem. Do pincel de Picasso explodem fantasmas de desespero, angústia, terror, dor insuportável, massacres e finalmente a paz que existe na morte.[26]

O apoio que os *Cahiers d'Art* deu a Picasso logo se transformou numa campanha. Na edição de primavera, a revista mostrou "Sonho e mentira", um artigo de José Bergamin ligando Picasso a Goya e um vigoroso poema de Paul Éluard que tinha se tornado defensor do quadro. Em "Vitória de Guernica", ele escreveu·

> Les femmes les enfants ont le même trésor
> Dans les yeux
> Les hommes le défendent comme ils peuvent
>
> Les femmes les enfants ont les mêmes roses rouges
> Dans les yeux
> Chacun montre son sang
>
> La peur et le courage de vivre et de mourir
> La mort si difficile et si facile
>
> Hommes pour qui ce trésor fut chanté
> Hommes pour qui ce trésor fut gâché
>
> Hommes réels pour qui le désespoir
> Alimente le feu dévorant de l'espoir
> Ouvrons ensemble le dernier bourgeon de l'avenir

Parias la mort la terre et la hideur
De nos ennemis ont la couleur
Monotone de notre nuit
Nous en aurons raison.*

Nesse poema, Éluard descobriu o que não se costuma notar no quadro: a presença espectral de uma flor na mão direita do soldado, o que parece prometer um renascimento. O poema e o quadro tinham uma relação quase simbiótica, com muitas ideias e imagens idênticas. E o texto foi colocado em lugar de destaque no pavilhão, perto da foto de García Lorca. Josep Lluís Sert percebeu bem a afinidade entre quadro e poema: "Acho que muito do poema está no quadro e vice-versa."[27] Bergamin, por outro lado, escreveu sobre "a luta do pintor para desnudar totalmente sua poesia". Todos os colaboradores dos *Cahiers d'Art* deram sua visão do quadro. Na décima segunda edição, lançada no verão, Jean Cassou evocou a ligação quase umbilical entre Goya e Picasso:

> Goya voltou à vida como Picasso e, ao mesmo tempo, Picasso renasceu como Picasso. A imensa ambição de seu gênio era a de se manter sempre afastado, negando a si mesmo, fazendo-se viver e seguir adiante fora de se próprio reino — como um fantasma assustado ao ver sua casa vazia, seu corpo perdido. A casa foi encontrada outra vez, corpo e alma, tudo o que se chama Goya, que se chama Espanha se reintegrou. Picasso reuniu-se a sua pátria.[28]

Michel Leiris foi ainda mais próximo e simples, descrevendo *Guernica* apenas como "o mundo transformado num cômodo mobiliado". Segundo ele, as emanações de um mundo em preto e branco moribundo amea-

---

*As mulheres e crianças têm o mesmo tesouro/Nos olhos/Os homens o defendem como podem//As mulheres e crianças têm as mesmas rosas vermelhas/Nos olhos/Cada um mostra seu sangue//O medo e a coragem de viver e de morrer/A morte tão dura e tão fácil//Homens de quem este tesouro foi arrancado/Homens de quem este tesouro foi espoliado//Homens de verdade para quem o desespero/Nutre o fogo devorador da esperança/Vamos abrir juntos a última flor em botão do futuro//Párias a morte a terra e a vilania/De nossos inimigos têm a cor/Monótona da nossa noite/Nós estaremos certos (Tradução livre. *N. da E.*)

çavam representar nossas vidas.[29] Para Bergamin, o quadro tinha gosto de fim: "Ele nos diz a verdade. Não é mais possível duvidar."[30]

No verão de 1937, ninguém sabia como terminaria a guerra na Espanha. E Picasso não imaginava que nunca mais veria sua terra. No pavilhão, ele tinha simbolicamente deixado os sapatos à porta — como um muçulmano entrando na mesquita ou um judeu pisando no chão arenoso da sinagoga — para entrar novamente na terra escura da Espanha. *Guernica* era sua pátria, sua terra devastada, sua pira funerária extinta.

Notas

1. Gilot, F., p. 116.
2. Palau I Fabre, J., *Child and Caveman: elements of Picasso's Creativity* (Nova York: Rizzoli, 1978), p. 5.
3. Gilot, F., p. 110.
4. "Notes d'um touriste à l'exposition", *Cahiers d'Art* 12, Paris 1937. E também Opper, E. C., p. 214 a 215.
5. Daniels, M., "Art and Power" (Londres: catálogo Hayward, 1995), p. 64.
6. No pavilhão para a Societé des Artistes-Decorateurs, Pierre Patout também tinha usado a mesma estratégia. Desde então, a ideia foi muito copiada, os melhores exemplos são o Museu Guggenheim, na Quinta Avenida, projeto de Frank Lloyd Wright e, mais recentemente, o Museu Thyssen de Madri por Rafael Moneo.
7. O ateliê de Alberto, em Madri, também seria arrasado nos bombardeios destruindo grande parte de seu obra.
8. Para complicar ainda mais a exata reconstrução do pavilhão, houve uma tentativa de alternar tantas obras quanto possível, excetuando as grandes obras que foram encomendadas.
9. Martín Martín, F., *El Pabellon Español* (Sevilha: Universidade de Sevilha, 1982), p. 34.
10. Aub, M., *Hablo como Hombre* (México: Joaquín Mautiz, 1967) e Oppler, E. C., p. 204.
11. Martín Martín, F., p. 36.
12. Prestígio: *El País*, 22 de novembro de 1981.
13. Ibidem.
14. Ibidem.
15. Ibidem.
16. Weber, E.
17. Freedberg, C. B., *The Spanish Pavillion* (Nova York: Garland, 1986).
18. *Cahiers d'Art* e Oppler, E. C., p. 214 a 215.

19. Ibidem.
20. *Spectator* de 6 de agosto de 1937.
21. Brassaï, p. 154.
22. *Spectator*, 8 de outubro de 1937.
23. *Spectator*, 15 de outubro de 1937.
24. Ibidem.
25. Evans, M., *The Painter's Object* (Londres: Curwen Press, 1937), p. 6.
26. *Cahiers d'Art* 12, "Histoire d'un tableau de Picasso". Também Oppler, E. C., p. 206.
27. *Guernica*, seminário no MoMA em 25 de novembro de 1947.
28. *Cahiers d'Art* 12 e Oppler, E. C., p. 209.
29. *Cahiers d'Art* 12 e Oppler, E.C. p. 210.
30. *Cahiers d'Art* 12 e Oppler, E. C., p. 211 a 212.

3

Homero na Galeria Whitechapel

> Quem não sabe na Europa que, se houver mais uma guerra no Ocidente, a civilização de séculos vai desmoronar com o mesmo estrondo de Roma?
>
> Stanley Baldwin falando para a Associação Clássica (1927)
>
> A vitória tem cem pais e cem mães, mas a derrota é sempre órfã.
>
> Conde Ciano

PARA PICASSO E O GOVERNO republicano no exílio, era importante que outros países europeus "vissem" a verdade que *Guernica* mostrava com tanta paixão. Como exercício de propaganda, ainda havia muito para alertar o público sobre a tragédia da Guerra Civil e a ilegitimidade dos nacionalistas de Franco. E esperava-se que uma exposição itinerante pudesse também arrecadar fundos para os refugiados espanhóis e incentivar voluntários a se alistarem na Brigada Internacional. Se por acaso Picasso tinha alguma dúvida de que *Guernica* havia conseguido um feito extraordinário, mudou de ideia ao ver a edição de verão dos *Cahiers d'Art*. Criar uma obra que funcionava como propaganda, ao mesmo tempo que continuava sendo original e fiel ao artista, já era uma proeza bastante rara. Mas, inteligentemente, ele tinha conseguido dramatizar um fato histórico sem se tornar exageradamente literal, clichê ou ridículo. Foi essa honestidade que deu a

Guernica um status tão peculiar e especial. Pintado nas dimensões das *grandes machines* de salão do século XIX (aqueles pomposos quadros históricos com cenas tendendo sempre ao sentimentalismo), o quadro conservava o frescor e o imediatismo de um grande cartaz ou de um fundo de cenário.

Logo após a exposição, Picasso não demonstrou ter ficado presunçoso ou obsessivamente protetor em relação ao quadro. O quadro tinha uma missão a cumprir, nada mais. E como um fundo de cenário, poderia ser desmontado facilmente, enrolado e colocado num tubo para ser transportado. Na primavera de 1938, Paul Rosenberg, o *marchand* que tinha tirado de D. H. Kahnweiler o título de canal exclusivo para a obra de Picasso, organizou uma *stravaganza* de quatro artistas (Picasso, Matisse, Braque e Henri Laurens), com 118 obras a serem expostas na Escandinávia. A estrela da mostra era *Guernica*. De janeiro a abril, o apertado roteiro passou pelo Kunstnernes Hus, em Oslo; o Statens Museum for Kunst, em Copenhague; o Liljevalchs Konsthal, em Estocolmo, e terminou no Konsthallen, em Gotemburgo. Na volta, o quadro foi cuidadosamente guardado no ateliê da Rue des Grands-Augustins, mas já estava claro que Juan Larrea e Roland Penrose trocavam planos por carta para promover uma exposição em Londres. Para Larrea, essa era uma tática óbvia, já que continuava absolutamente necessário que a Inglaterra repensasse sua política de não intervenção que tanto prejudicou o esforço de guerra da República. Em 12 de fevereiro de 1938, ele escreveu para Penrose:

> Queremos que a exposição tenha muito destaque e aparato, tanto por Picasso (já que, quanto mais admirado for, mais útil será à nossa causa), quanto pela nossa causa, pois é uma das raras formas de atingirmos um público para o qual esse tipo de argumento pode ser convincente. Ganhar dinheiro é uma questão apenas secundária.[1]

Desde aquele jantar no ano anterior, em 21 de junho de 1937, quando Penrose e Moore viram *Guernica* no ateliê em Paris, Penrose vinha se empenhando muito para conseguir uma exposição em Londres.[2] Ele acreditava que, se o público inglês tivesse contato direto com a dramática obra, poderia finalmente julgar se as críticas de Blunt representavam mais que apenas um dogma marxista.

No verão de 1938, os artistas e intelectuais ingleses estavam cada vez mais convictos de que a Guerra Civil Espanhola só terminaria num conflito maior envolvendo toda a Europa. Como a França, a Inglaterra tinha alarmistas que havia 15 anos alimentavam o pessimismo e o desespero. Já em 1935, Liddell Hart descreveu em seu livro *Paris or the Future of War* [Paris ou o futuro da guerra] um cenário assustador do que o futuro poderia trazer:

> Pense em Londres, Manchester, Birmingham e meia dúzia de outros grandes centros sendo atacados ao mesmo tempo, os centros comerciais e Fleet Street arrasados, Whitehall num monte de ruínas, os moradores dos distritos pobres ensandecidos, querendo sair e saquear, os trens parados, as fábricas destruídas. Será que a vontade geral de resistir não iria desaparecer? E de que valeriam as partes ainda firmes da nação, sem organização e sem uma direção central?[3]

A ficção popular que trata de guerra foi ainda mais longe ao dramatizar o futuro Armagedom. Livros com títulos como *Peste negra*, *Vitória vazia*, *Guerra contra mulheres*, *Ameaça*, *O que está por vir* e *O que houve com os Corbett* não serviram para acalmar os nervos.

Na década de 1930, apesar da depressão econômica e do desemprego geral, o mundo artístico inglês continuava muito vivo, criativo e politicamente engajado. Com a cultura em crise, não era mais possível ficar em cima do muro. Havia muitas batalhas a lutar, não só contra o fascismo e a crescente ameaça dos camisas-negras de Mosley,* mas também sobre o papel do artista na sociedade. A Espanha tinha colocado a política em polos opostos. Mas tinha também obrigado a repensar os métodos e a ideologia da arte e provocado uma tentativa verdadeira de os artistas se engajarem com o público sem perder sua integridade artística. As oito edições da revista

---

*Oswald Mosley (1896-1980), fascista inglês ligado a Hitler. (*N. da T.*)

Axis, de Myfanwy Evan, de janeiro de 1935 até o fechamento no inverno de 1937, foram uma valorosa tentativa de internacionalizar a cena artística inglesa e criar um fórum de discussão. Tão importante quanto *Axis* foi a *Circle*, porta-voz dos construtivistas, formada por um grupo de exilados que incluía Walter Gropius, Naum Gabo e László Moholy-Nagy. É compreensível que o mais importante convertido da revista tenha sido J. D. Bernal, um cientista marxista e cristalógrafo de Cambdrige que acabou acompanhando Moore e Penrose na viagem a Paris para ver *Guernica*. Para ele, a relação íntima entre arte e ciência era muito inspiradora. Já para Penrose, defrontado pelo que via como um mundo cada vez mais absurdo, cruel e caótico, era o surrealismo que indicava o caminho para a frente. Na primeira edição de *Axis*, de janeiro de 1935, Geoffrey Grigson propunha um caminho intermediário e esperava que os artistas tivessem "suficiente imaginação para se posicionarem entre os novos pré-rafaelitas do *Minotauro* e os inconscientes niilistas da total abstração geométrica".[4] Não foi por acaso que Grigson escolheu o *Minotauro,* pois nas rodas artísticas inglesas Picasso tinha se tornado o novo deus e o único artista sobre o qual quase todos estavam de acordo.

Na década de 1930, aumentou rapidamente o número de galerias londrinas que expunham a obra de Picasso. Os Zwemmer sempre apoiaram o artista, assim como Alex Reid e Lefevre e, em 1933, Freddy Mayor e o provocador Douglas Cooper abriram a Galeria Mayor. Havia também a espaçosa Galeria New Burlington no coração do West End e, no verão de 1938, foi inaugurada a Galeria London, um animador acréscimo na parceria de Roland Penrose com o surrealista belga E. L. T. Mesens. Em todas essas galerias, Picasso tinha se tornado a pedra de toque. Ao folhear as críticas de arte no *Listener*, *Spectator*, no *London Bulletin* de Penrose e na *Left Review*, vê-se que todas tinham Picasso como referência quanto ao sucesso da exposição.[5]

As brigas sobre estilo costumavam ser mais duras, mas, em 1937, os interesses partidários pareciam cada vez mais banais, se comparados com a crescente crise internacional. Para os abstracionistas, surrealistas e realistas, havia um único inimigo em comum: o fascismo. Em 1933, a Associação Internacional de Artistas (AIA) fez uma coalizão para lutar contra a força cada vez maior do fascismo. Um de seus maiores objetivos era concentrar-se na propaganda, especializada a princípio em cartuns e cartazes. Mas é preciso admitir que, comparados com as imagens fortes criadas pelos colegas espanhóis, eles formavam um time de segunda. Porém, apesar da inexperiência, em 1935 a exposição *O artista contra o fascismo*, na Soho Square, conseguiu atrair mais de 6 mil visitantes. Um dos papéis mais importantes da AIA era conectar-se com organizações internacionais, por isso entrou logo em contato com o Sindicato dos Artistas Americanos e, em Paris, com a Casa da Cultura de Louis Aragon e a Associação dos Escritores e Artistas Revolucionários, que promoveu uma conferência em Valência no verão seguinte com a presença de Hemingway, Bergamin, Éluard e outros.

Em 1936, a AIA tinha aumentado para 600 sócios, inclusive artistas tão diferentes como a velha-guarda formada por Augustus John, Stanley Spencer, Vanessa Bell e Duncan Grant, mais a nova onda de surrealistas ingleses e o grupo da revista *Circle*. Eles deixaram de lado as diferenças e trouxeram para a associação artistas renomados, como Henry Moore, John Piper e Ben Nicholson. Os demais sócios eram Roland Penrose, Eric Gill, Bill Coldstream, Claude Rogers e outros artistas do nascente grupo Euston Road. A arrecadação de fundos e as campanhas de conscientização eram o centro do programa da associação, cuja maior preocupação continuava sendo a Espanha. Em dezembro de 1936, a venda de obras doadas para a organização Artistas Ajudam a Espanha arrecadou o suficiente para comprar uma cozinha de campanha. Também de grande importância simbólica foi a AIA doar um estandarte feito a mão para o batalhão inglês da Brigada Internacional usar na luta. Mas houve demonstrações de apoio mais amenas, como uma noite de cabaré no salão Seymour de Marylebone, em março de 1938, com texto e música de W. H. Auden e Benjamin Britten. Como era de se esperar, a associação era mais ativa nas áreas operárias de Londres (como Hammersmith, Whitechapel e o East End), onde seus defensores ficavam em confronto direto com os camisas-negras de Oswald Mosley. Trabalhadores, como o motorista de ambulância George Green, que foi para a Espanha por idealismo e escreveu do fronte explicando por que ele e outros quiseram ir para a guerra:

Vi alguns rapazes desempregados de Clyde e assustados padres de Willesden em postos reforçados contra uma barragem de artilharia que soldados profissionais não conseguiam enfrentar. Fizeram isso porque manter a frente de batalha aqui ou ali era impedir que essa batalha venha um dia a se travar em Hampstead Heath ou nas colinas de Derbyshire.[6]

Em poucos meses, a Associação Internacional de Artistas conseguiu comprar uma ambulância para usar no fronte. Para maximizar a propaganda, a associação fez a ambulância iniciar a viagem para a Espanha saindo direto da praça do Parlamento inglês. Em 24 de junho de 1937, a associação fez uma grande reunião com o Comitê Nacional de Ajuda à Espanha no Albert Hall, de apoio às crianças bascas exiladas. Picasso foi convidado, mas desculpou-se por estar pintando *Guernica*. Roland Penrose, Henry Moore e J. D. Bernal, que jantaram com ele duas noites antes, foram à reunião e, quando Paul Robeson finalmente apareceu na última hora, a sala irrompeu em aplausos.

Penrose era *quaker* praticante e um dos principais motivos para ele aceitar o cargo de tesoureiro-honorário do Comitê Nacional de Ajuda à Espanha foi a AIA estar cada vez mais intolerante com a posição pacifista. Presidido pela incrível duquesa de Atholl, chamada pela imprensa de direita de lorde Rothermere de "Duquesa Vermelha", o comitê logo mostrou eficiência. A duquesa candidatou-se pelo Partido Conservador na eleição de 1923 e foi a primeira escocesa eleita membro do Parlamento. Sua aparência era de uma mulher cheia de princípios, "administradora séria, esguia, empertigada e inflexível"[7] e parecia completamente convencional, um perfeito produto de sua classe social. Mas, conforme observou um contemporâneo, "o fogo latente e despercebido em seu pequeno corpo não tinha encontrado o sopro que o faria irromper em chamas. Quando tal ocorreu, a chama queimou fidelidades partidárias, convenções sociais, preconceitos herdados e colocou-a em estranha companhia".[8] Como George Steer, ela ficou indignada com a invasão italiana na Etiópia e o bombardeio indiscriminado de civis. Mais desgostosa ainda ficou com a Guerra Civil

Espanhola e a política de não intervenção. Em abril de 1937, a missão enviada à Espanha em busca de informações inspirou-a a escrever o mordaz *Searchlight on Spain* [Farol para a Espanha], um bom parceiro para *Spanish Testament* [O testamento espanhol], de Arthur Koestler. Penrose encontrou na duquesa um eficiente e barulhento apoio em seus planos de levar *Guernica* para Londres.

Era óbvio que a AIA também teria prazer em apoiar essa ideia. Na exposição em Paris, a associação tinha patrocinado quatro integrantes (Misha Black, Betty Rea, Nan Youngman e James Holland) para decorar duas salas na Pavilhão da Paz, que ficava a apenas 100 metros do Pavilhão Espanhol. Quando os artistas estavam fazendo os murais, ocorreu um incêndio suspeito, um provável exemplo de que política e arte tinham passado a ser perigosamente inseparáveis.

No verão de 1938, Penrose e Mesens trabalharam muito para arrumar o espaço perfeito para expor *Guernica* e, se possível, conseguir que o quadro viajasse. Um dos espaços mais interessantes, com fama de exibir a vanguarda, era a ampla Galeria New Burlington. Em junho de 1936, Penrose, Herbert Read e o poeta David Gascoyne haviam organizado a Exposição Surrealista Internacional, provocadora e de grande sucesso, divulgada pelos jornais em manchetes como "Irmãos Marx da Arte".[9] Atraiu 20 mil pessoas, muitas das quais saíram escandalizadas com Salvador Dalí andando pela galeria com um sino de mergulhador e Dylan Thomas oferecendo, gentil, uma xícara de chá cheia de barbantes cozidos. Penrose e Mesens reservaram essa galeria.

Em 30 de setembro, dia da assinatura do Pacto de Munique, *Guernica* chegou a Londres para ficar em exposição de 4 a 29 de outubro. Penrose estava tão otimista quanto os outros membros do Comitê Nacional de Ajuda à Espanha, que esperavam obter fundos com a mostra. A renda do pequeno catálogo, vendido a apenas um xelim e três centavos, seria em benefício do comitê. A lista de patronos e organizadores era tão impressionante quanto longa, incluindo Herbert Read, Douglas Cooper, o milionário surrealista Edward James, Virgínia Woolf, E. M. Forster e Victor Gollancz; aliás, esses dois oferecerem respectivamente 10 xelins e 5 libras de ajuda.

A ampla galeria de cobertura com seu elegante teto de madeira artesanal tinha a altura exatamente suficiente para receber *Guernica*.

Mas a exposição foi uma decepção.[10] Considerando a fama de Picasso e as críticas positivas de Herbert Read e Myfanwy Evans no ano anterior, o público de três mil pessoas foi bem menor do que Penrose esperava. Picasso não compareceu, mas foi representado por Paul e Nusch Éluard, como na reunião da Associação dos Escritores e Artistas Revolucionários, em Valência, e na Exposição Surrealista Internacional. Penrose só podia concluir que a crise de Munique tinha desanimado todo mundo, causando um sentimento coletivo de letargia. A exposição conseguiu, entretanto, dar a Read e Blunt a oportunidade de continuar a briga. Talvez Blunt tenha tido tempo para pensar desde a última troca de insultos e com os fatos terríveis que estavam ocorrendo na Espanha; é razoável admitir que ele tenha ficado a favor de *Guernica*. Mas ficou claro que a briga dos dois era antiga.

Dois anos antes, na edição de 19 de junho de 1936 do *Spectator*, Blunt fez uma dura crítica à Exposição Surrealista Internacional, de Read. O estilo era mordaz, formal, e, principalmente, ácido: "Pense no antirracionalismo de Blake e na crença de Lamartine no indivíduo, misture um pouco da fé de Coleridge na inspiração, junte as doutrinas da torre de marfim de Vigny, acrescente um toque da nostalgia de Rimbaud, cubra com um molho espesso de Freud e sirva frio, bem frio." No ano seguinte, ele tinha se tornado totalmente stalinista. Em 8 de outubro de 1937, tratou outra vez no *Spectator* dos defeitos que viu em *Sonho e mentira:*

> Os desenhos não conseguem ir além do limitado círculo dos estetas, que passaram suas vidas tão dedicados ao culto da arte que esqueceram do resto. O resto do mundo pode ver, estremecer e passar. Não é de surpreender, já que Picasso passou a vida no santuário da mais santificada arte.[11]

Um ano após, ao ver *Guernica* no espaço mais nobre da Galeria New Burlington, Blunt continuou firme em suas ideias. No texto "Picasso sem batina", ele afirma outra vez que a tela era muito obscura, sem um sentido definido, num cubismo elitista demais. Kenneth Clark compartilhava dessa ideia e acusou o grupo de Penrose, Read e Mesens de apoiar "pequenas áreas de dissidência".[12] Longe dos olhos do público, Read e Blunt ainda conseguiam trocar gentilezas na mesa de almoço do Reform Club, mas quando estavam em público, havia muita coisa em jogo.[13] Na edição de outubro do *London Bulletin*, Read respondeu:

> Não basta comparar o Picasso desse quadro com o Goya de *Desastres*. Goya também foi grande artista e grande humanista, mas suas reações eram individualistas e seus instrumentos a ironia, a sátira, o ridículo. Picasso é mais universal: seus símbolos são banais, como os de Homero, Dante, Cervantes. Pois só quando o lugar-comum se inspira na paixão mais intensa é que nasce uma grande obra de arte que transcende todas as escolas e gêneros. E, ao nascer, torna-se imortal.[14]

Foi uma defesa inteligente e um recado que Blunt finalmente entendeu, com quase 30 anos de atraso. Em 1969, ele passou a concordar com Read, afirmando que *Guernica* estava numa situação inigualável como a mais recente grande pintura da tradição europeia.[15]

A exposição itinerante de *Guernica* promovida por Penrose e Mesens teve de ser improvisada. No final de outubro, o Conselho de Paz de Oxford promoveu uma exposição de todos os desenhos preparatórios, com exceção do quadro final, nas salas de palestra do Oriel College. As mesmas salas onde surgiu o Renascimento católico no século XIX foram cedidas para a coleção que o *Oxford Times* descreveu como "cavalos desembestados, de olhos e orelhas pequenos e dentes à mostra em bocas cavernosas".[16] O impacto da exposição foi muito reduzido pelo fato de os alunos estarem em férias de Natal. (Eles teriam de esperar para ver *Guernica* no ano seguinte, quando Denis Healey e a Sociedade Artística New Oxford pediram que Penrose emprestasse quadros para outra exposição.)[17]

Em 9 de dezembro de 1938, na Galeria de Arte de Leeds, a mesma exposição foi inaugurada pelo ilustre professor inglês Bonamy Dobrée.[18] Embora o mural não estivesse incluído, podia-se ver a tão emocionante

Mulher chorando, com as feições confusas de Dora Maar quebradas e refeitas como estilhaços de vidro.

No mesmo dia, a Galeria New Burlington continuou sua programação. Repetindo a Exposição de Paris, onde Sert se orgulhara por estar no Pavilhão Pontifício, foi inaugurada uma boa mostra de Ignacio Zuloaga, um dos artistas preferidos de Franco. Em vez da duqueza de Atholl como defensora, *lady* Ivy Chamberlain fez o papel de protetora inglesa do artista, dizendo ser ele "talvez o maior pintor moderno espanhol".[19] O marido da *lady*, *sir* Austen, era conhecido por descrever Mussolini como "um homem com quem é possível negociar".[20] Em reconhecimento por sua nascente amizade, *lady* Ivy recebeu a Medalha de Ouro de Mérito da Itália das mãos do próprio Mussolini.

No texto do catálogo, ela escreveu: "Durante anos, gerações de espanhóis lutaram para reabilitar seu país. Zuloaga retrata o lado espiritual dessa luta; é a parte que lhe cabe na tarefa de recuperar a alma da Espanha."[21]

A maioria dos 45 quadros expostos eram *costumbristas*, isto é, mostravam os costumes da velha Espanha. Da mesma forma que em *Guernica* havia cenas de tourada e retratos de toureiros famosos como Juan Belmonte, mas Zuloaga mostrou-os num estilo sedutor, realista e facilmente compreensível. Havia também retratos de figuras importantes da *intelligentsia* de pré-guerra, como Vallé Inclan e Manuel de Falla, ao lado de retratos de ardorosos bailarinos do *flamenco* e da atriz Aga Lahowska em seu elogiado papel de Carmen. Mas esses românticos panoramas turísticos da Espanha das castanholas levavam o espectador de volta à velha ordem pré-guerra com retratos da aristocracia, ao lado de cardeais e padres. Um dos quadros mais imponentes era o acadêmico *Paisagem, Alcázar de Toledo*, pintado depois que a cidade foi parcialmente destruída no cerco de 1937, ao qual os defensores de Franco davam um valor mítico. O *Alcázar* era a *Guernica* dos nacionalistas de Franco. Mas, se ainda havia alguma dúvida em relação à mensagem política, o conde Ciano, genro de Mussolini, emprestou seu sentimental retrato *O mais velho requeté da guerra*. Como Marinetti, o conde achava a guerra linda e sentia o mesmo prazer estético com o bombardeio de uma aldeia indefesa que com o desabrochar de uma flor. Ele entendeu muito bem o poder da arte, mas achava que ela não era nada, comparada com o poder devastador da guerra. Queria "estandartes e armas arrancadas dos bascos. (...) Um estandarte arrancado do inimigo vale mais do que qualquer quadro".[22]

Se os quadros de Zuloaga não fossem um bom chamariz, *lady* Ivy tinha convencido o artista a emprestar um "autêntico" El Greco de sua coleção de quadros falsos. E, por suprema ironia e talvez muita ingenuidade, Zuloaga tirou de sua casa em Zumaya, no País Basco, o incrível *Amor profano*, de El Greco, hoje no Metropolitan Museum de Nova York. Durante o século XX, o quadro recebeu títulos diversos, de *Amor profano* a *Abertura do quinto selo* até finalmente ficar com *Visão apocalíptica*. Como Sert, Zuloaga tinha sido amigo de Picasso, mas a realidade política acabou por afastá-los. *Visão apocalíptica* marcou o auge dessa amizade em Paris, nos tempos de boêmia, quando esse quadro era o centro de sofisticadas noitadas no ateliê de Zuloaga, na Rue Caulaincourt, 54. Mais importante ainda foi que Picasso estudou muito esse quadro e reinterpretou-o no seminal *Demoiselles d'Avignon*.[23] Toda a exposição de Zuloaga foi um menosprezo bem orquestrado para turvar *Guernica* e a mensagem dos republicanos.[24]

Em 1º de janeiro de 1939, os esboços preparatórios foram de Leeds para a galeria londrina Whitechapel, que ficava perto do East End e onde foram expostos junto com *Guernica*.[25] A galeria, projetada por C. Harrison Townsend, no "estilo livre" da Escola de Artes e Ofícios, era bem mais adequada às dimensões do quadro do que a New Burligton. E, por ficar no East End, estava geograficamente mais próxima das classes operárias. Em carta para Picasso, datada de 21 de janeiro, Penrose estava mais otimista do que dois meses anteriores. "Você não imagina como essas pessoas simples ficaram impressionadas com sua arte."[26] A exposição foi inaugurada pelo major Clement Attlee, líder do Partido Trabalhista de oposição e patrocinador da Brigada Internacional e da campanha de alimentos do Stepney Trades Council's que pretendia arrecadar "um milhão de centavos". Em seu emocionante discurso na inauguração, o major avisou: "Se o fascismo tomar o poder, quem mais sofrerá serão os jovens. O fascismo tenta fazer os mais jovens à imagem dele, fazer de cada rapaz a imagem de Hitler ou

· Mussolini."[27] E continuou, mais otimista: "Hoje, o fascismo está enfraquecido, bem mais do que as pessoas pensam. Pois não pode enganar todas as pessoas o tempo todo."[28]

A exposição *Guernica* foi um grande sucesso, com mais de 15 mil visitantes só na primeira semana, arrecadando 250 libras.[29] Todas as noites havia projeção de "filmes falados" sobre o tema da Guerra Civil Espanhola e, à entrada, o visitante encontrava o colorido estandarte da Brigada Major Attlee.[30] Além disso, Herbert Read, Eric Newton e Roland Penrose se ofereceram para explicar ao público a obra de Picasso.[31] Mas o melhor acréscimo à exposição foram as filas de botas de operários no chão em frente ao quadro, como se fossem ex-votos: o preço de entrada era um par de botas que seriam enviadas ao fronte espanhol, um gesto generoso mas que parecia inútil, considerando a iminente capitulação de Barcelona.

Da Galeria Whitechapel, *Guernica* foi para Manchester, onde ficou de 1º a 15 de fevereiro no espaço incomum de uma agência de automóveis na esquina da Victoria Street com a Cateaton Street. Na inauguração, um representante da cidade, A. P. Simon, falou entusiasmado no quadro como "a expressão do que passou na cabeça dos habitantes de Gernika quando a cidade foi bombardeada (...); algo parecido ocorre nesse momento nas estradas cobertas de neve que vão da Catalunha para a França. Hoje, a necessidade de ajudar o povo da Espanha é maior do que nunca."[32] Dessa vez, combinou-se que a renda da exposição seria para a remessa de alimentos de Manchester para a Espanha para diminuir a crescente crise filantrópica. Na tentativa de atrair operários indo para casa depois do trabalho, a exposição ficava aberta até as 20 horas. A manchete do *Manchester Evening News* de 31 de janeiro de 1939 foi "A morte vem do alto." "Nas duas próximas semanas, antes do quadro voltar para Paris, centenas de moradores de Manchester vão vê-lo e ficar intrigados com seu sentido." E avisava com cuidado: "Alguns críticos opinam que o quadro não faz justiça aos estudos preparatórios, mas ninguém deixa de se impressionar com uma obra incrível que, mais do que todas as palavras juntas, condena os crimes de guerra."[33] Quando a exposição terminou, os quadros foram levados para Londres, onde ficaram em segurança. No final de março, Picasso escreveu a Penrose pedindo que *Guernica* e as demais obras ligadas ao quadro voltassem trazidos de navio o mais rápido possível. Aparentemente, havia um projeto de exibi-las nos Estados Unidos.

A curta permanência de *Guernica* na Inglaterra não foi o sucesso que Juan Larrea e Roland Penrose esperavam. É verdade que recebeu algumas ótimas críticas mas, no fundo, não mudou nada. O presidente Roosevelt admitiu ao embaixador americano na Espanha que a não intervenção tinha sido um engano terrível. Mas era tarde demais. O público de *Guernica* na Inglaterra não foi além das pessoas parecidas com a duquesa de Atholl e com Clement Attlee, que já defendiam a causa. Para os artistas ingleses, foi um momento privilegiado ver a grande obra de arte do século XX, embora muitas figuras da cena artística, como Blunt, só reconhecessem isso décadas mais tarde. Poucos acharam o quadro inspirador e forte em termos da própria arte: seu legado continuaria na obra de John Craxton e Francis Bacon.

Dois anos após a exposição na Galeria Whitechapel, a realidade mostrada em *Guernica* chegou com a *Blitz* (ofensiva aérea alemã). Só então, aqueles que duvidaram da autenticidade da obra de Picasso sentiram o horror na própria pele.

Notas

1. Elizabeth Cowling teve a generosidade de me alertar para essa correspondência. Gostaria de agradecer também o Arquivo Roland Penrose, na Galeria Nacional de Arte Moderna Escocesa e a Tony Penrose pela permissão de citar a carta original, endereçada a Penrose pelo *Conseil pour l'expansion de la culture espagnole – l'étranger* RPA 717.
2. Penrose, R. *Picasso*, p. 275 e *Scrap Book*, p. 103.
3. Liddell Hart, B. H., *Paris or the Future of War* (Londres: E. P. Dutton, 1925).
4. *Axis*, janeiro de 1935.
5. AIA, *The Story of the Artist's International Association* (Oxford: MoMA, 1983).
6. Catálogo da exposição Guerra Civil Espanhola (Londres: Imperial War Museum, 2001), p. 27.
7. *Dictionary of National Biography*.
8. Ibidem.

9. Ades, D., catálogo da exposição *Revisão do dadaísmo e do surrealismo* (Londres: Hayward Gallery, Arts Council 1978).
10. Na edição de 9 de outubro de 1938 do *Sunday Times*, Eric Newton descreveu *Guernica* como uma decepção, um "grande rato" em comparação com as obras anteriores. Jan Gordon, na edição de 9 de outubro de 1938 do *Observer* concordou, descrevendo-a como "desastrada e quase descuidada".
11. *Spectator*, 8 de outubro de 1937.
12. Carter, M., *Anthony Blunt* (Londres: Macmillan, 2001).
13. Carter, M., p. 208.
14. *London Bulletin*, outubro de 1938.
15. Blunt, A., *Guernica* (Londres: OUP, 1969).
16. *Oxford Times*, 22 de outubro de 1938.
17. Correspondência com Lorde Healey de Riddlesden CH MBE. A exposição em Oxford parece ter sido quase totalmente esquecida.
18. *Yorkshire Post*, 10 de dezembro de 1938.
19. Catálogo de Ignacio Zuloaga, Galeria New Burlington 1938.
20. D.N.B.
21. Catálogo de Ignacio Zuloaga, Galeria New Burlignton 1938.
22. Beevor, A., *The Spanish Civil War* (Londres: Cassell, 1999), p. 170.
23. John Richardson foi o primeiro a destacar a história e importância de El Greco para Picasso. Richardson, J., *A Life of Picasso*, vol. 1 (Londres: Jonathan Cape, 1991) p. 429 a 431 e *A Life of Picasso*, vol. 2 (Londres: Jonathan Cape, 1996), p. 17.
24. Em *Picasso, His Life and Work*, de Penrose, R., (Londres: Granada 1981, p. 320) o autor dá a entender que as duas exposições foram ao mesmo tempo e que a de Zuloaga estava sempre vazia. Informação totalmentre errada. Não há prova que a mostra de Zuloaga tivesse menos sucesso do que *Guernica*, fato que Penrose admitiu em correspondência particular com Picasso. RPA.
25. Houve muita confusão sobre as datas e exposições para a viagem na Inglaterra. Penrose sugere em *Picasso: His Life and Work* que as exposições incluíam Liverpool, mas em correspondência particular cita apenas Leeds e Oxford. Em *Picasso's Guernica* (Londres: Thames and Hudson, 1989), Chipp inclui Manchester, mas data erradamente a exposição de Whitechapel como tendo sido em novembro. A cidade de Leeds está incluída, mas não mostra *Guernica*. Apesar de colocar anúncios nos jornais de Liverpool e pesquisar em arquivos, não há registro de *Guernica* em Liverpool.
26. *Musée Picasso*, arquivo, Paris.
27. *News Chronicle*, 9 de janeiro de 1939.
28. Ibidem.
29. *East London Advertiser*, 7 de janeiro de 1939.
30. Busby, W. J. A., *The Voice of East London*, janeiro de 1939.
31. Ibidem.
32. *Manchester Evening News*, 31 de janeiro de 1939.
33. Ibidem.

4

Rumo ao Novo Mundo

> Olhei Picasso até sentir o odor das axilas e o cheiro de cigarro dele. (...) Ele revelou uma agitação febril e a estava pintando, uma agitação de morte e beleza.
>
> William Baziotes

NO FINAL DE JANEIRO DE 1939, os republicanos continuavam resistindo ao ataque violento do nacionalismo de Franco. Atingida por constantes bombardeios aéreos, Barcelona finalmente se rendeu em 26 de janeiro, apenas 13 dias após a morte da mãe de Picasso. Os nacionalistas completaram a vitória na Catalunha com um rápido deslocamento para os Pirineus, ao norte. Antes da chegada das tropas franquistas, os republicanos e seus simpatizantes se exilaram para aguardar o futuro nos campos de refugiados infestados de doenças em Argelès-sur-Mer, St. Cyprien, Barcares, Le Vernet e a fortaleza de Collioure, preparada às pressas pelos franceses para receber a súbita imigração em massa.

Em Madri, último baluarte republicano, o futuro parecia quase tão desesperado quanto na Catalunha. Na coalizão republicana, o acordo entre facções diversas foi se diluindo aos poucos. O presidente Azaña exilou-se a 6 de fevereiro, seguido, logo após, pelo *premier* Juan Negrín. O suposto apoio dele aos comunistas e sua aparente vontade de continuar a luta contra Franco de qualquer maneira prometiam um banho de sangue para os madrilenhos e todos os que se abrigaram na capital. Aproveitando a situação, o comandante do exército republicano, coronel Segismundo Casado, deu um golpe contra o ausente Negrín. Parecendo entender melhor o que estava se passando, Casado tentou inutilmente negociar uma rendição com o regime franquista em Burgos. Durante toda a Guerra Civil, Franco preferiu prolongar o massacre para livrar definitivamente a Espanha da ameaça que representavam os liberais, judeus, maçons e comunistas.[1] Perto de conseguir a vitória, Franco não ia desperdiçar a oportunidade de esmagar toda a resistência e aterrorizar os sobreviventes com a submissão ou a paralisia. Em 28 de março de 1939, a defesa republicana em Madri estava totalmente dividida e a Guerra Civil Espanhola finalmente acabou. Madri caiu.[2]

Em 1º de abril, o boletim final distribuído pelo quartel-general de Franco dizia, com toda a clareza e sem qualquer emoção: "Hoje, com o Exército Vermelho preso e desarmado, nossas tropas vitoriosas atingiram seus objetivos."[3] Desanimadas, as tropas republicanas sabiam das ameaças contra elas e renderam-se a Franco. Muitos voltaram para casa para viver na clandestinidade, enquanto os que conseguiram embarcar nos últimos navios nos portos do Mediterrâneo foram para o exílio. A sangrenta Guerra Civil Espanhola tinha acabado, mas as represálias estavam para começar.[4]

No mesmo dia 1º de abril, numa clara demonstração da política do Vaticano, o recém-eleito papa Pio XII enviou uma mensagem pessoal cumprimentando *El Caudillo*; logo após, chegou o reconhecimento oficial dos Estados Unidos de que os insurgentes liderados por Franco eram o novo governo legítimo da Espanha. A Inglaterra e a França tinham reconhecido Franco dois meses antes.

Durante quase toda a Guerra Civil, os Estados Unidos preferiram se esconder atrás do Ato de Neutralidade de 1º de maio de 1937, que impedia envio de armas a qualquer dos lados. A lei foi, na verdade, uma réplica do sistema de embargo de armas dos Aliados, valoroso mas impotente, promulgado pelo comitê de não intervenção. Concedendo, cinicamente, quase nenhum compromisso a qualquer partido, o ato impediu um apoio efetivo para os republicanos, enquanto permitia que os americanos continuassem enviando caminhões e óleo para os nacionalistas. Antes do ato, os comerciantes de armas tentavam desrespeitar o embargo e ajudar a República. Como relata Gerald Howson no livro *Arms for Spain* [Armas para a Espanha], um exame rigoroso e retórico do comércio de armas mostra que até o cunhado do presidente Roosevelt, Hall Roosevelt, estava muito envolvido. Mas, apesar das tentativas de usar partidos de países "neutros", nada se concretizou para os republicanos. Os comerciantes de armas, a maioria deles corruptos ou simplesmente criminosos, faziam extorsão com a taxa de câmbio, vendiam armas obsoletas com munição limitada, ou que só eram enviadas bem depois do recibo de pagamento, quando estava garantida a derrota dos republicanos.[5]

Se tudo parecia tristemente perdido, Picasso, em conversa com o amigo Christian Zervos, já havia chegado à conclusão de que *Guernica*, apesar da falta de apoio oficial do governo norte-americano para os republicanos sitiados, deveria ir para os Estados Unidos levantar fundos para ajudar os refugiados. Afinal, muitos americanos demonstraram simpatia pelos combatentes republicanos e indignação pelo total desprezo ao processo democrático que demonstraram os insurgentes de Franco. Alguns americanos ajudaram com dinheiro, enquanto outros como Ernest Hemingway foram úteis para informar ao público a dimensão da tragédia. Outros ainda arriscaram a vida lutando ao lado dos republicanos na lendária Brigada Lincoln. Muitos esquerdistas e associações mantidas pelos comunistas nos Estados Unidos manifestaram seu apoio incondicional à República durante a guerra, como a União de Artistas Americanos Contra a Guerra e o Fascismo, que promovia a Campanha de Ajuda aos Refugiados Espanhóis.

A Campanha de Ajuda foi organizada no outono de 1936 pelo pastor protestante Herman Reissig, que era socialista. Aproveitou-se o grande interesse do Partido Comunista americano pelo secretário do Interior do presidente Roosevelt, Harold Ickes, que aceitou ser o primeiro presidente honorário da mesma. A lista de patrocinadores parecia um catálogo das maiores estrelas das artes e ciências: Theodore Dreiser, ativista de esquerda e autor do romance best seller *Uma tragédia americana*, foi um deles, assim como Ernest Hemingway e os poetas Malcolm Cowley e Archibald MacLeish; o influente sociólogo, crítico e historiador da arquitetura Lewis

Mumford, além dos exilados europeus Thomas Mann e Albert Einstein; a ácida colunista da revista *Vanity Fair* Dorothy Parker e a famosa dramaturga Lillian Hellman.[6]

Infelizmente, Picasso estava bastante doente e não pôde agradecer pessoalmente por telefone ao grande grupo da União de Artistas Americanos que estava reunido no Carnegie Hall, em dezembro de 1937. A mensagem foi lida por telefone da Suíça, onde ele estava à procura de um lugar seguro para guardar o acervo do Prado, de valor inestimável, com centenas de quadros de Ticiano, Velázquez, Goya e El Greco. (A viagem à Suíça foi uma resposta direta à informação grosseira espalhada pela imprensa da direita, de que a República estava vendendo os bens artísticos da Espanha.) Para a União de Artistas Americanos, o fato de uma enfermeira precisar ler a mensagem de Picasso não diminuiu a proximidade e o sentimento fraterno dele pelos que o apoiavam do outro lado do oceano.

> (*Falando por Picasso*): Lastimo não poder, como gostaria, falar pessoalmente à União de Artistas Americanos para garantir aos artistas dos Estados Unidos, como diretor do Museu do Prado, que o governo democrático da República Espanhola tomou todas as medidas necessárias para proteger os tesouros artísticos da Espanha durante esta guerra cruel e injusta. Enquanto os aviões rebeldes jogavam bombas incendiárias sobre nossos museus, o povo e as milícias, arriscando a própria vida, salvaram as obras de arte e colocaram-nas em segurança. Desejo então lembrar a vocês que sempre acreditei e continuo acreditando que os artistas que vivem e trabalham com valores espirituais não podem nem devem ficar indiferentes ao conflito que põe em jogo os mais altos valores da humanidade e da civilização. Ninguém pode negar que a luta épica deste povo pela democracia terá enormes consequências para a vitalidade e a força da arte espanhola. E essa será uma das maiores conquistas do povo espanhol. Certo de nossa vitória, tenho o prazer de saudar a democracia americana e os integrantes desse grupo. *Salud*.[7]

Picasso tinha muitos amigos americanos desde seus primeiros tempos em Paris, 30 anos antes. As irmãs Cone, de Baltimore, tinham comprado obras dele no início da carreira, quando isso era essencial para a sua sobrevivência artística. O mesmo ocorreu com Gertrude Stein, aquele imenso oráculo da modernidade, cujo apoio e amizade significavam muito para Picasso. Dois colecionadores da Filadélfia, Earle Horter e o dr. Barnes, conhecido pela rabugice, também formaram coleções fantásticas, assim como John Quinn e Chester Dale. Picasso admirava muito a energia contagiante, o entusiasmo e o profundo compromisso que muitos colecionadores e museus oficiais americanos tinham demonstrado por sua obra. Dava a impressão de que aprovaram instintivamente sua desafiadora modernidade. Mas claro que o artista e seu *marchand* Paul Rosenberg também apreciavam os bolsos recheados desses colecionadores.[8]

Picasso ficou tão decidido a fazer a exposição itinerante de *Guernica* pelos Estados Unidos que ofereceu pagar o transporte para Paris, após terminar a mostra na galeria londrina Whitechapel. Assim, o quadro chegaria a tempo em Nova York. O transporte para os Estados Unidos tinha um sentido ao mesmo tempo prático e tático. Nos anos 1930, os Estados Unidos tinham se tornado o maior mercado consumidor de obras de Picasso. Com a situação precária da economia francesa, principalmente no final da década (um efeito cascata da Grande Depressão), os colecionadores foram sumindo aos poucos e o mercado definhou. Até a Suíça tinha deixado de ser segura: em Lausanne, G. F. Reber, um dos maiores colecionadores, com mais de sessenta quadros de Picasso, foi à falência no meio da década. O mercado então passou a ser, mais do que nunca, o círculo de ávidos colecionadores americanos. Mas, naquele momento, quanto a *Guernica*, a única preocupação de Picasso era a rapidez com que a Campanha de Ajuda aos Refugiados poderia enviar a quantia arrecadada na viagem para o amigo dele Juan Larrea e assim aliviar as terríveis condições nos campos de refugiados no sul da França.

Mais uma vez, apenas três semanas após a queda de Madri, a tela *Guernica* foi embalada com os respectivos esboços e óleos preparatórios, para viajar pelos Estados Unidos. Pela nona vez em vinte meses, a grande tela foi colocada com cuidado virada para o chão da galeria, depois cuidadosamente retirada do chassi, enrolada num cilindro e encaixotada. Ao chegar a cada lugar, a moldura era recolocada e presa com a frente para baixo, depois os lados da tela eram esticados até a posição correta. A partir do meio de cada lado, os profissionais da galeria esticavam então a tela com ferramentas especiais, enquanto ela era cuidadosamente pregada com tachas ao chassi, cada tacha inevitavelmente aumentando o buraco que fazia na tela, às vezes rasgando em volta do furo já existente. Embora fosse seca ao tato, a obra-prima de Picasso ainda estava tecnicamente sem firmeza e frágil, e continuaria assim por muitos meses. Para devolver a uma tela daquele tamanho a tensão correta era preciso passar um pano úmido pelo verso. A cada vez, o quadro sofria com o manuseio. Rasgos, excesso de esticamento, mudanças de temperatura e umidade eram o preço inevitável que a tela tinha de pagar para aparecer em público.[9]

Levada de trem para o porto do Havre na última semana de abril, a tela foi içada com cuidado para o navio *Normandie*, que estava pronto para a viagem pelo Atlântico. O contraste entre os trágicos acontecimentos lembrados na tela e o ambiente luxuoso de bordo, com seus serviços de delicada porcelana de Sèvres, seus ricos tapetes Aubusson, seus copos gravados *art-déco* e seus metais polidos, era um forte indicador de como o tempo e a nova realidade política tornaram irrelevante tanto luxo nos oito anos passados desde a construção do navio nos estaleiros do Havre. Nada demonstra melhor a crescente irrelevância da estética do prazer e a total decadência da antiga filosofia da "arte pela arte".[10]

Para destacar o teor diplomático da viagem, além da importância do quadro para a desesperada causa republicana e as centenas de milhares de refugiados que já tinham atravessado as fronteiras, ele foi acompanhado pelo *premier* no exílio, dr. Juan Negrín. Como médico internacionalmente conhecido, *bon-vivant* e socialista moderado, ele logo se transformou na figura preferida do presidente Azaña. Durante a luta mortal entre comunistas e outros partidos de esquerda, em Barcelona, em maio de 1937, descrita tão apaixonadamente por Orwell em *Homenagem à Catalunha*, Negrín negociou com eficiência seu caminho no campo minado das facções rivais que se hostilizavam, do Partido Marxista POUM, dos anarquistas, comunistas, socialistas e da força desestabilizadora dos "agentes provocadores" apoiados por Franco. Negrín também fez *lobby* junto à Liga das Nações para acabar com a política de não intervenção, mas não teve sucesso. Sua fama continuou controversa: enquanto alguns viam sua proximidade com os comunistas como uma derradeira e desesperada jogada de *realpolitik*, outros o pintavam como um marionete de Stalin, o cavalo de Tróia da República.

Em retrospecto, é difícil pensar num único político que pudesse ter salvado a República sem ajuda financeira, armas e apoio logístico dos aliados. Traída pelos amigos e a duplicidade da política externa britânica, a República só não estava morta ainda. Acompanhar *Guernica* aos Estados Unidos acabou sendo a última missão diplomática de Negrín, sua derradeira cena no palco mundial. Ao desembarcar na ilha de Manhattan ele chegava ao Novo Mundo como um personagem do passado.

Guardado com cuidado no navio, o quadro logo seria visto por seu novo público norte-americano. Até o final de 1939 e o começo do ano seguinte, quando deveria voltar para a Europa, o quadro viajaria por várias cidades, educando e chocando o público igualmente e, esperava-se, arrecadando os tão necessários fundos. O auge da viagem seria como uma das três estrelas da esperada retrospectiva de Picasso no MoMA.

Dezoito meses antes, em outubro de 1937, a obra-prima *Demoiselles d'Avignon* tinha feito a mesma viagem pelo *Normandie* para passar brevemente pelo escritório dos negociantes de arte Jacques Seligmann and Co. Em dezembro, o jovem e dinâmico diretor do MoMA, Alfred H. Barr Jr., convenceu seu comitê consultor de aquisições a comprar a ousada cena de bordel para o museu. A obra, mais que qualquer outra da primeira metade do século XX, anunciou a chegada do cubismo e da arte moderna. Além disso, no mesmo dezembro de 1937, a sra. Simon Guggenheim comprou e doou generosamente ao museu o colorido e listrado *Menina na frente do espelho*, obra de incrível vivacidade pintada por Picasso em 1932. Mal podia saber o público admirador de arte que nas próximas quatro décadas essas três obras-primas da vanguarda estariam no mesmo museu, transformando Nova York no maior centro para estudo da nova arte radical.

A essa altura, o MoMA tinha mudado para o novo endereço no número 11 da Rua 53 e se transformado numa instituição fundamental para a compreensão e a interpretação da arte moderna. Suas *vernissages* passaram a ser datas importantes no calendário social nova-iorquino, com os curadores cuidadosamente selecionados entre os mais poderosos bilionários locais. A arte moderna tinha ficado muito em moda. O *Guia WPA de Nova York*, publicado em 1939 para coincidir com a Feira Mundial, dizia que a arte moderna tinha se tornado tão popular que uma exposição "era capaz de atrair tanto público quando uma luta de boxe profissional".[11] Em sua primeira década, o MoMA fez 85 exposições e recebeu um milhão e meio de visitantes. As exposições itinerantes atingiram um público maior ainda do que o museu em Nova York e ele se transformou numa instituição verdadeiramente nacional.[12]

O momento para *Guernica* chegar aos Estados Unidos não podia ser mais propício. Uma semana após, em 8 de maio, o "novo" MoMA inaugurou sua primeira exposição, *Arte no nosso tempo*. Exatamente por isso Alfred H. Barr procurou Picasso para emprestar a histórica obra; o compromisso do artista com a Campanha de Ajuda finalmente convenceu-o a expor o quadro nos Estados Unidos. Antes, porém, a obra ia viajar, e o MoMA teria de esperar para a retrospectiva completa, programada para o final daquele ano.

Em 1º de maio de 1939, o *Normandie* foi se aproximando lentamente do porto de Nova York e passou ao lado da gigantesca estátua da *Liberdade iluminando o mundo*, de Frédéric-Auguste Bartholdi, um presente do governo francês em 1884. Para muitos passageiros, e certamente para o dr. Negrín também, o forte simbolismo da estátua não passou despercebido. Eles tinham deixado uma Europa à beira de uma guerra catastrófica e, provavelmente, suicida, além de um continente sem esperança, dividido entre os extremos totalitários do comunismo e do fascismo. Passar ao lado daquele colosso de pedra foi emocionante, além de muito adequado ao tema do quadro. Uma versão menor da estátua de Bartholdi, que Picasso conhecia muito bem de suas andanças por Paris, estava num pedestal no Sena, aos pés da Torre Eiffel. Em *Guernica*, o braço erguido da mulher que segura uma vela, à direita da tela, ajuda a iluminar a cena. Símbolo de liberdade e verdade, ela ilumina o mundo, ao mesmo tempo que nos obriga a enxergar a tragédia que se passa ante nossos olhos.[13]

Entrando no estuário do Hudson, o *Normandie* passou devagar pelo Lower West Side rumo ao cais na altura da Rua 48. Após ser colocada no cais, *Guernica* foi imediatamente escoltada por estudantes e membros da Campanha de Ajuda aos Refugiados Espanhóis, para os quais a obra era um talismã e um sobrevivente de outro mundo.

No início da Guerra Civil Espanhola, os poderosos Estados Unidos estavam dispostos a manter uma política de isolamento, ao mesmo tempo que continuavam sensíveis ao tradicional clamor do *lobby* católico. Por isso, tinham se mantido diplomaticamente afastados do conflito externo. Mas Hemingway conseguiu convencer o presidente Roosevelt a assistir a uma sessão privada de *Terra espanhola*, em 12 de julho de 1937, mesmo dia da abertura do Pavilhão Espanhol em Paris. O interesse de Roosevelt representava uma sutil mudança na simpatia do público pela República. No final de 1938, quando a República parecia correr perigo mortal, o Instituto de Pesquisa Gallup mostrou que a maioria do povo estava a favor dela. Enquanto em 1937 67% das pessoas eram a favor da neutralidade, no final de 1938 a maioria apoiava a causa republicana. Aumentava nos Estados Unidos o sentimento de que a falta de apoio havia sido um trágico erro de cálculo.

A chegada do quadro a Nova York foi oportuna de várias maneiras, não só como lembrete da ameaça que o nazismo representava para a civilização e para comemorar a primeira década do MoMA, mas também por coincidir com a inauguração da Feira Mundial de Nova York. Ironicamente, a intenção da feira era "dispersar as brumas da ignorância, do hábito e do preconceito". Instalada em Queens, às margens do rio Flushing, a Feira Mundial mostrava uma cidade utópica em tamanho natural, *Democracia*, e era dedicada ao futuro, o que foi um gesto ousado e otimista, considerando o desespero profundo que a Europa atravessava. Desta vez, não havia pavilhão projetado por Sert, apenas murais simples de Luis Quintanilla. Seria mais apropriado um memorial dedicado à derrotada República mas, no Pátio dos Estados, a grande escultura *Don Quijote de la Mancha*, de Olympio Brindesi, lembrava outra obra poderosa e autoflagelatória de arte espanhola que, como *Guernica*, tinha matado os sonhos de uma nação frágil. O Pavilhão Italiano fugia à censura e tinha o busto em mármore de Carrara de *Il Duce* Benito Mussolini, olhando ensandecido para um futuro no qual tudo ia bem. A cegueira histórica da contribuição francesa à feira, entretanto, seria patética se não fosse muito triste. Descortinando as águas tranquilas da lagoa das Nações (um jogo de palavras óbvio com outra instituição desacreditada), o Pavilhão Francês dava sua contribuição com "Arte, luxo e elegância"[14], mais uma visão da paixão francesa pelo luxo.

Por mais escapista que tenha sido, a Feira Mundial atraiu cerca de 60 milhões de pessoas, muitas delas de outras cidades e estados, que foram a Nova York pela primeira vez. Muitas também eram visitantes em potencial de outros pontos de arte da cidade: o Metropolitan Museum, o Museu Whitney e o radical e superatualizado MoMA. Mesmo que uma parte mínima desses 60 milhões pudesse ver *Guernica* nas semanas seguintes, o impacto da obra não seria menor.

Para os que tinham visto o quadro em Paris ou em outras exposições na Europa, ou para quem tinha acompanhado a acirrada discussão entre Anthony Blunt e Herbert Read (este, um apreciado escritor do mundo artístico nova-iorquino), era muito aguardada a chegada do quadro ao solo americano. A crítica Elizabeth McCausland, no *Springfield Republican* de 18 de julho de 1937, foi uma das primeiras a pedir para *Guernica* ser exposta nos Estados Unidos. No mesmo mês, a revista *Life* mostrou a obra pela primeira vez para um vasto público. Enquanto isso, Emily Genauer no *New York World Telegram*, em agosto de 1937, foi um pouco contida nos elogios, mas chamou a atenção para o sucesso do Pavilhão Espanhol dever-se à fama de um único quadro, "por ser Picasso em seu estilo abstrato, portanto incompreensível para a maioria das pessoas, o pavilhão foi um dos mais cheios e instigantes do evento".[15] Os artistas e os críticos americanos queriam uma chance para tirar as próprias conclusões.

A União dos Artistas Americanos confiou a responsabilidade da exposição ao chefe do comitê de exposição, o *marchand* Sidney Janis. Este logo procurou um colega, Valentine Dudensing, cuja nova Galeria Valentine, na Rua 16 com 56 Leste, tinha espaço e era bem localizada, perto do novo MoMA. Era talvez o nome óbvio pois, mais que qualquer pessoa no país (afora Alfred H. Barr, do MoMA, e Chick Austin, do Wadsworth Atheneum, em Hartford, Connecticut), tinha se esforçado para divulgar Picasso. A partir de 1931, com a exposição pioneira *Abstrações de Picasso*, Dudensing trouxe as novas obras picassianas quase todos os anos para mostrar ao público norte-americano, cada vez mais sofisticado.

A pré-estreia na Galeria Valentine, em 4 de maio, foi um sucesso. E, como evento beneficente, atraiu os ricos e importantes: Eleanor Roosevelt veio de Washington representando o governo e acompanhada do secretário do Interior Harold Ickes; os ricaços Whitney, Paley, Rockeffeler e Guggenheim apareceram, assim como o presidente dos curadores do MoMA, Stephen C. Clark, e o poderoso alto funcionário da política e futuro defensor da Guerra Fria, W. Averell Harriman. Também compareceram alguns artistas de vanguarda da geração anterior, como Georgia O'Keefe e o amigo de Picasso dos últimos verões na Côte d' Azur, o elegante e sedutor Gerald Murphy. Como *premier* no exílio, Juan Negrín recebeu comovido as lástimas dos convidados enquanto circulava com certa satisfação e compreensível orgulho por, mesmo no exílio, Picasso e sua *Guernica* terem trazido aquela distinta multidão para testemunhar a tragédia que se abateu sobre a sua amada terra. A 5 dólares por cabeça, o seleto evento para cem pessoas teve algum sucesso como pontapé inicial para o levantamento de fundos. Nas três semanas seguintes, enquanto *Guernica* era exposta para o público geral, mais duas mil pessoas deram a contribuição mínima de meio dólar para ver a tão falada obra.

"Foi meio dólar bem gasto",[16] escreveu Elizabeth McCausland, mais uma vez no *Springfield Republican*, dois anos após seu primeiro texto sobre o quadro, "pois simboliza a passagem do isolamento para a identificação social do mais talentoso pintor da nossa época".

Para os admiradores da arte, *Guernica* tinha a atração suplementar de estar ao lado de seus estágios preparatórios (uma seleção dos 62 esboços e desenhos) que nutriram a imaginação do autor até a complexa imagem final. Para muitos, foi uma revelação. Às vezes, a espontaneidade, a liberdade gráfica, o simples movimento do desenho mostravam ser um testamento mais acurado da indignação que Picasso destilou na tela maior. Por contraste, *Guernica* parecia mais estudada, elaborada e trabalhada e, naturalmente, era mesmo. As qualidades de dureza, rapidez e urgência, além do isolamento de um determinado tema num desenho, como o cavalo relinchando, o soldado desmembrado ou a mulher inconsolável com o filho morto, deram um foco a mais para o registro da dor do quadro. Curiosamente, o efeito cumulativo dos desenhos ao lado da obra terminada deu uma noção sutil do processo de criação e da progressão gradual. Quase como por mágica, o quadro parecia mais vivo à medida que os visitantes acompanhavam as mudanças, os becos sem saída, as alterações até chegar à imagem definitiva. Paradoxalmente, ecoando o processo criativo, isso deu ao quadro um sentido de vida e, por extensão, destacou seu oposto: a iminente e trágica morte.

Logo, muitos críticos americanos, como ocorreu antes com Herbert Read e Myfanwy Evans, viram no quadro a trajetória do individual para o universal. Picasso, continuou a crítica Elizabeth McCausland, "encontrou sua alma não no ateliê, não no laboratório de pesquisa plástica, mas na união com o povo de sua terra natal, a Espanha. Ao pintar, agiu não só como filho da Espanha, mas como cidadão do mundo democrático".[17] À medida que a guerra na Europa se aproximava, parecia cada vez mais presente a tragédia da história recente da Espanha destacada no quadro e até no clima festivo da Feira Mundial. *Guernica* era, ao mesmo tempo, impiedosa e imperdoável. Era esse apelo por valores mais altos que tornava a obra tão emocionante para os americanos, que passariam a se ver cada vez mais como derradeiros bastiões da democracia e defensores da fé.

A imprensa e a crítica de arte fizeram tudo para chamar a atenção do público para a exposição. E o Congresso de Artistas Americanos ofereceu uma oportunidade mais séria para discutir o quadro em dois simpósios: na Galeria Valentine e no MoMA, na frente da obra. Coordenado por Walter Pach, o simpósio teve os críticos Malcolm Cowley, Leo Katz e Jerome Klein, além de interpretações pessoais dos artistas Peter Blume e do então pouco conhecido Arshile Gorky. Ao percorrer a galeria, a artista Dorothea Tanning assistiu ao primeiro simpósio, que achou muito emocionante. (Ela se casou com Max Erbst, depois de livrar o austero surrealista da voracidade sexual de Peggy Guggenheim.)

> Após o horário de funcionamento, passamos numa de nossas galerias preferidas, onde já havia uma pequena multidão de "ninguéns" como nós sentados no chão na frente de um enorme quadro de Picasso. Ouvimos um jovem magro e agitado, de bigodão *à la* Nietzsche, sentado à nossa frente, falar sobre o quadro. O que me chamou a atenção não foi o sotaque dele, que não consegui localizar de onde era, mas a paixão controlada da voz, ao mesmo tempo suave e elétrica, que iluminou o quadro como um foco de luz novo. Acho que falou sobre as intenções, a fúria, a ternura e o sofrimento do povo espanhol. Ele indicava uma linha estratégica e seguia-a pela batalha, quando batia do outro lado do quadro com um caos agressivo. Passou a noite toda sério, como se não conseguisse sorrir. Só depois me disseram que se chamava Arshile Gorky.[18]

A linguagem aparentemente universal de *Guernica* atingiu Gorky de uma forma muito pessoal e funcionaria como uma ponte entre as tradições americanas e europeias. No quadro, num contraponto com as seduções da destreza e da simplicidade fácil, havia o que o filósofo do século XVIII Edmund Burke descreveria como uma "rudeza na obra". Picasso tinha se aproximado muito da ideia que o filósofo fazia de sublime, um sublime terrível e assustador, brutal e poderoso. Hipersensível e apaixonadamente envolvido pela obra de Picasso quase a ponto da imitação servil, Gorky achava que o tema perturbador do quadro era assustadoramente verdadeiro, como se arrancado de seu próprio passado ou das profundezas de seu inconsciente. O quadro parecia mostrar os fatos trágicos de sua vida, quando, durante a Primeira Guerra, testemunhou o assustador genocídio praticado pelos turcos otomanos perto de sua cidade natal de Van, onde mais de um milhão de armênios foram assassinados ou morreram de fome.

"Aquele quadro o fazia entrar numa espiral de emoção!"[19], lembrou Dorothea Tanning.

Outros artistas norte-americanos, distanciados geograficamente da tragédia, reagiriam ao quadro de formas bem diversas. Pois não só o tema era a chave para o entendimento, mas também o estilo. Era convincente, honesto, politicamente engajado. Mostrava ser possível lidar com a realidade política do mundo sem se rebaixar ao *kitsch*, ao melodrama populista ou ao simples mau gosto. *Guernica* chegou aos Estados Unidos na hora certa, um ícone que refletia perfeitamente o espírito da época.

Nas duas décadas anteriores, a arte norte-americana havia passado por uma grande crise de identidade. Considerada nada mais que uma imitação pobre da arte europeia, parecia destinada a estar sempre a reboque. Era preciso fazer algo. Segundo Barr, a solução era mostrar aos artistas a melhor arte europeia, sobretudo a Escola de Paris. Era preciso estudá-la, dissecá-la, parti-la em pedaços e assimilá-la antes de reagir. A longo prazo, os artistas norte-americanos podiam até suplantar seus mestres do Velho Mundo.

As primeiras tentativas para obrigar o país a sair de seu isolamento cultural ficaram famosas. Pouco antes da Primeira Guerra, na primavera de 1913, a infame Mostra Armorial do 69º Regimento levou a Nova York um pouco da arte europeia mais radical.[20] Picasso foi representado com oito obras que mostravam bem sua invenção cubista, mas o que escandalizou o público foi *Nu descendo uma escada*, de Marcel Duchamp, com imagens de um nu sobrepostas como no cinema. Para manter esse impulso, o fotógrafo Alfred Stieglitz continuou a ligação com a polêmica vanguarda europeia em sua Galeria 291, em Nova York.[21] Houve outras corajosas tentativas de apresentar os mais novos conceitos e ideias pictóricas. Marcel Duchamp, o talentoso e então mal-afamado "agente provocador", formou com Man Ray e Katherine Dreier a Sociedade Anônima para mostrar principalmente obras cubistas. Tão animado quanto e bem mais abrangente era o Museu de Arte Viva, de Albert Gallatin, instalado na biblioteca da Universidade de Nova York, em 1927. Sua coleção ímpar de mestres europeus modernos incluía Cézanne, Seurat, Picasso, de Stijl,

Bauhaus e os construtivistas russos e servia como ferramenta para as mais recentes pesquisas artísticas. Mas, apesar da generosidade de mecenas como Dreier e Gallatin e do entusiasmo de Stieglitz,[22] essas ousadias costumavam destacar exatamente o que queriam curar: o paroquialismo de grande parte da arte norte-americana.

Como tantos artistas, Marsden Hartley, criador de estranhas aquarelas, sentiu-se derrotado por essa esquizofrenia cultural e com enorme complexo de inferioridade na comparação constante com a produção europeia. Em 1919, ele escreveu, desafiador, para o amigo Carl Sprinchorn, que fazia parte dos adoradores de Cézanne em Aix-en-Provence.

> Eles querem que os norte-americanos sejam *norte-americanos*, mas dão pouco ou nenhum apoio intelectual para o crescimento e bem-estar deles. Além disso, recuso-me a aceitar qualquer classificação por artista ou pessoa europeizada, pois culturalmente a Europa não faz diferença para mim. Sou como sempre fui e continuarei sendo até o fim. Os Estados Unidos oferecem uma coisa e a Europa, outra, e nem uma nem outra é mais importante ou preferível.[23]

Esperava-se que, um dia, os Estados Unidos se livrassem dos grilhões da arte europeia e encontrassem sua "verdadeira" personalidade. Já em 1921, Marius de Zayas escreveu na revista de vanguarda *291* (que recebeu esse nome por causa da galeria de Stieglitz): "Os Estados Unidos têm a mesma mentalidade complexa do artista moderno."[24] Segundo ele, a situação heterogênea do país na época era bem adequada para compreender a era moderna. Os Estados Unidos só eram diferentes da Europa em sua vitalidade crua. Era um sentimento que mais tarde Duchamp ecoaria. "Se ao menos os Estados Unidos percebessem que a arte da Europa acabou, morreu, e que eles são o país da arte do futuro, em vez de tentarem basear tudo o que fazem nas tradições europeias."[25]

O aviso que Duchamp fez à Europa iria aos poucos virar um bom-senso aceito; seu reconhecimento é evidente. A ressaca após a Grande Depressão tinha sido um elixir para o mundo artístico e um exemplo de vitória sobre a adversidade, embora os colecionadores particulares tivessem sumido. Tanto a iniciativa oficial quanto a privada resolveram suavizar os piores efeitos da Depressão e em 1934 foi fundado o Sindicato dos Artistas Americanos como uma tentativa de autoajuda. No ano seguinte, foi fundada também a União de Artistas Americanos (patrocinada secretamente pelo Partido Comunista americano), que absorveu muitos sócios do sindicato. As duas associações deram ao mundo artístico uma oportunidade de debate, companheirismo e solidariedade e, em menor quantidade, de encomendas. Em resumo, elas tinham a intenção de ajudar.

A falência quase completa do capitalismo durante a Depressão, numa sociedade que valorizava o dinheiro acima de tudo, fez valorizar as artes, antes consideradas apenas estéreis. O "sonho americano" mostrou finalmente ter acabado, e era hora de substituí-lo por outros valores. Em 1935, em reação ao devastado mercado de arte, o presidente Roosevelt criou a Administração de Obras do Progresso (WPA, na sigla em inglês) e o Projeto Federal pelas Artes (FAP, na sigla em inglês), ambos extraordinários e ótimos exemplos de patrocínio oficial. Em seu auge, o FAP empregou mais de cinco mil artistas que produziram 2.500 murais decorativos para formar público, expostos em escritórios, escolas, prédios do governo, fábricas, tribunais de justiça e outros prédios públicos no país todo. Assim, acalmou um mundo artístico que estava desesperado e, em parceria com o Ministério da Fazenda, encomendou mais 1.100 murais. Os artistas tinham muito trabalho a fazer, além de um salário mínimo.

A aceitação de *Guernica* pelos artistas nova-iorquinos dependia daquela experiência compartilhada de luta nos anos da Depressão. Para artistas acostumados a produzir murais enormes, o tamanho da tela de Picasso não surpreendeu. Não se tratava, era óbvio, de um quadro delicado para uma sala de visitas burguesa. Mais importante ainda era o quadro ser ao mesmo tempo altamente politizado e francamente partidário, criado pelo artista quase mundialmente reconhecido como o único capaz disso. Assim, *Guernica* legitimou uma arte com consciência social e política. Para um mundo artístico decidido a criar uma ideia de comunidade e responsabilidade coletiva, além de cheio de novas ideologias, a mensagem forte do quadro foi sem dúvida atraente.

Como notou Irving Sandler, a comunidade artística norte-americana tinha, em sua ingenuidade ideológica, "se deixado manipular pelo Partido Comunista, que era a fonte principal de atividades radicais e atraía os intelectuais porque parecia ter explicações para a crise vigente e oferecia planos para livrar a sociedade da pobreza, da injustiça e da guerra".[26] O Partido Comunista estava, de várias formas, falando a mesma língua que o quadro de Picasso. Ele e o partido defendiam fortemente o valor da arte como propaganda. Mas o partido insistia no "realismo socialista" como estilo certo e considerava o modernismo uma manifestação decadente e burguesa, basicamente uma arte escapista. *Guernica* era um curioso híbrido que nunca conseguiu satisfazer totalmente aos dois lados. Para uns, o quadro era abstrato demais; para outros, pouco provocador.

Na busca obsessiva por sua verdadeira identidade, o mundo artístico norte-americano deixou óbvio que tinha se tornado radicalmente polarizado. Afinal, o que devia ser um artista norte-americano? Os realistas sociais ficaram entre um estilo regional interiorano (que só tinha rodeios, milho, cerimônias de batismo no Meio-Oeste e o livro *As vinhas da ira*) e a ainda mais enfadonha luta do proletariado urbano oprimido contra os "barões do capitalismo". Será que aquilo era norte-americano mesmo? Ou será que o futuro estava naqueles murais com cenas históricas, de artistas como Thomas Hart Benton, que hoje têm o charme e a atração de documentos sociais, mas que na época pareciam catalogar a vida americana em toda a sua diversidade, da agitação e energia da cidade aos grandes vazios da pradaria e ao Cinturão de Milho? A obra de Benton era um clichê depois de outro. Simples, populista, direto e ingênuo. Essencialmente romântico, era tão sutil no exagero do sentimento como são os diálogos de novelas de televisão.

Muitos diziam que a chave para uma iminente renascença da arte norte-americana estava no meio de todas aquelas possibilidades, ou talvez num ponto além. Em ateliês, bares e lanchonetes do Greenwich Village, as discussões, as bebidas e a algazarra continuavam. No lendário Cedar, ou no George's, na esquina da Sétima Avenida com a Bleecker Street, ou na Waldorf

Cafeteria, na Sexta Avenida, a pequena comunidade de artistas radicais, apesar de quase totalmente incompreendida, discutia o que fazer se quisesse deixar uma marca. O clima passou do otimismo messiânico ao desespero total. Barnett Newman lembrou bem: "Em 1940, alguns de nós perdemos a esperança, vimos que a pintura não existia de verdade. (...) Foi aquele desprotegido movimento revolucionário que fez pintores saírem pintores."[27]

Em locais de discussão, como na Liga de Estudantes de Arte, o assunto sempre acabava sendo como vencer a Europa. As discussões acaloradas e muitas vezes agressivas continuavam nas "revistinhas" que surgiram na década de 1930 e continuaram sendo publicadas durante a Segunda Guerra. O futuro da arte americana foi aos poucos ganhando forma e sendo forjado nas páginas de *VVV*, *Dyn*, *Jola's Transition*, *The Tiger's Eye*, *Partisan Review*, *Commentary*, *Nation*, *View* e *Possibilities*, de Robert Motherwell, que teve só um número.

O tema seguinte na pauta de discussões era como lidar com o incontestável talento e a energia vulcânica de Picasso. Ele tinha aberto tantas possibilidades e era tão fértil que deixou a maioria dos artistas num misto de desesperançada incredulidade, impotência e pasmo. Para muitos artistas americanos, *Guernica* passou a ser o melhor exemplo de um objetivo atingido.

Mas o peso da arte europeia ainda era muito grande, ainda havia muito que aprender. O historiador de arte marxista Meyer Schapiro, como tantos artistas, sempre ficava perplexo com a qualidade da arte que vinha do exterior. "Durante anos, obras incríveis de Picasso, Braque e Miró chegavam à Rua 57 ou ao Museu de Arte Moderna e nas páginas de livros e revistas, da mesma forma que a estatuária romana tinha surgido do solo no século XV, para juntar-se aos objetos remanescentes nas ruínas. Até que um dia a Europa se exilou nos Estados Unidos."[28]

Era verdade. *Guernica* não foi o único exilado. Ameaçados pelo crescimento do nazismo, artistas da Bauhaus e da *Neue Sachlichkeit*, como George Grosz, se refugiaram em Nova York. O fluxo desses refugiados culturais aumentou rapidamente depois da "noite de cristal" e do degradado espetáculo de arte de Hitler, Arte Degenerada, que tornaram a vida criativa na Alemanha perigosa e até impossível. Em termos de influência futura, foi mais importante a chegada de surrealistas de nome, aos quais Picasso era muito ligado. Os pesos pesados do surrealismo, André Masson e Yves Tanguy, se instalaram em Connecticut. O papa do movimento, André Breton, ficou principalmente em Nova York, mas, como nunca aprendeu inglês, era-lhe quase impossível contatar diretamente os artistas. Wolfgang Paalen e Matta Echaurren fizeram tudo para passar adiante as ideias surrealistas. O mundo artístico americano foi preparado para essas ideias pela arrasadora exposição no MoMA, *Arte fantástica, dada e surrealismo*, outra vitória na programação do museu para educar e sensibilizar o público em relação às últimas tendências na Europa.

De rosto encovado e óculos de aros finos, Alfred H. Barr, o criativo diretor do MoMA, tinha o jeito tímido de um respeitado advogado de família ou do jovem sócio numa empresa de prestígio de Wall Street, meio sem graça com o próprio sucesso. Correspondendo a essa imagem, era medido e equilibrado em tudo. E tinha mesmo algo de administrador cuidadoso. Margaret, sua esposa, observou que "ele queria disciplina e clareza em tudo que tivesse relação com o intelecto". Foi esse rigor intelectual que ele destacou em sua análise da arte moderna e na direção do museu.

Mas a aparência aparentemente fria e urbana de Barr escondia uma índole apaixonada e um zelo missionário, herança da origem escocesa presbiteriana. De um lado, sua cultura enciclopédica sobre arte moderna era acompanhada pela tendência a listar e mapear os inúmeros "ismos" do início do século XX. De outro lado, contando a seu favor, mantinha a flexibilidade e a abertura em relação às últimas tendências. Seu talento era próximo do gênio e consistiu em popularizar a arte moderna e fazer o complexo parecer simples, sem subestimar a plateia ou banalizar o trabalho.[29] Era um talento sutil, que juntava a disciplina de um erudito com a certeza de que a arte moderna era essencial para compreender a vida moderna.

Um dos mais revolucionários aspectos do enfoque de Barr era exatamente essa visão inclusiva da arte moderna: "A arte moderna é quase tão variada e complexa quanto a vida moderna", dizia.[30] Ela permeava todas as áreas, das artes aplicadas à arquitetura, música, desenho industrial até o mundo do cinema e da fotografia, em rápida evolução. Barr tinha um conceito muito amplo de museu, como poucos eruditos tiveram.

Isso era resultado, sem dúvida, das viagens que fez na década de 1920 à Bauhaus, à União Soviética e à Holanda para ver as obras dos artistas da Stijl. A viagem à Rússia foi reveladora. Ao testemunhar as pressões dos regimes totalitários sobre os artistas, Barr ligou-se apaixonadamente à busca de liberdade artística e dos direitos humanos. Ele insistia que, embora seja difícil, a individualidade deve sempre ampliar seus limites, o que era uma previsão, no caso de *Guernica*. Afinal, dizia, "em geral, é difícil entender a arte à primeira vista mas, assim como nossas mentes e músculos, a nossa sensibilidade artística se fortalece se for exercitada e trabalhada. Nunca considerei a arte algo acima de tudo prazeroso."[31] *Guernica* era um quadro difícil, mas era também o modelo do modernismo.

O papel do MoMA era, segundo Barr, ser um farol cultural e rebater, por exemplo, o provinciano Museu Whitney, instalado em três simples casas de tijolinhos na Rua Oito, no Greenwich Village, e que expunha telas de Homer, Eakin, Whistler e Thomas Hart Benton. As ricas aquisições de telas de Cézanne, Van Gogh e todos os mestres modernos internacionais garantiam que, sob o comando de Barr, o MoMA logo seria o principal museu de arte moderna e contemporânea do mundo.

Apesar de avesso a dogmas, Barr tinha uma certeza absoluta: Picasso era o mais importante artista do século, talvez o maior de todos os tempos. Barr tinha estudado o artista, tinha-o admirado na França e feito dele a figura central das duas arrasadoras exposições de 1936, *Cubismo e arte abstrata* e *Arte fantástica, dada e surrealismo*. Um dos sonhos mais antigos de Barr era fazer uma retrospectiva do artista. A primeira tentativa, em 1931, fracassou quando Picasso desistiu na última hora, a conselho de seu *marchand* em Paris, Paul Rosenberg, por força de um mal-entendido com Barr. Este ficou tão contrariado, cansado e doente que os curadores do museu concederam-lhe um ano de licença para evitar que sofresse um colapso nervoso. Três anos depois, a primeira grande retrospectiva de Picasso foi tirada das mãos de Barr por Chick Austin, do Wadsworth

Atheneum. Como profissional gentil que sempre foi, Barr emprestou um dos Picassos do MoMA para a elogiada exposição promovida por Austin.

Mas, em 1935, a sorte de Barr em relação a Picasso começou a mudar. Walter Chrysler doou ao museu *O ateliê* (1927-1928), uma reflexão bela e levemente cubista sobre o espaço criativo do artista. Mais surpreendente ainda, em 1937, *Demoiselles d'Avignon* foi colocado à venda. A essa altura, o MoMA já tinha se tornado uma instituição respeitada nos dois lados do Atlântico, com o melhor acervo de Picasso em museu público. Como sempre, Barr tentou de todas as maneiras convencer o Comitê de Aquisições a comprar o quadro, usando uma lógica fria: "Se daqui a cinquenta anos nossos erros parecerem enormes, talvez algumas avaliações possam parecer corretas. Mas é evidente que os erros de omissão são sempre os maiores, pois costumam ser irrevogáveis."[32]

Enquanto isso, nas primeiras semanas de maio de 1939, com *Guernica* na Galeria Valentine, os críticos tiveram a primeira oportunidade de fazer uma avaliação. E nos meses seguintes, manifestaram-se. O crítico de arte do *New York Herald Tribune*, Royal Cortissoz, reclamou muito da "campanha" a favor de Picasso.[33] Achava que tanto o artista quanto o quadro já estavam mais do que incensados pela imprensa. Já Edwin Alden Jewell, em artigo no *New York Times*, foi bem mais direto, lamentando a energia crua do pintor e suas "formas grotescas de seres humanos e animais, que viram mera confusão".[34] Essa crítica, que destacava a estranheza e feiura do quadro, repetiu-se várias vezes nos anos seguintes. Em 1942, o crítico de arte Wendell Hazen, do *Boston Post*, se sentiu enganado e disse que Picasso oferecia uma "tramoia" e que era difícil decifrar "onde começa e onde acaba" o quadro.[35] Era o velho e gasto argumento da roupa nova do imperador. "Para o frequentador médio de galerias de arte, *Guernica* deve continuar desagradavelmente incompreensível, e a finalidade deste artigo é apenas lastimar a desonestidade do público americano com uma obra que ele não entende nem admira, mas se sente na obrigação de aceitar", avisou Virginia Whitehill.[36]

Até um aliado em potencial, George L. K. Morris, pintor, colecionador de Picasso, crítico de arte da revista de esquerda *Partisan Review*, foi comedido nos elogios. Admitiu a princípio que "o clima de horror e desespero leva o realismo ao máximo" e mostrou logo que o quadro ainda o incomodava.[37] "*Guernica* continua sendo a tentativa final de síntese. Picasso voltou à *grisaille* do cubismo. (...) Há partes impressionantes e a emoção se encaixa perfeitamente na forma, mas a unidade de sentimento não pode ter desunião de estrutura. O quadro mostra resultados óbvios de um planejamento cuidadoso, mas as partes ficam estranhamente separadas."[38]

Esse problema pictórico não incomodou Elizabeth McCausland, que via o quadro pela segunda vez, agora na Galeria Valentine. No Pavilhão Espanhol, sua atenção tinha sido dispersada pelo tilintar e brilho do móbile de Calder com lágrimas de mercúrio escorrendo, pela emocionante foto de García Lorca e pelos barulhos do bar. Desta vez, não. Ela escreveu:

> O resultado é uma tela de incrível complexidade plástica, cheia de ideias e conceitos do cubismo, abstracionismo, neoclassicismo e da fase psicológica. Mas todos essas qualidades são apenas meios para atingir um fim. Picasso usou o talento e a habilidade de seu método para enviar uma mensagem. Quer falar com todos os que veem sua obra. E o que ele quer dizer?
>
> Quer gritar de horror e angústia contra a invasão e destruição da Espanha que ama. Quer protestar com sua arte contra a traição de Franco e seus aliados fascistas. Quer provocar em todos os que veem *Guernica* uma compreensão íntima e emocional do destino da Espanha. Quer que os cidadãos pobres e ricos de toda parte entendam a tragédia do bombardeio, da mutilação física e da morte, de forma que eles, por sua vez, deem um grito apaixonado por justiça e paz.[39]

No *New York Sun*, Henry McBride tocou em outro ponto que viria a ser vulnerável: a obra podia ser repudiada como mera "propaganda".[40] Mas o jornalista combateu os críticos potenciais que consideraram a obra um fracasso e escreveu: "O quadro pretendia ser assim, mas acabou sendo muito mais importante: é uma obra de arte." Quanto às qualidades, foi bem claro: Picasso era "exuberante, impecável, de uma força incrível".[41] E, onde George L. K. Morris viu "desunião de estrutura", McBride viu "unidade do desenho e uma imensa e dramática força".[42] O crítico tinha certeza de que

Guernica era "uma realização extraordinária, destinada a ser vista como obra-prima de Picasso".[43]

Em 27 de maio, terminou a exposição na Galeria Valentine. Alfred Barr, ansioso para ver os novos quadros de Picasso dependurados juntos, teria de esperar até meados de novembro para *Demoiselles*, *Menina no espelho* e *Guernica* estarem no novo espaço do MoMA. Conforme foi combinado, *Guernica* devia fazer uma mostra itinerante.

Em 10 de agosto, foi aberta a exposição na Galeria de Arte Stendhal, no Wilshire Boulevard, em Los Angeles. Patrocinada pelo Comitê de Artistas de Cinema pelos órfãos espanhóis, a exposição atraiu alguns dos maiores astros e estrelas de Hollywood na época, como o ator Edward G. Robinson, a atriz Bette Davis e o diretor George Cukor. Da imprensa e da literatura, também deram apoio Walter Arensberg, Dashiell Hammett, Dorothy Parker e Nathanael West, assim como os exilados George Balanchine, Ernst Lubitsch, Fritz Lang e o arquiteto vienense Richard Neutra.[44] Parecia que o poeta Delmore Schwartz estava certo quando disse que "a Europa ainda é a melhor coisa dos Estados Unidos".[45]

A fidelidade dos patrocinadores foi um gesto corajoso mas, preparada com pouco tempo, a exposição não teve o mesmo impacto de Nova York. Apenas 735 pessoas foram ver o quadro e, mais frustrante ainda, a arrecadação foi de 240 dólares. Mas conseguiu um belo escândalo. A falta de sofisticação da Costa Oeste se refletiu na reação da imprensa. O *Herald Express* chamou logo a atenção para a desconfiança do público, que considerou *Guernica* arte "maluca".[46] O pior ainda estava por vir no *Los Angeles Examiner*, que atacou a obra-prima como "revoltante, feia e mera bobagem".[47] Mais perigoso foi o jornal repetir que Picasso era membro de carteirinha do Partido Comunista. Em maio, Henry McBride tinha escrito no *New York Sun*: "Picasso é comunista convicto e ao pintar *Guernica* atacou Franco com toda a força."[48] Não era uma crítica, mas o jornalista estava totalmente enganado. Já em 1932 Picasso tinha avisado: "Jamais farei arte com a ideia preconcebida de servir aos interesses da arte política, religiosa ou militar de um país. Jamais me alinharei com os seguidores dos profetas do 'super-homem' de Nietzsche."[49] Temos de lembrar também que, quando Sert tentou convencê-lo a fazer *Guernica*, precisou insistir muito para ele declarar seu engajamento político.

Era verdade que muitos de seus amigos próximos tinham sido do Partido Comunista, como Louis Aragon, Paul Éluard e André Breton. Mas a maioria se desligou quando o partido quis impor o estilo realismo-socialista e outros foram publicamente expulsos devido ao seu decadente estilo surrealista. Só quatro anos depois Picasso entraria para o partido. As constantes acusações do *Los Angeles Examiner* a respeito do envolvimento dele foram por desinformação ou vingança duplamente perigosa, já que, no mesmo mês da exposição em Los Angeles, Hitler e Stalin assinaram o pacto de não agressão nazi-soviético, transformando assim os comunistas de aliados em inimigos.

Um dos grupos que atacaram *Guernica* com mais força foi o coletivo regional de extrema direita Razão na Arte, que conclamava os artistas a se levantarem e "lutarem contra a influência externa". Quando o quadro chegou para a abertura da exposição no Museu de Arte de São Francisco, em 29 de agosto, o grupo estava a toda, preparando seu cáustico antimodernismo para acompanhar o itinerário da tela. Eles não se interessaram nem pela qualidade da obra, nem pela autêntica aversão à guerra que demonstrava. A única intenção deles era não se envolverem com lixo estrangeiro de esquerda.

Guernica foi exposta pela primeira vez ao lado de *Sonho e mentira* e de obras brilhantes de Goya e Daumier e dos contemporâneos Otto Dix, George Grosz, Kathe Kollwitz e Orozco. O quadro foi inserido num contexto histórico e temático que abominava a guerra como nunca antes. À medida que se desenrolaram os acontecimentos internacionais, seus dons *proféticos* ficaram muito evidentes. Três dias após a inauguração em São Francisco, a Alemanha invadiu a Polônia.

Ao lado do quadro, o curador Charles Lindstrom colocou um texto apaixonado para avaliação do público. "Não é prudente matar aquele que traz a má notícia: os fatos horrendos continuam e são eles, não a notícia sobre eles, que devem ser abominados. (...) Este é o *Juízo final* dos nossos tempos, com uma maldição humana, sem qualquer promessa de paraíso."[50]

A desesperada nobreza do texto foi moderada, em comparação com as críticas que o quadro receberia em outubro, na exposição no Clube de Artes de Chicago. O *Chicago Herald and Examiner* acusou-o com o título "Arte bolchevista controlada pela mão de Moscou". Por ironia, a última vez que a arte de Picasso tinha sido tão diretamente xingada (exceto por Hitler e pelos críticos franceses Camille Mauclair e Lucien Rebatat, que rotularam Picasso de louco, maçom, judeu, meio-judeu, comunista ou decadente) foi na Primeira Guerra, quando, em parte devido a sua relação com os *marchands* Kahnweiler e Thannhauser, ele foi chamado de bolchevista. Em 18 de maio de 1917, na estreia de *Parade*, em colaboração com o Balé Russo de Diaghilev, a claque chamou Picasso de alemão sujo. Ficou claro que o status de *Guernica* como propaganda iria logo se reduzir graças ao reconhecimento mais tranquilo de suas qualidades como obra de arte.

No final da exposição itinerante, ficou claro também que o quadro continuava sendo apreciado só por uma minoria liderada por um seleto grupo de apaixonados profissionais ligados a museus. De forma modesta, o quadro fez o que era esperado, prevenindo o público do perigo concreto de uma guerra mundial instigada por regimes totalitários fascistas e comunistas. Provocou também discussões apaixonadas. Mas a quantia para enviar à Junta de Cultura Espanhola, de Juan Larrea, foi frustrante: apenas 700 dólares. Em Nova York, tudo isso iria mudar. Em 15 de novembro de 1939, foi inaugurada a tão esperada retrospectiva no MoMA, com o título *Picasso: quarenta anos de arte*. Surpreso pela declaração de guerra da França e da Inglaterra e cada vez mais sem disposição para viajar, Picasso recusou o convite de Nelson Rockefeller para comparecer à inauguração.

Pela primeira vez o quadro podia ser admirado não só pelos próprios méritos, mas também como último capítulo de uma obra sempre em evolução. Barr teve de lutar muito com Rosenberg e Picasso para fazer a exposição que queria e que tinha planejado com tanto cuidado. Ele só conseguiu a metade. Forçado a aceitar de Picasso empréstimos de quadros que não tinha solicitado, continuou temendo que Picasso desistisse na última hora, como já havia acontecido antes. Na carta que mandou para um aliado de confiança, Barr mostra que, durante aqueles anos de relacionamento, tinha conseguido entender melhor as tramas do artista e "o problema bastante complexo de lidar com as tortuosas intrigas que o cercam. (...) Acho que temos a boa vontade de Picasso, mas ele é caprichoso e irresponsável".[51]

Barr sabia bem que as retrospectivas correm sempre o risco de mostrar as brilhantes inconsistências e as infinitas repetições do artista. Com frequência, essas mesquinhas fraquezas sombreiam a força que o artista ainda tem e a retrospectiva pode ser o beijo da morte. Mas, segundo George L. K. Morris, Picasso passou no teste com louvor.

Às vezes, os artistas são melhores críticos do que seus bichos-papões profissionais. William Baziotes foi um desses artistas que espreitou a mostra como um leão faz com a presa. "Picasso tinha posto a descoberto uma agitação febril e a estava pintando, uma agitação de morte e beleza."[52] Por toda parte no MoMA havia novos caminhos a percorrer, novas descobertas a fazer. "Olhei Picasso até sentir o cheiro das axilas e o hálito de cigarro dele."[53] Como ocorreu com muitos outros artistas, o encontro de Baziotes com Picasso foi uma revelação. Críticos como Royal Cortissoz ainda podiam dizer que o artista "tateia no vazio" ou considerar sua obra recente "lixo", como fez Edward Alden Jewell. Mas um grupo cada vez maior de artistas se identificava com James Thrall Soby, que declarou: "*Guernica* é a maior conquista de nosso século." Nova York tinha enlouquecido com Picasso. Nada menos de 60 mil pessoas viram a exposição, e as vitrines das lojas de departamentos Bonwitt Teller e Bergdorf Goodman foram decoradas com roupas inspiradas no maior artista vivo.

Finalmente, *Guernica* chegou ao público nos Estados Unidos. E, para maior prazer de Barr, as vicissitudes da guerra garantiram que, com todo o apoio de Picasso, o museu administrado por ele seria o guardião do quadro até o dia em que pudesse voltar para a Europa em segurança. Os anos de frustradas negociações com Picasso tinham finalmente valido a pena. O futuro do quadro nos Estados Unidos estava relativamente garantido naquele momento. Por outro lado, no ano seguinte o luxuoso *Normandie* foi rebaixado a navio de transporte de tropas no Atlântico.

Notas

1. Preston, P., *Franco*.
2. Ibidem.
3. Preston, P., *The Spanish Civil War*.
4. Jackson, G., *The Spanish Republic and the Civil War* (Princeton: Princeton University Press, 1965).
5. Howson G., *Arms for Spain* (Nova York: St Martin's Press, 1999).
6. Chipp, H. B., p. 60.
7. Ashton, D., *Picasso on Art*, p. 145.
8. Fitzgerald, M., *Making Modernism: Picasso and the Creation of the Market for 20th Century Art* (Berkeley: University of California Press, 1996).
9. Para um estudo detalhado do estado de conservação de Guernica ver: *Fundación Marcelino Botín: El Guernica y los problemas éticos y técnicos de la manipulación de obras de arte*, Botín, Santander 2002, e MNCARS: *Estudio sobre el estado de conservación* (Madri: Ministério de Educação e Cultura, 1998).
10. Van de Lemme, A., *Art-Deco* (Londres: Appletree Press, 1992).
11. *WPA Guide to New York City* (Nova York: Projeto dos Escritores Federais, 1939).
12. Ibidem.
13. Oppler, E. C., p. 90.
14. *Guia WPA*.
15. Genauer, E., *New World Telegram*, 21 de agosto de 1937.
16. *Springfield Republican*, 21 de maio de 1939.
17. Ibidem.
18. Matossian, N., *Black angel: A Life of Arshile Gorky* (Londres: Pimlico, 2001), p. 284.
19. Ibidem.
20. Conn, S., *Museums and American Intellectual Life 1876-1926* (Chicago: Chicago University Press, 1998).
21. Whelan, A., *Alfred Stieglitz: A Biography* (Nova York: Da Capo Press, 1997).
22. Doezama, M., e Milroy, E., *Reading American Art* (New Haven: Yale University Press 1998). e Miller, C., *American Iconology* (New Haven: Yale University Press, 1993).
23. Ludington, T., *Marsden Hartley* (Boston: Litlle, Brown & Co., 1992).
24. Whelan, A.
25. Sandler, I., *The Triumph of American Painting* (Nova York: Harper & Row, 1970).
26. Ibidem.
27. Ashton, D., *The New York School* (Nova York: Viking Press, 1971).
28. Schapiro, M., Catálogo da exposição de Arshile Gorky no Museu de Arte Whitney, Nova York, 1957.
29. Barr, A. H., *Defining Modern Art* (Nova York: Harry N. Abrams, 1986).
30. Ibidem.
31. Ibidem.
32. Ibidem.
33. Chipp, H. B., p. 166.

34. *New York Times*, 11 de maio de 1939.
35. *Boston Post*.
36. *Parnassus*, 11 de dezembro de 1939.
37. Morris, G.L.K., "Picasso: 400 years of his Art", *Partisan Review*, 1940.
38. Ibidem.
39. *Springfield Republican*, 21 de maio de 1939.
40. *New York Sun*, 6 de maio de 1939.
41. Ibidem.
42. Morris, G.L.K.
43. *New York Sun*, 6 de maio de 1939.
44. Chipp, H. B., p. 163.
45. Kazin, A., *New York Jew* (Nova York: Alfred A. Knopf, 1978)
46. *Herald Express*, 3 de agosto de 1939.
47. *Los Angeles Examiner*, 3 de agosto de 1939.
48. *New York Sun*, 6 de maio de 1939.
49. Ashton, D., *Picasso on Art*, p. 148.
50. Chipp, H. B., p. 165.
51. Fitzgerald, M., p. 246.
52. Sandler, I., p. 72.
53. Ibidem.

5

A morte de Paris

> Que pena não estarmos em volta de uma mesa como gostamos. Agora só há metade das mesas.
>
> André Breton para Dora Maar

> Acender as lanternas. Jogar com força pombas contra as balas e trancar bem nossas casas derrubadas pelas bombas.
>
> Pablo Picasso, em Desejo pego pelo rabo

APÓS O TÉRMINO DE *GUERNICA*, os dois anos seguintes que levaram à Segunda Guerra Mundial foram os mais complicados para Picasso e, conforme ele mesmo admitiu, talvez os piores de sua vida. Ele, que costumava ser saudável e cheio de energia, ficou de cama devido a ataques dolorosos e seguidos de ciática. Foram os piores anos, com as notícias cada vez mais tristes que vinham da Espanha e que culminaram com a morte da mãe, Maria Picasso y Lopez, em 13 de janeiro de 1939, aos 82 anos. Durante a guerra, ele também ficou preocupado com a situação de outros familiares, principalmente dos sobrinhos Fin e Javier Vilato, que lutavam do lado republicano. Mas houve momentos de escape também, com semanas hedonistas com Dora. Quando se hospedavam com os casais Éluard, Nusch e Paul, no Hotel Vaste Horizon, em Mougins, na Côte d'Azur, havia tempo para pintar e se distrair, longe da ameaça de guerra iminente. Para acompanhar os jogos de palavras, as piadas e a animação geral, havia o clima sensual dos longos e preguiçosos almoços à sombra do cálido sol mediterrâneo, com as mulheres e namoradas de *topless* e a frequente troca de parceiros sexuais durante a sesta. O fluxo constante de visitas da *bande à Picasso* (além do cachorro *afghan* Kazbek e de um novo macaco de estimação) incluía André Breton com sua companheira Jacqueline Lamba, Man Ray com a jovem namorada Ady, da Martinica, Roland Penrose e Lee Miller e o casal que era o mais constante mecenas de Picasso, Christian e Yvonne Zervos.[1]

Mas os instantâneos do retiro sensual servem para obscurecer as outras vidas de Picasso, com todas as suas inevitáveis complicações. A rejeitada Olga era como uma sombra em algum lugar ao fundo, sempre ameaçando divórcio e, com isso, a divisão de bens de Picasso: os objetos, o castelo em Boisgeloup, o apartamento em Paris e, o que era pior, os quadros que eram o seu laboratório de pesquisa particular. Marie-Thérèse Walter, com quem era mais fácil lidar, foi enviada com a filhinha Maya para a costa do Atlântico, perto de Royan.[2]

Lembranças desses dois verões aparentemente idílicos marcaram profundamente a memória coletiva da *bande*. Dois anos depois, numa carta datada de 13 de setembro de 1941, Jacqueline Lamba escreveu para Dora de seu exílio em Nova York, lamentando a sensação de perda e isolamento, separada dos amigos do grupo de Picasso. Ao visitar o Museu de Arte Moderna, observou, amarga: "Do quadro *Moulin de la Galette* até *Guernica*, lembrei-me muito de você e chorei lágrimas amargas."

A maior parte dos integrantes da *bande à Picasso* sabia onde se encontrava o mestre e de sua relativa segurança nos primeiros dias da Ocupação. Com a chegada de um velho amigo, a ordem voltou finalmente ao ateliê da Rue des Grands-Augustins.

Jaime Sabartés tinha, enfim, chegado dos anos de exílio autoimposto na Guatemala, onde trabalhou na fábrica de tecidos El Sol, para o tio Francisco Gual, um fracassado toureiro caolho. Da sala dos fundos onde ficava, ele teve papel importante como jornalista na vanguarda poética e artística de seu país de adoção. E ao chegar a Paris em novembro de 1935, Sabartés passou a ser o secretário, amigo, faz-tudo e bode expiatório de Picasso; seria o "sismógrafo que registrava todas as oscilações e tremores". O míope Sabartés foi amigo de infância de Picasso em Barcelona e no lendário bar Els Quatre Gats; os dois colaboraram em revistas de curta duração, como *Pel y Ploma* e *Joventut*. Sempre de boina preta e uma amassada capa de chuva, Sabartés trouxe estabilidade para o cotidiano do ateliê. Com mais uma vantagem, sempre de valor incalculável: era "discreto como um túmulo".

Sabartés era um sujeito curioso. Obsessivamente fiel, seu relacionamento com Picasso beirava a autoanulação masoquista. Como ele mesmo disse, "caí como uma mosca na armadilha do olhar de Picasso".[3] Françoise Gilot escreveu que a devoção dele por Picasso era exatamente a mesma "de um monge trapista por seu Deus". Picasso pintou-o várias vezes nos 60 anos de amizade dos dois, da mesma forma que Sabartés registrou a vida com o mestre em vários livros. E se manteve respeitoso em relação a Picasso, enquanto este retratou-o de várias formas, como macaco preguiçoso, poeta apaixonado e fidalgo cubista do século XVI com a típica *golilla*, a gola frisada que era moda na corte de Filipe II e o chapéu de veludo caído de lado. Sabartés e a esposa Mercedes se mudaram para um pequeno apartamento sem água quente, no sótão da Rue Convention, 88, no bairro operário do 15º *arrondissement*. Como compensação pelo salário irrisório que recebia, ele juntou uma das melhores coleções do mundo de gravuras de Picasso. Se ele, aparentemente, sofreu, valeu a pena sofrer pela arte. No livro *Picasso, portraits et souvenirs* [Picasso, retratos e lembranças], lançado em 1946, Sabartés escreveu:

> Picasso acha que a arte é filha da tristeza e da dor (concordo). Acha que a tristeza obriga a meditar e que a dor é a própria essência da vida. Chegamos àquele ponto da vida em que tudo serve de brincadeira, aquela fase de incerteza em que cada um tem de reconsiderar a vida a partir da própria miséria. Nossa vida, com todos os seus tormentos, tem que passar por experiências similares de dor, tristeza e miséria: essa é a base da tese dele sobre expressão artística.[4]

Escrito bem no final da guerra, o livro faz um retrato fiel da depressão dos dois amigos na França ocupada. Mas em Nova York, os frequentadores de galerias e museus de arte mal sabiam da vida cotidiana de Picasso.

A presença de *Guernica* na cidade funcionou, de certa forma, para amenizar boatos que circulavam sobre o crescente mito Picasso. Xingado muitas vezes de comunista pela imprensa marrom, os boatos maldosos eram de que ele comprava tranquilidade e tempo para pintar por meio da colaboração com os nazistas. Jerome Seckler, soldado norte-americano que teve a sorte de entrevistar Picasso para a revista comunista *New Masses*, em novembro de 1944, após o armistício, lembrou da confusão reinante:

> Circulavam histórias torpes sobre Picasso e o nazismo. Que ele vivia bem na Paris ocupada pelos alemães; que jogava bola com a Gestapo e, com isso, podia pintar sem ser incomodado. Que estava vendendo quadros falsos para os nazistas, assinados por ele, mas pintados por seus alunos. E também o boato de que havia morrido. De 1940 até a libertação de Paris, Picasso foi uma figura totalmente envolta em mistério e confusão.

Meses antes de a guerra finalmente estourar, a vida em Paris começou a mudar. Em retrospecto, conclui-se que houve momentos simbólicos e rupturas repentinas que marcaram esse antes e depois. Picasso e o mundo artístico parisiense tiveram um último encontro antes de a guerra obrigar cada um a cuidar da própria sobrevivência à sombra do regime nazista. Em 22 de julho de 1939, Ambroise Vollard, um dos primeiros *marchands* de Picasso e que havia se tornado um amigo próximo, além de mentor e guia no ninho de cobras do comércio de arte, morreu num incrível acidente de carro. O veículo que dirigia saiu da estrada e ele foi atingido pelo braço de uma escultura de Maillon que, com o impacto, se soltou da traseira em que estava amarrada. Picasso era profundamente supersticioso em tudo o que se relacionasse com a morte, mas abriu uma exceção para Vollard e foi a Paris homenagear o amigo que ele tinha imortalizado anos antes numa série de cem gravuras, a famosa *Suíte Vollard*.[5]

Foram momentos de tristeza individual e coletiva, tempo de reconhecer que tudo ia mudar. Picasso voltou quase imediatamente à Côte d'Azur e começou a pintar uma tela estranhamente hipnótica, *Pesca noturna em Antibes*, cujo tema encontrou nas caminhadas noturnas que fazia pela praia com Dora Maar. Pintado numa contrastante cacofonia de amarelos ácidos, azuis-claros e roxos de penitentes, o quadro mostra Dora e Jacqueline Lamba no porto, olhando dois pescadores jogarem a rede, magnetizadas pela luz de suas lâmpadas de acetileno. É uma imagem perturbadora. Pintada como se vista através de uma vidraça quebrada, é profundamente hipnótica. Dora olha, pasma, enquanto segura a bicicleta com uma mão e tem na outra um sorvete de casquinha. O quadro sugere um estudo desconfortável do apetite humano sob a luz forte da lua como uma bola de fogo. Ecos de *Guernica* ainda podem ser ouvidos ao longe. Logo depois que *Pesca noturna* foi terminada, as praias da Côte d'Azur se prepararam para a guerra, transformadas de local paradisíaco em zona proibida, por causa da instalação de armas.

A reação imediata de Picasso à situação foi, mais uma vez, rearrumar sua vida e encontrar, se possível, tranquilidade para pintar. No início de setembro de 1939, Inglaterra e França declararam guerra à Alemanha e Picasso saiu de Paris para Royan, onde Marie-Thérèse estava com Maya na *villa* Gerbier des Joncs. Ele viajou com Dora e foi considerado pelas autoridades um estrangeiro potencialmente perigoso, o que causou um enorme estresse, como era compreensível. Nos meses seguintes, a vida oscilou entre ver a filha e a ex-mulher em Royan e ir a Paris garantir a segurança dos quadros em seus cofres bancários particulares no BNCI, no Boulevard des Italiens. Houve breves momentos de convívio em Paris naqueles meses de limbo da "guerra de mentira", enquanto aguardavam o inevitável ao lado de velhos amigos como os fotógrafos Brassaï e Man Ray e o casal Zervos. Mas Paris ia se esvaziando à medida que muitos amigos próximos, inclusive Paul Éluard, André Breton e Louis Aragon, eram convocados para o alistamento. Joan Miró fez a perigosa jogada de voltar para Barcelona a caminho de Mallorca, onde passou a viver na clandestinidade para não ser preso pelos partidários de Franco. Pior, entretanto, era a política capturar artistas e intelectuais cujos países estivessem em guerra com a França e mandá-los para campos de concentração. Assim, Walter Benjamin foi levado para o isolado Clos St-Joseph, perto de Nevers. Otto Freundlich foi preso, assim como Max Ernst e Hans Bellmer, que acabaram numa fábrica de tijolos desativada cujos fornos foram transformados às pressas em moradias apinhadas.[6]

A abertura da exposição *Picasso: quarenta anos de arte*, no MoMA, quase não teve repercussão na França. Barr, o diretor do museu, enviou telegrama com calorosos cumprimentos e Nelson Rockefeller insistiu que Picasso fosse a Nova York, mas não tiveram resposta. Os acontecimentos no exterior estavam pondo a França num redemoinho. Com crescente preocupação, a imprensa registrou a invasão da Bélgica no dia 10 de maio. Horas depois a intransponível linha Maginot, o gigantesco projeto de defesa da França, foi inutilizada quando os tanques de guerra fizeram um ataque lateral pelos bosques de Ardenes. A queda de Paris estava por poucas semanas.

Na última visita que fez a Paris antes da Ocupação, Picasso passou pelo ateliê de Matisse, a caminho do alfaiate para tomar medidas de um terno. Preocupado com o sangue-frio de mestre Matisse, Picasso avisou-o do rápido avanço dos alemães. Matisse então perguntou: "Mas o que nossos generais estão fazendo para conter esse avanço?" Picasso respondeu na hora: "Ah, nossos generais vêm da Escola de Belas Artes".[7]

Em 12 de junho, dois dias antes de os tanques alemães entrarem pela avenida Champs-Elysées, Daniel-Henry Kahnweiler fugiu do país, tendo antes o cuidado de passar sua galeria para a cunhada não judia, Louise Leiris. Dias depois, a 22 de junho de 1940, o marechal Pétain assinou o armistício. E apenas três dias depois, a França foi dividida em zonas ocupadas e zonas livres. A cidade de Royan ficou na zona ocupada pela necessidade estratégica de os nazistas controlarem o litoral do Atlântico.

Se quisesse, Picasso teria conseguido escapar. Recebeu oferta de asilo, principalmente de Alfred Barr, por intermédio do Comitê de Resgate de Emergência. Vários amigos dele, inclusive Breton e Jacqueline Lamba, tinham ido para a *villa* Air Bel, em Marselha, administrada por Varian Fry, do Comitê de Resgate. De lá, os artistas podiam ir para os Estados Unidos.

Os muralistas mexicanos José Clemente Orozco e Diego Rivera também conseguiram visto de entrada para Picasso no México que, sob a presidência de Lázaro Cárdenas, manteve portas abertas para exilados republicanos durante a Guerra Civil. Mais tarde, Picasso diria que resolveu ficar mais por inércia do que por heroísmo. Mas essa decisão causou uma pausa na criação que, por necessidade, passou a ser muito introvertida. Ele ficou tão isolado como nas primeiras décadas do século, quando, junto com o amigo Braque, iniciou o cubismo, e "éramos como dois montanhistas amarrados na mesma corda". Mas o isolamento era adequado por vários motivos. Mais tarde, no mesmo ano, Paul Rosenberg criticou-o: "Você não muda os hábitos, não responde cartas e telegramas nem do seu amigo mais fiel."

Aos poucos, enquanto *Guernica* viajava pelos Estados Unidos, Picasso foi ficando invisível para o mundo. O quadro foi exibido no Instituto de Arte de Chicago e no Instituto Fogg, em Harvard; no Museu Municipal de Arte de St. Louis, nos Museus de Belas Artes de Boston e São Francisco, no Museu de Arte de Cincinatti e de Cleveland, no Isaac Delgado e no Museu de Arte de Nova Orleans, no Instituto de Arte de Mineápolis, no Instituto Carnegie, em Pittsburgh e, finalmente, na Galeria de Belas Artes Columbus, em Ohio, de onde voltou para o MoMA, em Nova York. À medida que os meses se transformavam em anos, Picasso foi sumindo atrás de uma cortina de fumaça do mito. Alguns achavam que ele já tinha morrido.

Pela primeira vez na carreira de Picasso, o habitual catálogo completo preparado por Zervos mostra que a produção estava reduzida a quase nada. Fica claro que o artista foi profundamente afetado e ameaçado pela guerra. Da janela de seu ateliê em Royan, ele via as filas de soldados alemães marchando, prontos a impor seu novo regime. A poeira, os caminhões, as ordens gritadas e o cheiro de gasolina transformaram a cidade, antes pacata. Estrangeiros suspeitos eram interrogados sempre e mantidos sob vigilância constante. Se não estivessem com os papéis em ordem e atualizados, podiam ser presos e levados. Picasso não era exceção. Apesar de sua situação ímpar e fama mundial, podia facilmente ter sido assassinado, como foi García Lorca, ou ter morrido de depressão, como Walter Benjamin e

Antonio Machado, a poucos quilômetros de distância um do outro, na fronteira de Port Bou.

Para Picasso, ameaças à sua obra e sua segurança eram sempre presentes e reais. A cidade de Royan ficou perigosamente pequena e ele era muito visível num lugar tão provinciano. No final de agosto de 1940, ele voltou para Paris de carro, com Sabartés. Dora foi de trem, mas Marie-Thérèse e Maya ficaram. Em poucas semanas, a vida na capital foi reorganizada mais uma vez. O apartamento na Rue la Boëtie foi fechado. O ateliê, ainda com a aura fantasmagórica de *Guernica*, ficou habitável, com o conforto ilusório de um enorme aquecedor a lenha, pronto para a hibernação.

Ao mesmo tempo que a vida na intimidade do ateliê tinha suas inevitáveis privações, ela continuava quase como antes da guerra, enquanto do outro lado de suas produtivas paredes ocorriam grandes mudanças no campo artístico da cidade. Picasso jamais gostou dos salões de arte e das inúmeras sociedades artísticas oficiais, da organizada Academia, da abafada Belas Artes e do dourado prêmio de Roma. Mas aquele momento, sob a influência nazista, ia voltar a ser deles outra vez. O forte apoio e a ampla influência de Picasso foram imediatamente apagados. Os *Cahiers d'Art* de Zervos e a revista *Minotaure* foram substituídos por uma virulenta crítica antissemita[8], quase apocalíptica e que vicejou no final dos anos 1930. Para garantir o máximo efeito, tal crítica foi cuidadosamente aprimorada por Waldemar George, Camille Mauclair e o pérfido Lucien Rebatat no seu jornal populista *Je Suis Partout*, de 200 mil exemplares de tiragem. Os *marchands* de Picasso (Rosenberg e Kahnweiler) não podiam mais continuar trabalhando. Na verdade, o acervo que Rosenberg tinha de Picasso havia sido confiscado e guardado no palácio de Tóquio para que estetas nazistas como Göring fizessem um primeiro saque. Como ocorreu quando os Picassos de Kahnweiler foram colocados no mercado após a Primeira Guerra, o mercado podia ficar inundado de quadros e causar queda nos preços.[9] "Arianização" era o eufemismo preferido para o confisco de bens, e o acervo de Picasso continuava bom o bastante para provocar a cobiça. Um especialista nesse comércio sórdido foi Alfred Rosenberg (sem parentesco com o *marchand* de Picasso), cujo setor, o Einsatzstab-Reichsleiter, era especializado em saquear coleções pertencentes a judeus.[10]

Apesar da vitória, Franco ainda considerava *Guernica* uma enorme provocação. E o governo logo espalhou um boato por meios diplomáticos, destinado a chegar ao apartamento da Rue la Boëtie e ao ateliê da Rue des Grands-Augustins: as obras de Picasso seriam confiscadas para pagar o imposto espanhol. Não havia respaldo legal para isso, embora Picasso fosse espanhol. Talvez uma política mais devastadora tenha sido impedir as obras dele de serem vistas. Embora não houvesse uma suspensão completa da exibição das obras — às vezes, apareciam quadros isolados em exposições coletivas —, a proibição geral funcionou.

O bom relacionamento do marechal Philippe Pétain com Franco, quando embaixador da França em Madri, foi de certa forma atrapalhado pela diplomacia canhestra deste último. Mesmo assim, o embaixador e o ditador ainda partilhavam uma aversão à arte de vanguarda. No Salão de Paris de 1939, um insípido busto de mármore de Franco, esculpido por Maxime Real de Sarte, ficou em lugar de destaque. O escultor era também ativista de direita e confidente do grande marechal e só podia envenenar uma política que logo foi posta em prática. Por intermédio da embaixada, não precisou de muito esforço para convencer o German Propaganda-Abteilung [Departamento de Propaganda Alemão], órgão responsável pela censura e instalado na avenida Champs-Elysées, de que os quadros confusos e deformados de Picasso não deviam ser expostos. Resignado, Picasso consolou Brassaï, que foi proibido de fotografar, dizendo:"Estamos no mesmo barco. Não posso expor e todos os livros que lancei estão banidos. Até copiar minha obra está proibido."[11]

Os poucos momentos de camaradagem nos bares, ou as visitas de amigos ao ateliê, não conseguiam diminuir os perigos potenciais.[12] Max Jacob, um dos mais antigos amigos de Picasso, foi preso por ser judeu e mais tarde morreu em Drancy. Dora Maar, que era meio-judia, também ficou em perigo depois que a burocracia alemã e os colaboradores de Vichy começaram a escolher suas presas. Se a fama dava a Picasso uma certa imunidade, ele jamais estava totalmente seguro e, com a lei para estrangeiros aprovada a 4 de outubro de 1940, o prefeito de Paris podia mantê-lo em prisão domiciliar. Seria mais perigoso ainda se Franco, sempre incitado por subordinados bajuladores, seguisse o exemplo dos fascistas italianos que tinham esquadrões da morte em Paris para perseguir e matar traidores do regime. É claro que, de forma menos dramática, Franco podia ordenar a prisão de Picasso. A solução era o artista assumir a cidadania francesa mas, como espanhol orgulhoso, isso seria anátema, embora a única solução lógica. Em outubro de 2003, Pierre Daix e Armand Israel publicaram a revelação de que Picasso tentou mesmo mudar de nacionalidade e que em 26 de abril de 1940 seu pedido ao comissariado de polícia teve parecer favorável.

Porém, a 25 de maio, um segundo documento recusou o pedido porque Picasso havia sido anarquista na juventude, não serviu no exército na Primeira Guerra, ofendeu as instituições francesas e, aparentemente, tinha doado o acervo ao governo soviético após sua morte.[13] Os fatos mostram que havia motivos para Picasso temer por sua segurança. Em outubro de 1940, alguns republicanos importantes, inclusive o presidente catalão Lluis Companys, foram extraditados, julgados e sumariamente executados. Paul Preston descreveu a mentalidade de Franco: "Ele não tinha dúvidas sobre a culpa de seus inimigos, por isso não ligava muito para as pilhas de sentenças de morte que aguardavam sua assinatura."[14]

No ano seguinte, um relatório confidencial informava que Serrano Suñer aceitou levar os refugiados espanhóis de navio para a África, onde construiriam uma ferrovia no deserto do Saara. Para ajudar a localizar elementos "subversivos", trinta inspetores da polícia política espanhola foram para a França. O relatório dizia também que a "Comissão Weisbader de Armistício às vezes pede à polícia listas de estrangeiros com vistos de permanência pendentes".[15] Picasso era diretor republicano do Museu do Prado e, portanto, tido por Franco como responsável pelo roubo de obras de arte do país, já tendo cometido um crime contra o Estado. Acrescentem-se a isso as agressões que Picasso fez com o decadente desenho marxista de *Sonho e mentira de Franco*; ser ele o panfletista e autor da mentira *Guernica*; o lavador de dinheiro para a República; o homem que dava guarida aos subversivos — e a lista de pecados continuaria ao infinito, se fosse preciso um respaldo legal. O método mais simples de execução era o que chamavam, num eufemismo, de *passeio*: uma tranquila caminhada para o olvido ou um sumiço sem explicação. Havia sempre aliados, fossem eles a Gestapo ou os italianos, para fazer o serviço sujo.

Em 12 de outubro de 1943, num almoço com Jacques Prévert em Les Vieilles, Brassaï de repente fez um discurso acalorado sobre a perigosa situação de Picasso. Era impossível saber como terminaria a guerra, onde cairiam as bombas, ou quem seria "queimado na fogueira". "Ninguém, nem o papa nem o Espírito Santo, podia prever um auto de fé assim. E quanto mais desesperados ficarem Hitler e seus acólitos, mais mortal e destrutivo será o ódio deles. Será que Picasso sabe como reagiriam? Ele assumiu um risco, ao voltar para a França ocupada. Está junto de nós. Picasso é um grande sujeito."[16]

Uma possível resposta para a situação cada vez mais difícil de Picasso seria render-se e colaborar com os nazistas como fizeram tantos famosos, como Coco Chanel, Sacha Guitry e a atriz Arletty, entre outros. Não seria o primeiro artista num regime totalitário a denunciar os próprios erros e preferir a "reeducação". Mas ele não era Gertrude Stein, que por ingenuidade, medo ou ambos, se ofereceu e foi aceita para traduzir os discursos de Pétain para uma plateia no exterior. Como criador de *Guernica*, Picasso tinha se tornado a luz-guia de todos os artistas que viviam sob a Ocupação. Nem uma dignidade calada seria capaz de manchar sua obra.

Picasso recebia constantemente a visita de soldados alemães, que apareciam no ateliê com a desculpa de admirarem sua obra, e acabou criando uma casca protetora, devolvendo os falsos elogios com seu humor sarcástico e sua ironia ferina. Percorrendo o ateliê em busca de ligações com a Resistência, a Gestapo aparecia também para ver se ele havia feito vendas ilegais. Há muitas histórias apócrifas sobre o encontro de Picasso com o embaixador alemão Otto Abetz e outros oficiais da Gestapo. Em *Les Lettres Françaises*, de 24 de março de 1945, numa entrevista a Simone Téry, Picasso respondeu à acusação de colaboração:

"Diga-me, Picasso, é verdade a história que anda circulando pelo mundo? De certo dia um funcionário da Gestapo pegou uma reprodução de *Guernica e* perguntou a você: "O senhor fez isso, não?" E você teria respondido: "Não, quem fez foi o senhor.""

Picasso respondeu, rindo: "É mais ou menos verdade. Às vezes, os alemães vinham me visitar, fingindo admirar meus quadros. Dava-lhes cartões-postais de *Guernica* dizendo 'levem de lembrança! Souvenirs!'."

Jerome Seckler tinha razão. Os boatos sobre o paradeiro e a vida de Picasso tinham se espalhado rápido e para bem longe. A realidade às vezes era mais dura. Uma vez, Picasso foi motivo de uma piada de ordem prática, ao receber um pedido oficial para se apresentar num exame médico antes de ser deportado para um campo de trabalhos forçados em Essen. Mas a ironia e a resignação muitas vezes eram a única saída.

"Mas o senhor está em Paris? Todos os jornais disseram que está no fronte!", perguntou Simone Téry na entrevista para sua reportagem "Picasso não é oficial do exército francês".

"É", respondeu Picasso. "Os jornais inventaram que sou oficial do exército, mas ninguém me avisou. Ninguém sabe disso no Ministério da Guerra. Só sei que um dia me perguntaram: 'O que acha de ir para o fronte como correspondente de guerra? Poderia pintar uma *Guernica* por lá! E como correspondente, você teria posto de oficial.' Respondi: 'Posto de oficial? Boa ideia!'

"Gosta dos galões dourados da farda?" "Não tanto dos galões", respondeu Picasso modestamente, "mas como oficial eu ganharia cigarros e talvez me dessem um pouco de manteiga e carne. Como se sabe, posso até merecer um pouco de carvão no inverno."

Sabartés era o primeiro obstáculo que as visitas enfrentavam para entrar no ateliê. Ele costumava abrir a porta "e enfiar a cabeça para fora como uma pequena raposa do deserto". Quando conseguiam passar por ele e por Marcel, o motorista, a fila de visitas tinha de abrir caminho entre varais de roupas baixos, onde o fiel secretário dependurava a correspondência de Picasso a ser respondida conforme a urgência. Às vezes, as visitas encontravam Picasso no banheiro, que havia sido transformado num falso ateliê, com o aquecedor elétrico como única fonte de calor. Picasso referia-se vagamente ao ateliê como "a grande tenda". Numa tarde fria de inverno, o lugar ficava insuportável. Soprava um vento carregado de umidade insalubre que subia a rua vinda direto do Sena e o grande portão de ferro do prédio abria para um pátio de tijolos completamente sem graça. A primeira impressão era de um cinza feio e desanimador. Num poema livre, Picasso escreveu em 13 de maio de 1941, amargo: "Casulo de sangue sobre os ombros nus do trigo verde balançando entre os lençóis úmidos sinfonia orquestra de tiras de carne dependuradas nas árvores floridas do muro pintado de ocre batendo suas grandes asas verde-maçã e branco-malva rasgando seu bico aberto nas vidraças das janelas arquiteturas de sebo..." É significativo que uma das poucas vistas que Picasso pintou da janela para a Rue des Grands-Augustins tenha o aquecedor no chão, em lugar de destaque.

De vez em quando, ele recebia uma pilha de lenha ou carvão para o enorme aquecedor, oferecidos por um soldado alemão simpático, querendo agradar. Mas, acostumado nos tempos de jovem no Bateau Lavoir (onde ele e Ferdinand se enroscavam em volta de um aquecedor apagado) ao poder da fantasia sobre a realidade, ele delicadamente recusava dizendo: "Nós, espanhóis, jamais sentimos frio."

Uma visita encontrou-o menos orgulhoso, até constrangido por estar encolhido na cama. "Tenho de me ajeitar neste quartinho com meu cachorro, meus papéis, meus desenhos e minha cama porque estava morrendo de frio lá embaixo", disse o pintor. E Seckler observou: "Era um quarto pequeno e atulhado. Tinha cama desarrumada, várias mesas, uma mesa de desenhar meio capenga e um cachorro grande e simpático, tudo em volta de um pequeno aquecedor a carvão com uma jarra d'água em cima. Espalhados pela cama e mesa havia sete ou oito grandes desenhos coloridos que ele tinha acabado de fazer, com vermelhos, azuis e amarelos fortes. Na cama tinha também meia dúzia de jornais, inclusive o *Humanité*."

Nessa fase, Picasso escreveu em três dias uma farsa intitulada *Desejo pego pelo rabo*, em janeiro de 1941. Três anos depois, achando que o pior havia passado, encenou-a entre amigos, com direção de Albert Camus e elenco formado por Simone de Beauvoir, Dora Maar, Michel Leiris, Georges Hugnet e Jean-Paul Sartre. Mostrando uma grande tourada encenada por Dora, a noite de *Desejo* ficou na lembrança como um acontecimento lendário. Roland Penrose destacou o interesse na peça: "Parecia uma orgia clandestina, um insulto aos invasores ridículos que achavam que podiam governar Paris."[17] Num retrato mal disfarçado da vida no ateliê, a farsa surrealista mostra um drama rabelaisiano com base nas três obsessões da guerra: a fome, o frio terrível e as inúmeras e patéticas formas de encontrar e ter amor. Picasso conhecia bem a tradição nascida no século XIII no *Livro do bom amor*, em que o carnaval e a Quaresma lembram a luta do carnívoro com o vegetariano. Então, criou uma luta do herói Pezão com seu rival Cebola, a heroína Torta e os personagens secundários Angústia Gorda e Angústia Magra, Primo, Redondo e os dois Au-aus. A atração de Pezão pela Torta é de uma sensualidade lasciva. Ele adora "o doce cheiro das tranças dela, a manteiga derretida de seus gestos dúbios" e tem vontade de agarrar "o traseiro dela como um prato de *cassoulet*". Está encantado com "as cavidades ósseas dela", arrebatado por seus "lábios cheios de mel e *marshmallow*" e enlouquecido por seu "desplante e suas convidativas gengivas cor de malva". Os personagens tinham descrições suficientes para os amigos se reconhecerem neles e todo o ambiente se animar com as risadas. Dora, também chamada Torta, que na verdade estava longe de ter tranças cheirosas enroladas em grudentas salsichinhas, também era descrita mais poeticamente como artista: "As rosas que são seus dedos cheiram a terebintina." Mais prosaica ao sair nua do banho, a Torta se apresenta: "Tenho seis mil litros de leite nos meus peitos túrgidos. Presunto. Tripas. Salsicha. Vísceras. Chouriço. (...) Uso com elegância as roupas ridículas que recebo. Sou uma mãe e uma puta perfeita, e sei dançar rumba."

Para alegria e consolo dos parisienses, ainda funcionavam os cafés em volta de Saint-Germain-des-Prés. Os nazistas tinham por política manter ao menos uma aparência de vida normal. Claro que havia racionamento de alimentos e o mundo sórdido dos informantes, seguido logo do som de botas de cano alto nos paralelepípedos no meio da noite. Havia também a inevitável "arianização" das casas e apartamentos dos amigos e vizinhos, mas, por outro lado, havia também a ópera, os espetáculos de cabaré e o elegante *vernissage* com coquetel para pintores das sociedades e academias artísticas: quem quisesse quadros de Picasso podia vê-los no fundo da galeria de Louise Leiris como um prazer clandestino sob os olhos do exército nazista.

Embora não estivesse às vistas do público, a arte de Picasso ainda recebia duras críticas. Em 6 de junho de 1942, Maurice de Vlaminck fez no jornal *Comoedia* um grosseiro ataque a essa arte, acusando-o de encaminhar os ingênuos por um estilo sem saída e uma "confusão indescritível". Vlaminck voltara havia pouco da famosa viagem pela Alemanha organizada pelo Ministério de Propaganda Alemão. Viajou acompanhado por Kees van Dongen, Dunoyer de Segonzac e André Derain e sem dúvida sua agressividade tinha um lado político, somada à inveja e amargura de ficar de lado devido ao sucesso de Picasso. Na semana seguinte, André Lhote deu uma resposta espirituosa no mesmo jornal. Mas, para Picasso, essa guerra na imprensa era talvez um mero prelúdio, uma amostra do que estava por vir.[18]

Ele tinha sorte. Tinha amigos e pessoas do meio que vinham apoiá-lo. Arno Breker, o escultor preferido de Hitler, cuja recente exposição em Paris fez enorme sucesso, embora cuidadosamente arranjada, disse que ajudou Picasso quando ameaçado de deportação por enviar dinheiro para a Espanha. Houve até insinuações de que Brecker tinha ajudado a arrumar bronze para Picasso fazer suas esculturas. Jean Cocteau também andou no fio da navalha por ter amigos alemães e continuar "patriota" e próximo da vanguarda. O policial parisiense André-Louis Dubois, que apreciava Picasso a ponto de se comprometer, agia como uma espécie de barreira protetora entre o artista e a Gestapo fazendo visitas diárias ao ateliê, às 11 da manhã. Um dia, depois de receber um telefonema nervoso de Dora Maar, Dubois encontrou Picasso no ateliê sentado no meio de telas cortadas, pasmo e assustado com o que tinha acabado de acontecer: "Eles me xingaram, me chamaram de depravado, comunista, judeu. Chutaram as telas e ameaçaram voltar. Só isso...", disse ele a Dubois.

Se nessa época a arte de Picasso não registrou uma reação clara a tais humilhações, nem produziu nada tão abertamente agressivo quanto *Guernica*, essa aflição foi absorvida. Logo após a liberação, Picasso disse a Peter Whitney: "Não pintei a guerra. (...) Mas tenho certeza de que ela está nesses quadros."

No começo de 1942, Picasso começou a produzir novamente no ritmo de pré-guerra. Criou literalmente centenas de telas, gravuras e esculturas antes da Liberação de Paris, em 1944. O talento para a ingenuidade fez com que ele reciclasse trabalhos anteriores, pedisse aos comerciantes de antiguidades para procurarem telas velhas para serem repintadas, descobrisse suprimentos de papel e mostrasse que tudo (de caixas de fósforos a maços de cigarros, de alfinetes de chapéus a jornais amassados, tampinhas de garrafas, pedaços de osso) podia ser transformado e usado em mais uma obra de arte. Dora Maar guardou cuidadosamente muitas dessas pequenas peças como se fossem talismãs ou objetos votivos por considerá-las sua última ligação com Picasso, já que fora trocada por Françoise Gilot. Pequenas lembranças afetivas para Dora foram criadas às dúzias, como os corações de papelão amassados com cara do touro.[19] A imagem mais icônica dessa fase foi, sem dúvida, *Cabeça de touro* feita com o guidão de uma bicicleta e um selim de couro sem enfeite. Sabartés convenceu Picasso que as esculturas mais convencionais, que eram feitas primeiro em gesso, deviam ser moldadas em bronze para a posteridade. O processo era perigoso e, na verdade, totalmente ilegal, já que qualquer peça em bronze era confiscada para ser fundida. "Alguns amigos dedicados levavam as peças de gesso para as fundições à noite de caminhão", lembrou Picasso em conversa com Brassaï.

Sem poder sair de Paris, ele caminhava pelas ruas de Montparnasse e pelas margens do Sena com Kazbek, seu cachorro *afghan*. Depois que voltou a trabalhar, a vida nos cafés trouxe de volta um clima de comunidade. Dora e o casal Zervos iam com ele ao Café de Flore, com o cachorro sempre atrás; lá, às vezes se encontravam para jantar com os casais Braque e Éluard.

Simone de Beauvoir e Sartre estavam sempre no Les Deux Magots ou na Brasserie Lipp. Brassaï e os poetas Robert Desnos, Raymond Queneau, Léon-Paul Fargue e Georges Hugnet apareciam, enquanto Jean Cocteau, todo agitado e elegante, esvoaçava, do teatro para o bar, do café para o ateliê do artista. Na Rue des Grands-Augustins, logo depois dos portões do ateliê, ficava o restaurante Le Catalan, cujo proprietário, Arnau, guardava para o casal Picasso as poucas coisas que conseguia no mercado negro. O restaurante se tornou um segundo lar da agora reduzida *bande* de amigos. Juntando cartões de racionamento, trocando arte por comida, confiando no bom coração do *patron* ou apenas usando dinheiro vivo, podia-se conseguir comida e bebida. Mas voltando ao ateliê, a fome também voltava.

Todos estavam sempre pensando na comida e na falta dela. Era uma fome ao mesmo tempo física e espiritual, que Picasso mostrou em naturezas-mortas seguidas. Numa galeria de imagens que mostra plantações de tomate assoladas pelo vento, esticando seus ávidos caules, uma mulher de chapéu em forma de peixe, pratos vazios e solitários objetos de cozinha, Picasso testemunhou a falta que todos sentiam. "Até uma caçarola consegue gritar", consta ele ter dito. E, sem dúvida, naquelas anoréxicas e duras naturezas-mortas, o importante é exatamente o que *não* está no quadro, e não o que se vê. Foi aí que a tradição de pintura no estilo *vanitas*, que fala diretamente da nossa mortalidade, foi transformada no estilo francês de natureza-morta. A morte estava em toda parte, tanto na obra quanto na vida de Picasso: no quadro com uma caveira e no falecimento de Julio González, em 27 de março de 1942.

Ainda havia raros dias de festa, como em novembro de 1943, quando o grupo de Picasso foi surpreendido saboreando um filé Chateaubriand num "dia proibido de comer carne", o que fez o Le Catalan ser fechado por um mês, para desespero do *patron* Arnau. Picasso também recebeu uma multa.

O aparecimento, no restaurante, da estudante de arte Françoise Gilot anunciou uma iminente mudança na vida de Picasso. Para Dora especialmente, significou o início de uma longa estação no inferno. Se a vida com Picasso tinha sido feliz, ela, não obstante, ficaria representada, congelada para sempre, nos vários estágios da *Mulher chorando*. De todos os motivos criados em *Guernica*, foi à *Mulher chorando* que ele voltava sempre como se, de certa forma, quisesse exorcizar sua culpa. Embora em geral o artista mostrasse Dora nos quadros, às vezes Olga reaparecia chorando numa tela, ou Marie-Thérèse se lamuriando num esboço monocromático. Picasso voltou 26 vezes ao tema da mulher desesperada; a última, em outubro de 1939. A tristeza, a guerra e as mulheres, tudo isso aos poucos se fundiu numa só mulher. Picasso explicou a Françoise Gilot a insistência no tema *mater dolorosa*.

> O artista não é tão livre quanto parece. O mesmo vale em relação aos retratos que fiz de Dora Maar. Não podia fazer um retrato dela rindo. Para mim, ela é a mulher que chora. Durante anos, pintei-a em formas torturadas, não por sadismo, nem por prazer, apenas obedecendo a uma imagem que se impunha. Era uma realidade profunda, não superficial.

Françoise estava prestes a tirar o manto de Dora e acompanhar Picasso, seu grande mentor e amigo. "Você jamais amou ninguém na vida. Você não sabe amar", criticou Dora, amarga.

Françoise lembrava bem de seu primeiro encontro com Picasso e Dora. A elegante Dora, com sua longa piteira em forma de corneta, tão séria e sobrenatural, "comportava-se como se fosse o santo sacramento". Picasso, com "os cabelos ficando grisalhos e o olhar ausente (distraído ou entediado) que conferia a ele uma aparência oriental, distante, que me lembrava a estátua de um escriba egípcio que está no Louvre. Mas não havia nada de escultural ou parado nele: gesticulava, mexia e virava, levantava-se, inclinava-se, ágil, para a frente e para trás". Como já havia ocorrido tantas vezes antes, o estilo de vida de Picasso previa nos quadros as paixões e fatos que estavam por acontecer. Dora teria então de acompanhar na tela a chegada de Françoise. "É melhor lágrimas e tragédia do que um simples véu jogado sobre o nome e o rosto da mulher que ele ama", observou Brassaï, que também tinha acompanhado os últimos suspiros da relação de Picasso com Dora. Como sempre, a mágoa e a última gota de amor tinham de ser arrancados até o fim. Poucos anos antes, Dora e Marie-Thérèse tinham brigado ao lado da tela de *Guernica* sendo pintada. Mas desta vez, nem Dora nem Françoise estavam dispostas a brigar. Dora postou-se ao lado do telefone, no apartamento da Rue de Savoie, recusando todos os convites que recebia, na esperança de que Picasso ligasse. A dependência, a intriga e as promessas não cumpridas que desequilibraram Dora ainda eram armas poderosas.

Mas Françoise não estava segura em relação a Picasso. Ficou assustada com as técnicas de sedução dele, oferecendo "trancá-la no sótão", isolada do mundo. Ainda não estava preparada para mergulhar no universo totalmente absorvente dele. Anos depois, descreveu o tratamento que Picasso dispensava às suas muitas "esposas":

> Ele tinha uma espécie de complexo de Barba Azul que o fazia desejar cortar a cabeça de todas as mulheres que colecionava em seu pequeno museu particular. Preferia deixar a vida seguir e ter todas as mulheres que compartilharam sua vida em algum momento continuando a dar olhares, gritos de alegria ou dor e fazendo algum gesto, como bonecas desconjuntadas.

Para Picasso, o rompimento costumava ser total. Sabartés observou: "Toda vez que ele começa um caso, é para sempre, não tem jeito. Essa é a sua força! A chave da sua juventude. Como uma serpente que troca de pele, ele deixa a pele antiga e assume outra. Após um rompimento, nunca volta. Sua capacidade de esquecer é mais fenomenal ainda que a de lembrar." A mulher que era abandonada, como Dora, é que se afogava no peso das lembranças. Ela ainda tinha os delicados desenhos, as frágeis lembranças afetivas, as aranhas rabiscadas na parede da cozinha e a casa cheia de escorpiões em Ménerbes. Também mantinha seu lugar na história como parte da inspiração, além de testemunha, do complicado nascimento de *Guernica*. Mas tinha de admitir que tudo aquilo agora era passado. Por instinto, Françoise sabia que render-se imediatamente a

Picasso e sua forma de humilhação era arriscar perder a identidade. Ainda estava muito desconfiada para se arriscar.

O inverno de 1943 foi o mais frio em anos. O peixe dourado que Brassaï mantinha num aquário congelou aos 15 graus negativos e o grande ateliê de Picasso onde *Guernica* tinha sido pintada ficou quase impossível de ser usado, gelado como as estepes siberianas. Do inverno à primavera, Françoise passou a fazer parte da vida de Picasso. As filas de visitas ao ateliê continuavam, mas eram mantidas a distância por Sabartés, enquanto o trabalho prosseguia. Na última semana de fevereiro de 1944, Picasso recebeu a terrível notícia de que Max Jacob e Robert Desnos tinham sido confinados em campos de concentração nazistas.[20]

Durante todo o ano anterior, Picasso dedicou-se muito a uma série de desenhos que acabariam se transformando na grande escultura de gesso *Homem com ovelha*. Descrita por André Malraux como um fio de ligação com *Guernica*, com mais de dois metros de altura, a peça representa todos os valores da compaixão humana rejeitados pelo quadro. Como no quadro, a escultura com suas insinuações ao Bom Pastor continua propositalmente maniqueísta, já que Picasso leva o espectador a um confuso labirinto moral. O homem da escultura é o protetor e salvador da ovelha ou está prestes a sacrificá-la? Paul Éluard assistiu à criação da escultura a partir de montes de argila e escreveu logo após para um amigo: "Picasso pinta cada vez mais como Deus ou o diabo", observação que serve também para a escultura.

Em meados de agosto de 1944, com os aliados às portas de Paris, todos tinham na cabeça o sonho da libertação próxima. As esporádicas lutas de rua perto do ateliê, entre uma resistência corajosa e as últimas tropas alemãs, convenceram Picasso a mudar-se com Marie-Thérèse e Maya para o Boulevard Henry IV. Mas logo após a Liberação, em 25 de agosto, ele voltou para o ateliê. A primeira soldado aliada a subir a escada para vê-lo foi sua velha amiga Lee Miller, com quem estivera pela última vez na praia na Côte d'Azur. Como lembrou Penrose: "Era uma alegria enorme ver o que parecia um milagre: Picasso estava vivo, com uma energia incomparável, e as visitas que o rodeavam chegavam a ser quase opressivas."

Uma Paris eufórica logo transformou Picasso em "símbolo da liberdade reconquistada". Depois da Torre Eiffel, ele passou a ser a maior atração turística da cidade. Todos queriam cumprimentar o profeta de *Guernica* e comprovar que ele havia sobrevivido à guerra. Pacotes de cigarro, sabonetes, comida em lata e caixas de chocolate se empilhavam na mesa de Sabartés. O ateliê ficou parecido com uma estação de trem. "Picasso salvo: o artista não traiu seu quadro nem seu país", foi a manchete do *San Francisco Chronicle* de 3 de setembro de 1944. No começo, aliviado e animado como todo mundo, Picasso aceitava os bandos de visitas. Mas logo viu que levar uma vida normal e trabalhar tinha ficado impossível. Uma visita lembrou ter visto vinte soldados americanos espalhados pelo ateliê. "Paris foi libertada, mas eu estava cercado", disse o artista depois ao amigo Brassaï.[21] Aos poucos, Sabartés e Marcel, o motorista, começaram a afastar as pessoas que só serviam para dispersar a atenção. Do dia para a noite, sumiu do portão a placa de boas-vindas *Ici* [Aqui].

As alegres comemorações foram logo ofuscadas pelos comitês de colaboração e o subsequente ajuste de contas, os expurgos que os franceses chamaram de *épuration* [exclusão]. Picasso não perdoou Derain e Vlaminck, que o haviam insultado pessoalmente e se "adaptado" ao regime nazista. Mas a liberdade era também uma chance para mostrar seu trabalho outra vez. O artista comunista André Fougeron propôs uma homenagem a Picasso por sua primeira exposição no Salão de Outono. Era uma oportunidade de mostrar o trabalho dos quatro últimos anos e a inauguração foi programada como Salão da Liberação, em 6 de outubro. Dois dias antes da abertura, ele fez um comunicado que alteraria totalmente sua posição de ícone cultural de pós-guerra.

No dia 4 de outubro, na redação do jornal *L'Humanité*, Picasso anunciou sua filiação ao Partido Comunista, na presença de Marcel Cachin, diretor do jornal, e Jacques Duclos, secretário do partido. Os amigos Louis Aragon e Paul Éluard foram convidados a testemunhar o histórico fato. Para Picasso, entrar para o partido era o desfecho lógico de sua vida e obra. Na entrevista do dia 24 de outubro no jornal comunista americano *New Masses*, ele explicou melhor:

> Sempre fui um exilado, agora não sou mais. Até o dia em que a Espanha puder me receber de volta, o Partido Comunista francês abriu os braços para mim e encontrei nele as pessoas que mais admiro, os maiores cientistas, os maiores poetas, além de todos aqueles lindos rostos dos insurgentes parisienses que vi em agosto. Estou de novo entre meus irmãos.[22]

Foi talvez uma decisão estranhamente ingênua, tomada às vésperas da paz, principalmente depois da prova de duplicidade de Stalin durante os julgamentos em Moscou, no final dos anos 1930. Mas o horror da destruição de Stalingrado tinha provocado uma onda de simpatia. Nenhum outro país perdeu tantas vidas na luta contra a ameaça nazista.

Havia bons motivos para Picasso formalizar uma relação que já estava entranhada nele. Quando jovem, em Barcelona, ele teve grande simpatia pelos anarquistas, mas foi durante a Guerra Civil que o apoio soviético à República confirmou que os soviéticos eram os únicos parceiros confiáveis para a democracia. Mas o que ocorreu depois demonstrou claramente a falácia disso. Picasso nunca foi um marxista ortodoxo e tinha também motivos pessoais para filiar-se ao partido. A relação com Paul Éluard era tão próxima a ponto de ser quase simbiótica; a amizade e o companheirismo certamente tiveram um peso. Como homenagear melhor os amigos comunistas e os sessenta mil exilados republicanos que tinham lutado ao lado da Resistência Francesa? Havia milhares de outros espanhóis que lutaram com o exército livre francês, além dos 250 mil que estavam nos campos de trabalho forçado dos Trabalhadores Estrangeiros no governo de Vichy. Para um analista, Picasso foi, "acima de tudo, leal à lealdade". (O que não se pode dizer dos países aliados, que depois da guerra esqueceram os republicanos, vítimas da brutal repressão de Franco.) Quer os motivos de Picasso para filiar-se fossem nostálgicos ou sentimentais, a decisão continuou sendo um grande golpe publicitário para o partido. Junto com o ganhador do Prêmio Nobel, o físico Frédéric Joliot-Curie, e de Louis Aragon, o artista passou a ser um dos Três Mosqueteiros, o mais valioso trio de Moscou na batalha contra a *intelligentsia* do pós-guerra.

Alguns amigos próximos, como D. H. Kahnweiler e Roland Penrose, ainda confirmavam a total falta de engajamento político de Picasso, mas essa opinião contradiz claramente os fatos. Enquanto alguns questionavam a integridade dele, muitos observadores julgavam que a existência de *Guernica* provava seu engajamento. Em 28 de março de 1945, Christian Zervos escreveu para Alfred H. Barr: "Picasso não participou da Resistência. Ele apenas manteve sua dignidade durante a Ocupação, como fizeram milhões de pessoas aqui. (...) O trabalho dele é a maior forma de resistência, não só contra um inimigo, mas contra milhões de pretensiosos imbecis." Após a Liberação, o papel dele durante a Ocupação assumiu uma nova importância. Desacreditá-lo pelo fato de ter sobrevivido seria desafiar a honestidade de toda a sua obra e duvidar da sinceridade da indignação moral de *Guernica*.

Na primavera de 1943, ele explicou para Françoise Gilot:

> (...) numa espécie de passividade, não me importo de não reagir à força ou ao terror. Quero ficar aqui porque estou aqui. A única força que poderia me obrigar a ir embora seria a vontade de ir. Ficar não é uma demonstração de coragem, é apenas uma forma de inércia. Acho que fico simplesmente porque prefiro ficar. Portanto, vou ficar, seja qual for o preço.[23]

Mas esse fatalismo impassível disfarçava um envolvimento que era mais profundo do que se imaginava. Segundo Juan Larrea, o apoio de Picasso incluiu doar a renda de *Sonho e mentira* para a República, comprar leite para as crianças necessitadas de Barcelona, doar 550 mil francos franceses aos intelectuais exilados, aos refugiados republicanos e a outras *personae non gratae*, como membros do Partido Comunista e anarquistas. Françoise Gilot lembra as visitas potencialmente perigosas ao ateliê, de integrantes da Resistência, como André Malraux e Laurent Casanova. Mais comprometedor ainda foi enviar dinheiro para a Espanha; conseguir visto de permanência para exilados espanhóis; financiar a construção de um hospital em Toulouse para republicanos feridos; ajudar financeiramente pintores judeus como Otto Freundlinch e comparecer ao velório de Max Jacob.

O fato de Picasso se incomodar muito foi reforçado outra vez em sua arte. No começo de 1945, ele se dedicou a outra grande tela tendo como tema central o apavorante dia seguinte da guerra. O ossuário foi outra reflexão de desesperança e desespero usando muitos artifícios de *Guernica*, sobretudo a dramática distorção e o fantasmagórico *grisaille*. O desenvolvimento da obra foi documentado por fotos: numa estranha profecia dos campos de morte nazistas antes que se soubesse da dimensão do Holocausto, as pilhas de corpos mutilados embaixo de uma mesa de cozinha eram, segundo Dora Maar, inspirados na vívida cena de uma filme republicano que mostrava uma família de camponeses mortos num incêndio dentro de casa. Penrose deu a entender que "Picasso tinha sido levado por seu demônio por caminhos sombrios".

Com a rendição da Alemanha no início de maio de 1945, terminou a guerra na Europa. Paris podia voltar a parecer normal, mas alguma coisa tinha se quebrado: o espírito. No Salão da Liberação, longe de receber aprovação unânime, as duras imagens de guerra de Picasso foram abertamente ameaçadas e ironizadas. Para muitos, estava evidente que Paris tinha deixado de ser o centro mundial de arte. O peso da balança tinha mudado de prato. E Nova York, que foi um refúgio para tantos exilados, iria se tornar o novo centro mundial de produção e consumo de arte.

Guernica havia sido profética de várias formas. Tinha alertado o mundo para uma guerra catastrófica e também dobrado o sino de finados numa exaurida e desesperada arte europeia. A exposição do quadro em Nova York foi, na verdade, o velório de um continente moribundo e seu tema trágico, uma eulogia para um mundo em desaparecimento. Havia a sensação bem concreta de que o bastão tinha mudado de mãos. Se a década de 1930 havia sido de preparação para os Estados Unidos tirarem a hegemonia cultural da Europa, em 1940, como observou Clement Greenberg, "Nova York tinha superado Paris, já que Paris ainda não tinha se superado.[24] Um grupo de artistas americanos relativamente desconhecidos (Pollock, Gorky e

Rothko) já tinha a mais completa cultura pictórica da época." Se Hollywood e o jazz atraíram a Europa antes da guerra, era a vez das apostas mais altas serem para os Estados Unidos. "Os principais nomes da arte ocidental migraram finalmente para os Estados Unidos, junto com o centro de gravidade da produção industrial e o poder político", declarou Greenberg. Era a morte de Paris.

Notas

1. Caws, M. A., *Picasso's Weeping Woman* (Boston: Litlle, Brown & Co., 2000).
2. Gasman, L., *Mystery, Magic and Love in Picasso* (Ann Arbor, University Microfilms, 1981).
3. Sabartés, J., *Picasso, Portraits et Souvenirs* (Paris: Louis Carré e Maximilien Vox, 1946) e rodapé 11 de Sabartés, J., *Picasso: An Intimate Portrait* (Nova York: Prentice Hall, 1948).
4. Ibidem.
5. Fitzgerald, M., p. 262 a 263
6. Cone, M., *Artists under Vichy* (Princeton: Princeton University Press, 1992).
7. Ibidem.
8. Golan, R., *Modernity & Nostalgia* (Yale University Press, 1995).
9. Fitzgerald, M. p. 54 a 56.
10. Cone, M. p. 214.
11. Brassaï, p. 62.
12. Olivier Widmaier Picasso sugere em seu *Picasso: The Real Family Story* (Munique: Prestel, 2004) que a tentativa de mudar de nacionalidade também foi como reação a reclamação de Olga sobre os bens dele.
13. Daixu, P., e Israel, A., *Pablo Picasso, Dossiers de la Préfecture de Police 1901 a 1940* (Paris: Éditions des Catalogues Raisonées, 2003), p. 115 a 134.
14. Preston, P. *Franco.*
15. Departamento de Inteligência Política do Ministério das Relações Exteriores. Ref.: FO 371/ 28228/25643.
16. Brassaï, p. 89.
17. Penrose, R., *Picasso: His Life and Work* (Londres: Granada, 1981).
18. Cone, M., p. 154.
19. Lord, J., *Picasso and Dora* (Nova York: Farrar Straus Giroux, 1993) e Caws, M. A.
20. Cone, M., p. 234.
21. Beevor, A., Paris, p. 71.
22. Utley, G., p. 208.
23. Gilot, F, Paris, p. 38.
24. *New York Painting only Yesterday"*, Art News n. 4, 1956.

6

O *big bang*

> Picasso é um gênio, isso é óbvio, mas seus "monstros" já não nos preocupam. Estamos à procura de outros monstros, por outros caminhos. A questão da "sucessão" pode surgir, mas de outra forma.
>
> Henri Michaux em conversa com Brassaï (outubro de 1943)

> É preciso transformar as Fúrias em forças benéficas.
>
> Martha Graham

> A arte precisa contatar o mistério: da vida, dos homens, da natureza, do árduo e escuro caos que é a morte, ou do caos mais suave e mais cinza que é a tragédia.
>
> Barnett Newman, *O quadro ideográfico* (1947)

APESAR DA DOR POR SE SEPARAR da Europa e da óbvia preocupação com a sobrevivência de parentes e amigos que ficaram lá, Jacqueline Lamba conseguia de vez em quando escrever de Nova York cartas animadas para os amigos, cheias de um otimismo novo. Tonta de alegria por estar viva, sua animação salta das folhas. "Os Estados Unidos são a árvore de Natal do mundo", elogiou. Nova York tinha sobrevivido intata e emanava uma energia nova e vital. "Nova York estava gloriosa, brilhante, mais confusa do que nunca", lembrou Alfred Kazin em sua autobiografia intelectual *New York*

Jew [Judeu de Nova York].¹ Mas, segundo ele, estava também "mais 'artística', era a capital do mundo, da velha intelectualidade europeia, da *action painting*, do sentimento em ação, da ação totalmente liberada, pessoal e explosiva. (...) Sua beleza estava em nada mais que poder, era dramática, impoluta, lançava-se para o alto como uma cena de circo, um show louco de 'desafio à morte' após outro".

Seguindo pelos Estados Unidos, *Guernica* chegou enfim ao MoMA para o mundo artístico de Nova York reavaliá-la com calma como imagem de uma guerra catastrófica finalmente terminada. Aos poucos, o quadro passava de testemunha e profecia para a área mais calma do objeto e da História. Estranhamente, não estava mais dominado por um único fato, tinha finalmente se livrado de seu papel de repórter e máquina de propaganda. A fase de seu legado mais duradouro estava prestes a começar.

Muitos artistas americanos que viram o quadro nas exposições itinerantes ficaram impressionados com sua força. E muitos se sentiram impotentes diante de sua audácia e seu potencial expressivo. Willem de Kooning, nascido em Roterdã, cidade que foi destruída por ataques aéreos no começo da guerra, morava em Nova York havia mais de dez anos. Para ele, o encontro com *Guernica* foi, quase literalmente, "avassalador". Outros se embebedaram com a imagem. Os artistas que logo ficariam conhecidos como "expressionistas abstratos" ingeriram a dramática energia e a dimensão teatral do quadro. Era europeu. Era cosmopolita. Era politicamente engajado e, ao mesmo tempo, imperfeito e bruto o bastante para atrair a sensibilidade dos nova-iorquinos. Mais que isso, o quadro tinha chegado na hora certa. Kazin retratou bem o clima:

> Em 1943, Nova York era o farol, a cidade da liberdade, da abertura e esperança, (...) cheia de maestros famosos que não tinham orquestra para tocar, de grandes pianistas que não conseguiam dar um concerto; de intelectuais alemães, franceses e italianos que se comunicavam por rádio com suas velhas pátrias na Secretaria de Informação da Guerra. Minha "cidade do mundo" nunca esteve tão cheia de talentos, inteligências, tesouros ocultos. Delmore Schwartz tinha razão: a melhor coisa dos Estados Unidos continua sendo a Europa.²

Para historiadores da arte e da cultura preocupados em compreender o espírito da época, *Guernica* fez sua dramática entrada como principal atração no que Robert Rosenblum chamou, jocoso, de "teoria do *big bang*" da arte americana: um único "evento" cultural dando início a toda uma renascença. Colocado no meio de uma parede do MoMA, o quadro chegou a Nova York no exato momento em que a arte americana estava passando de ideológica, utópica e regional a romântica, interior, épica e mitológica. No começo, assolada pelo poder criativo de Picasso, uma escola artística iria desconstruir as lições dele e, aos poucos, reconstruir a arte a partir dos destroços. Na entrevista com Picasso feita em 1945 para o *New Masses*, Jerome Seckler lembrou a seriedade daquele ambiente exploratório.

> Nos últimos dez anos, meus amigos e eu discutimos, analisamos e revimos Picasso até nos irritarmos. Digo irritarmos porque foi simplesmente isso mesmo. A única conclusão a que pudemos chegar foi que ele, em suas diversas "fases", reflete muito bem as contradições febris da época, mas apenas reflete, sem jamais pintar nada que melhore a compreensão dessa época. Artistas e críticos que vivem rotulando pessoas identificaram-no com muitas escolas: surrealista, clássica, abstrata, exibicionista e até contorcionista. Mas fora essa bobagem extravagante, essas pessoas jamais explicaram Picasso. Ele continuou um enigma. Depois veio a bomba. No meio das últimas horas de agonia da Espanha legalista, Picasso pintou seu mural *Guernica* e com ele passou a ser um poderoso e penetrante pintor do protesto social.[3]

Claro que cada artista viu *Guernica* de um jeito. Para alguns, o importante era sua mensagem política; para outros, seu estilo. O artista que mais viveu a arte de Picasso foi Arshile Gorky. Apelidado de "Picasso de Washington Square", ele foi assimilando cada fase do outro: primeiro, o Picasso do sintético estilo cubista; depois, o artista clássico da década de 1920, em casa e nas altas-rodas; seguido do surrealista do início dos anos 1930, culminando na fase torturada do minotauro que levou aos desenhos de *Sonho e mentira*. Como uma cobra trocando de pele, Gorky sempre se renovou por intermédio de seu *alter ego* Picasso. Fiel a ponto de mimetizar-se, ele absorveu e digeriu o outro até sua própria personalidade parecer sumir completamente; a camuflagem dava-lhe mais tempo. O crítico de arte Harold Rosenberg, conhecido por cunhar o termo *action painting*, lembra do orgulho de Gorky por seu estilo aparentemente autodepreciativo. "Quando, em 1937, chegaram a Nova York alguns quadros importantes nos quais o espanhol deixou a tinta escorrer, os artistas na exposição riram de Gorky. Disse um deles, meio irônico: Logo agora que você conseguiu o lado limpo de Picasso, ele começou a escorrer." E Gorky respondeu, orgulhoso: 'Se ele escorre, eu escorro.'"[4]

A figura excêntrica de John Graham também teve uma importância parecida para Gorky, muito útil para desvendar os mistérios do estilo de Picasso. Polonês aristocrata e enigmático, Graham dizia ter ligações com o czar russo. Meio camaleônico, ele passaria a ser para muitos artistas nova-iorquinos o que Guillaume Apollinaire foi para Picasso: uma fonte de inspiração e ideias. Dizendo-se íntimo de todo artista europeu importante, ele se dedicou à arte moderna com zelo missionário. Seu livro *Primitive Art and Picasso* [Arte primitiva e Picasso] (1937) foi muito influente. Pela primeira vez, ele mostrou a importante convergência de ideias entre os textos de Jung, a arte primitiva e as múltiplas manifestações de Picasso. Isso representou a matriz cultural da época. Igualmente importante foi a curadoria de Graham em 1942 na exposição na McMillen, Inc., onde colocou a obra de Pollock e de Kooning ao lado de Picasso, Braque e Matisse. Ele juntou as duas forças que iriam dar forma ao mundo das artes visuais: Paris e Nova York.

No final dos anos 1930 e durante a guerra, os artistas norte-americanos tiveram a impressão de que a cultura corria risco mortal. Com a ideia exagerada de que eles ainda não estavam à altura de seus colegas europeus, não surpreende que tenham ficado muito desesperados. No final dos anos 1930, Gorky abriu uma reunião de artistas com o estribilho derrotista "Nós fracassamos".[5] Mas, reenergizado pelo momento catártico, imediatamente se corrigiu e sugeriu que fizessem um quadro. Era preciso uma imagem ou uma forma de expressão que pudesse obter o que *Guernica* conseguiu. Era preciso autenticidade e alcance. *Guernica* era universal. Retratava o instinto animal, a história do conflito interior humano, a luta de desejos, o espírito e o potencial para a brutalidade. Mostrava as origens do comportamento, o eterno e o recorrente, a morte e o nascimento, o desespero, as noites da alma, a discordância, a tragédia e o desperdício. Artistas americanos como Gorky e críticos como Graham tinham um profundo interesse pelo arcaico, o ritualístico, os ritos de passagem, o trágico, o sublime, o transcendental, o sacrifício e a síntese do panteísmo, xamanismo, cristianismo, as filosofias orientais, crenças religiosas e a psicanálise freudiana e junguiana. Tudo isso numa mistura de ideias convergentes e sobrepostas, representava o retrato nervoso e barulhento da mente nova-iorquina em funcionamento e a simultaneidade da consciência moderna. "Os americanos se nutriram do que lhes faltou na Primeira Guerra, uma cultura sofisticada de desperdício, horror, medo e ódio." O *habitat* intelectual desses artistas eram os livros *The Golden Bough* [O ramo dourado], de Frazer, *The Wasted Land* [A terra devastada], de T. S. Eliot, e *Moby Dick*, de Melville, mais o mito do Graal, a lenda do rei pescador e, pictoricamente, *Guernica*, claro. Com o uso de arquétipos, *Guernica* mostrou ao mesmo tempo a chegada da guerra moderna e a ruptura do psiquismo moderno: era um tema comum que permeava várias dessas obras.[6]

Mas, para Gorky, o encontro com Picasso e com *Guernica* foi mais direto e pessoal. Para ele "estar com" alguém era a mais intensa parceria, uma fusão de identidades. "Eu 'estive com' Cézanne muito tempo, depois com Picasso", contou, com um toque de inevitabilidade histórica, como se isso fosse muito lógico. Numa entrevista com o artista Milton Resnick, Gorky explicou o profundo respeito que tinha pelo mestre: como ele era filho da arte, não podia matar o pai que amava. "Não posso matar meu pai, ou seja, o meu passado, o passado da arte, então tenho de morrer porque nasci da arte e não posso negar nem matar meu pai." O tema sucessor de Picasso, como já havia sido discutido por Michaux e Brassaï, ainda estava vago para quem quisesse. Numa produção tardia, Gorky fez uma reflexão sobre a "carpintaria" de *Guernica* inflamada por cores fortes e indefinidas.

Nos títulos evocativos e ilusórios de *Pomar de maçãs, Fazendo o calendário, Um ano de plantas leitosas, Como o avental bordado de minha mãe mostra minha vida, Mesa de paisagem* e mais obviamente no quadro de 1944, *Estudo para "Eles vão tomar minha ilha"*, Gorky juntou sua refinada sensibilidade aos planos estraçalhados de *Guernica* e à nostalgia por seu passado na Armênia. Na flutuante penumbra, ele prendia a atenção do espectador, mas ainda não bastava para se livrar totalmente.

A carta de junho de 1943, endereçada ao *New York Times*, era assinada por Gottlieb, Rothko e Newman e dizia: "Queremos uma arte que seja trágica e atemporal." Com o colega Gorky, eles tinham começado a conseguir isso, além de reverenciarem Picasso. Numa entrevista à Rádio WNYC, em outubro de 1943, Gottlieb e Rothko explicaram melhor: "Toda arte primitiva mostra a noção de forças poderosas, a presença do pavor e do medo, o reconhecimento e a aceitação da brutalidade do mundo natural assim como a insegurança eterna da vida." Era a mesma linguagem que *Guernica* tinha transmitido a eles em largas pinceladas de tinta negra e esbatida. O quadro se encaixava perfeitamente no conceito de *action painting* de Harold Rosenberg que romantizava os artistas como "anti-intelectuais, ingênuos, torturados emocionalmente, mas nobres e honestos selvagens". Rothko, Gottlieb e Newman procuravam o sublime elusivo, conceito proposto por Edmund Burke em *Pesquisa filosófica sobre a origem de nossas ideias de sublime e belo* (1757). Ele escreveu que "as imagens escuras, confusas e indefinidas causam maiores sensações do que as claras e definidas". Foi uma interpretação do sublime que inspirou o movimento romântico e chegou quase inalterada aos Estados Unidos de pós-guerra. *Guernica* era um totem da noção de sublime. No uso da *grisaille*, criou um clima envolvente; no da dimensão, algo similar ao "cinemático", como sugeriu o crítico catalão Lluís Permanyer. Uma tela enorme forçava o contato humano e um encontro mais físico e verdadeiro. *Guernica* era uma pintura envolvente, um meio total, numa escala maior que a humana. Era uma escala que obrigava o espectador a ficar à altura dele. Era talvez o primeiro passo de Rothko rumo às "portas do inferno", aquelas grandes paredes de cor radicalmente simplificadas que passariam a ser o estilo característico dele. A urbanidade europeia do pátio andaluz ou a pequena praça caiada de branco em *Guernica* (dentro de claustrofóbicos muros se passa a tragédia) é transformada pelos expressionistas abstratos Newman e Rothko numa ampliação da pradaria, num novo sublime que vislumbrava e, ao mesmo tempo, negava e convidava a ler através da superfície da tinta para encontrar, ao mesmo tempo, o nada e o absoluto.

Havia muitas formas de chegar a *Guernica*: algumas, diretas; outras, mais sinuosas. Para os artistas americanos, Picasso era o caminho a seguir exatamente por ter mantido distância dos surrealistas que se tornaram muito narcisistas e pareciam querer levar seus colegas por alamedas cegas e labirintos sem saída. Eles criaram o que Barnett Newman criticou como uma mera "fantasmagoria". Já *Guernica* tinha um apelo sério, épico, universal, histórico e social em contraste com o interior surrealista de fantasia e inconsciente. Mesmo em seu niilismo, falava em comunidade e em tentar mostrar a tragédia da história humana.

O que seduzia então no quadro era sua capacidade de modernizar o mito e reciclar o mundo antigo. A importância dele como fonte de ideias era notada apenas em títulos como, por exemplo, *O touro sírio*, de Mark Rothko. Mas havia também um envolvimento mais profundo com as lições do quadro. Nele, Picasso juntou o mito do minotauro, a crucificação e a tourada. Era a tradição "universal" dele. Alguém poderia perguntar qual seria a tradição parecida para a geração de americanos como Adolph Gottlieb. Na série que chamou de pictogramas, ele dividiu as telas em discretas formas retangulares como nas histórias em quadrinhos e encheu-as de imagens que lembram as mantas usadas pelos índios americanos, os hieróglifos egípcios ou os muros com gravações de vitórias dos reis assírios. Esses quadros obrigam o olhar a se adaptar para assimilar todos os detalhes e a aparente confusão no tamanho. Olhos ameaçadores, mão decepada, boca bocejando, um pé, um peixe, um espermatozoide, está tudo misteriosamente lado a lado. É como uma seleção arbitrária de tiras de filmes celuloide, cada uma contando uma história diferente num tempo diferente. Como em *Guernica*, o tempo e a lógica estão quebrados na roda da tortura de um mundo bárbaro.

Outros artistas, como William Baziotes, que era de origem grega, ficaram imediatamente atraídos e instigados pelo potencial épico de *Guernica* e sua "efervescência de morte e beleza." Numa entrevista em 1963, ele descreveu sua filosofia:

> É a grandeza de pintar que nos faz voltar sempre a isso. Voltamos (...) não para novas descobertas, mas para renovar uma grande experiência. (...) Uma força misteriosa, uma energia estranha aparece assim que o pincel toca a tela. (...) Portanto, quando olho um quadro contemporâneo, julgo-o pelo único critério que tenho. O interesse pelo quadro é não só por seu aspecto concreto, mas também pelo drama e poesia da alma humana.

Certamente havia drama em *Guernica*. Baziotes sentiu o vento do apocalipse soprar na sala do museu. Mas, enquanto o interesse de Rothko por mitos era implícito e internalizado, Baziotes era assustadoramente explícito. *Guernica* era demais para assimilar de uma vez só. Por isso, ele partiu-a em pedaços e começou de novo. Há almas feridas, anões e os temidos cíclopes. Há um sadismo distorcido na obra dele. Animais e bichos desconhecidos saídos de algum bestiário particular ou pré-histórico estão retorcidos ou puxados, as bocas abertas os transformam em outros monstros. Às vezes, os contornos de uma criação extravagante fazem parte de outra e uma imagem consome, voraz, a outra: um antigo celacanto engole um pássaro, um dente morde outro, formas se misturam como micróbios em suspensão num prato de Petri. Por toda parte há desmembramentos. Um emocionante menino triste, de quem se veem apenas o peito e a cabeça, está sentado numa cadeira e nos pergunta: "Quem sabe o quê?", com seus tocos de braços cobertos com gazes. Ele é anônimo, mudo e patético como um manequim de alfaiate. É uma ressurreição do autorretrato de Picasso caído na praça, ao lado do cavalo morto; inteiro, mas tão patologicamente quebrado no espírito como nunca antes.

Uma das reações mais originais e sofisticadas ao estilo de *Guernica* foi o trabalho de Willem de Kooning na segunda metade dos anos 1940.

Ao contrário de muitos expressionistas abstratos, que eram autodidatas ou tinham se separado da grande tradição europeia, a educação visual dele tinha uma sólida base acadêmica, de oito anos na Academia de Belas Artes e Técnicas de Roterdã. Pasmo com a coragem de Picasso e o espaço fracionado de *Guernica*, ele aos poucos abriu caminho nas implicações pictóricas. No começo dos anos 1940, como Baziotes, ele criou uma série de manequins e homens de pé, com formas que lembram os desenhos preparatórios de *Guernica* em suas expressivas contorções. Sem desenhar a partir de um modelo vivo, Kooning vestiu um manequim de alfaiate e colou as próprias calças nele para criar "homens ocos", de olhar vazio e triste. Aos poucos, as figuras somem em camadas de tinta (rosa, carmim, vermelho de batom, amarelo pastel, sufocados sob camadas de branco) que inevitavelmente criam uma tensão entre figuração e abstração, dialética que continuaria sendo tema da obra de Kooning. Influenciado pela amizade e admiração por Arshile Gorky, cuja obra sempre foi mais lírica, Kooning foi se aproximando da violência visual de Picasso, que considerava sua meta.

A maior homenagem que fez foi *Juízo final* (*Labirinto*), de 1946, onde os críticos encontraram figuras tiradas de *Guernica* e transformadas num espaço mais forte e mais plano. Encontramos sempre "instantâneos" de tema, como Kooning gostava de dizer, aqueles lampejos, rápidos toques e reflexões momentâneas que formam o contraste dissonante da vida urbana. *Caixa de correio* (1948) e *Praça na cidade* (1949) ferem a vista, fazem com que ela mergulhe e volte à superfície, irritada e deslocada à medida que o quadro mais uma vez começa lentamente a se reconstruir. Como se estivéssemos na confusão de Coney Island, temos quedas vertiginosas e súbitas surpresas quando rapidamente tocamos no solo. No final dos anos 1940, o uso da *grisaille* por Kooning lembra mais *Guernica*. Como Picasso fez tantas vezes nas crises pictóricas de sua vida, Kooning volta ao básico do preto e branco a fim de descobrir para onde seguir. Configurações de formas eram repetidamente sobrepostas. Uma série de obras-primas, inclusive *Sótão*, *Sexta-feira negra*, *Zot*, *Asheville*, *Escavação* e o melancólico *Lago escuro*, descreve a nova linguagem de deslocamento que Kooning tinha aprendido, um estilo em que a influência direta de Picasso encontra o ritmo frenético da vida nova-iorquina. Não havia mais o bucólico, a arte é a vida urbana, suja, sensual, moderna. Mas foi na pesquisa pessoal de luminosos esboços e desenhos que Kooning mais se mostrou. Um após outro, esses esboços e desenhos, que poderiam ser facilmente considerados meros rabiscos abstratos, voltam ao universo daquela praça espanhola bombardeada. Nada tão literal quanto Picasso mas, mesmo assim, em esmalte sobre papel gráfico, a grade é lavada e manchada com o material, causando imagens tão livres e soltas quanto nada visto antes. É um jogo da mais alta qualidade.

Um jogo parecido, mas numa dimensão bem maior, quase chegando ao melodramático, foi feito por Robert Motherwell na interessante série *Elegias à república espanhola*. Iniciadas em 1948, essas reflexões sobre uma república perdida continuariam a envolvê-lo por mais 30 anos. Ele nunca se importou com os críticos, segundo se afirma, porque "ficou longe de seus companheiros artísticos como um calouro na banda Gashouse Gang".[7] Ou, talvez, segundo outros, porque ele usava roupas furadas para deixar que seus companheiros mais proletários ficassem à vontade.[8] Deixando de lado essas pretensões, Motherwell certamente era diferente. De todos os artistas até aqui citados, ele era sem dúvida o mais "refinado". Estudou Filosofia em Stanford, depois Estética em Harvard e se tornou o único membro da Ivy League a ser expressionista abstrato. Pouco antes da Segunda Guerra, passou dois anos na Europa, principalmente na França, onde fez uma tese sobre Eugène Delacroix. Depois de se pós-graduar na Universidade de Columbia, Meyer Schapiro finalmente o convenceu a pegar no pincel. Motherwell tinha uma situação privilegiada sob vários aspectos, por isso podia conversar com os exilados surrealistas na língua deles. Seu maior interesse era pelo trabalho deles (a escrita automática de André Masson e Matta e sua abertura para o inconsciente), além das colagens de Picasso e de como usou os planos fracionados. Como coeditor de *Possibilities* e, a partir de 1944, editor do arrasador *Documentos da arte moderna*, ele se tornou a voz mais partidária do expressionismo abstrato, porta-voz do autonomeado movimento, a cabeça pensante. Ele diferia mais de Gorky, de Kooning, Rothko e Pollock (porta-estandartes do estilo emergente) por ser relativamente recém-chegado, portanto não se desgastou nas amargas batalhas políticas da década de 1930 ou, em outras palavras, não sofreu. Isso faria com que ele ficasse sempre à parte, que, por um lado, fosse mais cerebral e desligado e, por outro, mais abertamente hedonista. De todos os expressionistas abstratos, o seu trabalho foi o mais elogiado, mas também o de maior tendência a escorregar para a decoração. Com Motherwell, uma tendência pelo "bom gosto" e pelo turismo cultural andava sempre por perto. Ainda que relativamente novato, suas delicadas colagens com pedaços de objetos da cultura francesa, papel de embrulho, maços de cigarros, obscuras revistas literárias tinham o charme encantador da nostalgia confortavelmente controlada. Mesmo assim, e talvez sem que ninguém esperasse, foi para *Guernica* e a Guerra Civil Espanhola que ele se voltou ao fazer a mais duradoura produção de imagens de sua longa carreira.

Em 1941, *Pequena prisão espanhola* foi a primeira indicação de que ele ia adotar a península Ibérica como tema. Não podemos subestimar o idealismo de muitos que foram para a Espanha lutar, ou a dor dos exilados que nunca mais voltariam à pátria. Mas o envolvimento de Motherwell foi de outro tipo. Ele integrou a longa tradição de viajantes românticos do século XIX que assimilaram culturas estrangeiras exóticas com todos os devidos clichês, sempre em segunda mão. A estratégia que adotaria para lidar com *Guernica* e tudo o que ela representava foi chegar de viés, pelo lado. Com tendência a pensar em James Joyce, Stephane Mallarmé ou no Proust de *Em busca do tempo perdido*, ele buscou inspiração na poesia. Nada menos que no poema "Às cinco da tarde", de Federico García Lorca, de *Lamento por Ignácio Sánchez Mejías*. Foi um jeito diferente de chegar a um quadro.

O quadro é tão simples que chega a decepcionar: mede meros 37×45cm, mostra três formas ovais negras ladeadas por colunas e tem uma fina linha preta sobre fundo branco. No alto à direita, uma espécie de peitoril de janela abre para um espaço achatado, como ponto de fuga. Mas, já pelos títulos *Pequena prisão espanhola* e "Às cinco da tarde", percebemos que há pouco espaço de evasão. Ignácio Sánchez Mejías, como o próprio Lorca, consegue o que chega até ele. O quadro é uma reflexão discreta sobre a tragédia humana e a morte. Ninguém poderia imaginar que Motherwell logo aumentaria dramaticamente a imagem em várias outras versões das dimensões de *Guernica*. Algumas são esplêndidas, embora deem sempre a impressão de que ele gosta de forçar a emoção e que está prestes a sentimentalizar a tragédia.

Na edição do *The Nation* de 27 de novembro de 1948, Clement Greenberg escreveu sobre Motherwell. Acusou-o de ser vítima de "um desvio daqueles de decorador de interiores que põe tudo no lugar certo, mas esquece o resto", e acrescentou que Motherwell sofria de "felicidade" e de "graça adocicada". E é verdade que, nas *Elegias,* Motherwell chegou perigosamente perto de transformar tragédia em bom gosto. A alma negra de Goya é substituída pelo preto no estilo Coco Chanel. As *Elegias* dão uma impressão suspeitamente resolvida.

Em 1957, no meio da série, Motherwell expôs sua intenção no catálogo do MoMA para a mostra *Nova pintura americana*: "Acredito que os artistas avaliam a pintura primeiro pela ética, o julgamento estético fluindo de um contexto ético. (...) Sem consciência ética, o pintor é apenas um decorador de interiores. Sem consciência ética, a plateia é apenas sensual, de estetas." Ele descreveu muito bem seu próprio calcanhar de aquiles. Tendo se apropriado da visão de tragédia, da cor negra do *canto jondo,* a emocionada canção da Andaluzia, com um estilo predominantemente abstrato, a autenticidade das *Elegias* poderia ter passado despercebida por muitos críticos, mas não por Greenberg.

Outra reação a *Guernica* seria encontrada na escultura de David Smith, mais tarde um dos mais importantes escultores abstratos do século XX. Em *Medalhas de desonra: propaganda de guerra* (1939-40), o relevo é usado para criar medalhões obviamente inspirados no quadro. O resultado às vezes é engraçado, às vezes triste, mas, como em *Guernica,* o espectador fica com a sensação de que o artista criou um épico em que os estágios mais importantes da narrativa infelizmente se perderam. A discussão se *Guernica* poderia ser mais bem-sucedida num conjunto de esculturas foi em parte alimentada pela reação de Smith à obra de Picasso. Mas nenhuma reinterpretação mudou radicalmente a sua primazia. Ninguém, isoladamene, colocara o melhor da arte moderna em novos trilhos. Essa glória vai para

Jackson Pollock. É para ele que temos de olhar, caso a teoria do *big bang* tenha alguma credibilidade.

Não era novidade para ninguém que o casamento de Pollock com Lee Krasner era complicado. Como não ser? Ele era alcoólatra e costumava sumir durante vários dias em grandes farras, assombrado por demônios interiores que só seu psicanalista raramente via. Lee, que também era pintora, tentava se defender, sem dúvida com mecanismos igualmente destrutivos. Mas havia um lugar onde os dois se entendiam e faziam uma trégua: era quando ficavam absortos na frente de *Guernica*. Lee contou sobre a primeira vez que viu o quadro: "*Guernica* me arrasou. Estava na Galeria Dudensing, saí correndo de lá, dei três voltas no quarteirão e voltei para olhar de novo. Mais tarde, passei a ir todos os dias ao MoMA para vê-la."

A primeira vez que Pollock viu o quadro foi reveladora, não seria exagero chamá-la uma epifania. Antes desse encontro, o entusiasmo dele por Picasso fora moderado e tolhido por seu mentor, Thomas Hart Benton, que insultava a obra do espanhol. Mas ao entrar na Galeria Valentine, na Rua 57, Pollock mudou para sempre. Seus biógrafos, Steven Naifeh e Gregory White Smith, descreveram muito bem esse momento: "Às vezes, Pollock ia sozinho à galeria; às vezes, com outras pessoas para fazer esboços, fazer comentários em voz baixa, ou apenas ficar parado e tomado pelo enorme e cinzento impacto da obra. Com quase 3,5 metros de altura e quase 8 de comprimento, o quadro se destacava como um navio encalhado no modesto espaço da galeria e assumia proporções sobrenaturais."[9] Pollock foi se apropriando do quadro e uma vez convidou, animado, um crítico de arte a "sair e demonstrar o que tinha visto". Tinha sido atingido pelo quadro e, mais ainda que Arshile Gorky, ia fazer uma autópsia visual de *Guernica* e, dali a dois anos, iria ultrapassá-lo.

O ponto de partida para o diálogo foi depois de ficar hospitalizado por dependência alcoólica e esgotamento nervoso. Passou a fazer análise com o dr. Joseph Henderson, junguiano do Grupo de Psicologia Analítica de Nova York e com John Graham. Às vezes, não pagava as contas, mas deu os primeiros passos no sofrido caminho da recuperação. O analista sugeriu que ele levasse alguns desenhos com os quais pudessem trabalhar. Nos dois anos seguintes (inclusive nas consultas com a dra. Violet Staub de Laszlo, recomendada por Henderson), Pollock produziu 83 desenhos que deram uma ampla ideia do funcionamento de sua mente e da dependência visual que tinha em relação ao tema de *Guernica*. Quando o analista sugeriu que buscasse outras fontes visuais, inclusive a primitiva arte indígena americana, encarou de frente a resistência do artista e a força de sua autoprojeção nos temas de *Guernica*. Como o analista lembrou depois: "Como verdadeiro filho de Picasso, ele se sentiu determinado a preservar o dogma da arte mundial contemporânea de seu tempo. (...) Lutou comigo com unhas e dentes."[10]

Para Pollock, quase mais importante do que o quadro de Picasso foram os esboços mais livremente associados, as pinturas preparatórias e as gravuras de *Sonho e mentira*. Picasso havia lutado para encontrar uma linguagem universal; Pollock se apoderou dela e fez com que pertencesse a ele. A tragédia pública foi então invertida para mostrar a evolução de uma dor individual. As imagens públicas foram recicladas e passadas pelo inconsciente de Pollock para ressurgirem de novo energizadas e sutilmente transformadas. O enfoque do psicanalista em relação ao material foi direto: "Eu via os desenhos dele como arte, como exemplos do desenvolvimento do trabalho dele como pintor. Achava que era a forma mais confiável de identidade e incentivei-o a desenvolver seu talento." Já a dra. Violet, que Pollock talvez tenha associado à presença forte e tranquila de sua mãe, pôde incentivá-lo e orientá-lo mais. "Muitas vezes, nós olhávamos os desenhos em silêncio, eu fazia poucas interpretações, algumas alusões a mitologias, falava nos arquétipos. Ele era muito inteligente e senti que era receptivo." Aos poucos, a analista foi penetrando no coração magoado do paciente, levando-o ao conceito do renascimento "para lhe dar esperança e segurança". Os dois psicanalistas foram muito sensíveis e sensatos, percebendo logo que, embora talvez nunca pudessem curar o paciente, podiam deixar o artista intato.

Dois meses antes de morrer num trágico acidente de carro em 1956, Pollock fez uma valiosa avaliação de seu método de trabalho num entrevista com Selden Rodman: "Represento muito de certos artistas da minha época e um pouco dos artistas de todos os tempos. Mas quando se está pintando, surgem figuras do inconsciente. Acho que todos nós fomos influenciados por Freud e durante muito tempo eu fui junguiano."[11] Picasso deu a Pollock acesso rápido à linguagem do inconsciente coletivo, dos arquétipos e mitos primitivos.

Os 83 desenhos usados para "trabalhar" na terapia têm um status complicado; Pollock rabiscou freneticamente páginas inteiras com uma autenticidade visceral. Determinados trechos, apesar de medirem apenas 10×10cm, têm uma exatidão e uma força inquebrantáveis. No desenho CR 521, sem título, o cavalo de *Guernica* aparece caricaturado, mas sem esconder a fonte. O desenho CR 531 imita uma tourada espanhola e tem as figuras exageradas como no jogo para crianças "Prenda o rabo no burrinho". Desenhos xamanistas surgem misturados com figuras pré-colombianas, quando Pollock luta no papel para encontrar seu eu. Aprendeu com *Guernica* e com os desenhos associados o valor ritualístico da brincadeira "não editada", o valor de tomar uma imagem simbólica e ir além dela. Essa brincadeira "profunda" que Rudolf Arnheium chamou de "pensamento visual" era uma segunda natureza em Picasso e nela valia tudo, do símbolo ao mito. Toda imagem na história da criação de imagens, desde os desenhos das cavernas até hoje, é de certa forma um tabu mágico. Bebendo na força expressiva da arte indígena americana, desde as pinturas em casca de árvore, cerâmicas e arte plumária, os efêmeros desenhos com areia colorida feitos pelos navajos, o entalhe africano, até os muralistas mexicanos (havia trabalhado com David Siqueros na Administração Mundial do Progresso) e ilustrações para textos junguianos, Pollock fez um coquetel de formas para reagir a *Guernica*, aos poucos subvertê-la e se apoderar dela.

Em sua sempre citada entrevista, Jerome Seckler fez, sem querer, com que Picasso, então com 63 anos, pensasse a arte americana.

> Disse o jornalista: "Os Estados Unidos não têm tantos artistas como a França mas, no geral, nossos artistas são mais vigorosos, mais vitais, mais preocupados com as pessoas do que os artistas franceses.

A arte francesa tem os mesmos grandes nomes nos últimos quarenta anos ou mais. No Salão do Outono, vi que os artistas mais jovens eram introspectivos, preocupados principalmente com a técnica e pouco com a realidade. A arte francesa ainda está interessada nas mesmas técnicas e naturezas-mortas." "É verdade", concordou Picasso, "mas os americanos estão na fase do sentido geral. Na França, isso é passado, nós agora estamos na fase individualista".[12]

Ficou claro que Picasso conhecia pouco o trabalho de Pollock. Havia sido um risco corajoso e quase heroico para um artista americano, em nível meramente psicológico, pegar os monstros de Picasso e olhá-los nos olhos. A batalha de Pollock com Picasso chegaria a um nível quase lendário. Durante o ano de 1943, em telas seguidas, Pollock iria mexer na vegetação rasteira e arrancar de entre elas imagens de seu inconsciente. *Mulher da Lua corta o círculo*, *A loba*, *Macho e fêmea*, *Guardiães do segredo* são, como sugerem os títulos, registros de uma odisseia pessoal para encontrar o equilíbrio psíquico e se livrar do passado para ter, como sua psicanalista esperava, a graça de renascer. O inconsciente coletivo estava então preparado para curar o presente ferido. Uma imagem final ainda esperava antes que ele finalmente pudesse se libertar. Em 1943, também pintou *Pasífae*, uma tela complexa, na qual anuncia a batalha de dois mundos: o novo e o velho. Pasífae, esposa de Minos, rei de Creta, tem uma paixão incontrolável por um touro. Para consumar seu desejo, ela cria um subterfúgio: pede a Dédalo para fazer uma vaca em tamanho natural e entra dentro dela. Pasífae realiza sua lascívia desnaturada com o touro e da união nasce o Minotauro, que mais tarde seria morto por Teseu, rei de Atenas. Logo somos obrigados a admitir os desejos edipianos de Pollock; *Guernica* como mentora tinha finalmente sido ultrapassada. Mas há um curioso cavaleiro na história. Pollock tinha tal empatia por *Moby Dick*, de Melville, que seu cachorro preferido tinha o mesmo nome do tirânico capitão do navio baleeiro: Ahab. Antes de *Pasífae*, o quadro se chamava *Moby Dick*. Ao mudar o título ele, simbolicamente, colocou a batalha outra vez em terras europeias.

No início do verão de 1943, Peggy Guggenheim foi finalmente convencida por seus consultores de confiança (Matta, Piet Mondrian e Marcel

Duchamp) a mostrar a obra recente de Pollock em sua galeria, a Art of this Century, em Nova York. Peggy tinha um temperamento irascível, costumava resolver tudo na hora e, além de prometer a exposição, encomendou um mural para decorar a entrada de seu amplo apartamento novo. Foi uma fase difícil para Pollock. "Existo eu e existe Picasso, o resto é porcaria!", vangloriou-se ele num bar. E ficou meses olhando a enorme tela vazia, exatamente como Picasso tinha feito com a encomenda do Pavilhão Espanhol até acontecer o bombardeio de Gernika. Em novembro, na noite antes do prazo de entrega, Pollock se trancou no ateliê com uma garrafa de *bourbon* e começou a preencher a tela de 15 metros quadrados com uma confusão de formas de luta. Foi heroico, inaudito, extraordinário, algo que até Picasso teria dificuldade em conseguir.

Pollock tinha como tema central em sua obra o renascimento psíquico, mitológico e particularmente ritual. Ele pegou a esforçada planta de *Guernica*, com suas tenras folhas, e transplantou-a para um campo aberto. O ritual da tourada e da crucificação foi transformado na mistura frenética do ritual de dança dos índios americanos com o rodeio, a caça ao búfalo e o estouro da manada. Em meio à areia, às moitas e aos touros empacados, formas reconhecíveis são engolidas e cobertas com camadas de tinta aplicadas obsessivamente. Os adjetivos vieram aos borbotões para descrever o *Mural*, de 1943: olímpico, bacante, extravagante, selvagem, obstinado, dionisíaco, dramático, envolvente, incoerente, deslumbrante. Segundo David Anfam, o mural é nada mais que o *Rito da primavera* americano: uma cacofonia de cores e formas arrebatadoras.[13] Na opinião de outro crítico, o vocabulário e a sintaxe visual de *Guernica* tinham, "nas mãos de Pollock, se despolitizado e passado para uma moldura cósmica".[14] Segundo Irving Sandler, ele tinha "pulverizado as formas fechadas de Picasso dispersando-as sobre a tela em ritmos curvilineares".[15]

O *Mural* era o que o mundo artístico estava esperando e abriu as portas para Pollock. Nos quatro anos seguintes, ele produziu alguns dos mais impetuosos, selvagens e elegantes balés em misturas de tintas dançantes jamais vistas: *Um*, *Ritmo de outono*, *Mistura de lavanda*, *Olhos no calor*, *Sons na grama: substância*, *Reflexão da Ursa Maior* cantam harmoniosamente uma alma em pleno voo. São celebrações abstratas e apaixonadas do prazer pelo prazer. "Picasso é um gênio, isso é óbvio, mas seus monstros já não nos assustam", disse Michaux a Brassaï e continuou, profético: "Estamos procurando outros monstros por outros caminhos. O tema da *sucessão* pode surgir, mas de outra forma." Com uma personalidade tão complexa quanto a de Pollock, não é de surpreender que encontremos subtextos ocultos e cuidadosamente codificados que prejudicam quase tudo o que foi dito. Picasso também gostava desse inquieto tipo de paradoxo. Em conversa com Françoise Gilot, ensinou a ela: "Todo valor positivo tem seu preço em termos negativos e você nunca vê algo muito bonito que não seja também horrível de alguma forma. O gênio de Einstein levou a Hiroshima."

No livro *How New York Stole the Idea of Modern Art* [Como Nova York roubou a ideia de arte moderna], Serge Guilbaut disse que tanto *Sons na grama* quanto *Olhos no calor* são a reação de Pollock aos testes atômicos que os americanos realizaram no atol de Bikini, em 1946. No mesmo ano, a revista *Fortune* publicou o texto sobre os testes ao lado de quadros abstratos de Ralston Crawford. Seria mera coincidência? Ou uma união inesperada de todas as diversas manifestações de modernidade? Não há uma prova convincente. Mas Guilbau é persuasivo: "Pollock mostra uma fonte de energia que não é apenas poderosa, mas destruidora. Mostra, em resumo, não o sol, mas seu equivalente, a bomba atômica transformada em mito."[16]

Em 1947, o MoMA começou a investir na modernidade americana. Pollock, Rothko, Newman, Gorky e muitos outros passaram a fazer parte do acervo do museu. Mas *Guernica* continuava sendo a estrela. Numa foto do quadro feita nesse mesmo ano, o mesmo está ladeado por *Demoiselles d'Avignon* e *Menina na frente do espelho*, espremido, socado contra uma parede ao fundo, quase do seu tamanho. Com uma iluminação dramática de *spots* vindos de cima, causa um efeito claustrofóbico. Apesar de sua grandeza sublime, de longe o quadro parece cheio de contraste e intenso, com um toque de cartum que parece quase tão simplificado quanto um cenário de teatro. A foto de *Guernica* com sua falta de sutileza (talvez pela impressão contrastante) dá uma energia forte e rude que beira o grosseiro. É quase como se Picasso tivesse refeito a obra-prima de El Greco, *Enterro do conde de Orgaz*, numa visão contemporânea e colocado um balão de fala do personagem. Do centro do quadro, pedaços de corpo caem pelos cantos, como se tivessem sido derrubados. O drama suplementar da luz artificial tirou de *Guernica* os cuidadosos efeitos de luz modulada de Picasso do "mais cinzento, mais suave caos que é a tragédia". O quadro se tornou na hora um épico, uma obra de dimensões míticas e um parceiro convincente para *Moby Dick*, de Melville. Jackson Pollock teria de esperar 35 anos até assumir "oficialmente" o lugar de Picasso. Quando *Guernica* finalmente saiu do MoMA, em 1981, o quadro *Um*, de Pollock, ficou no lugar.

Notas

1. Kazin, A., p. 152.
2. Kazin A., p. 59 a 60.
3. Oppler, E. C., p. 146 a 151.
4. Rosenberg, H., Gorky: *The Man, The Time, The Idea* (Nova York: Horizon Press, 1962), p. 66.
5. Naifeh, S. e White Smith, G., *Jackson Pollock, An American Saga* (Londres: Pimlico, 1992), p. 340.
6. Polcari, S., *Abstract Expressionism and the Modern Experience* (Cambridge: Cambridge University Press, 1991), p. 29.
7. Danto, A., *The State of the Art* (Nova York: Prentice Hall Press, 1987), p. 50.
8. Polcari, S., P., p. 32.
9. Naifeh, S., p. 349.
10. Langhorne, E., "*Pollock, Picasso and the Primitive*", Art History, vol. 12, n. 1, março de 1989.
11. Naifeh, S.
12. Oppler. E. C., p. 146 a 151.
13. Anfam, D., *Abstract Expressionism* (Londres: Thames & Hudson, 1990), p. 100.
14. Leja, M., *Jackson Pollock in Reading American Art* (New Haven: Yale University Press, 1998), p. 454.
15. Sandler, I., p. 107.
16. Guilbaut, S., *How New York Stole the Idea of Modern Art* (Chicago: University of Chicago Press, 1983), p. 96 a 97.

7

Vermelhos embaixo da cama

A arte é subversiva. É algo que não deveria ser livre. Arte e liberdade, como o fogo de Prometeu, devem ser roubadas para serem usadas contra a ordem estabelecida. (...) Se a arte alguma vez receber a chave da cidade, será porque foi tão diluída, ficou tão impotente que não vale a pena lutar por ela.

Picasso para D. H. Kahnweiler

Com *Guernica* todos os dias eu tenho o prazer de fazer uma declaração política no meio da cidade de Nova York.

Picasso para Rafael Alberti

A próxima guerra será entre comunistas e ex-comunistas.

Ignazio Silone

APÓS QUATORZE ANOS COMO DIRETOR do MoMA, a posição incomparável de Alfred H. Barr como o mais influente formador de gosto dos Estados Unidos terminou de repente, num amargo golpe interno. Em 1943, o presidente dos curadores, Stephen Clark, conseguiu afastá-lo do cargo. Não houve qualquer insinuação de má conduta ou de irregularidade financeira, mas, nos dois últimos anos, estava cada vez mais claro que havia uma incompatibilidade incontornável entre os dois, parcialmente disfarçada nas discussões intelectuais cada vez mais inflamadas sobre a política do museu. Barr sempre lutou por um enfoque holístico e inclusivo da museologia. Clark, mais aristocrata, achava que essa política corria o risco de levar ao populismo e prejudicar a reputação do museu. Para Barr, era questão de princípios, enquanto para Clark era a prova máxima de poder e autoridade. Mais tarde, Nelson Rockefeller declarou que, na sala de reunião da diretoria onde ele aprimorou todas as suas técnicas políticas com vista ao cargo de prefeito de Nova York, todo o peso da política foi aplicado sobre o diretor. Barr foi afastado grosseiramente e quatro anos depois, em 1947, muito de seu caráter e dedicação ao museu ficou comprovado quando aceitou sem rancor o cargo de diretor de Coleções do MoMA.

Mas Barr aprendeu a dura lição de política e se preparou para os anos seguintes, quando a existência e razão de ser do museu seriam muito questionadas pelos políticos de Washington. Não haveria voz mais clara que a de Barr acima do crescente clamor dos fariseus e da imprensa marrom. E, quando a cultura americana finalmente sucumbiu à paranoia histérica e às pressões da Guerra Fria, Barr foi um dos poucos que mantiveram a autoridade e integridade da vida intelectual e criativa. Picasso teve sorte ao aceitá-lo como guardião de *Guernica*. O destaque cada vez maior do artista como mais famoso comunista do mundo garantia destaque permanente para sua vida a obra. No início dos anos 1950, após a reabilitação de Franco na comunidade internacional, os guardiães de *Guernica* (Barr e o MoMA) foram muito atacados. Mas os primeiros ataques não foram sobre o conteúdo político do quadro, mas sobre seus aparentes problemas de estilo.

Em 1957, o influente crítico Clement Greenberg, que poderia se considerar o mais articulado e imparcial intérprete da estética modernista, fez uma crítica da exposição *Picasso aos 75* e demonstrou pela primeira vez o que o vinha preocupando nas últimas décadas.[1] É bem provável que o círculo de artistas que ele frequentava (Pollock, Rothko, Newman e a geração seguinte, os coloridos artistas da Escola de Washington, Kenneth Noland, Helen Frankenthaler, Morris Louis e Jules Olitski) tenha sabido disso em primeira mão. Na crítica, Greenberg desmonta o mito Picasso pela primeira vez, com coerência e paciência, para o grande público. Seguro da força de seu olhar crítico, ele faz uma avaliação da carreira de Picasso para depois garantir que a arte dele jamais se recuperou direito de uma crise iniciada em 1929. "Uma vez mestre, sempre, de certa maneira, mestre. Quase tudo o que Picasso faz tem uma certa pungência ou, no mínimo, mordacidade", garante. Mas o gênio do cubismo, avalia o crítico, foi aos poucos saindo dos trilhos. E, sob esse aspecto parcial, *Guernica* jamais se sairia bem. O crítico faz uma rígida análise lógica que defende a primazia da abstração, principalmente com artistas americanos, à medida que a nova vanguarda amplia as fronteiras para um impetuoso estilo novo. A análise mostra os pontos fracos de Picasso, sua "incapacidade para a *terribilitá*, por exemplo, e o fato de *Guernica* já ter mostrado que o pintor não podia fazer sucesso com uma enorme tela de formas achatadas cubisticamente". Já em 1948, o crítico havia escrito que não é possível fazer uma "grande arte" sem "sinceridade". Por isso, desconfiava de *Guernica* com todo o seu drama e tragédia.

O crítico continua comentando a exposição *Picasso aos 75*: "Guernica é o último grande ponto de mutação na evolução da arte de Picasso. Saliente e empenado como está, esse enorme quadro lembra um frontão com uma cena de batalha achatada por um rolo compressor com defeito." Então, pela lógica do crítico, a decadência é inevitável, sobretudo numa série de gravuras em que Picasso deixou a abstração e se juntou aos antigos mestres, de Cranack, o velho, a Delacroix, Courbet, Manet e Velázquez, criando, pelas confrontações, uma ginástica visual que colocava todos os estilos de Picasso contra o peso da tradição deles. O crítico insinua que "Picasso podia ter sucumbido ao próprio mito, espalhado por muitos de seus admiradores, de que ele é um semideus que pode fazer qualquer coisa e, portanto, não tem o direito de errar".[2]

Em parte, o crítico tinha razão, e não foi o único a criticar o quadro. A imprensa marrom cerrou fileiras contra *Guernica* como, claro, tinha feito a velha retaguarda de artistas regionalistas. Mas o maior perigo não estava nos supostos erros do quadro, mas em seu enorme poder de sedução. Como tão bem observou Thomas Hess: "Mesmo que se desprezasse *Guernica*, ele ficava na cabeça, (...) a imagem daquelas grandes formas negras despedaçadas deve ter ficado no inconsciente de todo artista." Não foi só Pollock que se assustou com as formas do quadro. Muitos outros artistas também. Talvez até o crítico Greenberg.

Greenberg protegeu seu plantel de artistas para não serem atingidos pela força do quadro e da visão abstrata de Picasso em relação ao futuro. Ele era duro com seus pupilos e mais duro ainda com seus deuses da arte. Famoso pela belicosidade, Greenberg achava que sua principal função era reduzir a importância de Picasso, e era exatamente pela obsessão com o quadro decorativo, horizontal e enorme que ele, por temperamento e história, não servia para procurar o sentido de *Guernica*. O quadro era dramático demais. Na opinião de Lawrence Alloway, Greenberg era um "esteta" decidido a separar a arte da vida e da cultura, e era justamente essa ligação que estava sendo "achatada por um rolo compressor com defeito". A crítica que começava a se acumular sobre *Guernica* era sintomática de uma crescente discussão na sociedade. Mais uma vez, o quadro ficaria no olho do furacão, testemunhando a batalha crítica, ideológica e política pela alma americana de pós-guerra.

O novo panorama político norte-americano, com a vitória na Segunda Guerra finalmente consolidada, tinha se transformado em terra estéril, cheia de ideologias fracassadas, formando uma "irrealidade criada pelo arrastar das teses abstratas", segundo William Philips, coeditor da *Partisan Review*. O fascismo (sem incluir Franco) tinha sido tudo, menos derrotado, exatamente ao mesmo tempo que os comunistas perderam seu apelo como utopia. Os tribunais de Moscou (com o tão noticiado julgamento por traição de Leon Trotski e seu posterior assassinato no México, em 1940), o pacto de não agressão nazi-soviético, a invasão da Finlândia e dos países bálticos, a mudança do comunismo para stalinismo, a prisão de professores e alunos, a humilhação de intelectuais de destaque e todas as tentativas dos agentes ou espiões de Moscou de forçar os artistas americanos a usarem o gasto clichê do realismo socialista tiveram o efeito de um toque de alerta. O comunismo era uma ideologia cada vez mais desacreditada e os comunistas e seus simpatizantes de antes da guerra tinham de repensar suas posturas. Muitos artistas e intelectuais que encontraram apoio na doutrina marxista foram forçados pela nova realidade política a fazer um exame de consciência. Se o fascismo foi o inimigo que os aliados tinham de derrotar na guerra, o comunismo passou a ser a maior ameaça à paz mundial. A crescente, agressiva e virulenta retórica anticomunista indicava a chegada dessa nova ortodoxia. O novo consenso político, embora aparentemente coeso sob essa grande ideia, era na verdade uma vaga união de grupos beligerantes. Havia os "anticomunistas duros", cuja bíblia era *As origens do totalitarismo*, de Hannah Arendt, e que acreditavam que os Estados Unidos eram o único obstáculo ao sonho soviético de dominar o mundo.[3] Mas havia também os ex-marxistas, que, embora tivessem o mesmo inimigo (isto é, a Rússia soviética stalinista), jamais estariam de acordo sobre o método para conter a crescente ameaça que essa nova guerra poderia trazer, ou seja, a redução das liberdades civis.

A prova mais clara da nova direção da política externa norte-americana se apresentou em março de 1947, com a elaboração da Doutrina Truman, na qual o presidente anunciou uma nova *pax americana* intervencionista, que já era uma total contradição. Disse ele: "Acredito que a política norte-americana deva apoiar povos livres que estejam resistindo à dominação de minorias armadas ou sofrendo pressão externa." E prosseguiu, mais profético: "Acredito também que devemos apoiar povos livres a terem o destino que quiserem." Com o Plano Marshall anunciado dois meses depois, em 5 de junho de 1947, e seu programa de empréstimos para salvar a Europa da falência, ainda era possível comemorar o altruísmo de Truman. Mas círculos mais esclarecidos do governo concluíam que a crua diplomacia do dólar, por mais bem-intencionada que fosse, jamais seria suficiente. Era preciso uma política cultural para combinar.

Uma visão geral do novo equilíbrio de poder pós-guerra dava a entender que a Guerra Fria era apenas uma continuação da Segunda Guerra "quente". Nela, seriam usadas novas armas — propaganda, guerra psicológica, sabotagem, subversão —, que eram elementos de uma luta cultural bem mais ampla, travada na sombra, onde nada era exatamente o que parecia ser. Era uma batalha ideológica, batizada adequadamente de "paz remunerada". Numa guerra com tais princípios, em que virou norma a tática inquisitorial de ameaças e medo, era comum intrigas labirínticas mostrarem que, às vezes, se estava combatendo um amigo. E assim foi nos Estados Unidos. No governo Truman, surgiu logo uma frente unida contra o comunismo que revelou grandes divisões sob a superfície. De um lado estava o paranoico J. Edgar Hoover e seus fiéis soldados do FBI, que conseguiram apoio do ameaçador senador McCarthy. Do outro lado estava a cada vez mais poderosa CIA, apoiada por uma união de poderosos clãs que incluía os Rockefeller, os Whitney, os Morgan, os Vanderbilt, os DuPont, os Mellon e os Dulles, que se consideravam "aristocratas modernos, paladinos da democracia".[4]

Nessa guerra interna, fatos totalmente fora de controle favoreceram a aliança Hoover-McCarthy. Na China, o fracasso de Chiang Kai-Shek em conter a invasão de Mao Tsé-tung em 1949 levou a um tratado entre a China e a União Soviética. Isso obrigou os Estados Unidos a concluírem que a ameaça comunista não estava diminuindo, mas aumentando. E prejudicava a impressão de invencibilidade dos Estados Unidos. O eleitorado considerava os democratas responsáveis pelo fracasso da política externa, o que McCarthy incentivou ao avisar que havia uma conspiração dentro do governo e que o povo deveria ficar mais atento ainda aos inimigos internos. Em 25 de junho de 1950, os Estados Unidos entraram na Guerra da Coreia, e o general MacArthur atravessou o paralelo 38 com a justificativa de que a não intervenção era impensável e resultaria num efeito dominó, com a Malásia e a Indonésia caindo a seguir. Na Europa, os comunistas tinham tomado a Polônia, a Romênia, a Bulgária e a Iugoslávia de Tito. A então Tchecoslováquia caiu quando Jan Masaryk foi aniquilado. Na Itália, Grécia e França os eleitores ameaçaram passar para a esquerda e cair nos braços dos mestres comunistas. E, se o eleitorado não ficasse satisfeito, havia boatos de golpes de Estado.

Apesar de liberal e menos belicosa, a CIA estava consciente da ameaça aos interesses americanos a longo prazo e, por outro lado, temia tanto McCarthy quanto os comunistas. Sob os auspícios do Comitê Americano pela Liberdade Cultural, fundado em 1949, houve uma frágil unanimidade entre as facções anticomunistas. Mas o surgimento do marcarthismo com sua caça às bruxas e suas listas negras foi como um veneno corrosivo na vida pública. O grupo anticomunista se dividiu num subgrupo, que ficou conhecido como anticomunista e depois considerou McCarthy uma ameaça perigosa aos valores americanos duradouros de liberdade pessoal e de expressão, ou seja, à essência do que era ser americano. McCarthy rebateu dando a entender que os anticomunistas (que, para ele, não passavam de um bando de fracos liberais vindos das universidades americanas, da Ivy League e "comunas" de Harvard) eram suaves no comunismo e, por não gritarem o suficiente, eram seus apologistas. Desconfiava-se de sofismas e sutilezas de argumento, que muitos consideravam como diluindo a mensagem de que o comunismo era o novo demônio que precisava ser contido.

Nesse cenário profundamente desagradável de desconfiança e acusação, a cultura ficou cada vez mais ameaçada. Os fariseus e iconoclastas aguardavam impacientes junto às portas de vai e vem do Museu de Arte Moderna para arrancar e ridicularizar aquelas porcarias comunistas dependuradas nas paredes.

Afinal, a arte moderna era um alvo fácil, e Picasso, como apoteose dessa arte, era o mais caçado. Num memorando de 16 de janeiro de 1945, Hoover escreveu para o embaixador americano em Paris: "Qualquer informação sobre Picasso de que tenha notícia deve ser encaminhada ao FBI, já que há possibilidade de que ele talvez tente vir para os Estados Unidos." A máquina do FBI tinha começado a controlar. Tanto que, em 11 de novembro de 1990, Herbert Mitgang, o primeiro jornalista a ter acesso aos arquivos de Picasso graças à Lei da Liberdade de Informação, publicou suas descobertas no *New York Times*. O arquivo tinha 187 páginas e, considerando que Picasso era estrangeiro e, portanto, fora do interesse do FBI, isso demonstra o tamanho da paranoia de Hoover.[5] A reveladora reportagem, com o título "Quando Picasso assustou o FBI", mostra que o Departamento de Estado e o FBI consideravam o artista "subversivo". Grande parte da informação detalhada estava em "Tema Pablo Picasso: questão de segurança C; arquivo 100-337 396" e continuava obscura 40 anos depois. Mas havia também acusações totalmente infundadas como, por exemplo, de que Picasso era espião russo, o que é fantasioso; mas, mesmo assim, foram arquivadas. A amizade dele com Charles Chaplin foi considerada comprometedora, o que parece só ter colocado em risco Chaplin, já que o arquivo sugeria que fosse expulso do país como estrangeiro subversivo. Também era mencionada a carta de agradecimento de Picasso à reunião de veteranos da Brigada Abraham Lincoln, o grupo de idealistas que ficou do lado da República. O arquivo tinha até detalhes da espécie do pássaro que serviu de modelo para sua famosa pomba da paz: tratava-se de nada menos que um jacamim russo!

Os arquivos deixam claro que Picasso não corria perigo. Mas todos os que acompanharam a viagem de *Guernica* pelos Estados Unidos em 1939, os membros do Congresso de Artistas Americanos e o Comitê de Artistas de Cinema pelos órfãos espanhóis, tiveram seus nomes citados no início do arquivo recém-aberto pelo FBI. Logo depois, a informação foi passada ao senador McCarthy e seus dois jovens fantoches, Roy Cohn e David Schine. Não demoraria que os bem-intencionados mecenas de Picasso ficassem na frente do Comitê de Atividades Não Americanas, provocados e insultados, e depois excluídos como comunistas decadentes e não patriotas.

Num artigo escrito em 1944, para o *New Masses*, com o título "Por que virei comunista", Picasso afirmava:

> Entrar para o Partido Comunista foi um passo lógico na minha vida e no meu trabalho que deu sentido a eles. Por meio do desenho e da cor, tentei ir mais fundo no conhecimento do mundo e dos homens, de forma que esse conhecimento pudesse nos libertar. À minha maneira, sempre falei o que considerava mais verdadeiro, mais justo e melhor e, portanto, mais belo. Mas durante a opressão e a insurreição, senti que não bastava, eu tinha de lutar não só com quadros, mas com todo o meu ser.[6]

Fica claro que no clima político cada vez mais sombrio, *Guernica* seria uma luz-guia para pessoas como McCarthy, Cohn e Schine, nenhum dos quais jamais teve medo de perseguir famosos. O problema de Barr então foi neutralizar a imagem sem se comprometer. Enquanto *Guernica* ficou exposta no MoMA, todas as referências a Franco e à Guerra Civil Espanhola no texto explicativo do quadro foram discretamente perdidas. Num primeiro passo para a generalidade, o texto apenas indicava para o ingênuo e curioso espectador que "este mural demonstra a aversão de Picasso pela guerra e pela brutalidade". Ao minimizar de propósito o conteúdo político da obra, o texto era um ótimo casuísmo que neutralizava o quadro apenas parcialmente. Nas paredes brancas do templo modernista, *Guernica* agora podia ser, antes de mais nada e principalmente, um quadro. Não seria mais um poderoso estandarte de batalha à frente de seus simpatizantes rumo à guerra. Embora continuasse bem no centro do foco, seu sentido mudou sutilmente. Era o tempo das superestrelas da arte, e a estrela de Picasso era a que mais brilhava. Nos Estados Unidos, com a força da imprensa e a explosão dos brilhos, ele se tornaria a história perfeita. Desde a chegada do quadro, em 1939, até ir para a Espanha em 1981, Picasso foi mais de dez vezes capa de *Time*, *Newsweek*, *Atlantic* e *Life*. O fato de ele ser uma pessoa contraditória e excêntrica, como Duchamp também descobriu, fazia com que ficasse ainda mais famoso. Um artista multimilionário, comunista, mulherengo, cujo dramático *Guernica* ficava como a verdadeira quinta coluna no coração de Manhattan, era irresistível para a imprensa.[7] Copiada e reinterpretada sem parar, *Guernica* corria o risco de se vulgarizar. O mural de Pollock para Peggy Guggenheim tinha servido de fundo para fotos de moda na *Vogue*. Será que a força de *Guernica* também diminuiria por causa do marketing? Parecia possível. Mas o mural de Pollock jamais exigiu o envolvimento concentrado que *Guernica* exigia.

A relação de Picasso com a política como um todo e com o Partido Comunista em particular sempre foi complicada. Era quixotesca, idealista, anárquica, contrária, pessoal, às vezes quase ingênua. Embora envolvido com o partido, Picasso sabia bem que ele não obedecia muitas regras. "Picasso é mais importante do que o comunismo. Ele sabe disso e eles também. A magia dele é maior que a deles", disse Dora Maar ao amigo James Lord. (A conversão de Picasso foi tão importante para Dora que as notícias publicadas nos jornais estavam na mesa ao lado da cama onde ela morreu, mais de 50 anos depois.) Era impossível colocar rédeas em Picasso. Nos anos 1920, André Breton tentou convencê-lo a se declarar publicamente surrealista, mas acabou desistindo. No quarto número de *La Révolution*

Surréaliste, lançado em 15 de julho de 1925, Breton conseguiu perdoar Picasso e esperar que um pouco da magia ficasse no movimento artístico que ele promovia com tanto afinco:

> Nós o consideramos um dos nossos, mesmo que seja impossível (além de cínico) usar nele a rigorosa crítica que em outra parte propomos. Se for preciso colocar uma linha de conduta moral no surrealismo, ela precisa passar por onde Picasso já passou e por onde vai passar no futuro.

O fato de ser gênio fez com que ele merecesse ser dispensado. Onde outros artistas seriam arrasados, Picasso era tratado com tolerância e cuidado. Apesar de leal membro do partido, ele desprezou o realismo socialista que seus colegas russos eram tão duramente obrigados a seguir pelo comissário cultural de Stalin, Andrei Zhdanov. Picasso encarnava de muitas formas a própria essência do que o comissário atacava na então União Soviética. No pós-guerra, em seu violento ataque à decadente arte ocidental, o comissário teve sensatez bastante para reconhecer o valor de Picasso como propaganda, independente do estilo. Para Picasso, não havia regras.

Na primavera de 1957, o artista recebeu em sua nova *villa* La Californie a visita de Carlton Lake, crítico de arte em Paris do *Christian Science Monitor*. (Mais tarde, para desgosto de Picasso, esse jornalista iria escrever com Françoise Gilot *Minha vida com Picasso*.) Lake publicou as ideias de Picasso na edição de julho de 1957 do *Atlantic Monthly*:

> "Não sou político. Não sou eficiente nesses assuntos. Mas acredito em algumas ideias do comunismo." "E o que pensa de Stalin?", perguntou Lake. Resposta: "Bom, podia-se achar que ele não é bom, mas não se sabia, só se achava. Eu achei que ele era bom e acaba que eu estava errado. Mas será que por isso devo renunciar às ideias nas quais acredito?"[8]

Com um saudável pragmatismo, Picasso explicou pacientemente ao entrevistador:

> Digamos que eu fosse católico e conhecesse um padre ruim, um tipo que não valesse nada em todos os sentidos. Ele é tudo de ruim que se possa imaginar. Por isso não devo mais acreditar no cristianismo? Havia todo tipo de histórias verdadeiras sobre os pecados da Igreja na Idade Média. Alguns papas foram criaturas horrendas. Mas por isso eu, como cristão, devo desistir dos ideais nos quais acredito? *Eh, bien, non!*"[9]

Cada vez mais frustrado, Picasso prosseguiu na entrevista: "Aliás, não entendo por que os americanos estão tão preocupados com o comunismo. Principalmente em saber se uma pessoa é comunista ou não." Isso repercutia exatamente a opinião do amigo dele, André Malraux, que dizia: "Da mesma forma que a Inquisição não afetou a dignidade básica do cristianismo, os tribunais de Moscou não reduziram a dignidade básica do comunismo."

Picasso e Malraux estavam errados e, ao mesmo tempo, certos. Errados em pensar que o comunismo não oferecia perigo, mas certos sobre a exagerada histeria americana em relação ao comunismo e o medo neurótico de haver vermelhos escondidos embaixo de cada cama. Nenhum país ocidental tinha um Partido Comunista menor; tão sem expressão, na verdade, que provavelmente era mantido vivo pelos agentes infiltrados do FBI ao pagarem suas contribuições enquanto espionavam a suposta ameaça vermelha e transformavam o partido, segundo Stonor Saunders, em mais um departamento do Estado.

No final dos anos 1940, a histeria anticomunista nos Estados Unidos estava tão perigosamente virulenta que envolveu e atingiu quase todos os ligados às artes. O MoMA sempre fora criticado por promover a arte "internacional", sobretudo pelos críticos de visão estreita, que viam suas frágeis posições ficarem anacrônicas a cada dia. Isso era de esperar. Mas os ataques estavam se tornando terrivelmente pessoais. Em 1948, Thomas Craven escreveu sobre o MoMA usando um título agressivo que, com certeza, correspondeu ao que se pensava: "A degradação da arte nos Estados Unidos." "Seu grande intelectual Alfred Barr, mestre num estilo com um tanto de erudição enganosa e nove tantos de pura bobagem, escreve livros sobre Picasso, o ídolo vermelho endeusado pela Paris boêmia que ele governa e sobre fenômenos que tais." A tese do jornalista seria apenas engraçada, se não representasse a chegada de uma grande tempestade. É verdade que muita gente, mesmo no mundo artístico, começava a se sentir isolada, excluída e preocupada com a nova arte que o MoMA, entre outras instituições de vanguarda e galerias comerciais, estava preocupado em promover: a obra de Pollock, de Kooning, Gottlieb e Rothko. Havia um clima que nós hoje, claro, identificamos como condição eterna da arte contemporânea, de ter se tornado uma linguagem particular para iniciados. Era secreta, obscura, autorreferente, auto-obcecada e, pior de tudo, promovida como estilo americano, no que alguns viam cinicamente apenas como uma renascença americana espertamente fabricada e bem embrulhada.[10] Mais irritante, talvez (sobretudo para políticos populistas que achavam que sabiam tomar o pulso do povo), é que exatamente essa arte estava sendo colecionada por aqueles ricos "intelectuais sentimentais", herdeiros das elites da Costa Leste que, como sempre, achavam que sabiam tudo. O diretor do Metropolitan Museum, Francis Henry Taylor, contou ao *Atlantic Monthly* o que achava da verdadeira situação dos artistas contagiados por, como diria Thomas Craven, aquele novo chamado à modernidade:

> Em vez de pairar como uma águia no céu como fizeram seus antepassados e ver, triunfante, o mundo lá embaixo, o artista de hoje foi reduzido a um pelicano de peito chato, andando emproado pelas terras e praias devastadas, satisfeito de conseguir qualquer coisa para comer no próprio peito magro.[11]

Apesar disso, o zelo missionário de Barr ainda ia brilhar. James Plaut, o ilustre diretor do Instituto de Arte Contemporânea de Boston, acusou Barr de deturpar o "verdadeiro" curso da arte graças a seu poder no MoMA. Em 1949, os membros mais conservadores da elite intelectual e financeira de Boston formaram uma santa aliança com um decadente grupo de artistas regionalistas cuja impotência e fracasso só fazia aumentar a ira deles.

Barr não queria saber disso. Já conhecia muito aquele tipo de pensamento duplo pelos dois lados da balança: de um lado, os apologistas na academia que, comunistas de carteirinha, exigiam uma liberdade de expressão que seus camaradas na então União Soviética não tinham. De outro lado, os direitistas que gritavam apoio ao seu estilo americano "autêntico". Numa declaração de 1949, Plaut foi obrigado a se humilhar e coassinar o texto escrito por Barr, que dizia: "Cremos que não é função dos museus controlar os caminhos da arte, dizer ao artista o que deve ou não fazer, nem impor dogmaticamente gostos ao público." Barr ainda tinha força e um toque de jesuíta. Teria de ter.

Em 1950, Francis Henry Taylor fez uma comparação negativa de *Guernica* com *A carga da Brigada Ligeira* e disse que só o que Picasso fez foi "substituir Gertrude Stein por Florence Nightingale".[12] Barr considerava essas difamações da arte moderna feitas por seus colegas sem fundamento e reacionárias. Segundo Irving Sandler, Barr "resistia a qualquer tentativa de acorrentar a liberdade artística à censura ou imposição de qualquer ideologia preconcebida ou determinista, fosse ela marxista, nacionalista ou vanguardista. O único juiz que ele aceitava era o talento individual e a criação do (ou da) artista. Isso ele considerava o mais importante no modernismo e provavelmente só numa democracia."[13] Nas longas batalhas que tinha pela frente e nas tentativas sutis de "convencer" a *intelligentsia* europeia do valor da arte norte-americana, Barr se tornaria um dos mais importantes guerreiros "culturais" da Guerra Fria. Ele acreditava piamente, como tantos outros, no tema-chave do simpósio realizado em 1952 pela *Partisan Review* intitulado *Nosso país e nossa cultura*, ou seja, que, "politicamente, há reconhecimento de que o tipo de democracia que existe nos Estados Unidos tem um valor positivo e intrínseco: não é apenas um mito capitalista, mas uma realidade que precisa ser defendida do totalitarismo russo".[14]

Era evidente para todo mundo que essa cultura estava ficando cada vez mais politizada. Até o presidente Truman entrou na discussão. Ele gostava da arte norte-americana e sabia do que gostava. Conservador, apreciava percorrer a recém-inaugurada National Gallery of Art de Washington, admirando os Botticelli, os El Greco, os Rafael, os Reynolds cuidadosamente colecionados por Mellon e doados para mostrar o poder cultural da capital do país. A opinião de Truman sobre arte moderna mostrava mais seu fundamentalismo do que a política jamais conseguiu. Era perfeitamente alinhado com a política do Vaticano. Em setembro de 1950, o papa Pio XII condenou a arte abstrata. Já Truman era de opinião que arte abstrata, droga, era apenas "comunista". Não passava de mercenarismo, impingido sobre um público crédulo pelos "atuais pinta-monos, homens frustrados e simplórios". Frente a um quadro de Kuniyoshi, ele concluiu, encantadoramente rápido: "Se isso é arte, eu sou um hotentote." A Pollock e Newman, e todos os demais artistas do circo do expressionismo abstrato, ele reservou seu opróbrio especial, menosprezando o trabalho mercenário deles como "obra imatura de gente preguiçosa". Era um fariseísmo honesto que, sem dúvida, lhe concedeu apoio popular. Mas atacou gente mais crítica e pensamentos mais críticos.

O mais venenoso e teimoso adversário da arte moderna foi o congressista de Michigan George A. Dondero, que, num discurso na Câmara dos Deputados em 16 de agosto de 1949, considerou Picasso e Duchamp perigosos subversivos. Subversivos porque o modernismo de Picasso era muito contagioso e já tinha se espalhado como um vírus para Motherwell e Pollock, os quais passaram a participar daquela perniciosa conspiração comunista. *Guernica* era parte de uma lavagem cerebral sutil e subliminar que só poderia se transformar numa praga geral. O deputado fez uma boa cortina de fumaça e reservou sua indignação maior para Picasso, que já era um alvo conhecido. "Ele, que é também dadaísta, abstrato ou surrealista, conforme manda a instável moda, é o herói de todos os malucos na chamada arte moderna. (...)" Participando frequentemente de programas no rádio e com o ouvido sempre receptivo dos grupos de jornais que pertenciam a Hearst e a McCormick, o deputado condenou a fanática proliferação de células comunistas que funcionavam com a fachada de coletivos de artistas de vanguarda e ameaçou (como se eles fossem uma gangue do

Lower East Side) que "os críticos que apoiam a arte moderna deviam ser observados". O deputado jogava para a multidão, para a maioria excluída, para a mentalidade do trabalhador rural branco do interior, que achavam que estavam sendo enganados e feitos de bobos por algum artista esperto da Costa Leste. Os pingos, exageros, cores esbatidas, manchas e ginásticas gestuais zombavam da sociedade saudável do rude "Velho Oeste" e só serviam para ser comprados pela elite urbana e arrogante. Se fossem, eram apenas efusões malucas de algum excêntrico insatisfeito, isso não teria importância. Mas se chocavam com a política do governo, destacando-se nitidamente das ideias mais íntimas de McCarthy e Hoover. Pouco importava que Banrett Newman, um abstrato radical, tivesse ideias antimarxistas e anticomunistas. Naquele clima peçonhento de acusação e contra-acusação, a maioria dos artistas estava sofrendo as mesmas consequências. Poucos anos depois, os Picassos da Biblioteca Pública de Dallas foram retirados sem cerimônia.[15] O deputado Dondero tinha passado a representar uma facção farisaica cada vez mais forte dentro do *establishment*, a ponto de receber em 1957 a Medalha de Ouro de Honra da Liga dos Artistas Profissionais dos Estados Unidos por sua incansável revelação do comunismo na arte.

Com esse deputado, a paranoia chegou ao máximo. O que a obra de Pollock significa realmente? Aqueles infinitos metros quadrados de rabiscos abstratos que deram a ele o apelido irônico de Jack, o *dripper* [Jack, o pingador]. Claro que com Picasso era fácil, ele estava no alto. Era um comunista cujo quadro mostrava claramente sua posição política. Mas Pollock era outra coisa, não impingia ao público ideias prontas. O que estava escondido de forma tão torturante atrás da fachada fraudulenta de Pollock, espreitando como um passageiro clandestino, no meio daqueles pingos de tinta jogados a esmo? Havia quem achasse mensagens secretas atrás dos traços que apenas o inimigo tinha sido ensinado a entender. Chegou-se a pensar que as misturas confusas de Pollock, que dançavam na tela com dionisíaco abandono, podiam até mostrar pontos coordenados para ajudar o Kremlin a acertar suas bombas. A paranoia era tanta que a arte contemporânea e seus fracassos eram aberta e frequentemente discutidas no Capitólio no Congresso.

No MoMA, Alfred Barr, com apoio dos colegas, do novo diretor do museu René d'Harnoncourt e do curador James Thrall Soby, lutou muito para neutralizar as venenosas críticas do deputado Dondero. Não bastava "dizer que a arte moderna, que gente como Dondero chama de comunista e quer suprimir, é detestada e efetivamente suprimida na União Soviética". No começo, Barr tentou lutar com lógica fria, mostrando que a política insensível dessa gente exagerava exatamente o que queriam combater e os artistas estavam ficando mais marginalizados ainda. Várias vezes os chamados grupos anticomunistas como a Legião Americana ou o Conselho Patriótico do condado de Dallas ficariam de olho nos artistas. Quando não eram atacados na imprensa, o FBI se encarregava de bisbilhotar e mexer no passado deles.

O apoio de Barr aos artistas era, claro, totalmente ignorado. Poucos integrantes dos grupos patriotas reacionários tinham possibilidade de abrir o *Princeton Alumni Weekly*, onde Barr publicou uma carta ao editor, demonstrou que entendia as complexidades do assunto melhor que a maioria. "Nada é mais enjoativo do que um comunista americano querendo 'liberdade acadêmica' quando ele (e nós) sabe o que aconteceu com professores e intelectuais liberais na União Soviética." Em dezembro de 1952, na revista do *New York Times*, no artigo "A arte moderna é comunista?", Barr estava, finalmente, pronto para arregaçar as mangas. Os fariseus que não gostavam ou não entendiam a arte moderna apenas demonstravam o tamanho de sua insegurança meramente repudiando-a como comunista e subversiva. Com um toque de desespero, ele tentou mostrar a todos aqueles patriotas fundamentalistas enfileirados contra ele (que tinha tanta garra em política externa quanto eles em relação a um saco de batatas fritas) que na União Soviética foram exatamente os artistas modernos os afastados de funções de ensino, os que não recebiam encomendas e eram desconsiderados artistas burgueses decadentes. O *Pravda* classificou Picasso e Matisse com especial veneno como autores de "arte burguesa decadente". Barr, com toda razão afirmou, bem claro: "Os que dizem ou dão a entender que a arte moderna é instrumento subversivo do Kremlin estão cometendo uma enorme falsidade."

Os fariseus já tinham desfrutado de um sucesso médio. Acompanhando a onda, a Agência Americana de Informação (USIA, na sigla em inglês) tinha a função de ser uma embaixadora das artes e foi totalmente clara em sua política. Não promoveria nem exporia "obras de comunistas declarados, pessoas acusadas de crimes que ameacem a segurança dos Estados Unidos ou que se recusem publicamente a responder perguntas de comitês de congresso sobre ligações com o movimento comunista". Para Barr, estava ficando difícil navegar naquilo que George F. Kennan chamou de "águas malcheirosas".[16] Para Picasso, também. Françoise Gilot lembrou que "muitos colecionadores americanos continuavam se afastando devido a Picasso ter se filiado ao Partido Comunista e Kahnweiler disse a Picasso que estava com dificuldade de vender os quadros pelo preço antigo, sem nem pensar em vendê-los pelo preço que o artista estava pedindo".

Outro grande feito da aliança antimoderna foi forçar o Departamento de Estado a fazer uma exposição com cuidadosa curadoria, tendo por título *Arte Americana Avançada*, na qual as obras desafiadoras de Gottlieb e Gorky, entre outros, seriam mostradas na Europa e América Latina. O nascente estilo expressionista abstrato era um lembrete perfeito, quando comparado com o estilo de "mortal procissão de generais exagerados e proletários superidealizados" da linha de produção do realismo socialista de Zhdanov, de que a arte nos Estados Unidos era individualista, livre, ativa e, mais importante, podia ficar em pé sozinha. Os fariseus não iriam aceitar nada disso, pois, apesar do sucesso da exposição em Paris e Praga, o resto da viagem foi cancelado. O aparte espirituoso do senador Brown, estudioso relutante do estilo moderno, está registrado no arquivo do Congresso no dia 14 de maio de 1947: "Se existe uma só pessoa neste Congresso que acredita que esse tipo de bobagem (...) ajuda a compreender melhor a vida americana, essa pessoa deveria ser mandada para o mesmo hospício de onde vieram os que fizeram isso."[17] Os quadros foram depois vendidos com desconto de 95% como sobra do acervo do governo. O clima de Inquisição era muito destruidor e perigoso. A lama, a inveja, o ócio e as intrigas infundadas arruinaram muitos talentos. Na década de 1930, William Zorach foi denunciado por um rival acadêmico como membro do Clube Comunista John Reed e sumariamente demitido como professor. O pecado de Ben Shahn foi doar um desenho para o leilão do jornal comunista *New Masses* quando a então União Soviética era uma aliada. Barr conseguiu anular a desgraça quando convidou Shahn para representar os Estados Unidos numa exposição individual na Bienal de Veneza de 1954.

Foi nessa fase acalorada que Picasso recebeu um telegrama urgente do MoMA assinado por Stuart Davis, pelo escultor Lipchitz e pelo curador James John Sweeney, pedindo apoio:

> PERIGOSA ONDA DE HOSTILIDADE À LIVRE EXPRESSÃO DA PINTURA E ESCULTURA NA IMPRENSA NORTE-AMERICANA E NOS MUSEUS PONTO PRESSÃO GRAVE RENOVADA FAVORECE OS MEDÍOCRES E INTERESSEIROS PONTO ARTISTAS E ESCRITORES REAFIRMAM OS DIREITOS FAZEM ENCONTRO NO MUSEU DE ARTE MODERNA CINCO DE MAIO PONTO SEU APOIO SERIA MUITO IMPORTANTE PODE FAZER DECLARAÇÃO POR CABOGRAMA DESTACANDO A NECESSIDADE DE TOLERÂNCIA E INOVAÇÃO NA ARTE PARA SWEENEY 1775 BROADWAY

Era, talvez, a oportunidade para Picasso se colocar ao lado de seus companheiros. Mas depois de discutir o assunto com Kahnweiler, ele ficou reticente, comentando: "A arte é subversiva. É algo que não deve ser livre. Arte e liberdade, como o fogo de Prometeu, devem ser roubadas para usar contra a ordem estabelecida. (...) Se a arte algum dia receber as chaves da cidade, será porque ela ficou tão aguada, tão impotente que não vale mais a pena lutar por ela." Picasso jamais gostou de ser encurralado e não queria desfilar pelo mundo como mascote de uma ideia política. Basta lembrar que a princípio recusou a encomenda de Sert para fazer *Guernica*. Ou o quanto demorou, comparado com tantos amigos parisienses, a se filiar ao Partido Comunista. A questão é como, apesar da prova da História, Picasso continuou fiel aos comunistas e doou dinheiro, obras de arte e tempo ao partido. Em nível apenas humano, é bom lembrar que ele recebeu bem mais atenção do MoMA do que talvez merecesse. Alguns anos depois, num memorando interno de 8 de outubro de 1955, Barr comentou seus receios:

"Politicamente, Picasso é ingênuo e bobo, mas as autoridades soviéticas não aceitaram a arte dele."[18]

Talvez Picasso tenha ficado insensível ao pedido de ajuda de Sweeney porque continuava ofendido com o tratamento dado ao do visto de entrada para uma viagem aos Estados Unidos que tinha planejado pouco antes. Em 1950, junto com 12 delegados do Congresso Mundial dos Defensores da Paz, ele pediu visto para ir a Washington. Por mais bem-intencionado que o Congresso fosse (que, claro, em termos de propaganda era exatamente o caso), não era mais do que uma frente comunista esperando convencer o presidente Truman a proibir a bomba atômica. No arquivo de Picasso no FBI fica claro que o pedido foi diretamente ao topo. O embaixador americano em Paris, David K. Bruce, num memorando confidencial de 23 de fevereiro de 1950 para o secretário de Estado Dean Acheson, questionou muito o efeito que poderia ter a recusa do visto:

> Considerando a fama mundial dele, recusar visto a Picasso causaria comentários desfavoráveis aqui, sobretudo nos círculos "liberais" e intelectuais. Poderia também dar a entender que tememos a propaganda de "paz" comunista. Mas, se a decisão é negativa, acreditamos que o porta-voz do departamento e a *Voz da América* deveriam mostrar que a visita em questão é um descarado golpe de propaganda apenas com motivos políticos, sem ligação com atividades profissionais dos requisitantes. (...) De todo modo, insistimos que a decisão seja tomada o mais rápido possível já que, quanto mais for adiada, mais o Partido Comunista vai explorar o transtorno que causa e que, naturalmente, é o maior objetivo deles.[19]

O pedido de Picasso foi totalmente recusado. Com base que nunca se pode exagerar na vigilância, foi exatamente para casos como este que o Congresso aprovou a Lei de Segurança Interna McCarran, que proibia a entrada no país de qualquer pessoa que tivesse participado de uma organização totalitária. Sem poder entrar nos Estados Unidos, Picasso viajou para uma Conferência Mundial de Paz rapidamente criada em Sheffield, em outubro de 1950. Ao chegar à estação ferroviária da cidade, na frente de Hewlett Johnson, reitor comunista de Canterbury, Picasso foi saudado pelos membros do partido, Bill Ronksley e Chris Law, este usando uma dentadura para comemorar o evento.[20] Recebendo a autêntica hospitalidade local, o homem do povo foi levado para os barbeiros de Peckitt para um rápido corte, depois recebeu um sanduíche de salsicha no Café Thorpe, situado em Fargate.

Nos dois últimos anos, Picasso tinha se tornado cada vez mais político e politizado. Em agosto de 1948, participou com Paul Éluard do Congresso de Intelectuais pela Paz em Wroclaw, na Polônia, onde discursou em apoio ao poeta Pablo Neruda, que estava sendo perseguido no Chile. De repente, o escritor soviético Alexander Fadeyev, presidente do Sindicato de Escritores Soviéticos, virou-se para Picasso e, depois de xingar os americanos de "animais" e dizer que seus intelectuais pareciam "chacais que aprenderam a datilografar e hienas que conseguiam usar a caneta-tinteiro", criticou o artista por seu estilo decadente. Isso, segundo uma testemunha, quase fez Picasso chorar.

A visita seguinte foi aos ex-campos de concentração de Birkenau, Auschwitz e ao gueto de Varsóvia, o que fez a crítica ficar em segundo plano. E ao voltar para casa e se encontrar com a mulher Françoise, ainda estava animado. Ela lembrou depois: "Na Rússia, detestavam a obra dele, mas gostavam da política. Nos Estados Unidos, era o contrário. Quando voltou da conferência de Wroclaw, disse: 'Em todo canto me detestam, mas acho bom.'"[21]

Ainda sem desanimar, em abril de 1949, ele participou do Congresso de Paz na sala Pleyel, em Paris, que marcou o lançamento do famoso cartaz da pomba da paz (na verdade, um pombo milanês). Ele deu à filha, nascida no mês seguinte, o nome de Paloma, que significa pomba, em espanhol. Era uma ave benigna e mais tarde Picasso zombaria dos medos ridículos que os americanos tinham daquela avezinha indefesa. A pomba foi escolhida por Louis Aragon num álbum de desenhos e representa o que alguns consideravam como Picasso sendo finalmente aceito. "Centenas de milhares de pessoas conhecem e gostam de Picasso só por causa da pomba", notou o amigo Ilya Ehrenburg. "Os esnobes zombam dessas pessoas. Os acusadores de Picasso dizem que ele quis um sucesso fácil." O artista não se preocupou e não se importou nem com as piadas na imprensa americana sobre "pombinhos gordos". Doeu mais o rude ataque de Breton pelo apego irrestrito ao partido: "Picasso se rendeu a eles e encheu os céus atômicos deles com pombas anêmicas e enganosas."[22]

Em setembro, Picasso discursou no Congresso Internacional da Juventude pela Paz e no mesmo ano mudou-se para Vallauris. Isso foi sem dúvida reflexo de seu interesse nascente pela cerâmica e as possibilidade plásticas que oferecia, mas não foi mera coincidência essa cidade artesanal ter um prefeito comunista. Aos poucos, o círculo mais íntimo de amigos tinha ficado quase o mesmo do Partido Comunista francês. Ehrenburg, escritor soviético de grande charme, foi muito eficaz ao convencer Picasso que a vida na União Soviética, embora não fosse perfeita, estava bem no caminho do sonho socialista. (Esse escritor, aliás, foi muito importante na concessão do Prêmio Lenin a Picasso, em abril de 1962.) Laurent Casanova, outro ativista que ficou amigo do artista durante a ocupação de Paris, em junho de 1947 passou a responsável pelo partido na França. Picasso gostava de seu charme, inteligência e do sangue-frio que teve durante a Ocupação, quando passava pelos olheiros da Gestapo para visitar o artista no ateliê da Rue des Grands-Augustins. Não foi preciso insistir muito, mas Casanova convenceu Picasso, discretamente escondido entre as visitas americanas, do "complô do imperialismo americano".

Considerando a reabilitação gradual de Franco pelo presidente Eisenhower, somada à aceitação de bases americanas em solo espanhol, não é de surpreender que o artista se solidarizasse com o amigo e poeta Louis Aragon, que disse: "Na literatura como em todas as áreas, não devemos deixar que a Coca-Cola vença o vinho." Muitos amigos de Picasso, como Jean Cassou, eram profundamente antiamericanos e consideravam os Estados Unidos como meros colonialistas. Era uma tese muito popular no Partido Comunista francês, que afirmava que os Estados Unidos eram um Estado fascista, seguro de sua superioridade racial e que confiava como último recurso na forças das armas. Dolores Ibárurri, La Pasionaria, que Picasso encontrou de novo em 1948, lembrou à plateia que a política externa americana não mudava desde a guerra hispano-americana de 1898. Em 1949, ao lado de Aragon, Picasso desfilou orgulhoso pelas ruas de Paris na frente da passeata do Primeiro de Maio, com faixas dizendo "O sangue francês não está à venda por dólares".[23] A escritora Gertje Utley, em seu estudo *Picasso: The Communist Years* [Picasso: os anos comunistas], muito fez para melhorar nossa compreensão desta fase em que ele foi "alvo de um nacionalismo exacerbado, um enfoque do cerne do que significava ser francês e uma reafirmação dos valores duradouros da chamada grande tradição francesa". Denunciado por Waldemar George como "desumano e oriental" (os dois termos pareciam intercambiáveis, mostrando o racismo dele), Picasso era também "bárbaro". Nos confusos cânones de crenças de George, o famoso gênio espanhol não passava de "demônio da arte ocidental", que agora integrava o Partido Comunista francês para se fazer de francês.[24] A vida cultural tinha se tornado tristemente polarizada. A cultura europeia como um todo e a francesa em particular tinham ficado entre os dois superpoderes que já haviam montado seus acampamentos para a batalha que tinham pela frente.

Se a batalha sobre arte era apenas um reflexo do mundo em miniatura, poucos iriam tão longe quanto o senador Robert A. Taft, que anunciou como algo prestes a ocorrer: "Vamos encarar os fatos, já estamos na terceira Guerra Mundial." Mas dali a pouco o macarthismo iria testar a vida democrática americana. Era um fenômeno desagradável, descrito por V. S. Pritchett em seu provocante ensaio "Os americanos na minha cabeça" (1963), em que lembra de amigos americanos tentando entender "o significado do macarthismo, que não passava de mais um circo, mais um carnaval". Mas ele estava menos que convencido por eles não levarem a sério algo que ficou tão profundamente cravado na identidade americana. "Não posso considerar a Ku Klux Klan, a Sociedade John Birch e o macarthismo como circos. (...) Para mim, são uma doença." O editor de *Commentary*, Elliot Cohen, não considerou o fenômeno alarmante: "McCarthy continua sendo para as pessoas alguém que não merece confiança, um segundo time sem expressão, seu único apoio como grande figura nacional é dos medos fascinados da *intelligentsia*." Para os que estavam sendo investigados, entretanto, não tinha muita graça sentar no tribunal de frente para Cohn ou Schine, o medo era concreto.

"Os inquisidores americanos mantinham muitos ex-comunistas num círculo vicioso; eram culpados se tivessem ideais socialistas, na época completamente irreais; se sentiriam culpados consigo mesmos se 'dessem nomes'; eram culpados das figuras divididas, secretas e indecisas que apresentavam em público diante dos triunfantes e prósperos Estados Unidos do pós-guerra, com os quais estavam mais reconciliados do que podiam admitir",[25] lembrou Alfred Kazin sobre um dos menos edificantes capítulos da vida americana. O verdadeiro apelo do macarthismo estava em sua enorme simplicidade. Era uma mistura muito eficaz de medo e acusação, com informantes e confissões forçadas, tudo num panorama política e moralmente confuso. Embora cruel e revoltante, McCarthy estava longe de ser idiota. Foi um dos primeiros políticos a compreender a força da mídia e que, quanto mais conhecida fosse a vítima, mais cobertura o caso teria. Como na Inquisição, o medo era por saber que você poderia ser a próxima vítima. De sua forte base como chefe do Comitê sobre Operações do governo do Senado americano, McCarthy sabia perfeitamente como manipular todos os poderes dos inúmeros subcomitês governamentais e como interrogar testemunhas intimadas a comparecer ao tribunal deixando de lado os códigos de procedimento legais. Todos esses comitês (o Comitê da Câmara sobre Atividades Não Americanas, o Subcomitê de Investigações Permanentes do senador McCarthy, o Comitê Tenney sobre Atividades Não Americanas na Califórnia, os Comitês dos Colégios Internos, os Comitês de Bibliotecas), em cada canto do mundo acadêmico e das artes, os comunistas, os companheiros de estrada e os ex-comunistas eram forçados a confessar e obrigados a informar sobre os amigos que tinham. O ator Charlie Chaplin teve negado seu pedido de visto, como também o cantor negro Paul Robeson. O dramaturgo Arthur Miller foi ameaçado de prisão e teve o visto cancelado. Dashiell Hammett foi preso e Lillian Hellman, proibida de trabalhar. Centenas de pessoas foram afastadas de seus empregos e entraram numa lista negra pela simples razão de, quando jovens, terem demonstrado apoio ao comunismo.

Um dos casos mais conhecidos foi o dos "dez de Hollywood", no qual artistas de cinema, diretores, produtores e roteiristas foram humilhados em público e alguns presos; ao serem soltos souberam que seus agentes não recebiam mais telefonemas oferecendo trabalho. Alvah Bessie, roteirista da Warner Brothers, que tinha participado da Brigada Lincoln, recebeu pena de um ano de prisão e multa de 1.000 dólares. Alguns diretores, como Elia Kazan, entregaram suas provas ao comitê e delataram amigos. Foi uma guerra suja de propaganda, que atingiu famosos e não famosos para criar um clima de medo máximo. Alfred Kazin lembrou a aparição assombradora:

> Na tela, envolto em fumaça de cigarro e cerveja, estava o Grande Inquisidor das ideias não americanas, sorrindo, ironizando, falando, rápido, rápido, rápido. (...) O mais estranho sobre McCarthy era como ele parecia distante de toda a sua beligerância. A cabeça dele não estava atenta ao suspeito imediato. Havia aquela cara dura, aquela cara lisa que parecia que estava querendo manter tudo no lugar e havia aqueles olhos revirando, agitados, girando loucamente.[26]

No Senado, houve apenas uma briga constrangedora. Só três senadores (William Benton, de Connecticut, Ralph Flandres, de Vermont, e Margaret Chase Smith, do Maine) tiveram coragem de duvidar das afirmações cada vez ousadas de McCarthy, principalmente de que só no Departamento de Estado ele conhecia mais de duzentos comunistas de carteirinha.

Na campanha para a eleição presidencial de 1952, o circo McCarthy teve papel importante. Para sorte da credibilidade dele, realmente foram descobertos alguns espiões. Ou quase. Para o público, a inocência de alguém não pesava muito, o que importava era a força da acusação. Em janeiro de 1950, ocorreu o controverso caso Alger Hiss, diplomata do Departamento de Estado e suspeito de ser espião comunista, que foi perseguido por seu desanimado torturador Whittaker Chambers, e depois acusado de perjúrio em dois tribunais e condenado a cinco anos de prisão. Houve também o caso de Klaus Fuchs, cientista inglês que passou informações sobre a bomba atômica para os soviéticos. O caso mais conhecido foi do casal Julius e Ethel Rosenberg, condenados à morte e cuja patética correspondência na prisão de Sing Sing foi divulgada com um prazer quase vampiresco. Após Truman terminar seu mandato, Eisenhower subiu à presidência e admitiu depois que aguentou dois anos o veneno McCarthy porque não queria "jogar aquele sujeito na sarjeta".

Na França, o partido acompanhava esses fatos com desânimo crescente. A formação da OTAN em 1949 tinha sido, para eles, mais um provocativo exemplo da americanização. Pessoalmente, Picasso também estava mais envolvido, tendo assinado pedidos para soltura dos comunistas americanos da prisão, apoiando os "dez de Hollywood" e em 1952 foi multado *in absentia* em 1 milhão e 500 mil dólares pelo estado de Nova York por mau uso de fundos quando presidente honorário do Comitê de Refugiados Antifascistas. A crítica mais dramática que fez à política externa norte-americana foi em janeiro de 1951 com o quadro *Massacre na Coreia*. Exposto na primavera, no Salão de Maio de Paris, causou acalorados debates. Como pintura, era um fracasso total. Inspirado no desenho de Goya *Não se pode olhar*, embora fizesse uma ligação com *Guernica*, sua meta ficou totalmente inatingida. É um quadro banal, insípido, quase uma caricatura. Uma mistura da clássica reação de Jacques-Louis David à Revolução Francesa com um filme da série *Star Wars*. O próprio Picasso ficou sem saber por que as críticas foram tão ruins. Consolando-se, disse a Pierre Cabanne: "Aquele quadro incomodou as pessoas e não agradou. Mas comecei a vê-lo como é e sei por que causou surpresa: não fiz outra *Guernica*, como as pessoas esperavam."[27] Foi o único quadro que seria preferível Picasso jamais ter feito.

A força de *Guernica*, no final das contas, está na ligação verdadeira de Picasso com o terrível fato. É um sentimento pessoal e profundo, que usa uma linguagem vinda das profundezas do inconsciente. Sente-se que toda a história da arte foi percorrida à medida que são aplicadas as camadas de simbolismo, uma sobre a outra. Mesmo que não fossem pelas famosas fotos de Dora que mostram o trabalho sendo feito, você sente (...) pega uma faca, raspa uma camada de tinta (...) e ainda há muito o que aprender.

Já *Massacre na Coreia* é o que se vê, uma vulgar propaganda comunista. Muito mais autêntico foi Picasso aceitar participar do protesto de 28 de maio de 1952 contra a prisão de André Stil, editor do *Humanité*, que tinha ajudado a organizar a passeata, em Paris, contra a nomeação do general Matthew Ridgway, comandante na Coreia, como diretor da OTAN.

Indignado com a política externa americana no Extremo Oriente e com os boatos de uso de armas bacteriológicas, Picasso resolveu reagir com mais força. Pensou em transformar a capela gótica de Vallauris, que não era consagrada, num templo de paz com grandes murais mostrando guerra e paz. Mas foi cuidadoso, sobretudo com *A guerra*, para evitar qualquer relação com os americanos ensandecidos que estavam atacando a Coreia. "Para fazer a cara da guerra, nunca pensei em algo em particular, só na monstruosidade. Muito menos no capacete ou no uniforme do exército americano ou de qualquer outro. Não tenho nada contra os americanos. Estou do lado dos homens, de todos os homens", explicou ele seis anos depois, em 1958.[28] Foi uma resposta cuidadosa, mas talvez tivesse de ser, depois que Krushchev revelou a incrível lista de crimes contra a humanidade de Stalin, durante o vigésimo congresso do partido em Moscou. E dos tanques soviéticos entrando em Budapeste em 1956. Os exilados húngaros imploraram a Picasso: "Faça por Budapeste o que você fez por Gernika e pela Coreia, apoie-nos, demonstre a sua indignação." Em carta pessoal para Penrose, Barr admitiu "um certo desgosto". Talvez Picasso ainda estivesse seguindo o conselho de Louis Aragon: "É melhor estar errado ao lado do partido do que estar certo contra ele." Pode ser que não quisesse criticar o partido, mas era óbvio que não tinha mais interesse.

Durante toda essa fase angustiante, a "verdadeira" guerra da cultura estava se travando nos bastidores. Era preciso escondê-la, pois qualquer coisa que apoiasse a vanguarda ou simpatizasse com a esquerda era imediatamente criticada por McCarthy. A CIA e a poderosa elite da Costa Leste (com muitos integrantes ligados ao Conselho de Curadores do MoMA) viram que era importante ser mais ativo nos assuntos culturais. Se McCarthy era a cara dos Estados Unidos, favorecia a propaganda comunista. No ensaio que Barr escreveu em 1954, *Liberdade artística*, ele avisou, um pouco tarde, "vamos ficar atentos aos dois maiores inimigos da liberdade americana: os comunistas e a pressão fanática de grupos que agem sob a bandeira do anticomunismo. (...) Difícil dizer qual deles é mais subversivo à nossa civilização e cultura".[29]

Era um pouco irônico que, justo quando a Escola de Nova York estava substituindo Paris como vanguarda, os ataques aumentassem. A CIA entrou finalmente em ação a 25 de março de 1949, na hoje famosa Conferência Waldorf, em Nova York. O evento era a Conferência Cultural e Científica pela Paz Mundial, um golpe de propaganda organizado pelos soviéticos comandados por Alexander Fadeyev (a *bête noire* de Picasso) e pelo compositor Dmitri Shostakovich, fortalecido pelos soviéticos e totalmente humilhado. Apoiado por Arthur Miller, Langston Hughes, F. O. Mathiessen, Lillian Hellman, Clifford Odets, Leonard Bernstein e Dashiel Hammet, o evento foi um grande golpe teatral, conforme Frances Stonor Saunders (cujo livro extraordinário, *Quem pagou a conta: a CIA na Guerra Fria da cultura*, é uma obra maquiavélica do nosso tempo). "Os vermelhos não estavam só embaixo da cama, estavam em cima também", escreve ela, dramática.[30] Enquanto a conferência era inaugurada no maravilhoso salão de baile do Hotel Waldorf-Astoria, os verdadeiros fatos estavam ocorrendo numa das suítes. Apertados onde houvesse espaço, ficaram os "gladiadores intelectuais" Sidney Hook, Elizabeth Hardwick, Robert Lowell, Arthur Schlesinger, Dwight MacDonald, os editores do *Partisan Review*, Phillips e Rahv, Mary McCarthy e Nicholas Nabokov. Sem que muitos dos presentes soubessem, a suíte foi paga por Frank Wisner, da Coordenação Política da CIA. Pode-se dizer que nessa suíte começou a guerra cultural na Europa.

A primeira arma da CIA era o Congresso pela Liberdade Cultural, com sede em Paris e coordenado por Nicholas Nabokov, Melvin Lasky e Michael Josselson, "o Diaghilev da propaganda cultural contrassoviética".[31] A estratégia era combater a propaganda soviética usada com tanta eficiência pelo incansável Willi Muzenberg. O congresso teria de ser pelo menos tão eficiente quanto ele e, segundo Saunders, "no seu auge, o Congresso tinha escritórios em 35 países e centenas de funcionários, publicava mais de vinte revistas de prestígio, promovia exposições de arte, tinha um serviço de notícias e reportagens, organizava conferências internacionais importantes e concedia prêmios e fazia apresentações de músicos e artistas". Fundado com as migalhas que sobraram do Plano Marshall, tinha orçamento anual de centenas de milhões de dólares. Para evitar a transparência financeira, foram criados atalhos e voltas que usavam a Fundação Farfield, de Julius "Junkie" Fleischmann, a Fundação Ford, os Rothschild em Londres, as Fundações Sonnabend e Sunnen, assim como inúmeras instituições Rockefeller e várias outras para que o dinheiro pudesse chegar limpo à importante revista. O primeiro a revelar isso foi Conor Cruise O'Brien, na década de 1960, na revista *Encounter*. Mas até então a energia do Congresso pela Liberdade Cultural era concentrada em dois alvos: os comunistas, fora do país, e McCarthy, dentro.

Em meados dos anos 1950, com a "caça às bruxas" promovida por McCarthy enfocada quase exclusivamente no poderoso efetivo militar, era de esperar que o peçonhento senador Joe, guardião da moral pública, fosse finalmente derrotado. Em 1957, ele morreu como um triste bêbado. Apesar dessa derrota pessoal, o macarthismo continuou firme como ideologia na classe média americana. Por sorte, no auge da histeria do senador e na fase da batalha com o exército americano que causou sua desgraça final, *Guernica* mais uma vez viajou para fora do país. No verão de 1953, quase 15 anos depois da primeira viagem, o quadro foi para a Europa e, em outubro, a enorme tela foi o destaque da primeira retrospectiva de Picasso, no Palazzo Reale de Milão. Foi um momento extraordinário, a primeira e única vez que o quadro foi mostrado no mesmo espaço de *Massacre na Coreia* e os dois murais *Guerra e paz* antes de serem colocados na capela de Vallauris. A mensagem que este trio passou para o espectador italiano (formado por comunistas e ex-fascistas) deve ter sido confusa e provocadora, ao mesmo tempo acusando o envolvimento dos italianos na Espanha e criticando a política externa americana atrás de uma cortina de fumaça de desgosto universal pela brutalidade do ser humano.

Para Picasso, todo e qualquer prazer pela ida segura do quadro para a Europa foi totalmente ofuscado por problemas domésticos. No final de setembro, Françoise Gilot estava muito irritada e insatisfeita com os incessantes casos amorosos de Picasso e as provocações intencionais, e finalmente cumpriu a ameaça de deixá-lo, levando os dois filhos, Claude e Paloma. Foi a primeira e única vez que uma mulher enfrentou Picasso e impôs condições.

Apenas dois meses depois, *Guernica* foi mais uma vez retirada do chassi, enrolada com cuidado e levada do aeroporto de Milão para fazer um voo transatlântico ao Brasil, para a cada vez mais prestigiosa Bienal de São Paulo no Museu de Arte Moderna. Foi um gesto profundamente simbólico, por unir, embora por pouco tempo, a diáspora de exilados espanhóis que fugiu do regime Franco para encontrar abrigo seguro e uma comunidade de valores compartilhados na América Latina. De junho a outubro de 1955, *Guernica* foi de novo para a Europa, para o Museu das Artes Decorativas de Paris. A essa altura, prestes a se tornar o mais influente ícone cultural do século XX, atraiu multidões. No final de outubro, com a Alemanha ainda lutando para chegar a um acordo sobre sua apocalíptica história recente, o quadro foi exposto na Haus der Kunst, em Munique. Com uma pungência que a plateia alemã não tinha perdido, foi um lembrete desconfortável de uma história ainda longe de ser assimilada, e um fato em que muitos alemães ainda não admitiam envolvimento e pelo qual, muito menos, sentiam culpa.

De Munique, a agitada programação continuou pelo ano de 1956, com a retrospectiva de Picasso no Museu Rheinisches de Colônia, cujos habitantes sabiam muito bem que não foram só os alemães que aprenderam a eficiência tática de um devastador ataque aéreo num alvo civil. Dessa cidade, o quadro foi para o Kunsthalle, em Hamburgo, depois para o Palácio de Belas Artes em Bruxelas, o Museu Stedelijk em Amsterdã e o Museu Nacional de Estocolmo, onde terminou seu roteiro em dezembro. No verão de 1957, o quadro estava em Nova York para a retrospectiva dos 75 anos de Picasso no MoMA; de lá, foi para o Instituto de Arte de Chicago, terminando em 1958 no Museu de Arte da Filadélfia. Mais uma vez, Picasso era observado de perto pela FBI, a ponto de Alfred Barr julgar necessária uma reação diplomática do MoMA. Lembrando o que tinha acontecido sete anos antes, com o fracassado Congresso Mundial pela Paz, ele escreveu: "Não queremos colocar Picasso numa situação embaraçosa convidando-o só para nosso governo negar-lhe o visto de entrada."

A viagem do quadro à Europa tinha sido uma jogada dos curadores do MoMA. Será que isso mudaria os planos de Picasso em relação ao futuro do quadro? Com seu temperamento caprichoso, quem poderia adivinhar o que ele faria a seguir? Será que a reabilitação de Franco pela comunidade internacional poderia amenizar o horror de Picasso pelo regime? Ou será que, se ele pedisse o quadro, salvaria o incessante constrangimento dos diretores do MoMA? Nada disso aconteceu. Para Picasso, o quadro ainda era uma rejeição simbólica e contínua ao regime Franco, por mais que aquele governo reacionário estivesse tentando disfarçar seu passado bárbaro e totalitário atrás de uma fachada mais moderna e tolerante. Os dois lados eram teimosos, não queriam desistir e tinham muitas lembranças. Quanto a Picasso, seu quadro estava mais bem guardado em Nova York com a vantagem, como ele disse ao amigo Rafael Alberti, de "com *Guernica*, tenho o prazer de fazer um discurso político todos os dias no centro de Nova York". Mas o conceito de segurança mostrou ser meio relativo. Ao voltar para o MoMA, o quadro passou como sempre pela rigorosa equipe de conservação do museu. E as conclusões não foram boas.

Em quatro anos de viagens constantes, a tela começou, por fim, a mostrar fragilidade e desgaste do tempo. No final dos anos 1930, na primeira viagem para levantamento de fundos pelos Estados Unidos, ela ainda tinha certo grau de elasticidade. Mas no início dos anos 1950, a tela tinha secado, cristalizado e, portanto, perdido toda a flexibilidade. Enrolada, pronta para ser transportada, por maior que fosse o rolo e a pressão usada, fazia com que a superfície lisa formasse uma leve curva, causando uma pressão desnecessária. O quadro sempre teve problemas de conservação devido a seu tamanho e difícil manuseio, o que aumentava a possibilidade de um acidente. E o tamanho trazia outros problemas. Uma tela maior costumava ficar mais esticada para evitar a tendência inevitável a vergar, ficando com mais pressão nos cantos e sendo mais prejudicada pelo peso e o tamanho, por uma base de branco na tela e pela tinta propriamente. A tensão constante, somada ao seu tamanho, também significava que qualquer solavanco ou vibração ao ser dependurada eram aumentados com as ondas de choque se espalhando pela superfície. Além do dano nos cantos posteriores ao ser presa com tachas no chassi, a deterioração da superfície podia ser percebida até a olho nu. Em algumas partes, flocos de tinta haviam se soltado. Em outras, a superfície estava se soltando do chassi. Quando a tela era vista ao microscópio, ficava evidente que as várias aplicações de tinta, nos diversos retoques que Picasso fez, estavam agindo de formas sutilmente diferentes, expandindo-se e contraindo-se em velocidades diversas à medida que secavam. Isso era perfeitamente normal e esperado. Mas o desgaste da viagem só podia aumentar os efeitos. Mais preocupante, entretanto, era o aparecimento de feios arranhões que mostravam a luz, um buraco de cinco milímetros no busto caído (autorretrato de Picasso) e grandes rachaduras, uma delas por todo o pescoço do touro. A superfície tinha rachaduras da espessura de fios de cabelo, redes de quebras mínimas, que continuavam a absorver a sujeira da superfície. Limpezas cuidadosas, com água destilada e algodão, mostraram a extensão maior do dano por manuseio, rachadura durante o enrolamento e alterações de temperatura e umidade. Só uma restauração atenta poderia encobrir as inúmeras falhas na tela. Em 1957, com uma técnica que ainda hoje por vezes é usada, o Departamento de Conservação resolveu reintegrar o quadro e a tela usando resina de cera. Hoje, alguns departamentos de conservação podem preferir cola de peixe ou outro adesivo orgânico natural, mas os restauradores do MoMA usaram a técnica que na época dava resultado. Só havia um problema, algo que todas as demais intervenções tiveram de enfrentar: o processo com resina de cera é irreversível.

Primeiro, a tela foi cuidadosamente colocada sem esticar, virada para baixo em cima de um plástico. Onde houve rasgos e em volta de todos os lados enfraquecidos, foram presas tiras de um pano de algodão e lã com resina de cera amornada funcionando como adesivo nas costas da tela. Mais radical ainda, toda a parte de trás do quadro, dividida em partes para facilitar a aplicação, foi pintada com resina de cera, virada sobre um lugar quente e apertada para criar um vácuo que esticava a tela, a tinta e a resina de cera juntas para dar mais firmeza. Os três elementos foram transformados em um. Ficava mais difícil que flocos de tinta se soltassem. Os rasgos agora podiam ser tratados mais facilmente: com um suporte firme, os restauradores podiam consertar as partes que faltavam e pintá-las. Quando a resina de cera voltou à temperatura ambiente, perdeu a flexibilidade e qualquer movimento aumentava a possibilidade de um dano, causando fendas e quebras. Outro problema que custou a surgir foi a tendência da resina de cera, com sua cor amarelo-tabaco, passar para a superfície da tela pelos buracos ou juntar nos lados em pequenas poças inchadas.

Mas, antes de mais nada, a equipe de conservação do MoMA garantiu o futuro do quadro. Isso se deve a Picasso, que decidiu que o quadro só sairia do museu se fosse para ficar numa Espanha republicana. Após outra limpeza de superfície, em 1962, decidiu-se cobrir toda a superfície com uma camada protetora de verniz opaco paraloide (acriloide) B-72. Esse processo destacou os contrastes de branco e preto e avivou sutilmente a imagem deixando-a ainda mais dramática. Só que foi preciso, por motivo puramente prático, tirar a tela do chassi mais uma vez quando foi levada para o terceiro andar do prédio em 1964.[32]

Para os artistas americanos, *Guernica* nunca perdeu a força, mas perdeu seu imediatismo e sua capacidade de chocar. Mesmo para a geração posterior aos expressionistas abstratos e até os anos 1960, Picasso continuaria, conforme disse Chuck Close, "um pai muito respeitado, mas extremamente dominador". O artista pop Roy Lichtenstein lembrou que "até as pessoas que queriam muito ficar longe dele, foram influenciadas." Para Kenneth Noland, "a obra de Picasso é tão importante para os artistas quando a teoria da relatividade para os cientistas".[33] *Guernica* tinha se entranhado no inconsciente do artista americano e parecia, consertada e arrumada, que tinha chegado para ficar. Manifestações, reproduções e reinterpretações do quadro iriam aparecer sempre, até hoje. Nelson Rockefeller negou a possibilidade de ele vir a ter o quadro, mas pediu a Picasso permissão para ter uma cópia em tapeçaria na sua coleção particular de Pocantico, no norte do estado de Nova York. A autorização foi dada e quando ele morreu, a tapeçaria foi doada pela viúva ao Conselho de Segurança da ONU, onde está hoje.

Havia os que gostavam do quadro como obra de arte e os que detestavam a política que ele mostrava. Havia os eternos otimistas que, apesar de tudo, ainda viam o quadro como representando um drama de ressurreição. No final dos anos 1960, Walter Darby Bannard, pintor e crítico de grande sensibilidade, foi um dos primeiros a romper o tabu e falar no fracasso de *Guernica* como obra de arte. Numa análise profunda e convincente, ele escreveu que o toque talentoso de Picasso ficou mutilado por tentar trabalhar em dimensão tão gigantesca. A mecânica da estrutura cubista não tinha funcionado. Combatido às vezes em escolas de arte americanas por essa visão herege, o crítico concluiu: "*Guernica* continua sendo um monumento patético, marcante por seu tamanho e pelo 'conteúdo humano' que vacila pelo desespero exagerado." Fosse a favor ou contra o quadro, havia liberdade para se dizer o que se achava, pelo menos nos Estados Unidos. Na Espanha de Franco, a crítica ao artista tinha de ser cuidadosamente medida para passar pelas leis da censura. Qualquer menção a Picasso, que costumava ser rebaixado a "o artista de Málaga", ficava na ambiguidade. Para entender o verdadeiro sentido do que estava sendo dito, era preciso aprender a ler entre as linhas.

Notas

1. Greenberg, C., *Art and Culture* (Boston: Beacon Press, 1961), p. 59 a 69.
2. Ibidem.
3. *Origens do totalitarismo* (São Paulo: Companhia das Letras, 1989).
4. Podhoretz, N., *Making It* (Nova York: Random House, 1967), p. 288 a 289.
5. Stronor Saunders, F., *Who Paid the Piper* (Londres: Granta Books, 1999), p. 37.
6. Utley, G., p. 208.
7. Bjelajac, D., *American Art, A Cultural History* (Londres: Laurence King, 2000), p. 356.
8. *Atlantic Monthly*, julho de 1957.
9. Ibidem.
10. Kuspit, D., *The Cult of the Avant-Garde Artist* (Cambridge: Cambridge University Press, 1993), p. 3
11. Barr, A. H., p. 32.
12. Kees, W., *The Nation*, 3 de junho de 1950.

13. Ibidem, p. 11.
14. Ed. Phillips & Rahv, *The Partisan Reader: Ten Years of Partisan Review* (Nova York: Dial Press, 1946).
15. Utley, G., p. 211.
16. Kennan, G. F., *Memoirs,* vol. 2 (Boston: Litlle, Brown & Co., 1972), p. 190.
17. Stonor Saunders, F., p. 256.
18. Utley, G., p. 247, n. 68.
19. Mitgant, H., "*When Picasso Spooked the FBI*", *New York Times,* 11 de novembro de 1990.
20. *Guardian,* 25 de novembro de 2000.
21. Gilot, F.
22. Utley, G., p. 200.
23. Ibidem, p. 194.
24. Ibidem, p. 93.
25. Kazin, A., p. 189.
26. Ibidem, p. 225. Leia também Howe, I., *A Margin of Hope* (Nova York: Harcourt Brace Jovanovich, 1984), p. 215.
27. Cabanne, P., *Picasso: His Life and Times* (Nova York: Morrow, 1977).
28. Utley, G., p. 165.
29. Barr, A. H., p. 225.
30. Stonor Saunders, F., p. 47.
31. Ibidem, p. 19.
32. MNCARS *Estúdio sobre el estado de conservación* (Madri: Ministério de Educação e Cultura, 1998).
33. *New York Times,* 22 de junho de 1980.

8

A resistência silenciosa

> Quero que meus quadros consigam se defender, resistam ao invasor como se tivessem lâminas para cortar a mão de quem tocar neles.
>
> Pablo Picasso
>
> Para alguns, viver é pisar descalço em vidros estilhaçados; para outros, é encarar o sol de frente.
>
> Luis Cernuda

EM 28 DE MARÇO DE 1939, terminou a sangrenta Guerra Civil Espanhola. A data, seu antes e depois, continuam profundamente encravados na alma espanhola. A guerra e a paz. A guerra e a não guerra, aquele longo período de um limbo esgotado e entorpecido. Mas, para muitos, o pior ainda ia começar. Cada família tinha perdido pelo menos um parente, mas os vencidos continuariam sendo castigados durante décadas por terem apoiado a República. Mais de 100 mil republicanos foram sumariamente mortos. E cerca de 250 mil pessoas foram presas ou conseguiram redução da pena em troca de serviço árduo nos campos de trabalho forçado, em obras tão diferentes como o canal de Guadaquivir, as minas de Astúrias, represas hidrelétricas, as fundições de aço no País Basco, a restauração de monumentos destruídos como o Alcázar de Toledo, ou apenas remexer nos destroços de construções arrasadas em quase todas as cidades e aldeias do país.

O projeto de construção mais simbólico era o austero mausoléu de Franco, Cuelgamuros, conhecido como Valle de los Caidos, perto do palácio El Escorial.[1] Os homens tão desafortunados a ponto de irem para campos de trabalho só se reabilitavam após cumprirem a pena. "Não podemos devolver à sociedade elementos perigosos, perversos, que estão moral e politicamente envenenados", explicou Franco, planejando uma grande vingança. Segundo o historiador José Luis Gutiérrez, "a Guerra Civil não terminou em 1939. O regime jamais falou em paz.[2] Falou em 'primeiro ano de vitória, segundo ano de vitória' e assim por diante. A Espanha se transformou num enorme presídio onde os vencidos ficavam a serviço dos vencedores". Os que escapavam da morte, da prisão ou do trabalho forçado, principalmente se tivessem diploma, continuaram sendo humilhados trabalhando em funções muito inferiores às suas qualificações: assim, um cirurgião-chefe podia ser obrigado a passar anos carregando macas de feridos para aprender a ser humilde. As famílias dos vencidos eram sempre espionadas, supondo-se que tivessem uma rede para fuga de companheiros "vermelhos" ou escondessem um parente que estava ameaçado de morte em algum sótão, porão, ou no campo. Havia também uma geração inteira de exilados que fugiram pela fronteira, privando o país de talentos muito necessários.

Em 1940, a Espanha estava muito diferente daquela fase de otimismo arrojado ainda associado à República. No regime Franco, a população ficou realmente dominada. E viveu num estado de medo permanente: de ser descoberta; de ser castigada; de ser denunciada; de ser ouvida falando catalão, galego ou basco; de não apoiar ativamente o governo; de esquecer de cumprimentar alguém; de receber cartas comprometedoras de parentes no exílio. Todos esses medos logo se transformaram numa inércia paralisante.

Bem depois da Guerra Civil e até relativamente pouco tempo atrás, os historiadores tinham uma reação quase pavloviana dizendo que a Espanha recomeçou do zero sua história a partir da marcante data de 28 de março de 1939. Num corajoso e brilhante esforço para explicar que o franquismo foi mais do que um túnel escuro do terror, os historiadores Jordi Gracía

García e Miguel Ángel Ruiz Carnicer conseguiram a sutileza de mudar a cultura e a vida cotidiana sob Franco.[3] Nos primeiros anos do regime, o cheiro mais espalhado por toda parte era o de chicória queimada, usada para substituir o café que faltava, e a cor dominante passou a ser o marrom-lama. Não o marrom dos uniformes militares, mas o pardo de tecidos grosseiros, de prédios de adobe ruídos, de papel de embrulho de má qualidade, de madeira reciclada. Era o marrom da terra queimada.

A primeira indicação clara de uma volta à vida normal foi o surgimento de uma cultura de sobrevivência. Nessa cultura, era importante manter silêncio e aprender a falar sem se deixar ouvir. As pessoas estavam sempre vigiadas, desconfiavam muito dos outros e aprenderam a se comunicar por sinais, a fazer leitura labial e a criar sua cuidadosa semiótica de sobrevivência. Era preciso ter também uma amnésia seletiva. Segundo Gracía García e Ruiz Carnicer, "o mais importante era aprender a esquecer o cheiro da poeira e a visão das ruínas".[4] Se, de certa maneira, foi possível uma ruptura completa entre a cultura de pré-guerra e a de Franco, não há dúvida de que houve uma crise profunda. O trauma tinha sido grande e profundo. Mas é preciso admitir também que houve uma certa continuidade. Não se trata de negar a brutalidade da repressão mas, apesar de tudo, a cultura foi incrivelmente resistente.

Nem todos os discursos eram sobre a Santa Cruzada ou, digamos, imitavam o palavrório antissemita, antimaçom, anticomunista da maioria dos monólogos de Franco que pareciam não ter fim. Apesar do poder da Igreja Católica e da crescente centralização no movimento, não se conseguiu impor uma cultura oficial como ocorreu no governo de Stalin ou Hitler. Não havia dinheiro, nem a intenção messiânica. Havia coisas mais importantes a preocupar, isto é, o básico da vida, além, naturalmente, de um enorme desejo de volta ao normal.

É preciso lembrar que a cultura sob Franco nunca foi homogênea. Foi complexa, multifacetada e se desenvolveu às vezes profundamente em quase 40 anos. Um dos melhores indicadores da crescente tolerância foi a maneira como Picasso e *Guernica* passaram a ser vistos. Logo após a Guerra Civil, Picasso era um artista detestado pelo regime Franco, mas isso foi, aos poucos, mudando. No final dos anos 1960, *Guernica* de certa forma se transformou num quadro desejado por alguns dos mais poderosos ministros de Franco. Essa foi uma mudança inesperada e que precisa ser explicada.

Guernica não poderia jamais ser uma obra popular no dia seguinte à guerra, já que mostrava os horrores do que ainda precisavam ser dolorosamente assimilados e aos poucos ultrapassados. Só em Gernika e no País Basco o quadro poderia ter funcionado como um lenitivo e até como um reconhecimento oficial da tragédia, combatendo a propaganda antirrepublicana e as inúmeras mentiras oficiais, cada vez mais frequentes. No resto da Espanha, a amnésia e a cegueira psicossomática eram às vezes as únicas formas garantidas de apagar os horrores do passado. Apesar do velho clichê da Espanha como uma terra de contrastes, *Guernica* nunca marcou bem os extremos do preto e branco ou do bom e ruim. Era *grisaille*, ou seja, uma dolorosa litania preto e branco, entremeada de todos os cinza. Representava a terra da sombra onde todos então eram obrigados a viver na Espanha: um espaço psicológico de violência contida, de repressão muito bem conduzida e de desejo latente de um mundo diferente.

Apesar de todos os esforços que fez, Franco jamais conseguiu impor uma cultura totalmente monolítica, de cima para baixo. Havia muitas culturas que às vezes se cruzavam. Havia as culturas ligadas à classe; para as pessoas mais simples, por exemplo, o gosto por música clássica indicava a sofisticação dos endinheirados. Já o povo gostava da tradição folclórica e das *coplas* sentimentais. Havia também, claro, dominando tudo isso, a cultura oficial da hierarquia, paternalismo e fé que criou uma liturgia nacionalista de marchas, missas e homenagens aos mortos. Mas para conter o peso claustrofóbico da autoridade, havia também uma cultura "subterrânea" importada e bem escondida, vestígio de um passado democrático: a poesia de García Lorca e Antonio Machado, os ensaios de Unamuno e Ortega y Gasset e a emocionante *Nanas de cebola* [Canção de ninar uma cebola] de Miguel Hernandez, escrita na prisão. Depois da fracassada independência econômica dos anos 1940, em que a cara experiência de Franco em autossuficiência acabou em extorsão no mercado negro, outra cultura veio nos anos 1950 trazida pelos operários imigrantes que voltavam da Alemanha, Suíça e Inglaterra.

Apesar de ter um ódio quase fóbico pela *intelligentsia*, Franco ainda permitia que a cultura existisse. Havia até "diálogo e debate". Mas era uma cultura negativa que, pela lei da censura aprovada em 22 de abril de 1938, arrasou com a herança liberal das famosas gerações de 1898 e 1927 e tentou fazer com que escritores como Rafael Alberti, Juan Ramón Jiménez, Giner de los Ríos, Luis Cernuda, María Zambrano e Jorge Guillén fossem esquecidos para sempre. Para os que queriam manter a integridade intelectual, era sensato escolher bem com quem falar e reprimir qualquer demonstração de ideias rebeldes. O governo e a censura oficial não deviam ser questionados. Era possível exibir sagacidade, temeridade e coragem para ampliar os limites e afastar as barreiras, mas com cuidado. Qualquer crítica vinha bem codificada, escondida na ironia, camuflada na metáfora, cheia de subterfúgios, usando um simbolismo que só poucos iniciados entendiam. O que realmente queria ser dito ficava oculto entre as linhas do texto e, nos quadros, sob a superfície da tinta.

Fazer uma caricatura de Franco apenas como um fariseu brutamontes é uma simplificação que faz mais do que esconder a verdade. Podemos zombar do prazer dele em jogar na Loteria Nacional (na qual, aliás, ganhou duas vezes) ou da obsessão por filmes de faroeste, duas manias que teve na velhice. Mas ele fez o roteiro do filme *Raça* e pintou aquarelas por *hobby*. Apesar disso, entendeu por instinto como Mussolini e Hitler que a arte invoca poder. Desde o começo, ele usou a arte para apoiar seu discurso nacionalista. Aprendeu isso com os republicanos, que desde o início da Guerra Civil acusavam os nacionalistas de não passarem de um bando de bárbaros selvagens, insensíveis à cultura e à vida. Afinal, tinha sido esse o tema do Pavilhão Espanhol. Em *Sonho e mentira* e em *Guernica* o ataque passou a ser mais pessoal, com Franco satirizado como um animal bruto que arrasa a escultura clássica e profana o passado. Ele precisava criar uma retórica e uma estética ligando sua figura a imagens e objetos que superassem *Guernica* que, de todo jeito, já estava censurada e totalmente invisível no país. É preciso lembrar que, com ajuda do cardeal Goma, José Maria

Sert tinha trabalhado para o Pavilhão Pontifical na Exposição de 1937, em Paris. É menos conhecida a seleção oficial de artistas nacionalistas enviados para a vigésima primeira Bienal de Veneza, em 1938, com pintores que faziam retratos de membros da sociedade, como Ignacio Zuloaga e Álvarez Sotomayor, acompanhados das mais sensíveis e espalhafatosas efusões imperialistas de Gustavo de Maeztu, José de Togores, Pedro Pruna, Lino Antonio e os escultores Enrique Pérez Comendador, Pablo Mañé e Quintin de Torre. O espaço público foi invadido, como ansiava Franco, por uma série de bustos grandiosos e totalmente burros, além de nus brilhosos e estátuas equestres, de escultores como Juan de Ávalos, Josep Clarà e Fructuoso Orduna. Carlos Sáenz de Tejada passou a representar (mais que qualquer outro artista, talvez) o idealismo do estilo franquista, colocando em suas telas profusão de romance untuoso e sentimental. Os retratos que fez de Franco só podiam ser comparados à obra de Ignacio de Zuloaga e José Aguilar.

A estética franquista nasceu principalmente nos monumentos enormes, nos eventos de massa e nos cartazes produzidos às toneladas, com cartuns como *Flecha*, as capas da revista falangista *Vértice* e, no cinema, o noticiário *No-Do*, controlado pelo estado. Como seus aliados fascistas e nazistas, especialistas em psicologia de massa, Franco viu o evento público dirigido como algo poderosamente ritualista, opressivo e aglutinador. Como os desfiles de vitória ou as missas votivas. No final de 1939, o desfile da vitória da Espanha com a missa realizada em Madri repercutiram ainda mais devido à presença do galhardete que pertenceu a dom Juan de Astúrias e foi retirado da nau-capitânia dele na batalha de Lepanto, a famosa vitória da Santa Liga contra os sarracenos, na qual Cervantes perdeu um braço. Junto com esse tocante lembrete do glorioso passado da Espanha estava o Cristo de Lepanto (imagem que foi confiscada por pouco tempo dos catalães derrotados), além do estandarte do príncipe mouro Mamolin, supostamente um troféu durante a reconquista, após a vitória cristã na batalha decisiva de Las Navas de Tolosa, nos idos de 1212. Assim que o hino religioso *Te Deum laudamus* soou na igreja em Madri, fez supor, por associação de ideias, que a cruzada cristã de Franco era o equivalente moderno das gloriosas conquistas dos reis católicos Ferdinando e Isabel, que expulsaram os mouros. Ou, talvez, o correspondente à poderosa aliança no século XIII de Alfonso VIII de Castela com o papa Inocêncio II e Rodrigues Ximenez de Rada, arcebispo de Toledo, que possibilitou a vitória em Las Navas de Tolosa. Da mesma forma que Picasso havia pesquisado a história da arte para lembrar um fato inglório, Franco saqueou as relíquias e os bens históricos da Espanha para coroar sua vitória definitiva. Em pouco tempo, a arte ia dar a Franco outra oportunidade de um golpe retumbante de propaganda.

Uma das grandes acusações falsas espalhadas pelos nacionalistas de Franco durante a Guerra Civil foi que os republicanos venderam bens artísticos da Espanha para comprar armas e financiar a guerra. Então, por que os republicanos enviaram o acervo do Prado para a Suíça e obras dos primitivos catalães para a França? Junto com o ódio profundo dos republicanos pela Igreja, o assassinato de padres e o incêndio de igrejas (e de terem reescrito a História com cuidado e atenção), isso era totalmente plausível. Afinal, para onde foram todas as reservas de ouro que ficavam no porão do Banco de Espanha? Foram para Moscou, sem possibilidade de voltar. Em 1940, Franco negociou secretamente com o marechal Pétain a volta de muitos tesouros artísticos que os republicanos tinham mantido em segurança. Quando Franco foi reconhecido oficialmente como governante legítimo, houve um corolário adicional, isto é, o reconhecimento de que os tesouros artísticos pertenciam ao Estado espanhol.

Franco deu um golpe de mestre. Conseguiu liberar as obras das mãos cúpidas de exilados republicanos desonestos que ainda agiam na França para tirar os maiores tesouros da Espanha, sempre coligados com a conspiração internacional judaico-maçônica. Conseguiu também trazer para o país o maior de todos os tesouros, que esteve perdido por gerações: *A dama de Elche*.[5] Acredita-se que esse extraordinário e majestoso busto encontrado em 1897, em Elche, perto de Alicante, seja de uma antiga rainha ibérica ou nobre poderosa. Ele foi vendido à França e era exibido com destaque no Louvre. Sua antiguidade (data de 500 a.C. e, portanto, da era pré-romana), além de seu requinte e perfeito estado de conservação, faziam dele um objeto cultural como nenhum outro. Conforme a genealogia dos reis espanhóis, supõe-se que a imagem provém da cultura Ur, antes de a Ibéria sofrer interferência estrangeira, isto é, de romanos, visigodos arianos, hordas islâmicas até finalmente os reis das dinastias Habsburgo e Bourbon. A *dama de Elche*, com seu olhar enigmático e estoicismo, deve ter agradado a Franco, que sempre se orgulhou de conseguir ocultar as emoções atrás de uma máscara fria e impassível. A imagem é dominante e calmamente decidida. Além desse busto, os retratos do século XV dos reis católicos Ferdinando e Isabel, ornados de seus símbolos do jugo e das flechas, eram ótimos para incentivar a visão histórica de Franco de que a grandeza da Espanha imperial tinha uma longa e nobre tradição, tradição essa que foi jogada fora pelos políticos liberais do século XIX e sua patética galeria de reis e rainhas corruptos e decadentes.

Quanto à *Dama de Elche*, claro que Franco tomou muito cuidado para não dizer que a negociação com a França tinha um preço. Em 7 de dezembro de 1940, ele recebeu François Piétri, novo embaixador da Vichy de Pétain, e respondeu às cortesias do diplomata com frio desdém: "A amizade não pode existir sem justiça e há injustiças demais a reparar para que esta amizade possa ser verdadeira." Franco queria dizer que, como amigo dos poderes do Eixo, estava na hora de ser recompensado com Gibraltar.[6] A volta da *Dama de Elche* e de outros tesouros foi um acerto para não mostrar que Hitler não queria ceder nada.

Durante toda a ditadura de Franco, era óbvio que a crítica a Picasso tinha de ser adaptada ao que a censura permitia. Logo após a Guerra Civil, com a lembrança do envolvimento de Picasso ainda na lembrança do público, não é de estranhar que houvesse pouca ou quase nenhuma reação positiva à sua obra. Nem é preciso falar na impossibilidade de qualquer de suas criações ser vista na Espanha. A primeira reportagem pós-guerra sobre a obra dele foi feita pelo correspondente do *Jornada* em Londres, na edição de 5 de janeiro de 1946, e indica bem o tom das futuras críticas. O jornalista escolheu fatos que ridicularizavam a obra de Picasso na sua exposição com Matisse no Victoria and Albert Museum. A sra. Michael Joseph, filha do famoso pré-rafaelita Holman Hunt, declarou: "A arte se inspira na imaginação. Mas como alguém vai se inspirar num nu grotesco ou numa mulher com três olhos?"⁷ Encantado, o jornalista relatou então a desinibida reação de uma menina de seis anos a um dos nus de Picasso: "Este é um hipopótamo deitado na cama", disse ela, parecendo achar muita graça.⁸ A seção de cartas do *Times* mostrava a indignação de um leitor: "Felizmente, a natureza tem poucas figuras com meia-cabeça ou três olhos; se queremos ver monstros desse tipo, é melhor ir ao circo. (...) Dizem que estamos assistindo ao fim da pintura. Espero que seja mesmo."⁹ Norman Wilkinson, presidente do ultraconservadora Real Sociedade de Aquarelistas, achou a exposição um insulto à inteligência do público. Já a condessa de Shaftesbury foi mais além e considerou-a um perigo para a juventude inglesa. *Sir* John Coldstream, funcionário aposentado do Serviço Britânico na Índia, foi bem prático: esperava que aquilo pudesse funcionar como vomitório; se aplicado em dose forte, ainda poderia salvar a vulnerável juventude inglesa. O *Jornada* noticiou que a exposição tinha também defensores, mas só de Matisse. "Picasso não nos oferece leite, mas chá com uma dose forte de vodca", disse o sr. Dunlop. A crítica mais forte foi publicada no *Daily Telegraph*. "Quando se pensa que muitas celebridades modernas morreram loucas, quero prevenir nossas crianças que imitar esse tipo de arte pode ter o mesmo efeito pernicioso que Hitler teve sobre a juventude alemã."¹⁰

Dois anos depois, Picasso foi mais uma vez ridicularizado na edição de 12 de setembro de 1948 de *¡Arriba!*, jornal que era porta-voz da Falange e onde Franco publicava seus mais inflamados artigos contra os maçons, sob o pseudônimo de Jakim Boor. Ilustrado com o retrato de Sabartés como fidalgo do século XVI, o artigo tinha por título "Picasso é amigo dele". "Este ovo de óculos, chapéu e gola, com dois narizes é o retrato de dom Jaime Sabartés."¹¹ Pobre Sabartés, lamenta o jornalista, a culpa não era dele, cujo único erro tinha sido ser amigo de Picasso, "o grande inimigo da Espanha".¹² Citando o poeta Damaso Alonso, o jornalista descreve Picasso como um elitista inimigo do povo e ataca seu aparente hermetismo, dizendo "é estéril e egocêntrico ficar escrevendo coisas que apenas uns poucos privilegiados conseguem decifrar, enquanto milhões ficam excluídos".¹³ Ecoando muitas críticas que Picasso recebeu na época nos Estados Unidos, o jornalista continua: "Este pintor, um quase comunista, a serviço da *intelligentsia* dos vermelhos, faz quadros exclusivamente para os comunistas, que também não conseguem entendê-los."[14] Picasso é considerado um esquizofrênico irremediável, cuja arte é "pueril e elefantina".[15] Os insultos seguem até o crítico aconselhar ao artista: "Será que Picasso esqueceu que, para os espanhóis, até a loucura é uma forma de aproximação com Deus?"[16]

A discussão, entretanto, nem sempre se resumiu à troca de insultos. De vez em quando, havia uma luz. A edição de primeiro de junho de 1956 do jornal de direita tradicionalista *ABC* (parte do império da comunicação de Torcuato Luca de Tena) abriu espaço para o distinto historiador da arte José Camon Aznar, editor da refinada revista *Goya* e autor do primeiro estudo sério sobre o cubismo publicado em espanhol. O artigo dele é um exemplo de como escrever sobre *Guernica* sem mencionar uma só vez o nome do quadro. Com o título "O maniqueísmo ibérico de Picasso", o autor percorre o caminho dos elefantes, isto é, mostra o que já se sabia. O texto é ilustrado pelo estudo do cavalo relinchando e decifra a dualidade e ambiguidade moral que são a essência de quase toda a obra de Picasso. "Desde 1935 o artista produz essas obras alucinadas e enormes", escreve Aznar.[17] (E nós, os iniciados, sabemos exatamente a que quadro ele está se referindo.) É nessas telas que a batalha entre o touro com seu "gosto por carnificina" fica lado a lado com o cavalo.[18] E exatamente aí, avisa Aznar, vemos o Picasso maniqueísta a todo vapor, pois esses animais vão se transformando aos poucos, à medida que suas expressões assumem um horrendo aspecto humano. Ainda segundo ele, o terrível sofrimento do cavalo é uma versão animal da clássica escultura *Laocoonte*. E a brutalidade do touro sempre vence. "Que inflamado sangue malaguenho surgiu em Picasso para ele voltar obsessivamente ao touro? Que instintos poderosos dominam seus pincéis para mergulharem nos paroxismos da tourada? O ciclo ibérico está fechado: o touro como religião, o touro como *fiesta*, o touro como condenação. Esta tem sido a essência da Espanha desde a pré-história", diz Aznar.[19] Foi uma brava e corajosa análise que conseguiu passar pelo censor. O fato de ser publicada mostrou que a Espanha, após 15 anos de ditadura, estava mudando aos poucos.

Com a guerra tendo enfim terminado, Franco buscou legitimar-se acima e além de seu papel de mero ditador militar. A Divina Providência o ajudou na cruzada por Deus e pela Espanha mas agora, em tempo de paz, ele tinha de dar um jeito de formar um país de partido único. Buscou apoio da Igreja Católica e dos monarquistas; dos fascistas radicais da Falange e dos velhos militares carlistas reacionários, prometendo a cada um mais poder no futuro, sem marcar uma data. Num pacto de sangue, esses elementos vitoriosos foram unidos sob uma liderança que parecia a de Napoleão na França: com falta de humildade parecida, Franco achava que só devia prestar contas a Deus e à História.[20]

Em 1964, após um quarto de século no poder, ele leu sua mensagem de fim de ano que parecia um boletim escolar de congratulações. "Governamos por este longo período adaptando nossas ideias aos tempos em que vivemos."[21] Estava certo: o pragmatismo sempre foi uma das características do governo dele, que jogava um grupo de simpatizantes contra outro e conseguia se colocar de mediador. Aceitava todos os elogios quando as coisas iam bem, e culpava logo os ministros quando as coisas iam mal. Depois da Segunda Guerra, para desgosto de Hitler, ele conseguiu manter a Espanha neutra e passar por uma fase que os historiadores consideram de catolicismo-nacionalista, em que a economia e a cultura eram as ideologias principais. Mas a tentativa de autossuficiência econômica e cultural, causada pelo medo e insegurança em relação ao mundo externo, foi desastrosa. Em 1930, a renda média *per capita* era de 789 dólares; em 1950, passou a lamentáveis 694 dólares. A agricultura teve queda de produção que se somou ao colapso na produção industrial, que só voltou aos níveis de pré-guerra em 1950. Como consequência, houve altíssimos índices de desnutrição e pobreza, maiores do que em muitos países latino-americanos. Atrás da fachada cuidadosamente preservada de um Estado totalitário, havia uma crescente inquietação. Os próprios simpatizantes percebiam cada vez mais que *El Caudillo* estava se distanciando. Alguns repetiam o general Kindelan, que achava que o ditador tinha enlouquecido por causa do poder[22] e descreveu-o numa carta para o rei exilado como "doente, devido à rápida ascensão para alturas tão imensas, somada à falta de cultura".[23]

No início dos anos 1950, a situação estava prestes a melhorar. Uma das principais causas da mudança era a reintegração gradual da Espanha na comunidade internacional, culminando com a entrada na ONU em 1956, o que levou a um empréstimo de baixo custo dos Estados Unidos e crescimento no investimento interno. Como compensação por aceitar bases americanas em Torrejon, El Copero, Morón de la Frontera, Sanjurjo, Reus e Rota e pelo apoio à Guerra Fria, a Espanha recebeu 146 milhões de dólares entre 1953 e 1957. Era uma boa quantia, embora menor do que receberam Turquia, Grécia, Iugoslávia e Brasil. O ano de 1956 mostrou também o primeiro sinal de rebelião interna. As primeiras lutas foram entre a velha-guarda da Falange revolucionária e as tendências liberais dos novos padres da Opus Dei, uma organização secreta que achava compatível a profunda religiosidade e o sucesso mundano.

Depois da morte do brilhante crítico José Ortega y Gasset, o *campus* da Universidade de Madri foi palco de forças da razão e da reação lutando pelo futuro do país. Em 9 de fevereiro de 1956, após os distúrbios com a morte do estudante Miguel Álvarez, foram tomadas medidas de emergência. A universidade foi fechada, os alunos suspeitos foram presos e no dia seguinte o ministro da Educação, o "liberal" Ruiz Giménez, "renunciou". Numa reação de reflexo, foi substituído pelo leal falangista Jesus Rubio na Educação e José Luis de Arrese, como ministro-secretário geral do movimento. A crise teve solução rápida e tendência direitista, além de mostrar os espasmos mortais da reacionária Falange. Quase imediatamente, os tecnocratas da Opus Dei convenceram Franco que a modernização era fundamental para a sobrevivência do governo. Em fevereiro de 1957, o gabinete foi alterado e a Falange ficou bastante enfraquecida. Chegou o sangue novo dos economistas da Opus Dei, os "aberturistas", isto é, aqueles que queriam abertura: Mariano Navarro Rubio, Alberto Ullastres e Laureano Lópes Rodo, um trio para fazer a reforma e modernizar a administração. Para o *lobby* anti-Franco, tanto dentro quanto fora da Espanha, os anos de confusão estavam terminando aos poucos.

Acatando a vontade dos novos ministros, Franco teve de aceitar um pacote de incômoda austeridade, com a humilhante mas necessária desvalorização da moeda além de uma impopular onda de congelamento de salários, redução radical na dívida e abertura do mercado. Apesar desses progressos para a integração europeia, Franco continuou anacronicamente belicoso, dizendo-se então o "sentinela do Oeste", derradeiro guardião da liberdade contra o perigoso veneno do comunismo. Na tão aguardada inauguração do Vale dos Mortos, em 1959, ele fez um discurso no qual ficou óbvio que a reconciliação com o inimigo continuava sendo a última coisa a passar pela cabeça dele. "Aqueles que eram contra a Espanha foram atacados e derrotados, mas não morreram. De vez em quando, levantam a cabeça lá fora."[24] Mas o touro de *Guernica* não estava prestes a abaixar a cabeça. Retórico, Franco perguntou então: "Quais são os inimigos da Espanha?" A resposta, num estilo quase bíblico, foi: "Os inimigos são sete: liberalismo, democracia, judaísmo, maçonaria, capitalismo, marxismo e separatismo."[25] Era provável que Franco incluísse Picasso em todos os itens de seu discurso inflamado. Mas era também óbvio que ele começava a delegar mais poderes pois, como figura mais importante e pai do povo, podia deixar a administração diária por conta dos ministros. E um dos efeitos imediatos das reformas lideradas pela Opus Dei foi um rápido crescimento da economia na década de 1960 a uma média anual de 7%, logo atrás do Japão.

O milagre econômico espanhol tinha chegado, finalmente. Para os que preveniam contra o excesso de liberalismo, o bem-estar econômico teve um preço alto demais. O turismo trouxe novas ideias. A sociedade espanhola, segundo afirmava a direita reacionária, estava perdendo rapidamente seu ardor cruzado católico e, mais cedo ou mais tarde, seria atacada pelos sete inimigos da Espanha. Mais uma vez, um dos mais acurados termômetros da tolerância na Espanha foi a imprensa e a reação pública a Picasso.

Em 1960, foi inaugurada uma exposição de Picasso na sala Gaspar, em Barcelona, que teve atenção razoável da imprensa. Desde 1956 os irmãos Joan e Miguel Gaspar, ao lado do editor Gustavo Gili, foram os primeiros a promover a obra do artista. Em 1956, mostraram litografias; em 1957, uma coleção de desenhos, óleos e gravuras; em 1958, a série *Tauromaquia*, baseada nos feitos do importante toureiro Pepe Illo. E, em 1959, mostraram 59 linogravuras que davam a ilusão de serem simples. Mas essas exposições foram quase totalmente ignoradas pela imprensa. Em 23 de julho de 1960, Maria Dolors Orriols escreveu na revista *Gran Via* sobre a exposição na Gaspar de 45 linogravuras de Picasso e teve licença do censor para afirmar que "na França, na Inglaterra e em outros países, a obra de Picasso é exibida com frequência, não só as gravuras. Tais eventos culturais recebem a atenção merecida e os críticos se manifestam, não se calam, sem dar atenção".[26] No mesmo dia, em *Destino*, o jornalista Tristán La Rosa informou do enorme sucesso da exposição de Picasso na Tate Gallery de Londres e que ficou encantado pelas exibições de *flamenco* e venda de *tapas* às margens do Tâmisa. O jornalista citou a obra de Picasso por ordem cronológica, passou por alto pela década de 1930 como a fase da *Minotauromaquia* e ignorou totalmente a existência de obras relacionadas com *Guernica*.

Na mesma edição, Jorge Marín aplaudiu a magnífica mostra organizada por Roland Penrose e aproveitou para convidar o leitor a admirar uma obra-prima da "época cruel": o quadro *Ossuário*, inspirado nos campos de morte. Segundo o jornalista, esse quadro é o equivalente pictórico do que Lorca buscava na "raiz do grito": a indignação. Nas entrelinhas, estava óbvio que o jornalista queria um reconhecimento maior para o filho pródigo mais prodigioso da Espanha. Foi essa uma das primeiras vezes em que as ambições e aspirações de Barcelona ficaram inseparavelmente ligadas a Picasso: "Barcelona é uma cidade que sempre sonha. Além de sua fama de cidade real, precisa manter e alimentar suas ilusões, e uma dessas ilusões é Picasso."[27] Qualquer catalão de respeito, arrasado sob o jugo de Franco, saberia exatamente a que outras ilusões o jornalista se referia em seu texto apaixonado: da liberdade para falar a língua catalã; de uma democracia que funcionasse; de proteção para a indústria catalã; de controle do orçamento; de receber uma fatia maior no bolo espanhol e até, talvez, de ser uma Catalunha independente. Mas nenhum desses desejos podia ser manifestado publicamente.

Na edição de agosto de 1960, a revista *Gran Via*, de Sempronio, faz uma pesquisa topográfica da ligação afetiva de Picasso na Barcelona da juventude, mostrando seus ateliês e os diversos apartamentos onde morou. Claro que não foram mencionadas suas primeiras ligações anarquistas, nem os tempos boêmios no Els Quatre Gats, nem a brincadeira rude e a libertinagem na Calle d'Avinyon. Mas a revista informa em primeira mão o plano de Sabartés de abrir um Museu Picasso na Calle Montcada.[28]

Em 1959, o Conselho Municipal de Barcelona comprou o decadente mercado do século XV, o palácio Aguilar, situado na Calle Montcada. Bem no centro do bairro medieval da Ribera e muito mal conservado, os irados Amigos da Calle Montcada pressionaram o conselho a proteger aquela área histórica. O prefeito José Maria de Porcioles era um apaixonado incentivador da cidade como atração turística, acreditava muito no poder da cultura para mudar e sentiu que o futuro mais viável para a Calle Montcada era como rua de museus. Ele foi apresentado pelos irmãos Gaspar a Jaime Sabartés e percebeu imediatamente a oportunidade única de recuperar o bairro de Ribera com a melhor arte contemporânea. Esse prefeito era uma figura interessante sob vários aspectos. Preso por integrar o Partido Catalão e pelo envolvimento com os republicanos durante a Guerra Civil, ele misturava uma enorme paixão pela Catalunha e a certeza pragmática de que, no regime Franco, a região seria sempre parte da Espanha. Como prefeito empreendedor, conseguiu iniciar as obras do metrô, restaurar a Feira de Amostras de 1929, que era o elegante centro de exposição situado depois do palácio em Montjuic, e fazer grandes projetos de moradias para abrigar a enorme migração de outras partes da Espanha. Conseguiu também incentivar o turismo e racionalizar o abastecimento de água. Era tão ativo, às vezes tão impaciente para fazer mudanças que as duas torres de água em forma de ovo, que ficavam nas colinas Colserolla, foram apelidadas de "colhões de Porcioles" por causa de seu jeito folgazão e sem papas na língua. Conversando pelo telefone com Picasso em catalão, ele logo fez uma bom relacionamento, incentivou o artista, despertou o interesse dele pelos projetos, fotos e pela maquete do museu que deveria ter o nome dele.

Depois de afastar os arrendatários do palácio Aguilar, o projeto poderia realmente ser iniciado para dar um local adequado para a obra de Picasso. Não era só a coleção de gravuras de Sabartés que seria alojada no palácio, com todas as provas de artista assinadas, mas outras obras que tinham aos poucos se acumulado nas coleções públicas de Barcelona desde que *O arlequim* foi doado, em 1917. Mais do que qualquer outra cidade espanhola, Barcelona sempre teve uma discreta mostra da obra de Picasso e o prefeito tinha absoluta certeza que era hora de atacar. Ainda havia vozes dissonantes na extrema direita, principalmente no jornal *El Cruzado Español*, que não gostou que um notório comunista e corruptor de almas merecesse um museu. Mas o prefeito achava o jornal anacrônico e marginal, sem nada construtivo a declarar.

Em dezembro de 1960, Barcelona pegou a "febre Picasso". Na edição do dia primeiro, o *La Vanguardia* concedeu página inteira para a nova exposição de Picasso na sala Gaspar, com trinta obras inéditas trazidas do ateliê La Californie. Uma semana depois, o *Gran Via* declarou que era tal o entusiasmo pelo artista que Barcelona tinha se tornado "de Picasso",[29] isto é, com Picasso tão associado à cidade quanto Shakespeare a Stratford-upon-Avon e Cervantes a Alcalá de Henares. Em duas páginas, os mais importantes artistas catalães demonstraram sua admiração por Picasso. Juan Vidal Ventosa era um viciado na arte de Picasso e disse que ia diariamente à exposição, como um amante que busca a amada.[30] As filas para entrar na sala Gaspar davam volta no quarteirão. Um inglês admirador de arte, Will Faber, sem saber que Picasso era contra o regime Franco, inocentemente pediu, ingênuo, que ele fosse a Barcelona no Natal, onde seria recebido com uma procissão de reis. Disse ainda que deveriam dar o nome de Picasso a ruas e praças para apressar a inauguração do museu e, se não bastasse, dezembro deveria ser um mês dedicado a Picasso.

Mais comedido e sóbrio, o diretor de Museus, Juan Ainaud de Lasarte, também achava que era hora de abrir o Museu Picasso. E o escultor Subirachs (que depois foi encarregado de terminar uma das fachadas da catedral Sagrada Família, de Gaudí), fez um elogio de dupla face ao dizer que a obra de Picasso era tão popular porque já cheirava a museu.[31] Outras pessoas achavam que o artista deveria receber a Medalha de Ouro da Cidade de Barcelona e ser considerado filho honorário da cidade. Oriol Bohigas, arquiteto que mais tarde participou da renovação da infraestrutura da cidade para as Olimpíadas de 1992, observou que "as enormes filas na sala Gaspar são o primeiro exemplo de comportamento civilizado que vemos aqui em anos".[32] O artista Modesto Cuixart aproveitou o convite do *Gran Via* para criticar a apatia anterior demonstrada pelo povo: "Quem perdeu o trem, perdeu. Por dignidade, não vou dizer mais nada (...) a sala Picasso no Museu de Arte Moderna de Barcelona é uma desgraça completa."[33]

Em outro artigo no *Gran Via*, Cesareo Rodriguez-Aguilera atacou o crítico de arte Eugenio d'Ors por não reconhecer o verdadeiro significado de Picasso. O crítico fundou o influente "Movimento Novecentista", que voltava a um classicismo mediterrâneo e teve nova acolhida no regime Franco. Em 1930, publicou um estudo sobre Pablo Picasso em francês e inglês, fruto da longa amizade com o artista que acabou por desapontá-lo. Picasso não aceitou liderar o Movimento Novecentista que reverenciava o mundo clássico mediterrâneo. Em 1936, com a guerra prestes a explodir, o crítico se despediu do ex-amigo em duas críticas amargas, *Epístola a Picasso* e *Adeus, Pablo Picasso*, contra o artista que o decepcionou.

Mas o artigo do crítico foi mais importante por apresentar *Guernica* ao público pela primeira vez. No mesmo mês, em *Destino*, Juan Perucho ecoou esse artigo dizendo: "Com razão deve haver quem só veja monstros nessa exposição, porque são os monstros da vida e a vida é sobretudo monstruosa.[34] Picasso fez os mais aterradores quadros vivos do nosso tempo."

Uma semana depois, *La Vanguardia* noticiou o novo Museu Picasso. O crítico do jornal, Juan Cortes, destacou logo a elegância do palácio Aguilera, com seu belo estilo gótico e um pátio perfeitamente proporcional que refletia a grandeza da Catalunha na fase em que ela dominou o comércio no Mediterrâneo. O arquiteto da cidade, Joaquín de Ros y de Ramis, encarregado da restauração, ficou grato pela sensibilidade da observação.[35] Em meados de janeiro de 1961, José Maria de Segarra noticiou, outra vez no *La Vanguardia*, um fenômeno inteiramente novo. No anexo do Museu de Arte Contemporânea de Madri, na imponente Biblioteca Nacional, uma exposição de Picasso estava fazendo enorme sucesso, apesar da entrada ser cara — 5 pesetas. O jornalista ficou surpreso, pois não havia nada dramático ou chocante em tamanho ou conteúdo para explicar o que descreveu como "uma fila enorme e variada".[36] Entendia a atração que Picasso tinha sobre Barcelona devido à ligação com a cidade e aos amigos catalães. Mas Madri, sede do governo franquista, sempre teve uma relação complicada com tudo que fosse catalão. "A voz de Picasso sempre foi ouvida em Madri em meio aos ruídos das ruas, como o toque de uma corneta estridente e distante."[37] O artigo foi especialmente interessante pelo que disse não sobre Picasso, mas sobre o público: a recente exposição de Velázquez não teve filas daquele tamanho, notou o jornalista. E, embora a mostra de Dalí tivesse sido popular, foi resultado apenas de esnobismo e propaganda, segundo o mesmo articulista. "Temos de aceitar que o que ocorre em Madri com a exposição de litografias de Picasso é um desses sinais inesperados que se produzem nesses tempos confusos e agitados."[38] O fato que ele mais estranhou foi a quantidade incrível de jovens circulando, de catálogo na mão, estudando as obras com uma devoção "quase doentia." Ao ver uma determinada gravura, um deles respirou fundo, parecia estar chegando ao alto do Himalaia. O jornalista notou o silêncio absoluto, quase reverente: "Um enorme silêncio, como se o Espírito Santo tivesse passado entre as litografias de Picasso."[39] O apelo de Picasso, concluiu, era porque, ao invés de ser escravo da arte, ele tinha conseguido escravizá-la.

Mas havia algo mais a respeito da reação do público que continuava a intrigar o jornalista. "Na Espanha, há muita nostalgia e uma vontade cada vez maior de ver Picasso. É bem possível que, na velhice, ele tenha ficado com um desejo crescente pela Espanha. É tudo muito misterioso; muitos elementos não estão ligados apenas à arte. Há algo de muito dramático e humano nessa devoção por Picasso. O que vi sábado passado na Biblioteca Nacional foi bem mais do que o que chamamos de 'uma demonstração'."[40] Estava cada vez mais evidente que a admiração por Picasso e por *Guernica* tinha se tornado uma forma de demonstrar interesse por ideias contra o sistema estabelecido.

Naquele verão, em *La Vanguardia*, Pedro Voltes mostrou a relação simbólica entre a restauração do palácio Aguilar e a crescente autoconfiança da Catalunha. Durante a restauração do palácio, o arquiteto Ramis descobriu belos exemplos de esculturas em gesso e murais romanescos em perfeito estado de conservação. O avanço do Museu Picasso, na opinião do jornalista, simbolizava a história complicada de Barcelona. Primeiro, no início da Idade Média, a cidade cresceu e foi enriquecendo. Mas, no começo do século XVIII, as coisas mudaram muito e o palácio Aguilar entrou em decadência e foi abandonado. Até a Guerra Civil ir sendo esquecida e a cidade estava a renascer das cinzas como uma fênix.[41]

Durante todo o inverno, o norueguês Carl Nesjar ficou do outro lado da escadaria da catedral gótica de Barcelona, trabalhando em segredo na fachada do novo Colégio de Arquitetos de Barcelona. Era difícil encontrar um lugar mais agitado: nos domingos de manhã, a praça em frente à catedral ficava cheia de dançarinos da *sardana* e oferecia uma visão completa das procissões de cônegos rumo ao palácio episcopal. Pouco antes da obra na fachada do Colégio, Picasso, que havia trabalhado numa encomenda de grandes dimensões para a sede da ONU em Nova York e outra para a sede da empresa aérea SAS, em Copenhague, aceitou logo a oportunidade de reviver a antiga técnica do *esgrafiado* com elementos decorativos entalhados diretamente no gesso. A transposição que Nesjar fez dos desenhos de Picasso era tão secreta que os jornais chegaram a noticiar agressões aos fotógrafos que tentaram registrar o fato. É difícil acreditar que pudessem causar problema aquelas ilustrações quase pueris de Picasso mostrando a tradição catalã de fazer torres humanas, com dezenas de homens equilibrados uns nos ombros dos outros, as famosas Xiquets de Valls, ou a procissão de *gegants*, figuras gigantes feitas de papel machê, que desfilavam no Domingo de Ramos ou os desenhos parecendo cartuns dos dançarinos de *sardana*. Mas o fato é que tais ilustrações causaram problema. Algumas pessoas se sentiram agredidas pela simplicidade pueril dos desenhos. Outras, mais uma vez nas páginas de *El Cruzado Español*, se indignaram porque, bem à vista da autoridade da catedral, a obra do infame comunista olharia todos os dias para o barrete dos padres. No jornal *La Vanguardia*, Juan Cortes foi um pouco mais positivo e garantiu com absoluta certeza que todas as cidades europeias invejariam o que os catalães tinham.[42]

Difícil também é imaginar que o censor oficial pudesse reclamar de imagens tão interessantes e inocentes como aquelas que Picasso fez para

Nesjar passar para as paredes do Colégio de Arquitetos. E, no geral, a decoração recebeu só elogios. Mas a censura de Franco mostrou ser um sistema de controle cultural que era humano demais e, por isso, às vezes falha.

Conforme a política de abertura gradual promovida pelos aberturistas, Luis Buñuel, o *enfant terrible* do cinema espanhol, teve permissão para voltar à Espanha em 1961 com conhecimento do governo, após mais de 20 anos no exílio. Difícil imaginar como se poderia tirar vantagem do autor de duas obras-primas do surrealismo, *Um cão andaluz* e *A idade do ouro*. Ou talvez ele tivesse sido perdoado como velho espião republicano e ateu mais infame, que o chefe de polícia de La Coruña denunciou como morfinômano e alcoólatra.[43] Finalmente, Buñuel ia poder matar a falta (*moriña*, em catalão) da pátria. Totalmente antiburguês e anticlerical, ele tinha amigos e companheiros que também tiveram papel importante na República: foi aluno de medicina de Juan Negrín; por um tempo amigo próximo de García Lorca e Dalí e, dos tempos de estudante em Madri, conhecia Luis Araquistáin, embaixador da Espanha na França, com tanta participação na encomenda de *Guernica*. Seu outro grande filme pré-guerra foi *Terra sem pão*, um doloroso documentário social sobre a parte do país totalmente sem recursos e abandonada, perto da fronteira de Portugal, onde as relações incestuosas, a desnutrição e todas as doenças decorrentes formaram uma cultura quase da Idade da Pedra. Buñuel descreveu a situação como a mais próxima do inferno na Terra. O que a paisagem e a população local não deram em termos de *tremendismo* (choque de valores, em espanhol) ele deu, com seu habitual toque surrealista. Era para fazer uma imagem pessimista da "verdadeira" Espanha, a Espanha Negra, da superstição e muitas vezes da autoflagelação. É de se imaginar que a única esperança do regime Franco era que Buñuel tivesse amadurecido nos anos de exílio.

Em 1961, a linda atriz mexicana Silvia Pinal chamou o cineasta. Seu idoso marido, o empresário Gustavo Alatriste, queria agradá-la patrocinando um filme estrelado por ela. Buñuel gostou da ideia ousada e honesta e aceitou-a. Segundo o biógrafo dele, John Baxter, o filme *Viridiana* "instigou sua imaginação para criar uma fábula obscena e espalhafatosa, cheia de fetichismo e sacrilégio". Talvez a vaidade de Franco, roteirista de *Raça*, pudesse estender sua largueza até Buñuel ou, qualquer que fosse o resultado, que sua política pragmática de manter dois mundos bem divididos, dentro e fora da Espanha, só podia refletir bem num governo que aparentava ser mais moderno do que realmente era. Difícil saber. Mas Franco devia lembrar de outro flerte de um ditador com o cinema, isto é, do condenado patrocínio de Stalin para o filme *Ivã, o Terrível*, de Sergei Eisenstein. Claro que existiam redes de segurança para impedir que isso acontecesse outra vez. O roteiro de Buñuel ainda tinha de passar pelo censor antes de a filmagem começar. O subsecretário de Cinema José Muñoz Fontan deu poucas sugestões, intimidado talvez pela fama de Buñuel com sua aparente gentileza e conveniente olhar de arrependido. Mas sugeriu que o cineasta cortasse a cena em que a protagonista é estuprada por um mendigo. No mais, estava tudo certo. Buñuel se esforçou para obter exatamente o efeito adequado contratando um mendigo bêbado cuja primeira contribuição ao cinema foi causar um "apagão" no *set* por urinar no sistema elétrico.

A filmagem levou seis semanas. Embora o cineasta garantisse que jamais pensou que o filme fosse escandalizar, tomou o cuidado de enviar uma cópia para o exterior, escondida entre as capas de um grupo de toureiros. Depois, voltou para Paris e aguardou notícias da exibição do filme em Cannes, onde ganhou a Palma de Ouro e mais um prêmio secundário pelo humor negro. Sem ter visto o filme na Espanha nem em Cannes, o subsecretário dirigiu-se ao palco, orgulhoso, para receber o prêmio em nome de Buñuel e da Espanha. E o cineasta ficou ao mesmo tempo pasmo e encantado com a tolice do funcionário. No filme, o cineasta dá largas ao fetichismo que tinha em relação a pés e ao prazer evidente com que a atriz tira as meias, aumentando o erotismo quando contrastado com a urbanidade suave e distanciada do ator Fernando Rey. A cena central faz uma bela graça com a *Última ceia*, de Da Vinci, num verdadeiro banquete de mendigos — talvez não fosse essa a Madri que o governo queria mostrar ao mundo. No dia seguinte à premiação, estourou o escândalo com o Vaticano protestando contra o conteúdo "sacrílego e blasfemo" do filme. E quando o subsecretário Fontan finalmente assistiu ao filme, percebeu que Buñuel não tinha acatado nenhuma das sugestões que fez. Foi o último filme a que assistiu no exercício do cargo.[44] *Viridiana* foi proibido na Espanha e a fama de Buñuel como *agent provocateur* nunca foi tão grande.

Atravessar a fronteira para a França para assistir a *Viridiana* e comprar um cartaz de *Guernica* tinha se tornado um gesto muito simbólico. Nos anos de "resistência silenciosa", as duas obras se transformaram em fortes ícones da cultura, demonstrando por código a repulsa de seus consumidores pelos valores anacrônicos do governo Franco. Na Itália, Buñuel foi condenado a um ano de prisão *in absentia*; a Bélgica e a Suíça se escandalizaram com o filme, o que só aumentou a fama do diretor e, naturalmente, a emoção a ser compartilhada. Mais tarde, *Viridiana* e *Guernica* ficariam ao lado de outros produtos culturais: *O último tango em Paris,* de Bertolucci (1972), o icônico cartaz em vermelho e preto de Che Guevara, uma foto de Joan Baez, um exemplar da *Playboy* e de *A Guerra Civil Espanhola*, de Hugh Thomas, todos embrulhados em papel pardo. Símbolos mais práticos de rebeldia eram cortar os cabelos à moda Beatles, usar minissaia, pacotes de preservativos, todos representando liberdade e abertura para o mundo. Agências de Barcelona ofereciam viagens de carro a Perpignan, Biarritz e Bayonne que incluíam assistir a esses filmes proibidos. A revista *Time* relatou, espantada, que *O último tango em Paris* foi visto em Perpignan por 110 mil espectadores, enquanto a cidade tinha apenas 100 mil habitantes.

De repente, o interior de muitas casas espanholas mudou. O domínio que Franco exercia sobre aquele espaço sagrado onde a mulher era a rainha teve, inevitavelmente, de diminuir. Foram abolidas as *estampas* da Virgem Maria ou do santo padroeiro da família dependuradas na entrada da casa, por cima da grade redonda que funcionava como uma espécie de ventilação e trazia os cheiros da comida do vizinho. Abolidas também foram as fotos de Franco e Primo de Rivera e as reproduções do quadro de Zuloaga que mostravam o dinâmico e sempre jovem generalíssimo Franco enrolado em uma bandeira. E a *Última ceia*, de Da Vinci, sempre pendurada acima da mesa de jantar, também foi retirada sem cerimônia depois que Buñuel colocou essa imagem em *Viridiana*. No lugar dela entrou *Guernica*, um símbolo do passado que agora significava esperança no futuro e nas liberdades que viriam; um silencioso lembrete de que a História ainda não estava totalmente acabada. Para Juan Cruz, editor de arte do jornal *El País*, era "o resgate de um tempo perdido". As folhas raquíticas, quase sumidas, que estavam no fundo do quadro pareciam começar a germinar. Muitos viram *Guernica* pela primeira vez reproduzida dentro de casa, o lendário quadro tão censurado e tão escondido dos olhos do público. Mas não era só na Espanha: a tela foi inspiração na Londres dos agitados anos 1960 e nos Estados Unidos de Elvis e Hollywood, por exemplo, e na cultura vital dos exilados espanhóis. E agora estava disponível na própria Espanha.

Na edição do *La Vanguardia* de quarta-feira, 6 de março de 1963, Juan Cortes considerou Picasso como o maior talento da época, três dias antes da esperada inauguração do Museu Picasso. Esse elogio foi uma prova do aparente relaxamento da censura. A orgia de formas de Picasso, destacou o crítico, era de tirar o fôlego. Sem Picasso, era impossível entender o século XX. Ele era um gênio universal.[45]

Mas o crítico e o jornal interpretaram mal os sinais de relaxamento da censura. Ao mesmo tempo que ela parecia diminuir, a natureza caprichosa e odiosa do regime voltou à carga. Anos depois, o prefeito Porcioles negou que o ministro Camilo Alonso Vega tivesse pressionado as autoridades barcelonesas numa mudança de última hora a evitarem dizer que o Museu Picasso tinha sido um generoso presente de Sabartés. Mas as evidências no mesmo jornal provam o contrário e mostram que o regime de Franco tinha finalmente percebido o efeito que um Museu Picasso poderia ter. Não registrou a inauguração do museu, ou foi proibido de registrar, e no dia seguinte, domingo, 10 de março de 1963, o assunto mereceu um mero quarto de página. Parecia não ter sobrado nada dos gloriosos elogios de Cortes na semana anterior. Os censores retiraram a página de cultura e de notícias nacionais para publicar temas mais prementes e assim mereceu espaço a notícia de um pintor desconhecido de Múrcia que esqueceu num trem alguns de seus quadros. Foram notícia também as obras no arquivo da pequena cidade catalã de Montblanch e a volta triunfal para Madri do Orfeó Català, a companhia de ópera catalã. E o assunto de capa foi a reabilitação e homenagem a dom Ramón Menéndez Pidal, 94 anos, distinto historiador e presidente da Real Academia Espanhola da Língua, que havia sido humilhado pelo regime, apesar de ter recuperado o mito de El Cid quase sozinho. Dom Manuel Aznar, que foi jornalista e embaixador no Marrocos, também era homenageado quase todos os dias, às vezes com uma página inteira no jornal. O importante para Franco e o poder controlador do regime era o reconhecimento cínico de que havia uma enorme diferença entre o que podia ser dito, visto ou homenageado dentro e fora da Espanha. Não costumava haver muita lógica ou razão para um livro poder ser lançado enquanto outro era proibido. O estudo de Camon Aznar sobre o cubismo de Picasso podia ser comprado na Espanha, enquanto a muito menos controversa *Bibliografia crítica e antológica de Picasso* de Nuno Gaya só encontrou editor na gráfica da Universidade de Porto Rico. Em 1955, a sétima edição de *Goya*, de Julián Gallego, tinha um artigo com entusiásticas referências ao artista em *Paris e Picasso*, mas foi excluído do livro, para desgosto do autor.[46] Em 1959, a biografia de Picasso em espanhol, de autoria de Roland Penrose e para constrangimento dele, foi publicada pelas Edições Cid de Madri com todas as referências a Franco e à Guerra Civil Espanhola retiradas.[47] Estranhamente, *Sonho e mentira* continuou ilustrando o texto. Em 7 de dezembro de 1959, Penrose escreveu se desculpando com Picasso. Às vezes, a jogada era mais sutil. As consequências das maquinações quase surrealistas e do comportamento jesuítico dos censores foi que Picasso e seu museu ficaram mais uma vez invisíveis, sufocados sob o pano da censura. Quarenta anos depois, o crítico de arte Lluís Permanyer ainda lembrava com amargura do efeito causado pelo censor numa de suas primeiras reportagens. Ele havia ido a Provença, onde conseguiu uma rara entrevista com Picasso, programada para sair junto com a inauguração do Museu. Depois de mandar o texto para aprovação, ele aguardou mais de um mês, porém a entrevista ficou perdida entre os papéis do censor.[48]

Em 19 de março de 1963, *La Vanguardia* noticiou a visita a Zamora de dom Manuel Fraga Iribarne, ministro do Turismo e Propaganda, na qual ele destacava a importância do turismo para a Espanha em termos de economia. Mas igualmente importante, observou o ministro, era o turismo promover a compreensão mútua e ser uma arma na batalha contra a propaganda estrangeira. Parecia não haver contradição no fato de, no mesmo dia o Museu Picasso, reaparecer pela primeira vez, em letras miúdas no final da página de museus sob o título *Doação Sabartés de Picasso*, sem maiores informações além do horário de funcionamento e do endereço. Mas, àquela altura, *Guernica* já estava sendo dependurada na parede de cada vez mais casas e escritórios.

Notas

1. Lafuente, I., *Esclavos por la pátria* (Madri: Temas de Hoy, 2002).
2. Crawford, L., revista *Financial Times*, 5 de julho de 2003, p. 22 a 27.
3. Gracía García, J. e Ruiz Carnicer, M., *La España de Franco (1939-1975) – Cultura y vida cotidiana* (Madri: Editorial Sintesis, 2001).
4. Ibidem.
5. Reuben Holo, S., *Behind the Prado* (Liverpool: Liverpool University Press, 1999).
6. Preston, P., *Franco*, p. 414.
7. *Jornada*, 5 de janeiro de 1946.
8. Ibidem.
9. Ibidem.
10. Ibidem.
11. *Arriba!*, 12 de setembro de 1948.
12. Ibidem.
13. Ibidem.
14. Ibidem.
15. Ibidem.
16. Ibidem.
17. *ABC*, 1º de junho de 1956.
18. Ibidem.
19. Ibidem.
20. Moradiellos, E., *La España de Franco – Política y sociedad* (Madri: Editorial Sintesis, 2000), p. 15.
21. Preston, P., *Franco*.
22. Ibidem.
23. Ibidem. p. 572.
24. Ibidem. p. 679.
25. Ibidem.
26. *Gran Via*, 23 de julho de 1960.
27. *Destino*, 23 de julho de 1960.
28. *Gran Via*, agosto de 1960 (n. 452).

29. *Gran Via*, dezembro de 1960 (n. 452)
30. Ibidem.
31. Ibidem.
32. Ibidem.
33. Ibidem.
34. *Destino*, 17 de dezembro de 1960.
35. *La Vanguardia*, 29 de dezembro de 1960.
36. *La Vanguardia*, 19 de janeiro de 1961.
37. Ibidem.
38. Ibidem.
39. Ibidem.
40. Ibidem.
41. *La Vanguardia*, 11 de agosto de 1961.
42. *La Vanguardia*, 3 de maio de 1962.
43. Crusells, M., *La guerra civil espanõla: cine y propaganda* (Barcelona: Ariel, 2000).
44. Só 15 anos depois, no sábado de Páscoa de 1977, *Viridiana* estrearia na Espanha sob o governo do sucessor de Franco, o primeiro-ministro Adolfo Suarez.
45. *La Vanguardia*, 6 de março de 1963.
46. Martin Martin, F., p. 12.
47. RPA 589.
48. Entrevista com o autor, outubro de 2002.

9

Operação retorno

> Franco foi meu verdadeiro e tirânico pai. Minha mãe foi morta pelas bombas que ele jogou, minha família foi destruída e ele me obrigou a ser um exilado. Tudo o que criei foi consequência da Guerra Civil.
>
> Juan Goytisolo

SEIS ANOS ANTES DA INAUGURAÇÃO da Doação Sabartés de Picasso em Barcelona, o artista conseguiu uma grande reaproximação com sua herança espanhola e seu complexo passado. Em 17 de agosto de 1957, ele subiu a escada até a cobertura deserta da *villa* La Californie, em Cannes, e começou a pintar, por um período de quatro meses, uma série de 45 quadros e mais algumas dúzias de trabalhos relacionados recriando a obra-prima de Velázquez, *As meninas*. Nenhuma das obras era cópia mas, na essência, apropriações e dissecções desse enigmático quadro. A explosão de energia criativa e o enfoque numa obra específica só podem ter sentido se comparados com os esforços anteriores de Picasso com o tema de *Guernica*. Por trás dela estão os primeiros ensaios sobre o tema ateliê do artista, do qual *As meninas* foi o exemplo perfeito. Como diretor do Museu do Prado no governo republicano no exílio (cargo ao qual, aliás, jamais renunciou), ele era de certa forma como Velázquez e, antes, Goya, guardião do acervo real e da herança visual do país. Mas lá no sul da França, no verão de 1957, ele entrou numa aventura visual que foi bem mais além do que meramente pintar um quadro, refazer e desfazer uma imagem anterior. Suas 45 variações, embora tenham por base a obra de Velázquez, eram uma ousada afirmação da própria identidade. Escreveu Susan Grace Galassi: "Em suas variações, o processo criativo e o histórico se encontram e Picasso faz História ao fazer arte."[1]

Há mais, porém. Nada podia ser mais simbólico da ligação de Picasso com a Espanha e sua poderosa reafirmação de que o país e a alma espanhola eram a essência dele. Aos 75 anos, mesma idade em que o pai morreu, sua natureza profundamente supersticiosa se refletia num quadro que ele viu pela primeira vez quando adolescente, ao lado do pai. A torrente de imagens que fez a seguir e que o deixaram completamente exaurido representava nada menos que uma volta para casa e um balanço. As variações de *As meninas* eram uma forma de se inserir na história da Espanha e afirmar que, apesar dos 21 anos de exílio, ele ainda era o farol do verdadeiro Estado espanhol. Em 1946, numa discussão acalorada com *monsieur* Cuttoli sobre doação de obras para o Museu de Antibes e uma provável cidadania francesa, Picasso foi claro e reagiu irritado ao que considerava uma sugestão impertinente de Cuttoli: "Quanto à sua ideia de mudar de nacionalidade, eu represento a Espanha no exílio. Tenho certeza que Françoise também não aprovaria.[2] Penso que ela entende que, na minha escala de valores, ela e nosso filho estão depois da Espanha Republicana." A culpa por não ter conseguido a cidadania francesa em 1940 parecia só aumentar a indignação dele. Ele também recusou o passaporte espanhol, já que isso significaria lidar diretamente com a Espanha de Franco e a inconveniência suplementar de ter de viajar com um mero visto de "residente privilegiado" que tinha o mesmo status de uma *carte de séjour*.

No final dos anos 1950, quando já estava com quase 80 anos, a vida cotidiana de Picasso tinha se tornado cada vez mais tranquila, escondida e isolada, presa, como alguns de seus amigos mais antigos; e seus netos mais tarde iriam pensar, por Jacqueline e pelo peso insuportável da fama. Foi Marina quem sentiu mais o tratamento sufocante, vicário e às vezes abertamente vicioso da família pelo próprio avô e tornaria públicos seus sentimentos comoventes de vergonha e rejeição no livro *Meu avô*, lançado em 2001.

Marina enfocou o livro apenas no sofrimento da família dela devido à mudança gradual na vida pessoal de Picasso. Como a série *As meninas* mostrou de forma tão comovente, o artista estava mais uma vez pensando na terra natal e, como tantos octogenários, ansioso em relação ao futuro e nostálgico do passado. Se a Espanha era a terra dele, *Guernica* e Franco eram a garantia de que ele jamais poderia voltar para lá. Na década de 1950, o biógrafo e amigo John Richardson, lembrou de uma ida de carro à cidade de fronteira de Cerbere, onde Picasso se afastou em silêncio do grupo que estava no terraço de um café para olhar o país dele durante dez minutos e depois voltar para a companhia irritado, mais frio e visivelmente mais velho.

Picasso queria na época formar um enclave, um mundinho espanhol para criar o que Roberto Otero chamou de "a última tertúlia".[3] O mundinho de Picasso, isto é, seu grupo de espanhóis no exílio, ecoava o grupo de Goya com seus *afrancasados ilustrados* (afrancesados ilustres) que, 130 anos antes, se instalou em Bordeaux para fugir da tirania intelectual da Inquisição e da decadente corte de Fernando VII. Durante toda a vida Picasso (como antes o pai, dom José) frequentou o Café de Chinitas, em Málaga, e apreciou o ambiente quase exclusivamente masculino da *tertúlia*, uma reunião bem espanhola, em cafés e bares, e em geral boêmia, de pessoas com ideias parecidas. Foi no lendário café Els Quatre Gats, em Barcelona, que Picasso encontrou sua segunda casa aos 17 anos; depois, aos vinte e poucos anos, seriam os bares de Montmartre e a seguir os endereços mais seletos, em Montparnasse. Mas a Segunda Guerra mudou tudo. E a vida pessoal de Picasso também: depois de Marie-Thérèse, veio Olga, depois Dora, Françoise e, finalmente, Jacqueline, que seria a última mulher, que se tornou o foco e a guardiã dele.

De todas, apenas Dora podia conversar com ele em espanhol, mas nem ela entendia quando escorregava para o forte sotaque catalão a desencavar memórias do século anterior. É verdade que Picasso sempre quis e precisou de amigos espanhóis, porém eles quase sempre ficaram de fora do sofisticado mundo parisiense que Olga tanto apreciava: o mundo de Diaghilev, Étienne de Beaumont, do visconde Noailles e do poeta Cocteau. Mas o grupo tinha também sul-americanos como o pintor Manolo Ortiz de

Zárate, o poeta Vicente Huidobro e a influente colecionadora chilena Eugenia Errázuriz, que assumiu o lugar de Gertrude Stein e conseguiu acalmar Olga, ao mesmo tempo que mantinha Picasso em contato com as ginásticas surrealistas de sua língua catalã. Com os anos, Picasso aprendeu a levar uma vida dupla, onde o universo intelectual da Espanha e da França ficavam discretamente separados. Na Rue de la Boëtie, Olga morava no elegante apartamento, enquanto no ateliê do andar de cima Picasso recebia seus amigos espanhóis: Joan Miró, Pere Pruna, artista catalão e cenógrafo de ópera que depois exporia no Pavilhão Francês de Eugenio d'Ors, na Bienal de Veneza de 1938. Havia também os escultores Julio González e Apelles Fenosa e muitos outros *picasseños* (termo inventado por Alejo Carpentier, em 1931), como Luis Fernández, Joaquín Peinado e o amigo e colaborador de García Lorca, Manuel Ángeles Ortiz e o pintor madrilenho Francisco Bores, entre muitos outros. Picasso e Olga tinham gostos diferentes e opostos em quase tudo. Olga gostava de caviar servido delicadamente em torradinhas quentes (as chamadas torradas *melba*), enquanto Picasso adorava uma simples tigela de barro com *chorizo* e feijões. Na porta do ateliê, segundo o biógrafo John Richardson, ele colocou um aviso em francês para quaisquer intrusos de outro mundo: *Não sou um cavalheiro*.

No final dos anos 1950 e início dos 1960, mais uma vez na *villa* La Californie e depois em Notre-Dame-de-Vie, os velhos mundos de vários amigos espanhóis de Picasso voltaram a se reunir. Havia, claro, Sabartés, e também alguns exilados de guerra, como o poeta Rafael Alberti, que tinha se mudado de Buenos Aires para Roma, e seu amigo de infância Manuel Pallarès, de Horta de Ebro. Outra presença constante era Eugenio Arias, cabeleireiro e companheiro comunista. Pode-se ter uma encantadora ideia do mundo fechado deles indo ao Museu Picasso na pequena cidade cruzada de Buitrago de Lozoya, ao norte de Madri. Da Catalunha, o sempre bem vindo editor Gustavo Gili, assim como os irmãos Gaspar, Joan e Miguel, e o biógrafo de Picasso, Josep Palau I Fabre. José Ortega, pintor de La Mancha, membro do Comitê Central do Partido Comunista espanhol e preso duas vezes pelo regime de Franco, aparecia sempre, escondido sob o *nom de guerre* de Juan. Da geração mais jovem, os visitantes bem-vindos eram o querido sobrinho Javier Vilato e o jovem vanguardista Antonio Tapies. Sempre presente e pronto a oferecer distração era o guitarrista de flamenco, Manitas de Plata. Aos poucos, a *última tertúlia* ficava com um toque taurino centrado no empresário de touradas Paco Muñoz, os irmãos Minuni das touradas e o famoso *torero* Curro Girón.

Não foi por acaso que, para promover o turismo no início dos anos 1960, o ministro do Turismo e Propaganda, Manuel Fraga Iribarne, criou a frase "*España es diferente*", que exaltava o exotismo do país. Foi talvez uma ironia que a imagem clichê de Carmem e castanholas, tão apreciada pelo machão Hemingway (que ele narraria em *Um verão perigoso*, lançado em 1959 e publicaria em capítulos na revista *Life*), fosse tão próxima do mundo promovido pelo ministro de Franco e, mais ainda, quase inseparável das tertúlias de Picasso na *villa* La Californie.[4] No centro dessa tourada, com a imagem de sangue e violência usada tão apropriadamente em *Guernica*, estavam os dois *matadores* Antonio Ordoñez e Luis Miguel Domínguín. A rivalidade desses dois toureiros, que eram aparentados por casamento, foi imortalizada no livro de Hemingway, que transformou as touradas de Pamplona e a Côte d'Azur em cenários a serem frequentados por Ava Gardner, Orson Welles e que tais. Mas em La Californie e na vizinha Château de Castille, com a presença do colecionador Douglas Cooper e do biógrafo John Richardson, a tertúlia podia relaxar do perigo iminente imortalizado no lamento de García Lorca, *Às cinco da tarde*, bater palmas e dançar o flamenco.[5] Richardson lembrou de uma ocasião quase tão barroca quanto cômica. Picasso conhecia o verdadeiro flamenco quase desde que nasceu e costumava receber a visita do dançarino Antonio e seu guitarrista Manuel Moreno "El Morao", um dos mais puros e autênticos de sua geração.[6] Em Château de Castille ele recebia, com grande deleite, os gestos arrebatados do mestre de Camargo, Manitas de Plata, um engraçado travesti do flamenco que ficava ainda mais engraçado devido à seriedade com que exercia sua arte. Era o mais puro humor negro espanhol. A *cuadrilla* de Dominguín tinha um anão que fazia a dança dos lenços com uma mulher três vezes maior que ele, numa mistura de Velázquez com tourada de mentirinha de Domingo de Páscoa, Torero Bombero, na qual anões com roupas acolchoadas eram derrubados de cadeiras por bezerros lutadores, provocando gritinhos de prazer na multidão uivante de bebês.

Longe da graça e da animação das loucas cenas, havia também momentos mais ternos, porém com a mesma força, que falavam do amor de Picasso pela Espanha. Em junho de 1961, prestes a completar 80 anos, ele fez uma série de desenhos que eram uma espécie de adeus a La Californie. Naquele verão, ele e Jacqueline (que cada vez mais se portava como uma bela e elegante aristocrata ibérica), mudaram-se para a nova *villa* de Notre-Dame-de-Vie, nas colinas de Cannes, perto de Mougins. A atriz de cinema italiano Lucia Bosé, mulher de Dominguín, lembrou que, quando saiam a cada férias, Picasso roubava alguma peça da roupa do afilhado, o bebê Miguel. Era um talismã: ele achava que assim se manteria eternamente jovem mas era também porque tinha o cheiro da Espanha. Picasso colaborou com seu conterrâneo andaluz, o poeta Rafael Alberti, em livros de grande força telúrica como *El entierro del Conde de Orgaz* e *Los Ojos de Picasso*, homenagem do poeta ao amigo. Colaborou também no texto do catálogo da penúltima exposição na Grande Capela Clemente VI, no palácio dos Papas, em Avignon. Cada vez com mais frequência, Picasso pedia a seu motorista que o levasse à fronteira da França com a Espanha para ver o lado espanhol da montanha Pic Canigou.

Havia, ao mesmo tempo, saudade e raiva.[7] No texto do catálogo, intitulado "Picasso no fronte", Alberti pergunta: "Por que, a essa altura, no auge da vida, ele precisa ficar rodeado de espanhóis para criar um povo, um mundo raro de espanhóis velhos, gregos, velazquianos, semíticos, amargos, agressivos, irônicos, trágicos, engraçados, alegres, chorosos, seres da mais triste e mais corajosa Espanha, a melhor e mais surpreendente Espanha, a Espanha dele?" O que ele via ao olhar para um Pic Canigou, de onde Franco o arrancou? Alberti prossegue o ensaio sobre os personagens de Picasso. "Eles são como o retrato da história da Espanha através dos séculos, cheios de espanto, aos trancos e barrancos, salpicados de sangue. Mas certamente rão representam as sombras, a Espanha da lamentação, das teias de aranha e da tortura lenta. Eles são, pelo contrário, protesto, ira, fúria, subversão, a ponta de lança da liberdade."[8]

Era fácil compreender porque *Guernica* era uma fonte de inspiração tão forte para artistas no exílio, que não foram ameaçados imediatamente pela máquina de censura de Franco. O quadro representava e, muitas vezes inspirou diretamente, a cultura do exílio. Para os artistas espanhóis em Paris, impedidos de voltar para sua terra, *Guernica* tinha se transformado num poderoso talismã. Julio González formou uma relação quase simbiótica com Picasso na década de 1930 e continuaria a se inspirar no quadro. Logo após a Guerra Civil e até o final da década de 1940, foi Luis Fernández e o violento Oscar Dominguez criaram uma família de austeras naturezas-mortas cubistas, principalmente em *grisaille*, mostrando touros, caveiras e revólveres. (Dominguez é mais lembrado por socar os olhos de seu colega pintor Victor Brauner numa rixa de bêbados e cair em desgraça com Picasso por imitar sua obra.) Mantendo a aridez e a seca ausência de vida da tradição *vanitas*, Fernández e Dominguez responderam por aquele atributo do quadro que Francisco Calvo Serraller compara ao gênero natureza-morta francês. Junto com o comunista italiano Renato Guttuso (cuja série *O triunfo da guerra* é quase um pastiche), esses dois artistas criaram o que quase se pode considerar uma escola *Guernica*.

Se esse quadro era uma incitação ao protesto e à revolução, passou quieta e silenciosamente para o outro lado da fronteira espanhola ao entrar no inconsciente das pessoas através das reproduções. Da mesma forma que Picasso descobriu *Guernica* nos jornais cinematográficos e nas fotos publicadas pela imprensa, a imagem original voltou para sua plateia espanhola com a rapidez e a clareza da reprodução.

A vanguarda que permaneceu na Espanha na década de 1940 e início da de 1950 teve pouco sucesso dentro do país e ficou quase invisível fora dele. A glória continuava sendo dos pintores da corte de Franco, Ignacio Zuloaga e Carlos Sáenz de Tejada. Às vezes, parecia quase impossível artistas não ligados ao regime vencerem o terrível passado da Guerra Civil e, a longo prazo, o efeito da dispersão no exílio. A espinha dorsal do mundo artístico pré-Guerra Civil tinha sido quebrada e o número de artistas de vanguarda capazes de mostrar criatividade ficou dramaticamente reduzido. Aos poucos, porém, havia sinais de recuperação. Aumentavam os grupos autênticos que, embora criassem de forma a passar pela censura, eram autênticos, honestos e ambiciosos, equilibrando bem a integridade artística e o peso do Estado.

No final da década de 1940, a Escola de Vallecas, de pintores paisagistas centralizados em Benjamin Palencia, trouxe aos poucos um realismo que via o mundo como estava: de *chabolas*, isto é, de cidades cheias de casebres, pobreza e más colheitas nos campos. Logo se juntaram a eles os coletivos de artistas do Salão dos Onze e da Escola de Altamira, que incluía Ángel Ferrant e, com menos frequência, o famoso Joan Miró. Ao fugir dos nazistas, Miró cometeu o erro de ir para a Normandia, onde ficou entre dois frontes. Resolveu então voltar para a Espanha e viveu clandestino em Palma de Mallorca até 1942. Foi uma decisão perigosa, já que ele participou do Pavilhão Republicano da Exposição de Paris, em 1937. Após alguns anos em Barcelona, voltou em segurança para Paris em 1947. Talvez seu estilo abstrato com toda a sua extravagante energia surrealista fosse muito confuso para os censores de Franco conseguirem ver algo revolucionário por trás. Mas, apesar de tudo, Miró provou que ainda era possível manter um resquício de cultura em tempos bárbaros. Foi uma lição valiosa na Espanha.

Em meados dos anos 1950, apesar da repressão e da censura, os artistas da Escola de Vallecas, Altamira e do Salão dos Onze, conseguiram que outros artistas atingissem a "maturidade". De forma modesta e, por força, discreta, eles mantiveram a ligação com tudo o que tinha existido antes.[9] Os jovens artistas da geração seguinte usavam poucas cores, mas esse uso econômico da cor, quase sempre reduzido a um jogo dramático de preto e branco, não perdeu o potencial expressivo. As formas abstratas surgiram logo nas telas de Antonio Saura, Rafael Canogar, Luis Feito e Manuel Millares, que se juntaram em 1957, em Madri, e que eram os principais integrantes do grupo El Paso. As telas rasgadas e costuradas tinham blocos de carvão montados de qualquer jeito. Depois, recebiam pinceladas negras até a tela não conseguir mais absorver tinta. As molduras eram quebradas e entortadas, sufocadas sob materiais diversos, queimadas e retrabalhadas pesadamente. Na superfície, a agressão calculada que primeiro chocava o espectador para depois seduzi-lo, vinha do fato de a arte espanhola não ter quase nada assim até então. Esse novo brutalismo e honestidade em relação ao material era a marca de Manuel Millares e Lucio Muñoz. No começo, essa nova explosão expressiva se baseou muito nas reproduções em preto e branco das obras pioneiras de Pollock, Clyfford Still e Robert Motherwell publicadas nas revistas de arte internacionais. Saura, em particular, conseguiu encontrar os artistas americanos que tinham "sentido" *Guernica* mais profundamente e alguns de seus melhores trabalhos foram reinterpretações e reapropriações da tela. Com sua importante obra hispano-americana *A grande multidão*, de 1963 (que hoje está dois andares acima de *Guernica*, no Centro de Arte Rainha Sofia, em Madri), ele reapropriou com sucesso a dimensão ambiciosa e a linguagem de *Guernica*. Na essência, o ambicioso quadro retrabalhou com veia espanhola o marcante mural de Pollock para Peggy Guggenheim, que, como já vimos, teve sua energia caótica e quase apocalíptica tirada de Picasso. Ao conhecer a obra de segunda mão, Saura ajudou a trazer o espírito de *Guernica* para o país, bem disfarçado, mas revigorado para um novo público pós-guerra.

Um dos ardis da censura de Franco era permitir e, de certa forma, promover o novo estilo abstrato espanhol. Artistas de renome internacional, como Antoni Tapies e Modesto Cuixart, fundaram em 1948 o grupo Dau al Set, com sede em Barcelona. Escultores abstratos como o basco Eduardo Chillida, sem estarem necessariamente comprometidos, tiveram apoio cada vez maior dos críticos e filósofos aliados à Falange e dos ministros de Franco, que acharam sua arte abstrata aparentemente inócua jamais poderia indicar uma dissidência. O auge dessa aparente tolerância foi na Bienal de São Paulo de 1957 e na décima nona Bienal de Veneza, quando os artistas espanhóis sob a ditadura explodiram no cenário internacional. Dessa vez, a política pragmática de "abertura" de Franco não conseguiu revidar, como faria alguns anos depois com Buñuel e, principalmente, no final dos anos 1960, com a própria *Guernica*. Ao usar uma expressão pictórica violenta e selvagem, esses artistas ajudaram a criar uma ilusão de que o regime estava diminuindo a repressão mais rápido do que realmente estava, já que permitia a individualidade e valorizava a autoexpressão.

Para um público que ignorava a longa tradição espanhola de contraclassicismo, nada indicava que a linguagem abstrata desses artistas disfarçava uma vaga crítica ao regime de Franco. À primeira vista, a máscara indiferente de abstração não dava qualquer pista mas, sob a superfície, oculta na escolha de materiais, na forma agressiva, nos cortes e queimados, estava uma rebelião que não era identificada ou entendida de imediato.

Ao escolher materiais simples e se restringir quase só ao preto e ao branco, surgiu um estilo e um gosto que os críticos Tomas Llorens e Francisco Calvo Serraller chamaram de um "*aire de familia*." Pobremente traduzido para o inglês como "*a family of values*" ou "*a feel*",* esse estilo poderia ser descrito como um amor pelo material, um talento para o gestual, o uso de toda a gama de *grisaille* e um forte expressionismo. A palavra espanhola mais usada nesse trabalho é *áspera* que, no caso, tem conotações de amargo, quebradiço, seco e queimado. Mas por trás do gesto ousado, das arrebatadas formas negras e do material torturado e estrangulado surgem os fantasmas e lembranças de outra família, a grande família espanhola de artistas que encontrou sua identidade na História ao rejeitar os cânones da arte clássica.

A imagem de um corpo torcido em espirais sobre uma tela vazia de Antonio Saura a princípio parece dizer pouco. Precariamente presa às bordas superiores da tela, há uma elástica confusão de gestos que parece aos poucos cair e murchar apenas ao peso da gravidade. Como quadro, parece malogrado, com toda a sua energia desperdiçada. Mas esse quadro fez soar o alarme. Cenas de crucificação já haviam sido vistas antes e, na verdade, Picasso gostava delas exatamente porque existiam aos milhões. Mas, no quadro de Saura, era o *Cristo crucificado*, de Velázquez, que estava em algum ponto por trás, com seu tom suave e foco no fato mais importante. Como nas exageradas distorções de El Greco. Talvez o desespero existencialista do estranho retrato feito por Goya, de um cachorro mergulhado até o pescoço num pântano e latindo para a lua, também ecoasse no complexo espaço de Saura. Pensar em Goya traz imediatamente a lembrança

---

*Em português, a tradução literal seria um "ar de família". (*N. da E.*)

de outras imagens dele: o anticlerical *Caprichos*, desenhado em ácido; seu *Caim e Abel*, *Saturno devorando o filho*, *Desastres da guerra* e, finalmente, mas também importante, *Dois* e *Três de maio*, mostrados pela primeira vez num arco triunfal na entrada de Madri, como ousada peça de propaganda para dar boas-vindas ao rei exilado Ferdinando VI no final da guerra da península. Todas essas imagens também estavam por trás de *Guernica* e, claro, todos esses artistas do final dos anos 1950 olhavam e agradeciam a ela quando escolheram as cores que ficavam tão reduzidas e tão firmes nos negros: o negro da Espanha, o negro dos Habsburgo, o negro do desespero, o negro do esquife e o negro do livro de São João da Cruz, *Noite negra da alma*.

Sob o regime de Franco, a vida tinha ficado cada vez mais confusa e complicada. Apesar da rigorosa censura e da lei do medo que sufocava a criatividade, apesar da ausência dos talentos que haviam partido para o exílio, continuava a existir uma cultura diferente e, muitas vezes, crítica. Isso ocorreu até mesmo na literatura, que não podia confiar no subterfúgio de um estilo abstrato. Obras como *La família de Pascual Duarte* (1942), de Camilo José Cela, e *Nada*, de Carmen Laforet (1944), não podiam ser acusadas de mostrar a família ideal tão promovida por Franco e pelo movimento. Não são retratos do mundo aconchegante e obediente da mãe provedora e do patriarca temente a Deus.[10] Esses livros mostram assassinato, prostituição, mercado negro e crimes mesquinhos. É um triste vácuo moral e existencial.

Depois da Guerra Civil, não sobrou espaço para clareza moral e luxo dos absolutos. A cultura era tão complexa quanto a sociedade que retratava. Muitas vezes, era impossível perdoar, mesmo assim era forçosa uma desconfortável convivência, que era o traço principal da vida espanhola desde a invasão dos mouros no ano 711. A cultura teria de ser feita por combatentes da Guerra Civil como Dionísio Ridruejo (que apoiou Franco e depois teve coragem de se retratar) e pelo cineasta Berlanga. O crítico Eugenio d'Os e os escritores Camilo José Cela e Torrente Ballester, comprometidos com a direita, continuaram a produzir uma obra forte.

A indústria cinematográfica estava encontrando um caminho em meio ao impasse. *Viridiana* mostrou de várias maneiras ser um divisor de águas. Em 1962, José María García Escudero foi nomeado diretor-geral de cinematografia pela segunda vez. Nos anos 1950, ele foi acusado por apoiar o filme neorrealista de José Antonio Nieves Conde, *Surcos*, que mereceu a indicação de "Interesse Nacional", apesar de a Igreja considerá-lo "extremamente perigoso". Escudero teve então uma segunda chance. De certa forma, o cenário de mendigos de *Viridiana*, com a cena de estupro de Silvia Pinal era apenas uma revisão surrealista do desespero urbano e de desolação rural dos "anos de fome" mostrados em *Surcos* e em outros filmes do mesmo gênero. O "caso Viridiana" e o segundo mandato de Escudero coincidiram, não por acaso, com o nascimento do Novo Cinema Espanhol.

O primeiro filme espanhol a romper com o passado teve direção de Carlos Saura, irmão do pintor Antonio. *A casa*, de 1965, ganhou o Urso de Ouro no Festival de Cinema de Berlim. Segundo o historiador de cinema espanhol John Hopewell, "o cinema pós-Franco começou com o ditador ainda vivo".[11] Houve um certo sincronismo entre *A casa* e o pedido da Espanha para ingressar na Comunidade Europeia.[12] Coincidiu também com o nascimento do novo romance (que, ao norte da fronteira, na França, foi chamado de *nouveau roman*) e a publicação de *Tempo de silêncio*, de Luis Martin, num estilo linguístico barroco. Renascimento parecido (talvez "rebelião" seja a palavra mais adequada) também ocorreu na música popular. As *coplas* sentimentais da década de 1950, que costumavam ser nostálgicas de um mundo que tinha pouco do que sentir falta, foram substituídas pelas "canções de protesto", mais inteligentes, com cantores-compositores que viam a política de Franco de uma forma totalmente inversa. Entre eles estavam Joan Manuel Serta, Lluís Llach, Paco Ibañez, Raimón, Amancio Prada, María del Mar Bonet, Patxi Andión, Victor Manuel, Mari Trini e a maravilhosa Ana Belén. Alguns integravam o lendário coletivo Setze Jutges e muitos eram catalães e bascos, o que dava um toque mais nacionalista à obra deles, pois o mero ato de cantar na própria língua catalã ou basca era visto como uma provocação.

No início dos anos 1960 houve um crescente sentimento de liberação e liberdade. E, com o aumento do turismo, houve também uma abertura para novas ideias. Mas as leis de imprensa de 1966 apresentadas por Fraga Irinarne foram um relaxamento ilusório. Qualquer jornalista que respeitasse a si mesmo e constatasse o desgaste das liberdades, a corrupção endêmica, os escândalos políticos, a incompetência e os erros administrativos, era poupado agora à humilhação de passar seus textos pela censura antes de publicá-los. O ônus foi dos jornalistas, que tiveram de se autocensurar e, se publicassem algo delicado ou uma crítica ao regime, eram automaticamente processados. Segundo Miguel Delibes, em artigo publicado no *Tele/Express* de 28 de fevereiro de 1969, as novas leis eram apenas decorativas:

> Há pouco tempo, os estudantes de Valadoli e Bilbao, que conhecem meu trabalho de jornalista, me perguntaram sobre os efeitos da recente Lei de Imprensa sobre a classe. Nas duas ocasiões, respondi: "O papel da imprensa é intermediar os que fazem as leis e os que as obedecem, mas isso ainda não consegue ser feito na Espanha. Pois a imprensa continua sem ter um diálogo adequado. Antes da nova lei, os jornalistas não podiam fazer perguntas; agora podem perguntar, é verdade, mas eles não respondem. (...)" A liberdade, no caso, mostra que anda, mas, como o caranguejo, anda para trás.[13]

A máquina do Estado de Franco continuava firme no lugar. Apesar das lutas cada vez mais renhidas entre a Opus Dei e a Falange, a atenção continuava sendo a captura e reintegração de exilados para funcionar um valioso golpe de publicidade. A tentativa de recuperar Buñuel foi apenas uma das muitas seduções fracassadas. O filósofo José Ortega y Gasset voltou para a Espanha em 1945, disciplinado, mas sem se comprometer e sem aceitar receber seu salário de professor; saiu do país outra vez em 1953, para Munique. Para cada Picasso e *Guernica* que sobreviveram ao exílio, havia mais mil nomes: os poetas Salinas, Cernuda e María Zambrano; o poeta e crítico Juan Larrea, que morou na Argentina quase a vida inteira e só voltou para Madri em 1977, após 40 anos no exílio, para mostrar seu brilhante estudo *Guernica*; Max Aub, tão próximo de Picasso durante a pintura do quadro e sua instalação no Pavilhão Republicano; Rafael Alberti, exilado na Argentina e em Roma, cuja peça de 1956, *Noche de guerra en el Museo del Prado* [Noite de guerra no Museu do Prado] mostra com tanta exatidão a tragédia e a perda da inocência de uma geração inteira; Severo Ochoa, professor-assistente de Juan Negrín, ex-amante da estrela de cinema americano Sara Montiel, bioquímico e ganhador do Prêmio Nobel de Medicina de 1959; Juan Ramón Jiménez, poeta, republicano, autor de *Platero e eu*, ganhador do Prêmio Nobel que só voltaria à Espanha num caixão, em junho de 1958, para ser enterrado ao lado da esposa Zenóbia no cemitério de Jesus, em sua cidade natal de Moguer, província de Huelva; Vicente Aleixandre, ganhador do Nobel de Literatura em 1977 que continuou em "exílio interior" sob Franco, apesar de sua casa ser destruída e seus livros proibidos; Esteban Vicente, o único expressionista abstrato que, divulgado por Elvira González, só voltaria, com glória, na década de 1990; historiadores do quilate de América Castro e Claudio Sanchez Albornoz, que lutaram por suas versões da história da Espanha a partir da segurança de suas cátedras nas universidades americanas da Ivy League; Ramón Sender, cujo *Requiem por un campesino español* foi escrito longe, nos Estados Unidos. Esses nomes e muitos mais foram vigiados e seguidos. Às vezes, funcionários ou "amigos" dos exilados insinuavam que tudo estaria perdoado, caso eles voltassem para casa. Era uma oferta tentadora: os que continuaram no exílio, como Pedro Garfias, Guillermo de Torre, Ferrater Mora, Paulino Masip e Luis de Oteyza, perderam a fama e mergulharam no esquecimento para só serem redescobertos décadas depois de mortos. Como Carlos Fuentes escreveu sobre Swift e Joyce, eles eram "exilados condenados a viver falando a língua de seus opressores" e depois, destruídos pela indiferença, se dispersaram pelo mundo.

    Num forte contraste, Picasso tinha uma situação incomparável como maior artista mundial. É difícil imaginar que o regime Franco, considerando o sucesso que teve com Salvador Dalí, não tenha pensado em atrair Picasso para voltar à Espanha. Muitos exilados importantes foram sondados pois, como trabalhadores imigrantes tinham uma relação complicada com a pátria, sofriam de *morriña* (saudade de casa, em espanhol) enquanto desfrutavam da liberdade do país onde viviam. É quase certo que Franco sabia da vida cotidiana de Picasso através de visitantes em Vauvenargues, Notre-Dame-de-Vie ou La Californie e também que a FBI compartilhava muitas descobertas com o ditador. A atriz Lúcia Bosé lembrou que, durante uma caçada, seu marido Luis Miguel Dominguin, pediu pessoalmente a Franco para deixar Picasso voltar para Málaga e ter uma praça batizada com o nome dele. Franco garantiu que daria boas-vindas ao artista quando ele quisesse voltar e Dominguin retrucou, meio agressivo: "Sim, e depois não o deixaria mais sair daqui."[14]

No final dos anos 1960, Franco e Picasso estavam ficando velhos e cansados. O artista ainda tinha ataques de energia, mais incríveis ainda por ele estar com oitenta e tantos anos, mas a cada ano recebia a notícia da morte de mais um amigo: em 1966, André Breton; em 1968, Sabartés; em 1970, Christian e Yvonne Zervos. Franco estava com a doença de Parkinson e tinha cada vez menos interesse pelos assuntos de Estado. Passava horas modorrentas assistindo a televisão. Em 1969, os ministros discutiram muito a transferência de poder; foi o início do período que Paul Preston chamou de "a longa despedida".[15]

Para Picasso, a longa despedida tinha começado dois anos antes. Em 20 de janeiro de 1967, nas ruas de Barcelona, ele foi homenageado por centenas de intelectuais e estudantes catalães, muitos dos quais levavam uma cópia de uma foto de Guernica. Porém, após anos de dolorosa negociação e indefinição, assuntos de estado mais importantes tinham alcançado uma espécie de conclusão. O mais fiel simpatizante de Franco, o almirante Luis Carrero Blanco, assumiu todas as funções da presidência, menos o título. E a 12 de julho de 1969 Franco finalmente indicou Juan Carlos como seu sucessor.

Se havia uma impressão de certa determinação e ordem, esta logo se desfez com o estouro do escândalo Matesa. Em agosto, Franco estava, como de hábito, repousando em sua propriedade Pazo de Meirás, na Galícia, onde soube que a Maquinaria Têxtil del Norte de España S/A (Matesa) estava prestes a falir. O diretor Juan Vilá Reyes era um empresário esperto cujo poder de persuasão sobre Franco era bem maior que os pedidos que fazia. Ele "azeitava" subsídios do governo para países latino-americanos que supostamente haviam encomendado máquinas têxteis e conseguiu assim preencher o espaço entre a realidade e a esperança desesperada. Apesar de sua proximidade com os tecnocratas da Opus Dei que desfrutavam da confiança absoluta de Franco, Reyes começou a desmoronar. Porém o mais significativo era que toda sua triste estrutura, baseada apenas na cobiça, tinha virado o cenário onde os tecnocratas da Opus Dei e da Falange iam brigar pela sucessão e por seus respectivos futuros na Espanha pós-Franco. José Solis Ruiz, ministro-secretário do movimento (a máquina de poder da Falange) e o ministro da Informação Manuel Fraga fizeram a força da Falange desacreditar a Opus Dei, que eles julgavam ter levado as finanças da Espanha à beira do caos. Menos impressionado, o "presidente" Carrero Blanco denunciou os dois a Franco pela "escandalosa politicagem". É impossível saber em que ponto e como, a história da volta de *Guernica* para a Espanha tinha vazado.

No final de 1968, o diretor de Belas Artes, Florentino Pérez Embid, conseguiu convencer o "presidente" Blanco que, para sustentar a imagem do recém-planejado Museu de Arte Contemporânea, na zona bombardeada da Cidade Universitária de Madri, era preciso que Picasso estivesse bem representado com alguma obra. E o quadro estrela seria *Guernica*. Em 6 de dezembro de 1968, Blanco comunicou por carta a Embid que suas conversas com *El Caudillo* foram positivas e quais os procedimentos legais a serem tomados. "Precisamos saber do estado em que se encontra o quadro e, quando a documentação estiver pronta e ficar claro que a nação espanhola tem direito ao quadro, seu ministro deve enviar a documentação ao ministro das Relações Exteriores para agir através dos canais diplomáticos." É difícil dizer se os políticos experientes estavam apenas apelando para uma obra de arte famosa. Mas em outubro de 1969, num almoço com jornalistas em Paris, Embid insistiu na gravidade de seu pedido e em que havia apoio oficial, e anunciou que "o general Franco julga que Madri é o lugar para *Guernica*, a obra-prima de Picasso".[16] Para os próximos, a opinião de Franco era bem menos generosa, considerando os rabiscos de Picasso como um constrangimento, porém para o público era uma boa peça de *galeguismo*, termo que mostra a mudança surrealista da mente galega. O jornal de ultradireita *El Alcázar* reproduziu parte do discurso de Embid, ilustrado com uma foto do quadro. "*Guernica*, doada por Picasso ao povo espanhol, faz parte do patrimônio cultural desse povo e deve ficar exposta na Espanha como prova do fim definitivo dos contrastes e diferenças causados pelo último conflito civil."[17] Era profundamente irônico que a primeira reprodução oficial do quadro fosse nesse jornal, mas era igualmente intrigante pensar o que o regime pretendia fazer exatamente. Seria apenas mais um capítulo na guerra psicológica com os exilados importantes? Se Franco falava sério, por que foram interrompidas as primeiras negociações secretas com Picasso? Ou seria uma tentativa da Opus Dei ou da Falange de aparecerem como "aberturistas" maiores, homens do futuro, abertos a qualquer mudança? Se Picasso estava pronto a aceitar o pedido de Franco, será que um dia o quadro ficaria no Museu do Prado? Ou acabaria estragado pelo estilete de um restaurador canhestro ou mofando no porão escuro de algum museu nacional jamais inaugurado?

Ainda é impossível descobrir se foi apenas para consumo externo, mas o intricado episódio causou uma das mais extraordinárias reações a obra de arte. Em dezembro de 1969, a Galeria Grises de Bilbao (capital da província basca de Biscaia), expôs a série intitulada *Guernica*, de autoria do Equipo Cronica, um coletivo de arte com sede em Valência. Os principais membros do grupo eram Rafael Solbes e Manuel Valdés que, inspirados na cena artística americana e inglesa de arte pop, trouxeram para seus quadros um toque alarmante que lembra a seca observação do falecido Manuel Vazquez Montalban: "Nós vivíamos melhor *contra* Franco do que depois dele." Da série, só *A visita* teve fama internacional. O trabalho fez uma releitura dos clássicos da arte espanhola e o trio de imagens de *Guernica* funcionou como uma devastadora crítica ao regime de Franco. Há *O banquete*, uma releitura da obra cartuxa de Zurbarán, *São Hugo no refeitório*, onde um personagem de história em quadrinhos, de capa, bate na mesa, nervoso, para conseguir sua sobremesa. Em volta dos monges não há criados servindo pão e vinho, mas uma comida que vem de *Guernica:* a cabeça cortada de Picasso, um pé torto e a criança que parece uma boneca de pano. Há também o quadro *O intruso*, onde o mesmo lutador de história em quadrinhos ataca *Guernica* com a espada. O mais perturbador é *A visita*, onde *Guernica* está dependurada numa galeria deserta que lembra o Prado. Ao fundo, uma janela mostra o céu se abrindo numa versão ensolarada de nuvens soltas em Madri. Pela porta de pé-direito alto entram homens de cinza, embaixadores, o exército, a marinha, os poderes e instituições, enquanto à direita os protagonistas de *Guernica* saltam da tela num desesperado esforço para fugir.

Guernica continuaria a assombrar a obra da Equipo Cronica durante anos, mostrando pequenos detalhes ou, às vezes, até decorando a moldura. Mas o choque maior da série inspirada em Picasso foi no ano seguinte, 1970, depois que a exposição de Bilbao terminou. *Jogos perigosos* retorna ao mundo de Velázquez e mostra o infante dom Carlos, irmão de Felipe IV, no tradicional traje do século XVII, numa pose arrogante tendo como fundo um mármore cinza. Ele não tem a inteligência, o refinamento e a diplomacia do irmão mais velho, mas exibe enorme desdém. O espectador nota detalhes como o traje com gola engomada (*golilla*, em espanhol), o olhar cínico, o rosto encovado dos Habsburgo e a pesada corrente de ouro do personagem. Mas, em vez de segurar uma luva e de usar um macio chapéu de feltro na cabeça como no original de Velázquez, o fidalgo tem em mãos um pescoço de onde pinga sangue e uma cabeça cortada de *Guernica*: o autorretrato de Picasso. É perturbador e quase sádico, lembrando obras anteriores do Equipo Cronica como *A antesala*, em que um impassível cavaleiro El Greco, atrás de uma mesa moderna, de fórmica, segura uma soqueira de boxe e ameaça quem queira dizer alguma coisa ou mesmo quem não queira dizer nada.

Notas

1. Brown, J., *Picasso and the Spanish Tradition* (New Haven: Yale University Press, 1996) e Galassi, S. G., "*Picasso in the Studio of Velazquez*", p. 119.
2. Gilot, F., p. 188.
3. Otero, R., Catálogo *La ultima tertulia* (Valencia: IVAM, 2002).
4. Burns Marañon, T., *Hispanomania* (Barcelona: Plaza y Janés, 2000).
5. Este fantástico episódio está registrado num ensaio de John Richardson intitulado *Las tertulias de Picasso, in* Otero, p. 12. Para uma visão apaixonada dessa fase da vida de Picasso, leia o brilhante *The Sorcerer's Apprentice*, de Richardson (Jonathan Cape, 1999).

6. Agradeço a Gerald Howson por discutir comigo o acesso de Picasso ao flamenco autêntico.
7. Otero, R., p. 260 a 261.
8. Ibidem.
9. Lloréns, T., e Calvo Serraller, F., Catálogo da exposição *El Siglo de Picasso* (Madri: Reina Sofia).
10. Ed. Gies, D. T., *Cambridge Companion to Modern Spanish Culture* (Cambridge: Cambridge University Press, 1999), p. 143 a 144.
11. Hopewell, J., *El cine español después de Franco* (Madri: Ediciones El Arquero, 1989).
12. Sanchez Vidal, A., *El cine español y la transicion del franquismo a la post-modernidad* (Madri: Editorial Akal, 1995).
13. *Tele/Expres*, 28 de fevereiro de 1968.
14. *El Adelantado*, 28 de outubro de 2003.
15. Preston, *Franco*, p. 744.
16. Chipp, H. B., p. 170 a 174.
17. Ibidem.

10

A volta para casa

> Deve existir grandeza num quadro que coloca tão bem o passado a serviço do futuro.
>
> Joseph Masheck

> Não nos encontramos para chorar sobre nosso longo exílio como as filhas de Jerusalém, nem remexer nas cinzas de ódios fratricidas, nem carregar a mortalha de nossos mortos como um estandarte de luta.
>
> Dolores Ibárurri, La Pasionaria (junho de 1971)

PÉREZ EMBID ERA MONARQUISTA, conservador e, segundo o historiador Javier Tusell, "um brilhante administrador".[1] Foi também muito diplomático ao pedir a Franco a volta de *Guernica*, por intermédio do almirante Carrero Blanco: no pedido, começou restringindo-se à área relativamente segura da história da arte e explicou que Picasso na época era tido como maior pintor depois de Goya.[2] Um fato indiscutível. Continuou o discurso abordando o tema mais espinhoso da opinião política de Picasso. Desculpando-se pelo artista, Embid repetiu Alfred Barr e grande parte da imprensa americana, que consideravam os artistas "pueris" em matéria de política, não deviam ser levados a sério.[3] "Os artistas às vezes adotam posições políticas excêntricas, que depois se mostram incoerentes e insustentáveis."[4] Avaliando bem sua plateia, prosseguiu destacando a importância política de *Guernica*, "pois a propaganda antiespanhola durante a Guerra Civil exagerou o significado do quadro e aumentou seu verdadeiro peso político".[5] Embid teve resposta positiva de Franco e confiou a fase seguinte da negociação a Joaquín de la Puente, diretor-assistente do Museu de Arte Contemporânea. Mais uma vez, o toureiro Dominguin serviu de intermediário da provável ida do quadro para Madri. O diretor de Belas Artes pensava em homenagear Picasso com a Medalha de Ouro e o Prado ficaria com o quadro até o novo museu de arte contemporânea ficar pronto. A imprensa noticiou as homenagens e o *El Alcázar* aprovou. Mas houve uma esquizofrenia cultural. O artista catalão Josep Guinovart criticou asperamente o pedido de Franco pelo quadro como uma tentativa cínica de sequestrar o maior ícone da Guerra Civil. Em seu livro, misto de ficção e realidade, *Operación Retorno*, de 1970, os personagens do quadro tropeçam como peças soltas de um xadrez de cabeça para baixo. Só o touro fica de pé, como o onipresente anúncio das bebidas Osborne que até hoje mostra, na beira das estradas espanholas, a silhueta esguia de um touro de madeira, um lembrete-clichê dos valores perenes da "verdadeira Espanha".

É preciso lembrar que, poucos anos antes, o escritor basco Xabier Gereño tinha sido preso pelo crime de receber um cartão-postal festejando *Guernica*. Em alguns setores da sociedade, nada havia mudado. Por trás do disfarce da razão, os jornais da direita ainda destilavam seu fel. Era um aviso disfarçado de que a volta do quadro para Madri — ou de qualquer outra obra de Picasso — poderia ser um acontecimento incendiário.

> Imaginar que este quadro pode vir para a Espanha é um insulto ao patriotismo. Embora o quadro esteja cada vez menos na moda, o que aconteceu está no fundo de nossos corações, o que mostra um total desrespeito com os que morreram para a nação poder continuar (...) vivemos sossegados sem *Guernica* e sem Picasso, não sentimos falta deles.[6]

Talvez Sabartés estivesse certo quando disse a um diplomata em Paris que era bobagem insistir com Picasso sobre *Guernica*: "Não faça nada, eu o conheço, não vai adiantar", avisou.[7]

Para diminuir os crescentes rumores da provável ida do quadro, Picasso respondeu ao pedido impertinente de Franco através de seu advogado em Paris, Roland Dumas. O artista confiava nesse advogado que, já em 1964, havia avisado que era impossível impedir a publicação das reveladoras memórias de Françoise Gilot, *Minha vida com Picasso*, que causaram uma cisão entre Picasso e seus filhos ilegítimos Claude e Paloma. O advogado anterior, De Sariac, foi logo substituído pelo ambicioso jovem Dumas e em 14 de novembro de 1970, ele e Picasso divulgaram um pequeno texto sobre *Guernica* em relação à Espanha:

> O senhor concordou em devolver o quadro, os estudos e desenhos para os representantes do governo espanhol quando as liberdades civis forem restabelecidas na Espanha. O senhor entende que minha vontade sempre foi ver esse quadro e as demais peças com o povo espanhol.[8]
>
> Para levar em conta seu pedido, assim como o meu desejo, peço que considere cuidadosamente minhas instruções. O pedido de ida do quadro pode ser formulado pelas autoridades espanholas. Mas é obrigação do museu abrir mão de *Guernica*, dos estudos e desenhos que acompanham o quadro. A única condição que coloco concerne às recomendações de um advogado. O museu deve, portanto, antes de qualquer iniciativa, ouvir o dr. Roland Dumas (...) e aceitar o que ele disser.

Cientes de que as palavras podiam ser mal interpretadas, Picasso e o advogado acrescentaram uma cláusula em 4 de abril de 1971: "Reitero que desde 1939 confiei *Guernica* e os estudos pertinentes à guarda do Museu de Arte Moderna de Nova York para que os mantivessem em segurança e que os mesmos se destinam ao governo da República Espanhola."[9] Se o adendo tinha a intenção de dar maior clareza, causou o inverso quando o assunto foi discutido entre o advogado, o museu, os herdeiros de Picasso e o governo espanhol. Estava bem claro que o advogado tinha a última palavra sobre a ida do quadro para a Espanha. Alguns lastimavam que o homem que a imprensa francesa chamava de "príncipe da intriga" estivesse encarregado de avaliar a situação política espanhola. O advogado passou a presidente do Tribunal Constitucional e depois a ministro das Relações Exteriores do presidente Miterrand, o que foi fantástico. Seus momentos menos edificantes foram registrados pela amante Catherine Deverie-Joncour no livro *The Whore of the Republic* [A prostituta da República], também interessante. Em 2001, Dumas foi condenado a seis meses de prisão por participar no escândalo da gigante do petróleo Elf Aquitaine, ao lado de outros personagens importantes: a escritora Françoise Sagan, autora de *Bom dia, tristeza*, e "Dédé, o Sardinha". Consta que o advogado controlava também os bens de Matisse (outro grande filão do patrimônio francês) e do escultor Alberto Giacometti.[10] Em janeiro de 2003, alguns setores da imprensa francesa ficaram indignados quando Dumas foi absolvido de participação no escândalo e recuperou a honra. É um pouco irônico que ele se inocentasse usando uma linguagem que vinha da obra-prima em *grisaille* de Picasso: "Estão me usando de bode expiatório. É mais fácil me arrasar do que investigar o papel da França, que se beneficiou muito com esse jogo sutil de luz e sombra."[11] Os negociadores espanhóis logo seriam obrigados a admitir que o advogado era um ator complexo e esperto.

À medida que se aproximava o dia 25 de outubro de 1971, quando Picasso faria 90 anos, os planos de comemoração na Espanha foram adiados. O governo não se manifestaria oficialmente. Não haveria exposição retrospectiva, medalha de ouro, nem convite para o artista visitar sua cidade natal de Málaga. Nem volta para Barcelona, nem convite para ver os quadros do Prado pela última vez. Em contraste, no *El Noticiero* de 19 de outubro, Enrique Badosa destacou a comemoração do aniversário de Picasso em Londres com a encenação de sua peça de 1949, *Quatro muchachas*, organizada pelo diretor de teatro Marowitz e por Roland Penrose. Pouco delicado, o jornalista declarou que o próprio Picasso se considerava um grande ladrão da arte e buscou inspiração dramática na obra de J. V. Foix. Na França, ninguém fazia tais restrições. Com o título de *Picasso, nosso contemporâneo*, todos os museus do país com alguma obra dele no acervo abriram as portas para o público apreciar de graça, durante dez dias, o trabalho daquele gênio universal. Em outra homenagem, inaugurada pessoalmente pelo presidente Pompidou, oito obras foram expostas na Grande Galeria do Louvre na área "Tribuna", onde anteriormente tinha ficado exposta a *Mona Lisa*. Foi a primeira vez que um artista vivo recebeu tal homenagem.

Cauteloso com tudo o que significasse digressão, Picasso não saiu de casa em Mougins. Ficava com Jacqueline, contente como sempre por estar ao lado daquele que apresentava às visitas, orgulhosa, como "rei da Espanha".

Na Espanha, inúmeros artigos nos jornais cumprimentavam os feitos do gênio ibérico, mas a manifestação mais comovente foi pessoal e humana: em Barcelona, na véspera do aniversário, Andreu, o proprietário do restaurante El Canário de la Garriga, arrumou uma mesa com rosas, pão e uma garrafa de vinho tinto da casa. No canto da mesa, colocou uma reprodução emoldurada do retrato de Picasso feito por Ramon Casas, cuja firmeza de traços mostrava bem a energia e idealismo dos dias boêmios da juventude do artista. Nesse restaurante, um de preferidos de Picasso, ele mantinha uma *tertulia* com uma enorme galáxia de escritores, pintores e músicos, que iam de Pio Baroja, Vallé Inclan, García Lorca, Isidre Nonell, Casas e o irreverente Santiago Rusiñol até o mundialmente famoso violoncelista Pablo Casals. Picasso pedia sempre seu prato preferido, *butifarra amb mongetes*, uma mistura explosiva de feijão-branco refogado em alho acompanhado de linguiça catalã. Com um guardanapo cobrindo o braço, Andreu esperou simbolicamente no dia do aniversário que Picasso atravessasse a fronteira com a Espanha e sentasse no lugar que deixara vazio havia tanto tempo.[12] Enquanto isso, no Colégio dos Arquitetos, o relevo da fachada feito pelo artista recebeu flores anônimas, que foram logo retiradas e jogadas fora. Nas casas na Espanha, principalmente na Catalunha e no País Basco, brindou-se à reprodução de *Guernica* dependurada na sala de jantar, saudando o gênio universal e sua irrestrita rejeição a Franco. Em reuniões secretas do Partido Comunista espanhol, as pessoas se cumprimentaram pelo camarada Picasso esperando que, com a saúde fraca de Franco, o tempo concedesse ao artista o maior prêmio, que seria a volta gloriosa a uma Espanha republicana.

Outras comemorações estavam planejadas em Madri. Uma das mais bem preparadas foi da dinâmica *marchande* de arte de vanguarda Elvira

González, na Galeria Theo, no bonito bairro de Santa Bárbara, escondida atrás da igreja real neoclássica de Las Salesas. A pedido da Galeria Knoedler, ela escolheu expor pela primeira vez em Madri a famosa *Suíte Vollard*, que festejava o erotismo do amor louco de Picasso por Marie-Thérèse, ao mesmo tempo que explorava muitos temas que depois seriam exorcizados em *Minotauromaquia, Sonho e mentira* e *Guernica*. Mostrando cenas que vão do estupro à terna reconciliação, a *Suíte Vollard* é o auge da arte da gravura, a celebração de um artista no máximo da criatividade, ameaçado apenas pela conclusão gradual de que talvez nunca mais vá atingir tais alturas. A extraordinária série tem seu clímax na emocionante aquatinta *Minotauro cego guiado por uma menina*, uma comovente reflexão sobre o medo da impotência, do envelhecimento e da morte.

Em 5 de novembro de 1971, às cinco da tarde, logo após a hora da sesta, a Galeria Theo abriu a porta para oito homens que tinham marcado visita por telefone. Violentos, eles destruíram a exposição, quebraram os vidros e molduras dos quadros, rasgaram as gravuras e atiraram ácido nelas. Numa entrevista dada pouco antes, Elvira González tinha declarado: "*Soy beata de Picasso*", sem qualquer ironia.[13] É um fato que só hoje parece estar totalmente assimilado. "Passei dias com medo até de levar minhas filhas à escola", lembrou ela depois. Sabendo que a única prova concreta da invasão eram as gravuras destruídas, ela teve a presença de espírito de fotografar todas (menos uma, que foi roubada), caso fosse instaurado um processo e a seguradora fizesse essa inevitável exigência. Os invasores jogaram no chão da galeria um cartão onde estava escrito "Guerrilheiros de Cristo Rei", nome de um grupo terrorista de ultradireita. Eles provocaram inúmeras queixas, que bem refletiam o potencial explosivo da situação que Carrero Blanco desesperadamente mantinha. No escândalo Matesa, ele se esforçou para desacreditar o reformador Manuel Fraga acusando-o de responsável pela crescente licenciosidade e pornografia; a partir daí, ficou cada vez mais óbvio que o regime Franco estava parado, sem ideias, nem controle. A indignação, tanto da direita quanto da esquerda, estava mais radical e mais manifesta. Mas a fonte de descontentamento mais inesperada veio da crescente liberalização e oposição ao regime Franco lideradas pelo papa

Paulo VI e a Igreja Católica. A Igreja tinha iniciado sérios esforços para ouvir e atender às necessidades dos fiéis. Ao tentar favorecer os sindicatos de classe, com seus anseios de igualdade regional e liberdade política, a Igreja entrou em choque com o regime Franco. Estava cada vez mais evidente que, para o regime, alguns padres pioneiros eram muito radicais a ponto de, no verão de 1968, ser preciso criar uma prisão em Zamora só para eles e, para constrangimento da Igreja e do Estado, nada menos de cinquenta serem encarcerados.[14] Foi nesse cenário que Blas Piñar, líder do grupo de ultradireita Força Nova, formou seus esquadrões de terror Guerrilheiros de Cristo Rei, um bando de neonazistas. Eles achavam que o interesse de Franco e Embid de trazer *Guernica* e a consequente reabilitação de Picasso simbolizavam a decadência e a desorientação do regime. A multidão de fãs de Picasso que no início dos anos 1960 fez fila para ver a exposição na Biblioteca Nacional de Madri e na galeria dos irmãos Gaspar em Barcelona, estava desfeita. Nos dois extremos do espectro político uma nova intolerância se transformava rapidamente em violência.

No outono de 1970, o regime Franco cometeu um de seus maiores erros. Um dos grandes problemas que enfrentava era a eficiência e beligerância cada vez maior da organização separatista basca ETA (sigla de *Euzkadi ta Askatasuna*, que significa "País Basco e Liberdade", em basco). Franco estava mais sombrio do que nunca (dormia com a santa relíquia do manto da Virgem do Pilar e o braço preservado de Santa Teresa d'Ávila) e finalmente aceitou o conselho de alguns generais de direita para fazer em Burgos o julgamento de 16 prisioneiros bascos, inclusive dois padres. No exterior, a condenação foi quase unânime. Mas nada foi tão grave quanto o que estava prestes a ocorrer. Em 18 de setembro de 1970, quando Franco presidia o campeonato mundial de *jai-alai* em San Sebastián, um sobrevivente de Gernika chamado Joseba Elósegi, que comandou a única unidade republicana no trágico 26 de abril de 1937, ateou fogo às roupas e atirou-se como uma tocha humana sobre *El Caudillo* gritando pela independência basca. Membro atuante do Partido Nacionalista Basco, o manifestante sobreviveu e, quatro meses depois, escreveu: "Não queria acabar com Franco, só queria que ele sentisse na carne o fogo que destruiu Gernika."[15] Estava bem claro para os nacionalistas bascos, embora radical, que a cínica tentativa de Franco de confiscar o símbolo deles (o quadro de Picasso), era apenas mais um ensaio do regime para reescrever a História e negar dignidade e liberdade aos bascos.

Elvira González varreu os estilhaços de vidro no chão de sua galeria em Madri, o que foi uma oportunidade para pensar no que fazer. A galeria não era a primeira vítima dos esquadrões terroristas. Segundo o historiador Enrique Moradiellos, as forças da lei e da ordem tinham sistematicamente fechado os olhos para os Guerrilheiros de Cristo Rei que eram incentivados a serem cada vez mais ousados. Carrero Blanco escreveu num memorando pessoal que as universidades espanholas deviam ser responsabilizadas pelo surgimento de homossexuais, marxistas, maçons e outros degenerados, e a ultradireita viril estava apenas agindo como força corretiva.[16]

Antes do vergonhoso incidente na Galeria Theo, houve uma série de ataques conjuntos a livrarias que mantinham alguma ligação com exilados republicanos ou divulgavam obras deles. Em Madri, a livraria Rafael Albert foi queimada e a Antonio Machado, a Cultart e a Visor foram atacadas apenas por, às vezes, exporem um livro sobre Picasso na vitrine. Em Barcelona, apesar de existir a Doação Sabartés de Picasso e a profunda simpatia catalã pela obra dele, a livraria Cinq d'Oros sofreu um ataque. O Guia de Livreiros publicado no *La Vanguardia* de 27 de novembro de 1971 com apoio da Associação Espanhola de Críticos de Arte e do Círculo Real Artístico-Instituto Barcelonês de Arte, demonstrou publicamente seu repúdio pedindo apoio e proteção das autoridades. Levando em conta que nenhuma dessas livrarias desrespeitou a Lei de Imprensa, de Fraga, ou teve textos censurados, os livreiros exigiam o respeito à lei e à liberdade de comerciar. No mês seguinte, mais uma vez no *La Vanguardia*, uma longa lista de entidades oficiais exigia em carta aberta ao prefeito de Barcelona que, à luz "dos recentes acontecimentos, que não precisamos detalhar ou citar," fosse feita uma homenagem adequada e digna aos 90 anos de Picasso, de preferência antes que o ano terminasse.[17] Considerando a enorme generosidade do artista por sua cidade adotada, as entidades profissionais de advogados, arquitetos, engenheiros, desenhistas, "amigos da cidade", "amigos da ONU" e reitores de universidades (em resumo, todas as instituições catalãs) exigiam um reconhecimento oficial. Sabartés sempre sonhou que sua doação pessoal pudesse estimular Picasso a continuar fazendo doações e assim foi. Em 1968, o artista doou a correspondência dele com Sabartés ao museu em Barcelona, com a condição de só ser divulgada 50 anos depois e prometeu mandar uma prova de artista de cada gravura que viesse a fazer. Em fevereiro de 1970, foram doadas mais obras. Em 24 de abril de 1970, *La Prensa* noticiou a incrível doação de Pablo e Lola Vilató, sobrinhos do artista, de 1.700 obras do apartamento deles no Passeig de Gracía, em Barcelona. Mais tarde, Lolita foi considerada grã-sacerdotisa do culto a Picasso.

Mais de um ano depois, em Madri, Elvira González ainda tentava assimilar a enorme brutalidade e niilismo do recente ataque à sua galeria. Atrás de sua inteligência e charme, havia uma vontade forte. Como espanhola, ela ficou muito envergonhada, por isso impediu que a imprensa alemã publicasse a notícia da invasão. Mas, com demonstrações solidárias e oferecimentos de ajuda, foi a primeira personagem do *establishment* a denunciar oficialmente a tática de terror. Preocupada com a repercussão do fato, fez uma cópia de todos os documentos importantes para a embaixada francesa em Madri. Os acusados foram julgados mas, como as ações foram consideradas parte de uma guerra antimarxista, o seguro da galeria não pôde ser pago, já que o ataque teve origem política. Para Elvira foi um prejuízo, pois sua futura reputação de *marchande* dependia de sua capacidade de ressarcir Knoedler pelos danos à *Suíte Vollard*, o que ela fez imediatamente.

Mas não foi só na Espanha que Picasso e o quadro foram poderosos ímãs, atraindo as crescentes forças da contracultura e da consciência liberal. No final dos anos 1960, principalmente nas universidades americanas, *Guernica* tinha se tornado uma forma visual que denunciava rapidamente a cruel e arbitrária destruição de comunidades inteiras no Vietnã e era facilmente entendida. O artista de protesto social Rudolf Baranik produziu uma série de cartazes contra o Vietnã que atingiram bem seu alvo. Como observou alguém, é verdade que, numa fase de crescente ceticismo, *Guernica* "está substituindo a crucificação como um ícone de crueldade e desumanidade no nosso tempo leigo".[18] Grupos de protesto como o "Angry Arts Against the Vietnam war" [Artes Indignadas com a Guerra do Vietnã] discutiram a utilidade de usar o quadro como imagem. A discussão mais marcante foi entre os artistas Jeanne Siegel, Ad Reinhardt e Leon Golub. No debate de 1967 intitulado "Para que serve a arte de protesto social?" Golub avisou sobre a superexposição do quadro. Quando era estudante de arte em Chicago, ele ficou perplexo ao ver o quadro pela primeira vez, no final dos anos 1930. Mas explicou suas restrições crescentes:

> O quadro foi feito para dramatizar a ira de Picasso e denunciar o fascismo, o ataque de grandes países a pequenas cidades e aldeias. Desde então, a tela virou objeto de veneração e se transformou em algo místico, mas perdeu sua eficácia. As pessoas olham para ele e, de certa forma, nem sabem o que estão vendo.[19]

Na época da *pop art*, onde o consumismo e o poder da comunicação de massa era festejado acima de tudo, o poder de *Guernica* afetar o público corria perigo de evaporar por superexposição.

Mais uma vez, acontecimentos externos reforçaram o sentido do quadro. Em 16 de março de 1968, na pequena aldeia vietnamita de Mylai, ocorreu um dos mais famosos massacres da guerra, que acabou levando à corte marcial o tenente William Calley. Odiado por quase todos os que tiveram a má sorte de trabalhar com ele, o tenente levou a 11ª Brigada da Companhia Charlie à aldeia de Mylai para massacrar quinhentos homens, mulheres e crianças desarmados, numa orgia de sangue. Os coletivos do Grupo de Ação Arte Guerrilha, a União de Operários da Arte e o Protesto de Escritores e Artistas mandou uma carta aberta a Picasso em Mougins pedindo para retirar *Guernica* do MoMA, já que os Estados Unidos tinham perdido credibilidade ética e moral e agora estavam com o sangue de muitos nas mãos. No seu inflamado protesto, os signatários disseram: "O que o governo norte-americano está fazendo no Vietnã supera Gernika, Oradour e Lídice. O fato de *Guernica* continuar no Museu de Arte Moderna de Nova

York mostra que nosso governo tem o direito moral de se indignar com os crimes praticados por outros e ignorar os nossos."[20] Picasso discutiu o assunto com Kahnweiler, concluindo adequadamente que era melhor o quadro continuar onde estava, um espinho sempre presente para o governo americano. Ele recebeu apoio do historiador de arte Meyer Schapiro, que destruiu ponto por ponto a lógica dos grupos de coletivos, embora continuasse totalmente contra o envolvimento americano no sudeste asiático. Disse o historiador: "Ao dependurar *Guernica* na parede, o museu protesta contra o crime de Gernika tanto quanto o Metropolitan Museum protesta contra a crucificação de Cristo ao dependurar um quadro sobre o tema."[21] Mais uma vez, o quadro mostrou sua flexibilidade como imagem cujo status icônico podia ser lido e manipulado por grupos conforme seus interesses.

Em 8 de abril de 1973, Pablo Picasso morreu em Mougins. Foi enterrado dois dias depois em Vauvenargues, ao lado do monte Santa Vitória, com o bronze de *Mulher com jarro* sobre o túmulo como uma sentinela. Em termos de longevidade, Franco venceu seu adversário e conseguiu manter fora da Espanha o mais famoso comunista do mundo. Mas foi uma vitória de Pirro, que lembra a famosa advertência de Miguel de Unamuno em 12 de outubro de 1936, ao comemorar o Dia da Raça, aniversário da descoberta da América por Colombo. "Vencer não é convencer", disse o filósofo de 72 anos, reitor da Universidade de Salamanca.

Em 20 de dezembro do ano da morte de Picasso, enquanto a Espanha mergulhava cada vez mais na recessão e sofria pela inquietação industrial, o exército separatista basco, ETA, reagiu com espetacular audácia à repressão, matando o almirante Carrero Blanco num atentado com carro-bomba em Madri, quando ele ia para casa após a missa matinal. Foi morto exatamente porque sabiam que ele daria continuidade ao regime após a morte de Franco. A reação de Franco foi fechar-se em si mesmo, desencantado. No dia seguinte, na missa fúnebre na igreja de São Francisco Grande, ele chorava inconsolável e confidenciou a um ajudante: "Cortaram minha última ligação com o mundo."[22]

À medida que Franco enfraquecia fisicamente, seu domínio do cotidiano político quase acabou. O controle da crise econômica e da escolha do sucessor desapareceu realmente quando cedeu à pressão da esposa Carmen Polo para escolher o linha dura Arias Navarro como substituto de Blanco. O caudilho estava perdido; seu lendário instinto de sobrevivência política, sua compreensão e manipulação maquiavélicas da fraqueza humana, seu dom para enganar eram um estilo de liderança que a saúde fraca reduziu. Ele, que costumava ser tão esperto, jamais poderia prever que oito anos depois, em 1981, na comemoração do centenário de Picasso, o cavalo de Tróia *Guernica* finalmente chegaria à Espanha. Antes, porém, ocorreram inúmeras negociações e manifestações políticas que quase impediram o quadro de sair de Manhattan e até de continuar em perfeito estado.

Isso porque em fevereiro de 1974, o jovem artista iraniano Tony Shafrazi foi até o MoMA e lá escreveu na tela de *Guernica* com tinta *spray* vermelha KILL LIES ALL [Matem todas as mentiras]. Ele não sabia que, após a restauração, o quadro foi protegido por uma camada de verniz e que os especialistas do museu poderiam limpar facilmente a frase. (Mais tarde, Shafrazi se tornaria um respeitável *marchand* no elegante bairro do SoHo, abrindo caminho para obras de artistas grafiteiros como Keith Haring, Futura 2000, Zephyr e Jean Michel Basquiat.) Felizmente, seu vandalismo, intervenção ou, para usar todos os termos tautalógicos da vanguarda, sua "colaboração" foi passageira. O fato foi perigoso como precedente, mas tinha uma intenção. Foi honesto. Irritado porque o presidente Nixon perdoou oficialmente o tenente William Calley, que tinha sido condenado em 1969 a trabalhos forçados perpétuos, o artista queria chamar a atenção para o livramento condicional que o tenente receberia no fim daquele ano. Queria chamar atenção também para a contínua selvageria no Vietnã.

O gesto iconoclasta do artista foi bastante discutido. Ele explicou numa entrevista que gostava da energia e imediatismo de Pollock, Basquiat e Haring. Gostava da energia de "agir no impulso do momento, a ação de pintar, de retornar, de zerar na hora, de fazer alguma coisa".[23] Com apoio de Jean Toche e Jon Hendricks do Grupo Guernica de Arte e Ação, o gesto de Shafrazi foi explicado por carta de 28 de fevereiro de 1974 ao diretor do MoMA, Richard Oldenburg.

Tony Shafrazi fez com Picasso uma obra em parceria chamada GUERNICA/MYLAI, cada um expressando a indignação e o desgosto por atos genocidas de governos contra povos inocentes: Picasso, pelo bombardeio por aviões nazistas da pequena cidade de Gernika, e SHAFRAZI, pelo assassinato de homens, mulheres, crianças e bebês por tropas americanas na aldeia de Mylai. É um agravante do crime do governo americano o Museu de Arte Moderna ter prendido Shafrazi e apagado sua obra de arte.

Nós, como artistas e como pessoas, também denunciamos os Estados Unidos por ocultar Mylai, pedimos a imediata soltura de Shafrazi e a anulação de todas as acusações contra ele.

A ação artística de Tony Shafrazi é, como a de Picasso, uma profunda, atormentada e humanista demonstração contra a insensibilidade e o barbarismo de um país.[24]

Jean Toche logo estaria atrás das grades por afirmar que Shafrazi tinha prestado um serviço público ao libertar "*Guernica* dos grilhões da propriedade e devolvê-la à sua natureza revolucionária". Como todas as manifestações artísticas revolucionárias a partir da discussão modernista de Rusiñol, passando pelos dadaístas e Marinetti, Toche realçava o "sequestro" revolucionário dos administradores de arte, desde os diretores de museus até seus opulentos curadores. No livro *Making the mummies dancing* [Fazendo as múmias dançarem], o diretor do Metropolitan Museum, Thomas Hoving, lembrou porque a falta de seu fino humor obrigou-o a avisar o FBI. Felizmente, Picasso já não estava vivo para assistir à profanação que Shafrazi fez de sua obra. Mas talvez Picasso até tivesse concordado com a lógica perversa de Shafrazi. Como tela, *Guernica* estava virando História, tinha criado um novo estilo e influenciado o desenvolvimento da arte americana. Mas tinha também perdido sua ira rebelde e revolucionária. Tinha, na opinião de Joseph Masheck, se tornado "familiar demais para ser realmente perturbadora, mas perturbadora demais para ser apenas bela".[25] E concluiu: "Uma pátina de obviedade atrapalha a visão do quadro." Shafrazi insistiu ter repolitizado o quadro, recarregando-o para uma nova geração. Com a distância do tempo, é bem mais fácil ver que *Guernica* tinha perdido a força nos Estados Unidos. Precisava de novos desafios e de se religar ao destino do país para o qual foi pintado, ou seja, a Espanha. Para Nova York e para a ONU, a cópia em tapeçaria, encomendada por Nelson Rockefeller com autorização de Picasso, logo teria de ser suficiente.

Em 20 de novembro de 1975, após um ano de inúmeros problemas físicos causados por dentes, doença de Parkinson, úlceras estomacais, peritonite e falência renal, *El Caudillo* Francisco Franco morreu tranquilamente. Ele tinha mantido o poder sobre a Espanha por quase 40 anos, numa mistura de terror, conhecimento político, tenacidade e um cínico abuso de poder. Foi um ato de malabarismo, às vezes executado com maestria. Mas com a morte dele, ficou óbvio que a população não queria mais comer daquele prato.

A curto prazo, poucas mudanças podiam ser feitas. Em 22 de novembro de 1975, dois dias após a morte de Franco, dom Juan Carlos prestou juramento como rei da Espanha na frente das Cortes, mas imediatamente teve de jurar lealdade aos princípios do Movimento Nacional como tinha feito em sua sucessão, em 1969. Arias Navarro ia continuar como presidente. Logo, porém, ficou óbvio que as ambições democráticas do rei iam além de tudo o que Navarro pretendia. Para muitos espanhóis, o precedente de Portugal e Grécia no ano anterior, quando os dois governos foram derrubados, foram um modelo e uma inspiração. Mas o rei Juan Carlos e outros reformistas teriam de aguardar a hora, sabendo sempre das ambições reacionárias de algumas alas militares e da Guarda Civil.

Discute-se muito quando começou o período chamado de "transição". O que não se pode negar é o papel importante do rei e seus conselheiros no palácio Zarzuela. O distanciamento histórico e o sucesso final fizeram tudo parecer mais fácil do que realmente foi. A recessão econômica que começava a ficar forte era uma barreira enorme para uma transição pacífica. Só muita euforia e boa vontade podiam contrabalançar a ansiedade, insegurança, impaciência, frustração e inevitável desapontamento de alguns. No primeiro trimestre de 1976, havia 17.731 casos só de ações industriais.[26] A Espanha corria o risco de parar. O problema basco, com o aumento de assassinatos de ambos os lados, aumentava o clima de insegurança e medo. Se isso representava um perigo real, também garantia que ninguém na Espanha conseguia imaginar ou pensar mais uma guerra civil.

O processo democrático teve, é claro, grandes momentos simbólicos. Um dos mais difíceis foi a "semana negra" em Madri, de 23 a 28 de janeiro de 1977, quando terroristas de ultradireita mataram um estudante numa passeata pela anistia, depois entraram num almoço de advogados trabalhistas e mataram mais cinco pessoas. Em retaliação, a organização terrorista de esquerda GRAPO sequestrou um general e matou quatro seguranças. Este foi talvez, o ponto mais baixo que, ao mesmo tempo, provocou uma enorme simpatia do povo pelos que apoiavam o processo democrático. Apesar da crise, ainda são as verdadeiras conquistas do governo que brilham hoje. A legalização do Partido Comunista em 1º de abril de 1977 e a decisão no dia 7 de conceder pensão e auxílio aos veteranos republicanos foi um grande passo para sanar as feridas. O rei Juan Carlos substituir o redundante Arias Navarro pelo tapa-buracos primeiro-ministro Adolfo Suárez foi corajoso e necessário. E Santiago Carrillo, secretário-geral do Partido Comunista espanhol reconhecer a legitimidade do rei Juan Carlos foi muito significativo, assim como o comovente retorno do exílio de Josep Tarradellas, presidente do *Generalitat* da Catalunha. Para os monarquistas, porém, nada foi tão emocionante quanto dom Juan, o pai do rei Juan Carlos, que vivia no exílio em Portugal e jamais se reconciliou com Franco, renunciar ao trono e oferecer apoio incondicional ao filho. Para culminar, em junho de 1977, Suarez foi eleito democraticamente, recebeu e aceitou o apoio unânime do partido à proposta do senador basco Justino Azcarate para repatriação dos restos do rei Alfonso XIII e do primeiro presidente da República Manuel Azaña. Azcárate declarou sua firme intenção de trazer *Guernica* para sua pátria de direito. Havia sede de reconciliação. O *pacto do olvido*, "pacto do esquecimento", um acordo tácito para deixar de lado as feridas do passado e conquistar com otimismo e abrangência um futuro melhor, foi considerado necessário para continuar o processo democrático. Quase todos os políticos queriam a "normalização" e o fim dos pesadelos do passado. A volta dos exilados foi o símbolo mais forte do caminho para a democracia.

Foi nesse cenário que surgiram os pedidos insistentes pela "volta" de *Guernica* para o país onde nunca tinha estado. Herschel B. Chipp era professor de História da Arte na Universidade da Califórnia, grande conhecedor de arte moderna e pesquisava *Guernica* há anos. Ele iniciou o processo no panorama internacional com a carta que enviou ao *Times* e ao *New York Times* publicada em 26 de novembro de 1975. Com enorme entusiasmo, que talvez não refletisse bem a realidade do momento, ele escreveu:

> Em várias ocasiões, Picasso afirmou que, quando terminasse o regime Franco e a situação na Espanha melhorasse, ele gostaria que o quadro fosse para lá, desejo que foi confirmado por seus advogados. Já em 1969, o diretor do Museu de Belas Artes e o próprio Franco demonstraram o desejo de que o quadro ficasse para sempre na Espanha, onde poderia ser colocado no novo Museu de Arte Moderna de Madri.
>
> Após a morte de Picasso em 1973, o país todo clamou pelo quadro, inclusive o prefeito da cidade de Gernika, cuja destruição por ataque aéreo serviu de tema a Picasso.
>
> A viúva e os filhos do artista têm agora a oportunidade de realizar o desejo dele e mandar o quadro para a Espanha onde, mais uma vez, sua história poderia exercer uma força poderosa pela humanidade. A doação de *Guernica* para o povo espanhol poderia, por sua mensagem de sofrimento universal na guerra, ajudar a curar as feridas da amarga Guerra Civil. Poderia estimular um regime mais livre e mais humano sob o novo líder e até se tornar um símbolo para o mundo de um país mais unido e mais liberal.[27]

O otimismo e idealismo do professor Chipp, em essência corretos, impediram que tivesse uma visão mais sóbria e comedida. O comentário de "um regime mais humano sob o novo líder" não conseguiu reconhecer que

Navarro e até o rei Juan Carlos ainda tinham um longo caminho pela frente até seus papéis se definirem. Talvez o professor ignorasse o quão polêmica e capaz de causar divisões ainda era a obra de Picasso na Espanha, ou que a família dele continuava a manter grandes reservas em relação à jovem democracia espanhola. O professor foi logo corrigido, não por um espanhol, mas por William Rubin, diretor de Pintura e Escultura do MoMA. Erudito brilhante, Rubin era firme e de opinião formada, sempre acompanhado de sua bengala de cabo de prata, que era obrigado a usar porque teve poliomielite em criança. Era também o protótipo do sofisticado judeu nova-iorquino intelectual, tão à vontade conversando sobre Rafael e Leonardo da Vinci como sobre Caro, Pollock e Olitski ou as obras de Stijl. Em sua casa de verão na Provença, a Villa l'Oubradou, ele conheceu Picasso melhor do que a maioria das pessoas. Já em 9 de abril de 1973 ele opinava no *New York Times* sobre a quem pertencia *Guernica*. "Nós apenas guardamos o quadro para Picasso e não temos esperança de ficar com ele. Na minha opinião, compete a Jacqueline Picasso decidir se o governo espanhol está à altura das exigências. Dependemos dela."[28] As críticas mostraram logo que, como guardião de *Guernica*, ele não podia ser imparcial. Consciente das leis em jogo, destacou a recomendação do artista de que o quadro só poderia sair do país "quando for restaurada uma verdadeira república espanhola". Era talvez uma sutileza legal, mas valia a pena esperar a situação política se aclarar.

Dez dias depois, mostrando a importância da opinião do professor Chipp, o advogado Dumas respondeu na seção de cartas do *Le Monde*. Disse logo que era ele e não o MoMA, que tinha procuração de Picasso. E que nada na Espanha, até aquela data, provava a ele que "a democracia tinha sido alcançada".[29] Ficou claro que em todas as futuras negociações o poder de liberar *Guernica* dependia apenas dele, que tinha uma opinião importante: a Espanha continuava num processo de democratização e não se podia concluir nada. Isso foi melhor demonstrado em abril de 1977, no seminário sobre a Guerra Civil realizado na Universidade Autônoma de Madri, onde o historiador texano Herbert Southworth (que passou décadas fazendo estudos acadêmicos sobre a tragédia de Gernika) informou que até aquele ano de 1977, seus livros estavam proibidos na Espanha. Publicados pela editora exilada Ruedo Ibérico, de marcante contribuição para a cultura espanhola, os estudos polêmicos do historiador texano usam de forma impecável fontes e documentos originais e continuam fundamentais para compreender a Espanha de Franco. No seminário, ele garantiu: "Não podemos continuar numa situação que dura nada menos de 40 anos, onde só se permite *uma* versão da Guerra Civil, enquanto a maioria do povo sabe por experiência própria que a versão oficial está cheia de mentiras."[30]

Uma semana depois, no quadragésimo aniversário do bombardeio, 26 de abril de 1977, a comissão para a qual o historiador fora convidado a falar sobre a "verdade" de Gernika, enviou um telegrama para Walter Schell, presidente da República Federal da Alemanha, anunciando a publicação iminente de descobertas feitas. Na praça central de Gernika, em frente à prefeitura, colocaram uma foto de *Guernica* para homenagear os mortos. Foi a primeira vez em 40 anos que o povo da cidade pôde expressar abertamente sua dor. A família Picasso enviou telegrama de pesar e solidariedade com a cidade naquele momento de dor e Maya, Cristina, Bernard, Claude e Paloma assinaram em nome do pai. O grande simbolismo, com a cidade enfeitada de *ikurriñas* (bandeiras bascas) com fitas negras, teve uma conclusão adequada com uma missa fúnebre na igreja de Santa Clara enquanto elementos mais radicais gritavam nas ruas "*Presoak kalera y amnistia*" (em basco, 'Liberdade e anistia para os prisioneiros políticos'). O povo da cidade tinha certeza de que só a volta do último exilado espanhol — o quadro — seria a recompensa adequada para toda a amargura e o sofrimento. Mas, como todos os outros espanhóis, eles teriam de esperar com paciência a decisão do advogado Dumas.

Já em julho de 1976, o Banco Atlântico fez o primeiro de muitos pedidos de empréstimo do quadro para uma exposição em Barcelona comemorativa dos 75 anos da empresa. Sempre otimista, o diretor Juan Peiró foi, entretanto, o primeiro de muitos a se frustrar com os especialistas em conservação, cujos cuidados tinham prioridade sobre tudo o mais. Se *Guernica* ainda não podia ir para a Espanha, era cada vez mais óbvio que se podia conseguir prestígio político com uma peregrinação a Nova York. Por isso, em 19 de novembro de 1977 Felipe González visitou o MoMA; ele era um carismático jovem advogado de Sevilha, recém-eleito líder do Partido Socialista Operário Espanhol (PSOP). Ganhou muita fama com os informes vespertinos que transmitia pelas rádios europeias no regime Franco, usando o codinome de Isidoro. González escapuliu alguns minutos das reuniões consecutivas com a elite democrata americana e intelectuais espanhóis exilados e foi ver *Guernica* pela primeira vez. "Espero que o quadro volte logo para a Espanha", disse ele para a correspondente de *El País*, Soledad Alvarez Coto.[31] Os funcionários do museu informaram sobre a situação legal em relação à provável viagem e o político emocionou-se com a atração universal da tela. Na época, circularam inúmeros boatos de que o problema podia ser resolvido levando o quadro para território neutro, o prédio da ONU, deixando que "falasse" ao mundo a partir daquele privilegiado espaço no Lower East Side. Mas tal não ocorreu. Outra possibilidade era o quadro ir para o México, onde o governo republicano no exílio tivera abrigo seguro nos últimos 40 anos.

Uma semana após a visita de González, o velho líder do Partido Comunista espanhol, Santiago Carrillo, não quis ficar atrás de seu jovem rival e também foi visitar *Guernica*. Carrillo tinha encontrado Picasso em várias ocasiões e expressou seu desejo de que gostaria que o quadro ficasse ao lado de Velázquez e Goya no Museu do Prado. E, para dar mais força à vontade do artista, garantiu que Picasso ficaria feliz por a Espanha ser uma "democracia", sem insistir que o país precisava ser uma república para o quadro ir para lá.

Para muitos espanhóis que iam a Nova York conhecer *Guernica*, a experiência era mais visceral e cheia de emoção. Daniel Giralt-Miracle, que viria a ser anos depois diretor do Museu de Arte Contemporânea de Barcelona e organizador do 2002 Ano Gaudí, não esqueceu da primeira vez em que viu a enorme tela de Picasso: "Foi no MoMA, e um segurança do museu me perguntou por que toquei na tela. Expliquei que meu pai era republicano e foi enviado para um campo de concentração."[32] (O pai de Daniel, Ricard Giralt-Miracle, foi aluno de Josep Lluis Sert e um dos maiores e mais influentes desenhistas gráficos catalães, tendo colocado seu talento a serviço da República.) Para Daniel, a peregrinação ao museu representou uma volta espiritual à pátria, dando-lhe uma noção de proximidade. Tocar na tela foi fechar um círculo de sua vida e reunir seu mundo pessoal ao mundo público.

Pouco depois, foram feitas gestões oficiais para ligar o quadro à Espanha na imaginação do povo. Em março de 1978, Francisco Fernández Ordóñez foi o primeiro ministro espanhol a ser fotografado na frente do quadro. Para os políticos espanhóis, a obra, como tela e como símbolo, mais uma vez ganhou vida, retomando seu dramático sentido de imediatismo. Por isso, a ida para a Espanha era considerada cada vez mais urgente. Para a democracia nascente isso seria visto como uma catarse, o reconhecimento de que uma história sofrida tinha sido superada e assimilada e que simbolicamente funcionaria como um reconhecimento da legitimidade da nova democracia.

Enquanto isso, em Gernika, a comissão de investigação formada por Luís Ruiz de Aguirre, Angel Viñas, Tuñón de Lara, Fernando García de Cortázar e Herbert Southworth, conseguiu provar a culpa alemã no bombardeio da cidade e ouviu a promessa do ministro da Cultura espanhol, Pío Cabanillas e do governo alemão de abrirem importantes arquivos. Havia também a intenção, que Cabanillas apoiou, em princípio, de transformar Gernika na capital da resistência e cultura basca, centrada na glória do quadro. O projeto recebeu apoio entusiasmado da comunidade artística, inclusive do escultor Chillida, de Ruiz Ballerdi e Agustín Ibarrola. Eles tinham certeza de que isso restauraria a vida da cidade, com boas vantagens financeiras.

Apesar do gesto solidário da família de Picasso em relação à cidade na primavera de 1977, a provável ida do quadro naquele inverno foi adiada mais uma vez. No outono, o grupo teatral catalão Els Joglars excursionou pelo País Basco com a nova peça *La Torna*, palavra catalã que significa contrapeso. A peça se baseava nas famosas execuções por *garrote vil*, um estrangulamento sádico que causou a morte de Salvador Puig Antich, de um grupo ibérico pela liberdade e do mendigo polonês Heinz Chez. Os dois assassinaram membros da Guarda Civil. A condenação de Antich tinha motivação política, mas ele foi julgado como assassino a sangue-frio, já Chez matou estupidamente Antonio Torralbo num ataque de loucura. Heinz Chez, cujo verdadeiro nome nos arquivos da Stasi (Ministério da Segurança da então Alemanha Oriental) era Goerge M. W., foi um marginal que escapou pelo Muro de Berlim mas a fuga só lhe causou amargo ressentimento. Órfão em pequeno, sempre foi um derrotado patético, um ninguém cujo único instante de fama foi no sábado, 2 de março de 1974, quando Franco (que enfrentava uma ira internacional quase unânime), se recusou a comutar a pena de morte dele e de Antich. Albert Boadella, diretor do Els Joglars, já era conhecido como satírico que não poupava nada nem ninguém, e a execução dos dois condenados deu-lhe munição, pois nada lhe escapava: da direita reacionária à esquerda hipócrita e consciente da moda. A peça *La Torna* não enfrentou qualquer problema ao ser encenada no País Basco, mas na Catalunha, terra natal do diretor, os dois espetáculos noturnos em Mataró e Reus fizeram os militares se sentirem profundamente agredidos. O diretor e quatro atores foram presos no início de dezembro de 1977 e levados para aguardar o tribunal marcial na penitenciária modelo de Barcelona. Houve clamor público pela libertação deles, demonstrações organizadas e, na "semana de lamentação" de solidariedade, todos os teatros da cidade fecharam, inclusive o conservador Liceu Opera. Quase todos os cinemas, danceterias e cabarés também fecharam, apesar de os funcionários serem ameaçados de demissão. Em Perpignan, capital da Catalunha francesa, Nuria Espert participou do Comitê pela Liberdade de Expressão para discutir a lastimável situação do diretor Boadella. Após muitas consultas, o Comitê enviou ao Conselho Europeu um dossiê muito bem escrito sobre a injustiça sofrida pelo grupo de teatro e a violação de direitos humanos que implicava. O mais constrangedor para as autoridades catalãs foi a presença de uma equipe de televisão belga que deveria documentar a vida cotidiana na Catalunha, mas tratou quase exclusivamente do grupo Els Joglars.

Em 27 de fevereiro de 1978, o caso teve uma mudança dramática. Para sair da penitenciária, Boadella fingiu estar com náusea e vômito, e foi colocado sob guarda no Hospital Clínico, mas escapou pela janela do banheiro e fugiu por um parapeito estreito a cinco andares da rua. Apenas 24 horas antes da corte marcial, ele conseguiu se exilar na França. Foi uma cena de puro *living theatre* que, do dia para a noite, transformou o diretor em herói catalão. Seus quatro colegas atores foram condenados a dois anos de prisão.

Em Paris, ele contatou Peter Brook em seu teatro Les Bouffes du Nord para organizar a resistência. E nada foi tão emocionante como o concerto de 11 de fevereiro de 1978 no palácio do Esporte de Barcelona, onde as estrelas María del Mar Bonet, Lluís Llach e Raimón pediram liberdade de expressão em apoio a Els Joglars. Para um jornalista presente, a cena de velas e bandeiras catalãs lembrava o recente concerto de Bangladesh; em meio a nuvens de fumaça de maconha, Raimón fez os outros músicos tocarem seu hino catalão *Diguem No* [Digam não]. Essas manifestações foram ignoradas pelas autoridades e deixadas de lado pelo governo, consideradas apenas como arrogância de jovens alienados.

Mais difícil de ignorar foi a interferência de Paloma Picasso, que era amiga e morava no mesmo bairro de Boadella em Paris. Ela ficou indignada com o tratamento dado ao grupo teatral e em 26 de abril anunciou que ia interromper todas as negociações da ida de *Guernica* para a Espanha até todos os atores serem soltos e Boadella perdoado. Foi um grande constrangimento para o ministro da Cultura espanhol Pío Cabanillas, além de uma ameaça ousada, quase uma chantagem que fez o caso assumir ramificações bem maiores. Muitos espanhóis achavam a ideia do advogado francês Dumas julgando sua adequação como democracia irritante e insultuosa que julgou o comportamento deles como uma irritação democrática e um insulto ao seu orgulho. Mas Paloma não desistia facilmente. Francesc Vicens, diretor da Fundação Miró, e o poeta-artista Joan Brossa manifestaram apoio a ela, garantindo que Picasso agiria da mesma forma que a filha. Em sua autobiografia *El grand bufo* [O grande bufão], Boadella faz uma referência clara à imagem que tinha de si mesmo, de bufão medieval que podia falar as verdades mais constrangedoras e reconhece que, mais do que qualquer outra coisa, a interferência de Paloma mudou a discussão. O grupo teatral e o quadro ficaram então muito ligados na luta pela liberdade de expressão.

No final da primavera, o Senado espanhol discutiu o caso e ofereceu perdoar Boadella. Da segurança de Paris, onde estava, ele recusou a oferta e pediu mudança na lei militar para que, no futuro, nenhum civil enfrentasse a indignidade de uma corte marcial. No final do ano, ele passou a viver clandestino em Barcelona, mas logo foi descoberto e preso outra vez na penitenciária modelo. Em 28 de dezembro de 1978, duzentos intelectuais europeus (inclusive o cineasta Costa Gravas, o dramaturgo Peter Brook, o escritor Jean Paul Sartre, o cantor Yves Montand e o escritor Jorge Semprun, futuro ministro da Cultura espanhol), entregaram ao embaixador espanhol em Paris um pedido de soltura imediata de Boadella. Em julho de 1979, ele teve liberdade provisória dos quatro anos e meio a que estava condenado por encenar a peça. Só em 1985 o grupo Els Joglars foi oficialmente perdoado e recebeu desculpas do governo espanhol.

O episódio mostrou aos herdeiros de Picasso o poder e eficácia de *Guernica* como jogada política. Foi uma lição difícil de esquecer mas que, na longa estrada da negociação, faria com que eles perdessem muito apoio público numa Espanha que tinha lutado séria e sinceramente com tudo que dizia respeito à sua nova constituição democrática. O país havia chegado a um acordo com sua monarquia constitucional e era grato ao rei Juan Carlos que, como Chefe Militar Supremo, conseguiu manter os reacionários e desafetos quase totalmente controlados, a conselho do primeiro-ministro Suárez e do ministro das Forças Armadas, Manuel Gutiérrez Mellado.

Estava ficando fora de moda e quase um suicídio político dizer que seria melhor *Guernica* ficar onde estava. Vozes isoladas de discordância, como a de Sainz de Robles, cronista oficial aposentado da Villa de Madrid, considerou o quadro uma das idiotices de Picasso.[33] Em meados de julho de 1978, do outro lado do oceano, em Nova York, o professor José López-Rey concordou com Hilton Kramer, crítico de arte do *New York Times*, e com Roland Dumas que era melhor errar por precaução. Para a última viagem do quadro para o Prado seria prudente, sugeriu Rey, garantir que o museu estava com tudo pronto para a chegada do último exilado. Em 19 de julho, o diretor do Prado, José María Pita Andrade, teve de admitir para *El País* que o museu não estava preparado para receber o quadro. E que precisava de dois a três meses para arrumar um espaço adequado que atendesse a todas as exigências de segurança e conservação.

Mesmo com o fim do escândalo Els Joglars, as negociações sobre o quadro estavam muito lentas. O presidente da Europa Press, José Maria Armero, especialista nas leis sobre o caso, foi encarregado de pressionar o pedido do governo. Cada vez mais frustrado, ele começou a pensar no impensável: ir à justiça. No verão, como de costume, William Rubin estava de férias na Provença. Enquanto isso, em 24 de maio de 1978, o Congresso americano aprovou por maioria a liberação do quadro para a Espanha, graças à insistência dos senadores George McGovern e Joseph Biden. Mas Rubin não podia passar por cima do advogado Dumas, que continuava com a última palavra. No mês de agosto, o *New York Daily Press* noticiou que o caso estava prestes a um resultado positivo, graças às conversas de Rubin com Dumas.

Ficava cada vez mais óbvio que a batalha pelo quadro estava se travando em duas frentes. A imprensa espanhola fazia sua parte, porém mais importantes eram as gestões diplomáticas nos bastidores. Rafael Fernández-Quintanilla centralizava as negociações e registrou as grandes intrigas em seu livro *La Odisea del Guernica*. Como diplomata de sucesso, ele foi adido cultural na embaixada da Espanha em Paris no início dos anos 1960. Num estranho caso de procurar uma coisa e achar outra, lá se reconciliou com um velho primo Luis Quintanilla, que em 1936 foi secretário de Imprensa da República em Paris quando Luis Araquistáin era o embaixador. Os dois tiveram papel importante na organização do Pavilhão Republicano de 1937; Araquistain levou para Genebra o arquivo republicano que mais tarde seria essencial para a ida do quadro para a Espanha. Outro amigo que seria útil a Rafael foi Jaime Sabartés, que na época em que se encontraram tentava concretizar a ideia do Museu Picasso em Barcelona.

No outono de 1977, Quintanilla deixou o posto de adido cultural em Londres e foi para Madri. O quadro estava prestes a ocupar as manchetes mais uma vez, graças ao escândalo de Els Jograls. Quintanilla então escreveu para o ministro das Relações Exteriores, Marcelino Oreja, ajudar nas negociações da viagem do quadro. Esperava encontrar documentos provando que Picasso havia vendido *Guernica* para a República, o que tornaria o pedido espanhol irrecusável. Enquanto aumentava o escândalo do grupo teatral, Quintanilla foi para Genebra tentar convencer Finki Araquistáin, filho de Luis, a fornecer prova de um recibo de venda. Ocorreu então algo marcante: apesar de ter perdido grande parte do arquivo numa fuga apressada da cidade espanhola de Figueras, no final da Guerra Civil, Finki encontrou cartas de Max Aub, adido cultural da embaixada, provando que pagou 150 mil francos a Picasso pela compra da obra pela República.[34] Foram encontradas mais duas cartas, uma de Julio Álvarez de Vayo para Araquistain repetindo os argumentos de Aub, e outra de Araquistain para Picasso, confirmando o desejo de doar a obra para a República. Era o que Quintanilla queria. Mas essa satisfação logo se frustrou quando ele viu que Finki queria aproveitar isso para vender o arquivo inteiro por um preço extorsivo. Buscando uma saída para o impasse, em janeiro de 1979, Quintanilla visitou escondido o advogado Dumas em Paris. Foi um encontro positivo, disse o diplomata, mas ainda nada de concreto ou legal havia sido colocado no papel. Era preciso um encontro do advogado Dumas com o presidente Suárez.

Na Espanha, a impaciência aumentava. O *El País* de 24 de junho de 1979 perguntou num editorial: como é possível não haver qualquer comemoração planejada para o centenário de Picasso, daqui a dois anos? Nos 50 anos do artista, o MoMA fez uma exposição individual, a primeira vez que o museu concedeu tal honraria a um artista. E a França também planejava inaugurar o Museu Picasso no Hotel Salé em Paris, resultado de seis anos de batalha legal que dividiu as mais de 43 mil obras de Picasso, das quais Dominique Bozo, diretor do museu, pegou a melhor parte. O jornal deu a entender que, ao contrário da França e dos Estados Unidos, o governo espanhol estava mais interessado na Copa do Mundo de 1982. O que a imprensa não podia saber era que as negociações já estavam avançadas mas, por razões de segurança e imprevistos de última hora, a notícia não foi divulgada. Na mesma edição, o jornal informou que o *New York Times* avisou aos americanos que a retrospectiva de Picasso a ser inaugurada em outubro seria a última chance de ver *Guernica* no país. Em 19 de julho de

1979, o tão esperado encontro do advogado Dumas com o presidente Suárez finalmente aconteceu. No dia seguinte noticiou-se que *Guernica* estava a caminho, quase com certeza.

Era preciso, entretanto, mostrar quais os planos do Museu do Prado para instalar a tela. Só em nível prático, calculava-se que o quadro aumentaria a frequência diária ao museu de cinco mil para cinco mil visitantes. Talvez o único lugar capaz de caber tanta gente seria o salão central, mas isso aumentaria as dificuldades de segurança. O maior problema era a popularidade do quadro. O diretor do museu, Pita Andrade, estava naturalmente muito honrado com a quase garantia do quadro vir para o seu museu, mas o fato era um pesadelo de logística. A imprensa espanhola pôde fazer um pouco de graça e um editorial perguntou o que iria acontecer com todos os cartazes de *Guernica* que, junto com os de Che Guevara e Salvador Allende, cobriam as salas de jantar espanholas, principalmente agora que, às quintas-feiras o Prado tinha entrada grátis para universitários e o público?[35] E o que a Espanha ia fazer com o excesso de percevejos para prender cartazes em paredes? Será que o *Cristo*, de Dalí, podia ser colocado no lugar deles? Não. O formato era diferente, muito vertical. E a *Última ceia* de Da Vinci, podia voltar às salas de jantar, ou bastava um espelho de moldura simples para refletir uma nova e democrática Espanha?

Houve uma discussão mais séria sobre o lugar onde o quadro ficaria. O ministro da Cultura não tinha decidido ainda ou, pelo menos, não havia divulgado sua decisão. No final de agosto, a Rádio Nacional espanhola fez um debate entre os prefeitos de Madri, Málaga e Gernika e a diretora do Museu Picasso de Barcelona, Rosa Maria Subirachs, todos guardiães em potencial do quadro. A declaração de que Picasso queria o quadro no Prado, baseava-se em simples frase, sem documentos ou declarações oficiais que a comprovassem. Claro que o prefeito de Madri, sr. Tierno, disse que a obra-prima deveria ficar ao lado de todas os outras, no maior museu da Espanha, na capital. Menos impertinente, a diretora Rosa disse que Barcelona sempre teve uma ótima relação com Picasso e que o quadro completaria um acervo que já era de nível internacional. O Museu Picasso de Barcelona era uma alternativa viável ao Prado. Dias depois, Herschel B.

Chipp apoiou a ideia e, mais importante, José Maria Armero, que repetiu em *La Vanguardia* a acusação de que Madri nunca (com a grande exceção da galerista Elvira González) demonstrou qualquer interesse por Picasso. O argumento do prefeito de Málaga foi, talvez, o menos convincente: baseou-se no fato de a cidade ser local de nascimento do artista e a terceira em turistas do país. Já o prefeito de Gernika, Dionísio Abaitua, citou todo os motivos econômicos, sociais, políticos, históricos, artísticos e morais para expor o quadro, tanto para compensar pela tragédia que a cidade sofreu como para curar as feridas daquela Pompeia ibérica.

Outros foram menos diplomáticos e esquentaram a discussão. Na edição de julho de *Destino*, o inflamado Joaquim Ventalló considerou "infantil" a imprensa espanhola por tratar o quadro como se fosse um par de sapatos novos, trocando-os conforme lhe desse na veneta. E perguntou: onde estavam todos os jornalistas quando os Guerrilheiros de Cristo Rei incendiaram livrarias e galerias de arte? Num país cujos muros ainda estavam sujos de grafites de nazismo e da Falange, havia uma evidente "falta de autoridade", disse ele. Era melhor que *Guernica* ficasse onde estava. No mesmo ano, o artista basco Agustín Ibarrola pegou o tema "falta de autoridade" e deu uma sutil virada. Na opinião dele, foi hipócrita e moralmente dúbio permitir que um governo saído do caos do franquismo participasse de negociações para trazer o quadro.[36] A obra deveria ir para Gernika por ser o lugar que a inspirou e porque incentivaria uma renascença cultural. O artista basco ficou realmente contrariado com a contribuição de Santiago Carrillo ao debate na edição de setembro de 1979 de *La Calle*, onde considerou os argumentos de Gernika e Málaga meramente ilustrativos de mentalidade de cidades pequenas.[37] E logo encontrou aliados: o prefeito de Barcelona, Narcis Serra, sempre pronto a discutir as tendências centralistas do governo espanhol, disse que sua cidade não era contra Gernika, mas que lutaria pelo quadro, se a opção fosse Madri. Num congresso internacional realizado em setembro de 1979 na Itália sobre cidades martirizadas e suas vítimas, quarenta cidades (inclusive Berlim, Leningrado, Kiev, Varsóvia e Turim) assinaram um pedido para que *Guernica* fosse para a cidade de mesmo nome. Uma das justificativas mais curiosas para pedir o quadro foi do escultor basco Jorge Oteiza: disse ele que, da pré-história até então, o cavalo era um importante símbolo da identidade do País Basco. O cavalo desenhado por Picasso era, portanto, uma imagem-chave do léxico visual basco.

Manuel Vázquez Montalban teve uma visão mais engraçada num debate na televisão programado para coincidir com o lançamento do romance policial de Faustino González-Aller, *Operación Gernika*. Com ironia, Montalban justificou que o quadro deveria ficar nos Estados Unidos por dois motivos: primeiro, porque Nova York já era capital da Espanha e, segundo, porque Woody Allen era a única pessoa no mundo que sabia como ver o quadro direito. Outras pessoas, em notas mais sérias, ainda fizeram grandes restrições sobre a viagem do quadro. José Maria Gironella escreveu em *La Tarde*, jornal de direita, que a obra era um lixo disforme e monstruoso. E acrescentou que, se a Espanha perdesse o direito ao quadro, tanto melhor; afinal, não passava de um cartaz doido. Em carta ao editor de *La Nueva España*, Pio Muriedas sugeriu que o quadro fosse leiloado e o dinheiro enviado para os feridos de Gernika. Seria difícil homenagear Picasso que, segundo ele, não teve coragem nem de pisar na Espanha, apesar de ser nomeado diretor do Prado. Na edição de 2 de maio de 1980 do jornal de direita *El Alcázar*, Saenz de Heredia mostrou mais argumentos anti-Picasso dizendo que colocar o quadro no Prado era homenagear um mero travesti e um artista que não passava de piada.[38] Meses antes, o líder do Partido Comunista, Santiago Carrillo, tinha dito aos jornalistas que, em termos de cultura, pouco havia mudado desde a época de Franco. Na esquerda, Rafael Alberti continuou sendo o maior crítico da ida do quadro, talvez por bons motivos. Grande parte do povo ainda detestava Picasso e sua obra. Para eles, Gironella, Muriedas e Saenz de Heredia tinham coragem de dizer alto o que outros apenas sussurravam a portas fechadas. E resumiu, muito bem: "A burguesia espanhola tem por *Guernica* em particular e pelo 'vermelho' Picasso em geral o mesmo interesse que por degustar patas de rã.[39] É algo que deve ser feito de olhos fechados, pensando em outra coisa." Os temores de Alberti a respeito da intolerância da direita logo se confirmariam. Em outubro de 1980, a exposição retrospectiva do artista

José Ortega, em Almagro foi fechada pelo prefeito Julio Ferro por ser considerada um ataque à ideologia de ultradireita. O artista, que esteve preso durante o regime Franco e ainda era membro atuante do Partido Comunista espanhol, declarou ao jornal *Pueblo*: "Se fazem isso comigo, fica em perigo a exibição de *Guernica* que é, afinal, a expressão pictórica máxima da batalha contra a ideologia franquista."[40]

Aos poucos, vazaram para a imprensa os planos de preparar o anexo do Museu do Prado, o Casón del Buen Retiro, para abrigar o quadro. Em meados de setembro de 1980, o diretor do MoMA, Richard Oldenburg, informou ao ministro da Cultura espanhol que o quadro estava oficialmente à disposição dele. E admitiu numa entrevista que a retirada da obra-estrela seria uma perda para o museu. A retrospectiva de Picasso e a saída iminente de *Guernica* tinham sido uma mina de ouro para o MoMA, com mais de um milhão de visitantes e mais de 130 mil catálogos vendidos. Aos poucos, em meio a desinformação e boatos, foi surgindo um retrato mais claro. Em 9 de outubro, o Congresso espanhol recusou o pedido de Málaga para ficar com o quadro. No dia seguinte, chegou o pedido de última hora do adido cultural basco Ramón Labayru e do diretor do Museu de Belas Artes de Bilbao, Javier Bengoechea, dizendo que o museu deles cumpriria todas as exigências de conservação e segurança da obra. No final do mês, a revista alemã *Stern* noticiou, curiosamente, que o governo espanhol tinha desistido de ficar com o quadro. A notícia foi repetida pelo *Sábado Gráfico* e enfaticamente negada pelo ministro da Cultura Iñigo Cavero, mostrando que essa era mais uma tentativa de atrapalhar as negociações. Por causa disso, foi formada uma comissão oficial *Guernica* de altos poderes que incluía o presidente, os ministros da Cultura e das Relações Exteriores e Javier Tusell, como diretor-geral de Belas Artes assessorado por Rafael Fernández-Quintanilla.

A primeira prova clara de que o governo espanhol estava na fase final de negociações foi em dezembro, na visita de uma semana ao MoMA de Javier Tusell e do presidente do Instituto de Restauração José Maria Cabrera, para discutir os detalhes da complicada mudança. Em janeiro, tudo parecia bem, e a imprensa noticiou o bom resultado da visita dos dois a Málaga e Aix-en-Provence para encontrar os herdeiros de Picasso. Mas isso durou pouco. Em 20 de janeiro de 1981, Maya, filha de Picasso com Marie-Thérèse, declarou que a Espanha ainda não era uma democracia confiável. Considerando que o advogado Dumas podia ter a mesma opinião, era muito preocupante. E parecia que Claude Picasso tinha o mesmo receio, o que era ainda mais perigoso, já que a opinião dele costumava indicar o que Paloma e o meio-irmão Bernard pensavam. E o encontro do diretor Tusell e Quintanilla com os herdeiros foi cheio de atritos; a certa altura, Bernard disse que podiam esperar dez anos para a Espanha se acalmar e mostrar melhor como estava indo a democracia. Quintanilla retrucou que certamente Bernard ficaria irritado se soubesse que iria levar mais dez anos para receber sua herança. O momento passou. Mas o que realmente irritava Claude era o papel central do advogado Dumas nas negociações.[41] Na primavera de 1980, José Maria Armero deixou escapar para a imprensa que, para ele, o importante na negociação foi o encontro secreto de Dumas com o rei Juan Carlos, em março de 1978, quando, em nome da família Picasso, o advogado ofereceu o quadro à Espanha. A certa altura Claude estava tão irritado que, segundo William Rubin, chegou a pensar em separar, na herança, *Guernica*, dos seus estudos, esboços a óleo e desenhos preparatórios. E acrescentou que a única pessoa por quem o advogado podia falar era Jacqueline Picasso. Já em 1970, Claude e Paloma haviam movido um amargo processo contra o pai para serem reconhecidos como herdeiros legais.[42] Não conseguiram e tentaram então declarar o pai como mentalmente incapaz, o que também não conseguiram.

No ano anterior, o *droit moral* [direito moral] francês foi muito citado no caso *Guernica*, como relevante. Era uma região nebulosa, que não cabia em nenhum tribunal espanhol ou americano; mas não era do interesse espanhol ir contra o direito moral dos Picasso. O direito moral protegia o direito da família do artista insistir em que o quadro fosse exposto de forma profissional, segura e adequada, que não degradasse nem denegrisse a tela. Claude continuou no ataque. No início de 1980, mandou seu advogado Jean Denis-Bresdin avisar o MoMA e Dumas que consideravam ofensiva a tentativa deste de anular o direito deles. E que as aparições autoexaltadoras de Dumas na televisão eram contrárias às promessas iniciais dele de se manter discreto. Em seus receios, Maya abriu um debate bem mais amplo e mais venenoso quanto à conveniência da Espanha receber o quadro. Depois da bem-sucedida manipulação feita por Paloma através do fiasco do Els Joglars, era a vez de Maya inventar motivos para ir direto ao coração da jovem e frágil democracia. Ela era contra as duras leis espanholas de divórcio, a falta de direitos dos filhos nascidos fora do casamento e a falta de funcionários no exército e na polícia do país. E disse a Quintanilla que ela, Maya, era a mais espanhola dos filhos de Picasso. Tinha até morado um tempo em Madri, quando estudou no Liceu Francês e várias vezes foi parada pela polícia, que perguntava sobre seu parentesco com Picasso e tal.[43] Ela insistia que estava sendo totalmente ignorada a exigência de Picasso de o país ser uma República antes de receber o quadro. Seu último tiro foi a recente decisão de impedir que a Espanha entrasse no Mercado Comum Europeu, o que ela achava muito significativo e dava a impressão que a jovem democracia estava sendo desrespeitada. Muitos espanhóis não estavam interessados nas acusações que ela ia fazer, mas acabaram concordando com ela em vários pontos. O feminismo era um fenômeno social relativamente novo, a primeira passeata pelos direitos da mulher foi realizada em janeiro de 1976.[44] O artigo 57 do Código Civil espanhol, revogado só em 1975, ainda se baseava na autorização marital: "O marido deve proteger a esposa e esta obedecer ao marido." Com as mulheres dependendo do marido, elas precisavam de autorização para quase tudo, até para sair de casa. Ao casar, a mulher perdia o controle de sua propriedade e dos filhos e, em caso de separação, sofria humilhação pública.

Na verdade, na época em que Maya se manifestou, estava nos livros de estatuto uma nova lei dos direitos da mulher em relação a finanças da família. Alguns jornais disseram a ela que a democracia pode funcionar devagar, mas tem por base a constituição, o parlamento e o judiciário, e confia no processo da lei. Além disso, o "pacto do esquecimento" tinha feito uma mudança de poder quase sem derramamento de sangue exatamente porque não houve caça às bruxas. Rafael García Serrano, do *El Alcázar*, se manifestou, furioso. Quem, afinal, Maya pensava que era: a consciência da

Espanha? Um Tribunal Superior Espanhol formado por uma única mulher? Para ele, a família Picasso sempre foi um circo; por que então os espanhóis iam atender ao desejo de Picasso de ver *Guernica* no Prado só porque ele quis? A partir daí, garantia Serrano, os escritores seriam enterrados na Biblioteca Nacional, só porque queriam! Num texto menos polêmico, de 23 de janeiro de 1981, o assistente de Tusell, Alvaro Martinez-Novillo, tentou diplomaticamente desfazer a confusão. As opiniões de Maya eram pessoais e, apesar de poderem complicar as coisas, não iam impedir as negociações. O problema de *Guernica*, disse ele, "era de dignidade nacional".[45] Aos poucos, aqueles que pediam o quadro foram chegando a um consenso. Rafael Pradas, representando o conselho da cidade de Barcelona, retirou seu pedido, dizendo que adiaria a discussão até o quadro estar em solo espanhol. Mas os bascos não estavam tão dispostos a desistir. Em meados de fevereiro, o Museu de Belas Artes de Bilbao anunciou que pretendia abrigar o quadro num prédio projetado especialmente, uma gaiola de policarbono, com 12 quilos de material anti-inflamável e o mais sofisticado sistema de segurança com raios infravermelhos.

Nenhum planejamento ou diplomacia poderia preparar os encarregados da vinda do quadro para o que ocorreu então. A economia espanhola, com uma inflação galopante devido à segunda crise do petróleo Irã-Iraque, entrava numa grande recessão. O desemprego aumentava, assim como a violência terrorista, e a renda *per capita* caía, comparada com o resto da Europa, e havia um aumento de dias perdidos devido a processos das indústrias. Nos dois primeiros meses de 1981, a jovem democracia ia passar pelo teste mais difícil. O presidente Adolfo Suárez foi a primeira vítima da "síndrome de Moncloa", que ocorre quando um chefe de governo encurralado se retira para a calma do palácio Moncloa e fica cada vez mais fora do alcance dos deputados das Cortes, do próprio partido e do país em geral.[46] Em 1980, havia muitos boatos de um golpe militar e, em 26 de janeiro de 1981, sentindo que tinha perdido a confiança do Partido Cristão Democrata, do Parlamento e do palácio Zarzuela, Suárez finalmente renunciou. Dias após foi substituído por seu suplente Leopoldo Calvo Sotelo mas sua despedida em discurso à nação pela televisão (declarando esperar que a democracia não fosse apenas "um parêntese na história da Espanha"), aumentou o inevitável clima de preságio. Em 23 de fevereiro do mesmo ano, o Congresso se reuniu pela segunda vez para voltar em Calvo Sotelo, que três dias antes não tinha conseguido maioria absoluta. Exatamente às 6h20m ouviram-se tiros nos corredores do lado de fora do Parlamento, seguidos da entrada no Congresso do bigodudo tenente-coronel Tejero e outros membros da Guarda Civil. Era o começo do temido golpe, que queria atrasar o processo de democratização.

Há tantas versões e interpretações do golpe quanto teóricos da conspiração prontos a determinar as culpas. O tenente-coronel Javier Fernández Lopez, no livro *El enigma del 23-F* (referindo-se ao dia do mês), revelou três golpes separados: um, liderado por Tejero; outro, pelo general Armada, que desejava instalar o rei como monarca-fantoche e o terceiro, a intervenção militar em Valência liderada por Milans del Bosch. Muitos historiadores preferem uma divisão mais simples, entre um golpe "duro" e outro "suave", com Tejero e Armado nos seus respectivos papéis. Mesmo assim, o mais importante para o sucesso de ambos foi o comportamento do rei Juan Carlos, que passou a noite quase toda ao telefone no palácio Zarzuela, tentando entender qual o apoio que armada dispunha e incentivando generais indecisos a se definirem. À 1h20m da madrugada de 24 de fevereiro o rei, em uniforme completo de comandante em chefe, declarou à nação que era totalmente contra qualquer ação ilegal que não reconhecesse a constituição democrática. O golpe tinha fracassado. Mas, como Calvo Sotelo depois mostrou, o caminho para o restabelecimento da confiança estava longe de ser simples. Como presidente, ele dispunha de um mandato limitado para reconduzir o país à estabilidade. Seu maior feito foi restabelecer e manter uma democracia em total funcionamento, numa fase em que o país tinha o mais alto nível de desemprego desde a Segunda Guerra e ainda havia militares descontentes.[47] Dois outros pequenos golpes felizmente foram frustrados.

O efeito 23-F podia ser uma catástrofe para as negociações de *Guernica*. O importante, porém, foi a rapidez com que todos os lados (o advogado Dumas, o governo espanhol, a família Picasso e os curadores do MoMA) retomaram as negociações. Dois dias após o golpe fracassado, *El País* noticiou que o "calvário" do quadro estava chegando ao fim. Felizmente, o advogado Dumas assinou um documento dois dias antes do golpe afirmando que o quadro deveria ir o mais breve possível para a Espanha, sem qualquer impedimento nem desculpas. Se Maya e Claude haviam estado certos em manifestar suas suspeitas, o governo espanhol foi rápido em tentar persuadi-los a voltarem à negociação. Um declaração oficial não deixou dúvida: "O governo espanhol tem grande desejo de incluir os herdeiros de Picasso em trazer *Guernica*, o que simboliza uma reconciliação de todos os espanhóis com a paz e a democracia."[48] O quadro nunca tinha sido um símbolo tão forte e essencial para o bem-estar do país, nem causado tanta expectativa e tido tanto peso. É verdade que, na essência, a passagem do país por essa última provação e o importante teste de caráter do rei tinham provado, paradoxalmente, a maturidade da democracia. Apesar do tom alarmista e apocalíptico da imprensa francesa e da volta dos "demônios históricos", nem as reservas feitas por Maya podiam impedir a vinda do quadro. Ela rendeu-se ao inevitável e abriu mão de seus direitos.

Apesar da aceitação de Maya, ainda havia críticos ao apressamento da vinda do quadro. No início de março, em Barcelona, uma homenagem a Picasso organizada pela Caja de Ahorros de Barcelona, Rafael Alberti repetiu que aquele era o momento mais perigoso para a vinda do quadro. Um mês depois, ao ver o quadro pela última vez no MoMA, ele lembrou os ataques terroristas ocorridos na década anterior e pensou: "Este é um quadro que provoca fortes emoções. Mas é também perigoso. Precisa ir para a Espanha, que é segura e não vai prejudicá-lo. O quadro foi pintado para a Espanha e destinado a ela, mas certamente ainda tem milhões de inimigos em seu país."[49] Em nome do MoMA, William Rubin afirmou que ainda estava muito apreensivo com a ida do quadro e que o museu agrediria a lei se desrespeitasse a autorização de Claude e Bernard, que os meio-irmãos ainda retinham. Em 24 de março, o novo ministro da Cultura Iñigo Cavero, disse em entrevista em Paris que era muito desejável que a Espanha respeitasse o direito moral da família, mas não era necessário. Logo depois, Jacqueline Picasso, ao lado dos amigos Hélène Parmelin,

Edouard Pignon e Louise e Michel Leiris, durante uma exposição de retratos de Picasso em Lille, deu total apoio às afirmações de Hélène sobre o papel positivo do quadro na "consolidação da democracia". Para um final feliz daquela que muitos consideraram a mais longa das novelas, era preciso o povo olhar para o futuro, em vez de ficar ruminando os fracassos do passado. Parece que o recado chegou ao MoMA. Para rebater as acusações de que o museu estava envolvido num cínico jogo de evasivas, a porta-voz do museu Louise Kreisberg afirmou, em 29 de março, que na reforma do museu não foi reservado espaço para o quadro. Parecia tudo muito bem. Poucas semanas depois, a agência UPI noticiou que outra porta-voz do museu, Louise Veraart, disse que o quadro só seria liberado no final do ano. No dia seguinte, ficou evidente que, como o artigo da revista *Stern*, esse tinha sido mais um episódio na guerra da desinformação. A porta-voz Louise não existia.

Em meados de maio, Málaga voltou a pedir o quadro e, pela primeira vez, Gernika enviou uma proposta séria. Um júri oficial de Bilbao, formado por intelectuais e artistas do quilate do arquiteto catalão Oriol Bohigas, do escultor Chillida, dos arquitetos italianos Quaroni e Feo e do antropólogo social Júlio Caro Baroja, estudou as propostas de um museu em Gernika para expor o quadro e premiou o projeto da dupla Ruiz e Pagola, de Biscaia. O concurso era patrocinado pelo governo basco e pelo conselho do condado de Biscaia e pretendia promover o entendimento, por Madri, de que eles eram prudentes, sérios e competentes, e que tais qualificações jamais poderiam ser usadas para desconsiderar o justo pedido deles. Javier Tusell, diretor do Museu de Belas Artes, insistiu mais uma vez que o quadro deveria vir para a Espanha antes de resolverem onde ficaria.

No final de junho, a direção que o governo ia tomar ficou clara. Em 23 de junho, o recém-restaurado salão de baile Lucas Jardaens, no Casón del Buen Retiro, foi aberto ao público exibindo uma reprodução fotográfica em tamanho natural do quadro, no local onde pretendiam colocar o original. A família Picasso ainda não tinha resolvido seus atritos, mas prometeu decidir em duas semanas. No início de julho, Javier Tusell recebeu a tão esperada resposta que, para alívio de todos, foi positiva. Mas Maya aproveitou a última oportunidade para demonstrar sua apreensão e registrar que, embora a decisão fosse por maioria, ela era contra. Após anos de negociações de bastidores, a comissão instalada para trazer o quadro finalmente venceu. Agora, só era preciso cuidado e planos secretos para a viagem. O verão estava se transformando em outono e a imprensa continuava querendo declarações de Cavero e Tusell cujas respostas às perguntas foram ficando cada vez mais reservadas e discretas.

Em 9 de setembro, Cavero confirmou que ele e Blanchette, viúva de Nelson Rockefeller, assinaram em Nova York a autorização oficial para a saída e o transporte do quadro. A imprensa previu que a chegada à Espanha, com a devida pompa e circunstância, coincidiria com a visita oficial do rei Juan Carlos no final do mês. Mas o MoMA, com aprovação do Comitê *Guernica*, julgou que seria muito demorado e arriscado, pois vinha recebendo ameaças anônimas ao quadro.

Cavero assinou a liberação e os especialistas em conservação estavam prontos para retirar o quadro assim que os últimos visitantes saíssem do museu. Alguns funcionários do MoMA chegaram às lágrimas quando o quadro foi solto do chassi pela última vez, enrolado e encaixotado. Os quadros que iriam para o seu lugar já estavam escolhidos: *O ossário*, de Picasso, e *Um*, de Pollock. Mas nenhum quadro preencheria aquele vazio. A uma da manhã, a obra-prima estava pronta para começar sua longa viagem. Levada pela porta dos fundos, passou pelo trânsito de Manhattan que estava quase totalmente parado devido a um corte de energia elétrica. Seguiu para o aeroporto sob grande escolta policial e felizmente não se repetiu o roubo a mão armada de quarenta gravuras de Picasso que pertenciam a Marina e estavam numa caminhonete. Com uma hora e meia de atraso, o voo Ibéria 952, um jumbo batizado adequadamente de "Lope de Vega" (o único espanhol cuja enorme produção poderia ultrapassar a de Picasso) decolou para atravessar o Atlântico. Entre os passageiros havia detetives disfarçados, atentos durante as sete horas de voo. Para Cavero e Tusell, também a bordo, foi um momento marcante. Durante quase quatro anos, ajudados por Quintanilla, pelo presidente e o rei, eles persistiram, apesar dos entraves. "Estou comovido, muito comovido", disse Cavero a um grupo de jornalistas, segurando uma taça de champanhe.[50] "A ida de *Guernica* para a Espanha simboliza a consolidação da democracia e o fim da transição." Na pista de macadame do aeroporto de Barajas, em Madri, os dois eram esperados por um nervoso Justino Azcarate que anos antes tinha pedido a "volta" do quadro no Senado. Presentes também no aeroporto Joaquín Tena, Rafael Fernández-Quintanilla, Pita Andrade, representando o Prado e o artista Eusebio Sempere. Às 8h30m da quinta-feira, 10 de setembro de 1981, o avião aterrissou. O comitê de recepção pareceu emocionado ao acompanhar o lento desembarque da caixa de madeira do avião. Iñigo Cavero observou, emocionado: "Voltou o último exilado." Era uma homenagem adequada.[51]

No dia seguinte, 11 de setembro, Francisco Calvo Serraller, crítico de arte de *El País*, refletiu o que todos sentiam ao afirmar que a chegada do quadro era nada menos que "a volta à nossa dignidade nacional. Seu exílio sempre foi uma ofensa à nossa dignidade (...) e destacou nossa incapacidade de viver em paz".[52] Não havia dúvidas de que a "volta" do quadro recuperou a dignidade. Mas levou também à derradeira questão não resolvida sobre onde exatamente o quadro deveria ficar. O ministro da Cultura Cavero tinha dito que o Prado era o local adequado, o que deixou o porta-voz do Partido Nacionalista Basco ofendido e humilhado: "Nós fornecemos os mortos e vocês ficam com o quadro", disse. O prefeito de Gernika, Dionísio Abaitua, também se irritou com a situação. Aquela, mais que nunca, era a hora de fazer justiça ao País Basco. O presidente do país, Carlos Garaikoetxea, declarou com firmeza que a volta do quadro para Gernika era a reparação moral como parte do pagamento por terem sofrido um drama histórico tão grave. O ministro da Cultura continuou surdo aos apelos emocionados, pois tinha preocupações mais urgentes, ou seja, a instalação do quadro antes do centenário de Picasso, a 25 de outubro.

Um selo no valor de 200 pesetas foi emitido para comemorar a chegada do quadro. Mas estava claro que o povo queria mesmo era ver a obra.

No Casón del Buen Retiro, o vidro protetor à prova de bomba e bala, colocado a 5 metros de distância da tela, já estava instalado, assim como os sistemas de controle eletrônico e de umidade ambiental. Só faltava o tão esperado quadro e a coordenação cuidadosa dos especialistas do Prado e dos do MoMA, que viajaram especialmente para supervisionar o reesticamento da tela. Em 15 de outubro, estava tudo arrumado. Em apenas nove horas o quadro foi reesticado e cuidadosamente tratado para tirar dobras e impedir que se transformassem em rachaduras. Sob as vistas atentas dos funcionários do MoMA, a equipe de José Maria Cabrera terminou o trabalho sem problemas. Uma semana depois, as comemorações oficiais podiam começar e a 23 de outubro foi a pré-estreia semioficial para o mundo artístico madrilenho, alguns amigos e familiares de Picasso. Paloma era a única presença garantida. Como a família não teve qualquer informação sobre a data de saída do quadro de Nova York, foi quase unânime em desaprovar a forma do governo espanhol lidar com o caso. Para eles, o governo, com maus modos e má-fé, tinha afastado totalmente qualquer ajuda futura com empréstimos de quadros. Foi uma crítica forte, mas não tão a ponto de estragar a festa.

Ao meio-dia, o Casón começou a encher. Joan Miró recusou gentilmente o convite para comparecer, dizendo que o dia era de Picasso e, além disso, ele poderia se emocionar demais. Aos poucos, rostos do passado espanhol começaram a surgir. Eugenio Arias, o barbeiro e amigo de Picasso; Josep Lluís Sert, Josep Renau, o diretor-geral de Belas Artes na República em 1937. Todos foram homenagear e presenciar o momento histórico. *El País* reconheceu que a Espanha tinha percorrido uma enorme distância em apenas dez anos pois em 1971 era oficialmente proibida qualquer comemoração e a obra de Picasso era atacada. Agora, o quadro tinha se transformado num símbolo de reconciliação, uma tela pela paz. Poucos meses antes, reproduções do quadro podiam ser vistas por toda parte nas demonstrações contra a OTAN, em Córdoba e Madri. Mas, reunido no Casón, o grupo de ilustres visitantes podia refletir sobre o destino de todos e encontrar a imagem que modelou seu mundo visual e moral como nenhuma outra. Naquela manhã, segundo Daniel Giralt-Miracle, nada se comparou a um momento incrível que parecia não planejado e que uniu mundos tão diversos. Quando Javier Tusell apresentou a nova instalação do quadro, deu ao seleto grupo a oportunidade única de passar para o outro lado do vidro protetor para ver a obra de perto. Ao lado de Sert e Renau, ficou a lendária

Dolores Ibárurri La Pasionaria, militante do Partido Comunista e heroína da República na Guerra Civil; junto dela, Leopoldo Calvo Sotelo, presidente da Espanha, cuja família monarquista estava muito ligada ao começo da Guerra Civil com o assassinato do direitista José Calvo Sotelo. Do outro lado do grupo ficaram os membros da Guarda Civil, com seus chapéus tricornes, protegendo a tela cujo sentido tinha sido atacado apenas oito meses antes pelo tenente coronel Tejero, a 23 de fevereiro.

O ministro da Cultura Cavero disse algumas palavras: "*Guernica* é um brado contra a violência, o barbarismo, os horrores da guerra, a negação das liberdades civis implicada numa insurreição armada.[53] Este quadro não é mais bandeira de nenhum grupo isolado: hoje, ele é patrimônio de toda a Espanha." Daniel Giralt-Miracle virou-se para sua colega historiadora de arte, Maria Luísa Borras, e reconheceu, baixo: "Estamos vivendo um momento histórico." Houve um instante de silêncio. E então La Pasionaria, cujo talento especial para o discurso tinha inflamado tantos soldados republicanos durante a Guerra Civil, desanimados nas trincheiras, tentando salvar Madri, declarou, calma: "A Guerra Civil acabou." A Espanha tinha recebido *Guernica* após uma batalha de mais de 40 anos.

Notas

1. Fernández-Quintanilla, R. *Odisea del Guernica* (Barcelona: Planeta, 1981), p. 58.
2. Ibidem.
3. Ibidem.
4. Ibidem.
5. Ibidem.
6. *El País*, 23 de setembro de 1981.
7. Fernández-Quintanilla, R., p. 68.
8. Chipp, H. B., p. 170 a 172.
9. Ibidem.
10. *Economist*, 20 de março de 2003. Ver também Vilallonga, J. L., *La Puta de la República* e *'Opinion' La Vanguardia*, 11 de janeiro de 1999.
11. *Guardian*, 2 de março de 2000.
12. *Tele/Express*, 26 de outubro de 1971.

13. Entrevista com o autor, 8 de novembro de 2003.
14. Preston, P., *Franco*, p. 737.
15. Ibidem, pp. 751 a 752.
16. Moradiellos, E., p. 177.
17. *La Vanguardia*, 27 de novembro de 1971.
18. Oppler, E. C., p. 120.
19. Ibidem p. 236 a 238.
20. Ibidem, p. 240.
21. Ibidem, p. 242.
22. Preston, P., *Franco*, p. 762.
23. *Guardian*, 3 de março de 1999.
24. Oppler, E. C., p. 244.
25. Masheck, J., "Guernica as Art History", *Art News* LXVI, dezembro de 18967.
26. Powell, C., *España en democracia*, 1975-2000 (Barcelona: Plaza y Janés, 2002), p. 152.
27. *The Times*, 26 de novembro de 1975.
28. *New York Times*, 9 de abril de 1973.
29. *Le Monde*, 5 de dezembro de 1975.
30. *El País*, 19 e 21 de abril de 1977.
31. *El País*, 19 de novembro de 1977.
32. Entrevista com o autor, outubro de 2002.
33. *El Alcázar*, 20 de setembro de 1980.
34. Fernández-Quintanilla, R.
35. ver *El País*, 25 de julho de 1979 e Francisco Umbral, *El País*, 28 de outubro de 1981.
36. *El País*, 4 de outubro de 1979 e 22 de novembro de 1981.
37. *La Calle*, setembro de 1979.
38. *El Alcázar* de 2 de maio de 1980.
39. *La Calle*, n. 78, 18 a 24 de setembro de 1979.
40. *El País*, 10 de outubro de 1980 e *Pueblo*, 17 de outubro de 1980. Sobre os receios de Alberti, ver também *El País* de 12 de março e de 30 de abril de 1981. Bergamin descreveu como "*un artefacto explosivo*", *El País*, 24 de outubro de 1981.
41. Fernández-Quintanilla, R., p. 127.
42. Olivier Widmaier Picasso acredita que Claude e Paloma, conforme a lei francesa, não tinham outra saída senão dizer isso para ter a paternidade reconhecida.
43. Ibidem, p. 154 a 155.
44. Hooper, J., *The New Spaniards* (Londres: Penguin 1995) p. 116 a 167.
45. *El País*, 23 de janeiro de 1981.
46. Powell, C., p. 281.
47. Ibidem, p. 303.
48. *El País*, 15, 23 e 25 de outubro de 1981.
49. *El País*, 12 de março, 30 de abril e 24 de outubro de 1981.
50. *El País*, 10 de setembro de 1981.
51. Ibidem.
52. *El País*, 11 de setembro de 1981.
53. *El País*, 23 de outubro de 1981.

11
A última viagem

> Amanhece na Espanha, e esse amanhecer é hoje, acabando com as sombras do passado.
>
> Dolores Ibárurri, La Pasionaria

> Em arte, há apenas dois tipos de gente: os revolucionários e os plagiários. No final, a obra do revolucionário não vira oficial, quando o Estado se apossa dela?
>
> Paul Gauguin, *Oviri: Écrits d'un sauvage*

PARA JOSEP LLUÍS SERT, o reencontro com *Guernica* em sua nova instalação no Casón del Buen Retiro certamente causou emoções conflitantes: da ira à nostalgia e do desapontamento ao orgulho. O local como espaço era muito formal, pesado e aristocrático. Contrastava completamente com o pavilhão dele de 1937, quando o classicismo mediterrâneo, encharcado de luz natural, tinha sido o contraponto perfeito para o quadro. Em Paris, o ambiente tinha energizado a tela. Era também a primeira vez que o povo a via. Quarenta anos depois, no remodelado Casón, todo o otimismo e emoção de ver um quadro novo tinham sumido. Em vez disso, o desenho barroco de Jordaens sobre o triunfo do tosão de ouro cobrindo todo o teto da sala, fazia uma longa sombra sobre o Casón. Assim, *Guernica* só podia parecer uma intrusa.

Após a morte de Franco, a vida na Espanha mudou muito. Mas o quadro também mudou. Antes, parecia chocantemente novo e agora tinha se transformado num ícone mundialmente conhecido, cada vez mais pesado pelos 44 anos de domínio público. Em seu nicho de vidro à prova de bala, ele parecia sedado, como uma santa relíquia moderna que já não fazia parte do nosso mundo. Distanciada do toque e respirando um outro ar, ele tinha de certa forma ficado menos vital. E, como um fragmento de História, parecia tão precioso quanto um raro papiro egípcio e tão frágil quanto os afrescos romanos na Vila dos Mistérios. Teria o quadro perdido a capacidade de chocar? Ou, como preveniu Alberti, seu perigo? Era muito cedo para saber. Em sua transformação, o quadro tinha facilitado psicologicamente a transição da Espanha para a democracia. Era esse o seu novo sentido. Só por isso, era melhor ser prevenido e deixá-lo guardado em seu enorme esquife de vidro.

Naquela primeira tarde de exposição, Sert pensou no absurdo quase surrealista de ver o presidente Sotelo ao lado de La Pasionaria e os dois sendo apresentados a *Guernica* pelo diretor do Prado, ex-padre. Era uma cena que parecia saída direto de um filme de Buñuel. Sert pensou no poder da tela e nas mudanças que ocorreram. Olhando a cena, ele só pôde concluir que o único traço em comum entre Jordaens, que tinha o apelido *Fa presto* ("Faz rápido", em italiano), e *Guernica* era a rapidez da execução. Havia algo incoerente e melancólico na estranha instalação, algo perturbador em ver um das mais brutais imagens do século XX num palácio. A presença do quadro ali no Casón tinha transformado um salão de baile do século XVII num necrotério; num local de peregrinação, como descer ao panteão real do palácio El Escorial, passar pelas câmaras de putrefação para homenagear no ambiente enregelante os reis mortos havia tanto tempo. Pensou Sert: "Cá está agora o quadro, no neolítico Casón, como um desenho primitivo de caverna sob cuidado intensivo."[1] Foi uma observação dolorosa.

Apesar do local desconfortável, *Guernica* manteve o mesmo poder de atração. Para o satírico comentarista político Francisco Umbral, a força do quadro sobre o povo espanhol lembrava as filas de espera no outro lado do Paseo del Prado, na devoção ao Cristo de Medinaceli. Apesar da situação de exílio interno de *Guernica*, observou ele, aprisionada na enorme urna de vidro, as pessoas estavam assistindo ao nascimento de um novo culto. Só nos dois primeiros dias, mais de cinco mil pessoas passaram pelas portas do Casón. E tinha se tornado um fato normal o quadro inspirar produtos que iam de selos, cartazes e catálogos a sacolas — e que não paravam nas prateleiras. Claro que o MoMA gostou tanto de ficar com o quadro durante todo o tempo das negociações. Foi curioso, mas também muito simbólico que na inauguração da grande retrospectiva do outro lado de Madri, no Museu de Arte Contemporânea, comemorando o centenário de Picasso, o caixote de madeira que levou o quadro do museu americano para a Espanha tenha ficado exposto como se fosse uma santa relíquia.

Em 6 de novembro de 1981, quando o rei Juan Carlos e a rainha Sofia chegaram para ver o quadro, a multidão irrompeu em aplausos e ficou óbvio que a vinda do quadro tinha sido um sucesso absoluto. Poucos estavam dispostos a reclamar. Douglas Cooper, o grande colecionador da fase cubista de artista, achou magnífico. Paloma Picasso admitiu que o quadro estava melhor exposto ali do que no MoMA. Mas já havia algumas vozes dissonantes. Os bascos não iam desistir da tela. Nem, mais especificamente, os habitantes de Gernika. Outros críticos logo disseram que, embora preparado, ou por mais sofismas que se usasse, o Casón não era o Prado. Era um argumento que, com os anos, iria ganhar peso aos poucos. Claro que expor o quadro no Casón del Buen Retiro não tinha sido mais que uma solução bastante improvisada, um jeito rápido de apressar a vinda do quadro. Mas quanto mais ficava lá, mais se normalizava e reduzia seu poder de polêmica, mais o quadro começava a ser visto por outros critérios. Naquele espaço, *Guernica* era um travesti. Em termos de curadoria e museologia, era um fracasso. No infeliz contexto do Casón, o quadro parecia esquisito, um anacronismo que não era mais protagonista na história da arte espanhola.

No final de outubro de 1982, o eleitorado espanhol enfatizou a forte transformação em democracia completa votando no Partido Socialista (PSOE, na sigla em espanhol) de Felipe González. Para a grande maioria da população, foi o momento de uma enorme celebração, simbolizando a pá de cal no caixão de Franco. Mas para González e o partido não era hora de sentar e pensar no passado, mas de agarrar as chances do futuro. Grande parte da crítica posterior do partido foi por lembrar muito os derradeiros anos de declínio no poder, de 1993 até a derrota em 1996 do Partido Popular do presidente Aznar, de centro-direita. Esses foram anos de inúmeros escândalos políticos e financeiros, boatos de negociatas na guerra contra os bascos e enorme queda na economia. É difícil talvez pensar no otimismo da década de 1980, quando o ídolo do partido empurrava o país na direção do lendário ano de 1992, em que Sevilha sediou a Expo, Barcelona as Olimpíadas e Madri foi escolhida "capital cultural" da Europa. Foram os anos da *movida* madrilenha, um dinâmico e irreverente movimento da juventude cuja explosão hedonista de criatividade foi captada nos filmes de Almodóvar e cuja nervosa energia "falsa ingênua" aparecia destilada nos desenhos de Mariscal.

Após a vitória do partido nas eleições de 1982, ficou logo claro que o presidente Felipe González tinha grandes ambições para o país. Ligado à social-democracia europeia, ele era um internacionalista cuja visão do futuro não se pautava num hispanocentrismo obsessivo. Uma de suas primeiras iniciativas foi indicar o respeitado economista Miguel Boyer para ministro da Economia. Treinado no Banco da Espanha, Boyer deu continuidade a uma economia que, apesar do aumento de desemprego, entraria num crescimento que durou quase dez anos. Mas parecia que o partido também tinha planos ambiciosos para a cultura, que iam além de apenas desarticular as sufocantes bases de patrocínio e censura formadas durante a ditadura Franco. Era hora de reler a cultura espanhola. O momento de dar voz aos que poderiam simbolizar a nova Espanha. Em 1987, tinha ficado evidente que o Ministério da Cultura já previa o novo papel de *Guernica* nesse país em mutação. Em dezembro desse ano, Javier Tusell, que reassumiu seu papel como um dos historiadores contemporâneos mais importantes do país, escreveu uma carta ao editor de *El País*. Foi com certa raiva que reagiu aos boatos de que o quadro estava prestes a mudar de lugar, o que ia contra todas as promessas feitas ao MoMA e à família Picasso.

Se tal ocorresse, concluiu ele na carta, e contra todos os desejos do artista, seria melhor expor a obra em Gernika mesmo. Ciente dos pedidos de Tusell, o Ministério da Cultura continuou pensando na possibilidade de usar o quadro como parte de um plano mais amplo para reenergizar um conceito novo e vital do Museu de Arte Contemporânea. A ideia não era muito nova. Era exatamente o papel que o quadro teve no final dos anos 1930 e 1940, quando Barr conseguiu com tanto sucesso projetar no mundo a imagem do pioneiro Museu de Arte Moderna de Nova York. No Casón, o quadro ficava excluído. Em certo sentido, já estava morto, tinha perdido sua posição de obra histórica. Mas foi talvez mais do que uma coincidência o Museu de Arte Contemporânea, isolado e pouco visitado no bairro universitário apesar do enorme empurrão da retrospectiva de Picasso em 1981, estar em estado terminal e sem dinheiro. O Ministério da Cultura tinha começado a pensar num novo projeto para competir com os "grandes projetos" do presidente Miterrand, como La Défense ou até com o Mall de Washington. Se desse certo, deixaria de lado para sempre o discurso isolacionista e autocentrado da era Franco. O Museu do Prado era o centro do projeto, um instituição única e inigualável. Mas a arte moderna também precisava de um espaço. Em frente à estação ferroviária de Atocha ficava o austero Hospital Geral de São Carlos, projetado por Sabatini, talvez um espaço improvável para um museu de arte contemporânea, mas sua simplicidade funcionava a favor dele, dando-lhe uma enorme flexibilidade, qualidade fundamental para exibir a dimensão, amplitude e complexidade da arte contemporânea. Desde a inauguração do prédio em 1986 como centro de arte, a diretora de Exposições, Carmen Giménez, tinha usado o espaço temporário para fazer algumas das mais estranhas exposições já vistas. Da impressionante mostra de todos os Matisses pertencentes a acervos russos, a uma cuidadosa seleção de obras-primas da Coleção Phillips de Washington; da enciclopédica coleção Nasher de escultura moderna, à incomparável coleção do conde Panza di Biumo de arte conceitual, o público espanhol admirador de arte percorreu um itinerário de perder o fôlego de arte do século XX. No Pavilhão Espanhol de Sert em 1937, as exposições de Joan Miró, Julio González,

Picasso, muitos visitantes viram pela primeira vez os momentos decisivos e as manifestações tanto da arte moderna quanto da arte moderna espanhola. Em 27 de maio de 1988, o Museo Nacional Centro de Arte Reina Sofia, mais conhecido apenas como Rainha Sofia, nome de sua patrocinadora, recebeu status de museu oficial.

Para muitos de seus curadores e diretores, os primeiros anos de funcionamento do museu foram tão dinâmicos quanto ruins. Um dos problemas era o enorme espaço de que dispunha, que pedia para ser preenchido. Outro, muito relacionado com o anterior, era devido à política de isolacionismo cultural de Franco, que fazia o acervo contemporâneo ainda guardado no Museu de Arte Contemporânea ser modesto para os padrões internacionais. Nesses anos intermediários, a arte de Miró, Picasso, Dalí, Gris e González tinha ficado muito cara, sempre que grandes peças apareciam à venda no mercado. Outro problema bem mais delicado e que levaria mais de uma década para resolver, era que o isolacionismo de Franco causou uma ignorância quase absoluta fora do país sobre a arte criada sob a ditadura. Com isso, a arte espanhola ficou "excluída" da história da arte moderna, exceto, claro a obra de exilados como Picasso, considerados franceses "honorários" e de poucos afortunados como Chillida e Tàpies, que escaparam do estigma franquista. A impressão de inferioridade cultural, decorrente da política cultural do ditador, só poderia ser combatida transformando o Rainha Sofia num museu internacionalmente reconhecido, onde a melhor produção do país pudesse enfrentar o desafio da melhor arte mundial e fazer bonito ao seu lado. E o máximo para conseguir isso seria *Guernica*.

Um mês depois do Rainha Sofia adquirir status nacional, Carmem Giménez foi demitida e substituída por Tomas Llorens, fundador do Museu de Arte Contemporânea de Valência.[2] O novo diretor teve boas iniciativas, como a aquisição da biblioteca, mas em dezembro de 1990 ele também foi demitido pelo ministro da Cultura Jorge Semprun, ex-militante comunista.[3] Llorens deu a entender que a causa da demissão foi o pedido para expor *Guernica*, mas o fato é que o Rainha Sofia parecia um prédio em construção. Desde o primeiro arquiteto, Antonio Fernández Alba, que pediu demissão, passando por Vellés e Feduchi, os catalães Correa, Elias Torres, Bach e Mora, a restauração do museu passou também por Antonio Vázquez de Castro e José Luis Iñiguez de Onzoño. Apesar dos esforços deles, as dificuldades aumentaram devido às rápidas trocas de ministros da Cultura e diretores do museu. A falta de continuidade e os critérios sempre mutantes fizeram o Rainha Sofia virar o inferno dos arquitetos. Aos poucos, o enorme projeto entrou nos trilhos, graças à nova diretora María del Corral, vinda do comércio de arte onde foi *marchande* e depois chefe de aquisições do banco catalão La Caixa. Ela era dinâmica, culta e com boas ligações. Era também apaixonada por arte conceitual inspirada na arte americana, o que depois causaria um desequilíbrio no acervo. Mas forçou a racionalização do acervo herdado do Museu de Arte Contemporânea e formalizou a transferência de obras importantes de Picasso, Miró e Dalí para o Rainha Sofia. Seu maior feito foi, sem dúvida, a participação na transferência do *Guernica*: do Prado para o Rainha Sofia. O apoio que Llorens e Semprun não tiveram, ela conseguiu do novo ministro da Cultura Jordi Solé Tura, que por sua vez tinha confiança e prestígio com o presidente Felipe González.

Logo se viu que *Guernica* não tinha perdido o poder de causar inflamadas discussões e criar polêmica por ficar no Casón. Desta vez, entretanto, o assunto não tinha nada a ver com onde o quadro seria melhor visto e se era legítimo o direito moral de os bascos exibirem-no. Era a capacidade do quadro provocar emoções intensas, mesmo em reprodução, que iria explodir na imprensa. Raramente alguma obra de Picasso tinha sido usada em propaganda, pois eram muito caras e os direitos de reprodução eram muito bem controlados. (Já em 1939 a revista *Time* noticiara, em tom de brincadeira, que, como Picasso produzia muito, um dia a fábrica de automóveis Citroën podia dar um Picasso na compra de cada carro.)[4] Em setembro de 1990, o exército da República Federal da Alemanha usou *Guernica* num anúncio, escolha que foi ao mesmo tempo grosseira e insensível.[5] A unificação alemã havia ocorrido poucos meses antes e o escritor Günter Grass criticou o governo e o ministro das Forças Armadas por causa do anúncio. Perguntou se tinham esquecido que foram os Heinkel e

Junker alemães da Legião Condor que fizeram o holocausto em Gernika em 1937 e obrigou-os a lembrar sua responsabilidade histórica. Ladeando a imagem, ao longo da emblemática cruz de ferro que tanto tinha aterrorizado as gerações anteriores, o texto dizia: "Imagens agressivas do inimigo são os pais da guerra." Sem qualquer menção à participação alemã em Gernika, o texto do anúncio causava uma forte ambiguidade. Qual era a imagem agressiva? E agressiva para quem? Na guerra contra quem? Em que guerra, com que inimigo? Meses após a queda do Muro de Berlim e com o envolvimento militar alemão na primeira guerra do Golfo, Grass achou que o uso do quadro num anúncio oficial das Forças Armadas alemãs era tão desonesto quanto enganoso, além de uma profanação da sagrada obra de Picasso. E exigiu que, no mínimo, o presidente Richard von Weizsacker mandasse o ministro da Defesa alemão se desculpar com o povo de Gernika.

Os habitantes de Gernika talvez tenham se irritado menos do que Grass. O prefeito Eduardo Vallejo de Olejua pediu que, por uma questão de bom gosto, as Forças Armadas alemãs não usassem a foto num anúncio. O ministro da Defesa alemão respondeu que escolheram a tela exatamente devido ao seu poder de provocar ódio contra todas as guerras e assim despertar a consciência coletiva alemã e provocar uma discussão pública. Aquela imagem, disseram eles, era tão conhecida que nem era preciso explicar que as bombas alemãs tinham destruído o lar espiritual dos bascos. Alguns bascos podiam até concordar que o atual exército alemão, que era sobretudo uma força para a manutenção de paz, não tinha relação com o passado nazista. Para o artista Agustín Ibarrola, o anúncio foi uma ofensa direta, quase igual àquela causada pela primeira exposição da tela. Já o membro do movimento *Gernika Gogoratuz* (em Memória de Gernika, em basco) achou que a escolha da imagem já era em si a demonstração de uma força militar incrivelmente perversa. Por razões táticas, a publicidade foi suspensa.

O prefeito Vallejo de Olejua estava com problemas mais prementes: reagiu logo aos boatos da mudança iminente do quadro para o Rainha Sofia. Se a tela podia sair de onde estava, por que não ia para Gernika?, questionou ele. E o governo de Madri colocava obstáculos a cada vez que se formulava a pergunta. Primeiro, lembrou o prefeito, o ministro da Cultura tinha declarado que não havia espaço adequado para expor a tela. Foi então comprado o palácio do conde de Monteforte. Eles então exigiram segurança, e o prefeito garantiu vigilância e proteção 24 horas. A seguir, foi colocado o problema do transporte, mas, se a tela podia ir para o Rainha Sofia, por que não seguir mais alguns quilômetros?, argumentou o prefeito. E disse aos repórteres em 23 de outubro de 1991: "Continuaremos a exigir até que o quadro venha para cá."[6]

Dias antes da declaração do prefeito, o Rainha Sofia distribuiu um comunicado à imprensa informando que, apesar de ter sido reaberto pela segunda vez há um ano, teria de fazer mais uma grande restauração. Estava ficando óbvio para o público que aquele museu, como antes o de Arte Contemporânea, estava esvaziando os cofres do Ministério da Cultura com muita rapidez. Jordi Solé Tura precisava de um sucesso garantido. Um sucesso que conseguiu, diziam alguns cínicos, com a chegada de *Guernica*. Todos os olhos voltados ao Ministério, que criticavam a mudança iminente, viram-se pasmos com o barulho das catracas girando à medida que os visitantes entravam, deixando em segundo plano os problemas de instalação do quadro.

Não era fácil convencer Tura. Como ministro da Cultura, ele provou ser criativo. Desde o começo, como intelectual de esquerda, até seu importante papel como um dos "pais da Constituição" em 1978, ele ficou conhecido como político eficiente, de grande integridade, de princípios e pragmático, sempre discreto, além de muito honesto. O anúncio da mudança do quadro exigia uma campanha pública bem conduzida, pedindo o apoio da *intelligentsia*, da imprensa e dos artistas espanhóis e exigia forte pressão sobre os curadores do Prado para que desistissem do quadro. Maio de 1992 foi o mês-chave para iniciar a estratégia que, se tivesse sucesso, livraria a tela dos anos de confinamento e permitiria que tivesse papel fundamental na história da arte moderna espanhola. Naturalmente, o primeiro a se declarar contra o plano, com razão, foi o prefeito Vallejo. Houve outros protestos passageiros, sobretudo do prefeito de Barcelona, Pascual Maragall. Ele havia patrocinado a trabalhosa reconstrução de uma cópia exata do Pavilhão Republicano de Sert perto das novas instalações para as Olimpíadas, nas colinas Colserrola em Vall d'Hebron. Para completar a exposição, pelo menos durante alguns meses, *Guernica* transformaria o local (enquanto os olhos do mundo estavam em Barcelona), numa meca para admiradores da arte, historiadores e o público em geral, garantindo uma visão única num mundo diferente e oferecendo uma emocionante e privilegiada noção da "idade de ouro" republicana. O fato de Tura e o vice-presidente Narcis Serra serem barceloneses fazia algumas pessoas suporem que o pedido de Maragall seria bem recebido. Mas não foi. A história se repetiu mais uma vez e perdeu-se mais uma oportunidade. *Guernica* estava em condição muito precária para viajar, frágil demais para se arriscar numa mudança que não fosse final, definitiva.

A opinião favorável dos artistas espanhóis teve enorme importância no assunto mudança. Havia algumas vozes discordantes, além de corajosas, já que quem discordasse da política do ministro da Cultura estava, a curto prazo pelo menos, ameaçado de não expor no que estava destinado a ser o melhor museu da Espanha. Para José Maria Sicília, o problema era apenas uma questão de etiqueta, esquecendo talvez que o país tinha comprado o quadro em 1937. Disse ele: "Se você aceita um presente, tem de respeitar as condições em que foi dado."[7] Mas ninguém concordava com essa opinião. A maioria dos artistas aceitava a ideia de fazer o quadro voltar a circular; sem isso, era difícil ter alguma ideia da arte espanhola do século XX. O artista Antonio Saura achava *Guernica* nada menos que a imagem do século XX, por isso mesmo achava também que ir para o Rainha Sofía ressuscitaria a tela, em vez de mofar no pomposo Casón. Talvez a voz a favor mais forte tenha sido de Antoni Tapies. Inconscientemente ou não, a frase dele repetia exatamente a de Picasso ao saber da morte de Paul Cézanne: "No Rainha Sofia, *Guernica* será a peça mais importante, que dá sentido ao resto da arte espanhola contemporânea. É como se, finalmente, a arte contemporânea tivesse voltado à presença do pai.[8]

Os planos de Tura tiveram apoio quase unânime no Parlamento, e mais uma vez só o Partido Catalão e o basco continuaram na oposição, confirmando o que consideravam o latente "centralismo" de Madri em relação a tudo em volta. Fora da Espanha, entretanto, as críticas foram cerradas. Hélène Parmelin e Edouard Pignon ficaram pasmos com a mudança e disseram que ouviram mais de cem vezes o próprio Picasso dizer que queria a tela no Prado, ao lado de Velázquez, El Greco e dos dolorosos "quadros negros" de Goya, *Caprichos*, *Desastres* e o arrasador *Três de maio*. William Rubin também se manifestou contra a mudança que contrariava todas as condições impostas pelo MoMA, 11 anos antes. Em 13 de maio de 1992, Tura pôs um ponto final na especulação. Caso os curadores do Prado concordassem, o quadro só sairia de onde estava para percorrer os 800 metros que o separavam do Rainha Sofia. Todas as demais propostas seriam ignoradas. Confirmando o que os prefeitos Vallejo e Maragall já desconfiavam, Tura declarou: "*Guernica* é um símbolo do país todo. O mais lógico e coerente é mostrá-la no museu nacional de arte contemporânea."[9] Depois de já ter desconsiderado o pedido de Barcelona e Gernika com base na segurança, era difícil discordar dessa lógica.

O voto dos 23 curadores do patronato do Prado já estava dado, como mostrou o Ministério da Cultura ao marcar para logo após a votação uma entrevista coletiva com a presença dos presidentes e curadores do Rainha Sofia e do Prado. Nesse dia, 19 de maio de 1992, Francisco Calvo Serraller, o mais importante crítico de arte espanhol, atacou. Numa análise direta e profunda, seu artigo intitulado *Por quê?* assumiu as dimensões míticas do *Eu acuso*, de Zola, no mundo guernicano. Para o crítico, a mudança do quadro era nada menos que a forma mais cínica de enganar e, enfatizou, de os sucessivos diretores do Rainha Sofia disfarçarem sua incapacidade de criar um acervo coerente. Se tivessem criado, a chegada da tela seria a coroação, o "final feliz."[10] Ele protestava mesmo era contra o sigilo e imprudência de Serraller em fazer a mudança antes do Rainha Sofia ter sua identidade e fama firmados. Na opinião dele, era um bom exemplo de como colocar o carro na frente dos bois. E como o Ministério podia negar os direitos dos bascos e catalães, enquanto havia insistido na última década que o maior desejo de Picasso era ver sua obra histórica no Prado?

Como era de esperar, o patronato do Prado votou quase por unanimidade a favor da mudança, com apenas quatro abstenções. Foi talvez uma decisão curiosa, considerando a mania atual por índices de audiência. Mas o Prado, com base em seu extraordinário acervo da idade de ouro, tinha condições de seguir a política do governo. A racionalização dos dois museus trouxe para o Prado algumas obras-primas do século XIX que estavam enfiadas nos porões do Rainha Sofia. Se a racionalização era o maior objetivo por trás da mudança de *Guernica*, o efeito era revitalizar toda aquela área de Madri. Rafael Moneo tinha restaurado a estação ferroviária de Atocha, de ferro fundido, construída no século XIX. Transformou-a num incrível jardim tropical pronto para receber os visitantes da Exposição de Sevilha que chegariam pelo trem de alta velocidade AVE. Em frente à estação ficava o Rainha Sofia e, do outro lado da movimentada área, o imponente prédio das Belas Artes do Ministério da Agricultura, que Tura achava que um dia poderia sediar um museu do século XIX como o d'Orsay de Paris. Com *Guernica* no Rainha Sofia, equilibrou-se a distribuição de obras de arte de nível internacional, sobretudo porque em frente ao Prado seria inaugurada no final de outubro a lendária coleção Thyssen-Bornemisza. González e Tura tinham entendido antes de qualquer outra pessoa a ligação entre cultura, turismo e reurbanização. Foi uma lição que os bascos também aprenderam, pois estavam em meio ao processo — apesar da onda de escárnio e piadas sobre lutarem contra moinhos de vento —, da construção do marcante Museu Guggenheim, projetado por Frank Gehry, em meio à decadência industrial de Bilbao.

Só faltava então resolver as exigências técnicas e de segurança para fazer a mudança da obra. Claro que, em caso de acidente, de um ato terrorista ou de qualquer outro fato trágico, ninguém perdoaria nem esqueceria os que tivessem participado da destruição de um tal ícone. Carreiras e reputações e, provavelmente, até o próprio governo socialista espanhol dependiam de um resultado satisfatório. Tura insistia sempre nos perigos; com a mudança, "vocês põem em jogo tudo, porque se por acaso alguma coisa der errado, eles *me* matam".[11] Com exceção talvez da restauração da Capela Sistina de Michelangelo ou da *Última ceia*, de Da Vinci, nunca se documentou tanto o estado de conservação de uma obra de arte. Desde os primeiros encontros com os especialistas e curadores do Museu do Prado, decidiu-se que a tela não aguentaria mais ser retirada do chassi e enrolada. Suas dimensões exigiam um método novo. Já estava garantido que o serviço de guindaste do Rainha Sofia podia se encarregar do serviço, mas para transportar a tela era preciso quebrar a parede do Casón, colocando em perigo a obra de Joardaens, e adaptar um mecanismo para o transporte. No novo endereço, a diretora María del Corral colocou o quadro numa espécie de nicho na fachada sul do segundo andar, chamada de "armazém", com a vantagem de ser facilmente protegida com vidro de uma forma bem menos invasiva do que no Casón. Por todo o caminho, com algumas opções deixadas em aberto até o último momento, os funcionários da Guarda Civil e um grupo de seguranças mais discretos responderiam pela total vigilância. Na última semana de julho, todos os planos, arrumações e preparativos estavam prontos.

Na noite de sábado 25 de julho de 1992, foram oficialmente abertas as espetaculares Olimpíadas de Barcelona. Tura escapou da festa e correu com a esposa para o recém-inaugurado aeroporto El Prat de Llobregat, projetado por Ricardo Bofill, e tomou o último voo para Madri. Ele tinha passado noites sem dormir, preocupado com a checagem e rechecagem dos últimos detalhes. Nervoso, às seis da manhã do domingo, ele já estava no Casón, onde iria encontrar Garin e María del Corral. Àquela hora da manhã, Madri ainda dormia, exceto os últimos noctívagos a caminho de casa; às oito, o Casón ficou cheio de fotógrafos para documentar a viagem final da tela. Por toda a semana anterior os preparativos seguiram com todo o cuidado.

Primeiro, o quadro foi protegido com placas de compensado, caso a gaiola de vidro quebrasse ao ser retirada. Depois, recebeu uma cobertura de alumínio sobre a moldura e foi cuidadosamente enrolado num tecido térmico especial para manter a umidade e temperatura corretas. Por fim, foi colocado numa caixa protetora com sensores que dariam um alarme, se houvesse alguma variação grave. Enquanto isso, o Departamento de Conservação do Prado fez todos os registros microscópicos da superfície do quadro que fosse possível registrar algum novo dano na chegada ao Rainha Sofia.

Quando a enorme caixa foi lentamente suspensa com guindaste, no domingo de manhã, a multidão aplaudiu espontaneamente. Depois, foi colocada no caminhão e a carreata de 12 caminhonetes da polícia, acompanhada do alto por um helicóptero, arrastou-se por todo o Passeio do Prado, evitando os fios elétricos e com os sinais de trânsito retirados para permitir a passagem. Quinze minutos depois, o quadro estava no fundo do Rainha Sofia pronto para ser içado. Na frente do museu, grafiteiros escreveram "*Guernica* para Gernika", mas foi o único distúrbio registrado, além de alguns turistas japoneses terem rompido o cordão de isolamento para fotografar o histórico acontecimento. Tudo parecia seguir conforme o programado até que, no último instante, um fato constrangedor ameaçou transformar em farsa a mudança tão meticulosamente planejada. Parecia que o guindaste era pequeno. Os técnicos garantiram ao ministro que tinham deixado uma sobra de 3 centímetros. "Sejam 3 ou 4 centímetros, não me interessa, desde que caiba."[12] Anos depois, Tura lembrou que "aquele foi um dos momentos mais emocionantes da minha vida". *Guernica* estava a salvo.

Para a Espanha, aquele foi um ano extraordinário. No outono, a Exposição, as Olimpíadas e o ano de Madri como "capital cultural" já eram considerados grandes sucessos. Muitos dos fantasmas e clichês associados à Espanha foram deixados de lado. Num sentido profundo, aquilo tinha sido o centro da política do governo. Os intelectuais do Partido Socialista tiveram uma vontade concreta de "normalizar" o país para mostrar ao mundo que sua jovem democracia estava saudável e que a mentalidade espanhola não era anárquica nem isolacionista, mas essencialmente europeia. No correr do ano, o rei Juan Carlos também quis, com um gesto adequadamente simbólico, ajudar a afastar os capítulos infelizes da história do país. A Espanha comemorava 500 anos de descoberta da América, e o rei quis, em primeiro lugar, se desculpar por Isabel e Fernando terem expulsado os judeus sefarditas. Uma providência mais local e bem menos explosiva foi Juan Carlos querer que o mausoléu de Franco no Valle de los Caídos, sempre associado apenas à direita, passasse a ser um monumento a todos os espanhóis mortos na sangrenta Guerra Civil.

O momento mais emocionante foi na inauguração da Pavilhão Republicano no Vall d'Hebron. O rei Juan Carlos e a rainha Sofia aguardavam os enviados catalães no prédio projetado por Sert, ao lado de uma reprodução de *Guernica*. Numa cena que parecia fora do roteiro, a arquiteta Beth Gali se aproximou do rei e ofereceu a ele um alfinete de lapela com a bandeira republicana. Foi um momento estranho, cujo simbolismo podia ser facilmente interpretado com maldade. "Prenda-o à minha esquerda, cara senhora, assim ficará mais perto do meu coração", recomendou o rei, caloroso.

O caminho da briga até a reconciliação foi longo. *Guernica* também tinha percorrido esse caminho. Para ser "normalizado", o quadro ainda precisava virar um quadro, uma imagem não de carne e sangue, mas de tinta a óleo, resina, linho e juta. Como diziam muitos, a tela tinha de se "dessacralizar". A mudança do Casón para o Rainha Sofia tinha sido o primeiro passo. E agora, ao preencher o vazio das paredes muito brancas do "armazém", ela estava pronta para se juntar à história da moderna arte espanhola. Para ajudar o quadro a perder o terrível peso histórico, o artista Antonio Saura publicou em *El País* de segunda-feira 27 de julho de 1992, o extraordinariamente catártico *Auto de fé e réquiem para Guernica*.[13] Segundo a tradição das famosas "cinco perfídias principais" de Salvador Dalí (onde afirmou que "quem não sentiu o odor de santidade é traidor"), Saura produziu uma litania de ódio que ele esperava que ajudasse as pessoas a se aproximarem do quadro com um olhar novo e inocente.[14] A sátira destila escárnio, ódio e raiva sobre todos os que tinham participado de alguma forma do circo de *Guernica*:

> Detesto o arquiteto sevilhano Roberto Luna cuja tela de vidro ainda protege a dança obscena de *Guernica*.
> Detesto a vitrine da loja El Corte Inglês, que é *Guernica*.
> Detesto a mudança do quadro para o depósito central de ônibus do Rainha Sofia.
> Detesto Dore Ashton, o crítico de arte americano, que foi tão sagaz a ponto de dizer que *Guernica* não é arte contemporânea, é História.[15]

Quem levou ao pé da letra o dramático manifesto de Saura, não entendeu sua intenção. Lluís Permanyer foi um dos primeiros críticos a ver que Saura tentava clarear a situação e dar oportunidade de *Guernica* voltar a ser importante.[16]

Sem se incomodar com a política nacional, David Sylvester foi mais direto: "No Rainha Sofia, eu de repente vi o quadro, talvez por causa da iluminação, como a obra mais importante de Picasso e, portanto, do século. Tive o prazer de ver que, como o *Juízo final* de Michelangelo, ou a *Nona sinfonia* de Beethoven, essa não é uma obra apenas colossal, prodigiosa e famosa, mas maravilhosamente boa."[17]

Em pouco tempo, a tela se tornou o maior assunto do acervo e como o "armazém" era no centro do prédio, ficou simbolicamente como o sol com os planetas girando em volta. Depois do Alhambra e do Prado, o Rainha Sofia passou ao terceiro lugar em número de visitantes, ao lado da catedral da Sagrada Família, de Gaudí, ambos com 1 milhão e 400 mil visitas por ano. Para o Casón, foi um desastre. Cheio de quadros históricos do século XIX para acompanhar o imponente *Torrijos e o esquadrão de fuzilamento*, de Antonio Gilbert, com seis imponentes metros de comprimento, sua frequência caiu de 50 mil para 5 mil visitantes por mês. Não havia público para ver obras assinadas do século XIX, já antiquadas na época, como o tão bem realizado *Amantes de Teruel*, de Muñoz Degrain, o encantador *Dona Joana, a louca*, de Pradilla e o famoso *Testamento de Isabel, a católica*, de Eduardo Rosales, embora estivessem bem mais de acordo com o arrebatador *Alegoria da instituição do Tosão de Ouro*, de Jordaens do que *Guernica* jamais foi, não conseguiram encontrar sua audiência. O quadro tinha deixado um vazio quase impossível de preencher.

Apesar das afirmações tão divulgadas do ministro da Cultura de que, seguramente, *Guernica* tinha feito sua última viagem, ainda chegavam à mesa do diretor do Rainha Sofia pedidos de empréstimo do quadro. Em setembro de 1994, a fervente globalização do museu de María del Corral, que alguns consideravam similar ao MoMA-Guggenheim-Tate-Documenta, causou o afastamento dela, como há muito se previa e em claro detrimento para a arte espanhola. A nova ministra da Cultura, Carmen Alborch, uma elegante ruiva que, como diretora do IVAM tinha promovido a arte espanhola com paixão característica, exigiu uma mudança. María foi substituída por José Guirao com a missão de mostrar a contribuição incomparável da Espanha para a história da arte. Sua sutil ação reequilibradora, provocadora e, muitas vezes, inspirada em meio às exigências e necessidades de arte internacional, nacional e regional, não conseguia disfarçar o fato (por mais bem-sucedida que fosse a programação) de que o sucesso permanente do Rainha Sofia estava, como sempre, no quadro estrela.

Em 1995, reconhecendo que *Guernica* era símbolo mundial dos horrores da guerra, o Japão pediu para expor o quadro na lembrança dos 50 anos do bombardeio de Hiroshima e Nagasaki no final da Segunda Guerra. No início do ano seguinte, o presidente Mitterrand, um grande aliado e apoiador do cada vez mais opaco governo socialista, chegou a pedir ao rei Juan Carlos para liberar *Guernica* para a enorme retrospectiva de Picasso planejada para dezembro daquele ano, no Centro Georges Pompidou. A cada pedido, que dependia da decisão final do Rainha Sofia, a reação da ministra da Cultura Carmen Alborch era uma firme negativa.

Mas houve um pedido mais difícil de recusar. O prefeito de Gernika, Eduardo Vallejo de Olejua já tinha dito em 23 de outubro de 1991 que "continuaremos pedindo o quadro até ele vir para cá" e voltou à carga. Era de se esperar. Mas agora o panorama basco, com o Museu Guggenheim sendo construído, também era outro. Assim como o panorama político na Espanha. Uma indicação clara e muito significativa foi a decisão corajosa de Alborch, que seria uma de suas últimas, de tirar o vidro protetor do quadro quando saiu do "armazém para ser colocado a apenas 25 metros de distância, no mesmo andar do Rainha Sofia.

Considerando as ameaças implícitas contra a segurança do quadro na década de 1970, era óbvio que a simbólica remoção do vidro protetor causou uma significativa mudança na opinião e na ordem pública, mostrando (talvez como nenhum outro gesto), como estavam sólidos os princípios da democracia. Na primeira semana de março de 1996, José María Aznar, do Partido Popular, se elegeu presidente depois de 14 anos de socialismo no poder. A necessidade de o PP fazer um pacto com os partidos de minoria catalã e basca deu a entender que, se quisesse permanecer no poder, o partido de centro-direita teria de ouvir com atenção as carências e pedidos daquelas regiões autônomas.

A verdadeira pressão para autorizar *Guernica* a sair mais uma vez e o único pedido que realmente merecia uma consideração séria veio do nascente Museu Guggenheim. Bem no começo do processo, segundo seu jovem diretor Juan Ignácio Vidarte, já existia a ideia de que, com um museu de arte contemporânea de nível internacional em Bilbao (que ficava a apenas meia hora de Gernika), era lógico e moralmente obrigatório autorizar o empréstimo do quadro por um tempo limitado. Segundo Vidarte, "não se discutia de quem era o quadro", nem tinha a ver com o espinhoso tema de onde ficaria o quadro.[18] Mesmo assim, desde que foi planejado o extravagante prédio com revestimento de titânio, havia um espaço para expor *Guernica* no terceiro andar, com vista para o átrio, que o arquiteto Frank Gehry tinha batizado de "capela". No início de 1996, enquanto se planejava o tema da exposição inaugural, cuja data coincidia com o sexagésimo aniversário da bombardeio de Gernika, considerou-se que era a melhor oportunidade para levar o pedido do Guggenheim ao Rainha Sofia. Vidarte achava isso fundamental para o sentido do museu que, como ele disse, "esperava ser o símbolo do que o País Basco quer ser no futuro".[19] No País Basco, entretanto, nunca houve um apoio unânime para o projeto que alguns, como o escultor Jorge Oteiza, consideravam uma ideia anacrônica da globalização que María del Corral tanto desenvolveu no Rainha Sofia ou, pior ainda, um moderno imperialismo cultural americano.

Mas Vidarte não se intimidou com a oposição. Em suas "sutis incursões" ao Rainha Sofia, afirmou que a possibilidade do quadro ser transferido tinha apoio, embora não oficial. De volta a Bilbao, a equipe dele fez um grande dossiê com todos os problemas potenciais de conservação, os motivos para pedir o quadro e afirmando que competia ao Rainha Sofia marcar a data do empréstimo. Vidarte sabia também que era melhor manter o pedido fora do conhecimento público pelo maior tempo possível, pois a discussão ficaria acalorada e atrapalharia uma reflexão calma e ponderada.

Em outubro de 1996, o parlamento da província de Biscaia, que tinha por capital Bilbao, fez um pedido direito ao presidente José Maria Aznar para interceder pela cidade. Com apoio do Partido Popular da cidade, parecia que a situação estava andando. Na visita do rei Juan Carlos para acompanhar as obras do museu, o arquiteto Frank Gehry aproveitou para mostrar o espaço onde ficaria *Guernica*. O arquiteto não perdeu amigos no País Basco, mas o rei foi prudente de não entrar lá. Uma das primeiras indicações de que haveria problema veio diretamente de Bernard Picasso, que foi enfático em dizer que o quadro não deveria sair nunca mais de onde estava. Sem considerar a legitimidade do desejo do museu Guggenheim, nem a vasta simpatia de muitos pelo pedido basco, Bernard levou a discussão para o âmbito público.

Em 26 de abril de 1997, exatamente 60 anos após o bombardeio, Gernika finalmente recebeu uma mensagem do presidente alemão Herzog, que garantiu acabar a discussão com a traumatizada cidade. A Alemanha aceitava total responsabilidade pela tragédia, com espírito de reparação. Enquanto um sino retirado dos destroços tocava dobres no cemitério, o embaixador Henning Wegener inclinou a cabeça e leu uma declaração em nome de seu país.

> Assumo total responsabilidade por esse passado e pela culpa da frota aérea alemã envolvida. Em 26 de abril de 1937, Gernika foi vítima de um ataque aéreo da Legião Condor, o que transformou o nome desta cidade num sinônimo de agressão-surpresa a uma população indefesa, fazendo-a vítima das mais terríveis atrocidades.

Em resposta, o prefeito Eduardo Vallejo anunciou, resignado: "Este é um bom momento para enterrar para sempre o que aconteceu."[20] E, com menos discrição, deixou escapar para um jornalista estrangeiro: "O pedido de desculpas alemão está certo; com isso, admitiram a verdade.[21] O Parlamento alemão fez agora o que o parlamento e os militares espanhóis jamais fizeram." Entretanto havia também o importante tema de se o quadro poderia ir para o País Basco e finalmente sanar a ferida.

No início de maio de 1997, o Congresso basco apoiou o pedido do Museu Guggenheim pela liberação do quadro. Às vezes, a cuidadosa linguagem da diplomacia acabava em frustração. O diretor da Fundação Solomon R. Guggenheim em Nova York, Thomas Krens, que foi mentor da ideia de franquear o Guggenheim como se fosse um McDonald's cultural, garantiu: "O povo basco pagou com sangue pelo quadro." Da mesma forma, o presidente do Partido Nacional Basco, Xabier Arzalluz, já tinha declarado, provocador: "Nós ficamos com as bombas e Madri, com a arte."[22] O membro do partido no Congresso, Iñaki Anasagastio, opinou:

> Se o povo de Madri realmente acredita que o País Basco faz parte da Espanha, então por que o quadro não pode ficar aqui, pelo menos temporariamente? Afinal, Picasso deu ao quadro o nome de *Guernica* e não de *Madri*. Mas, devido a um estranho processo burocrático, os técnicos, em vez dos políticos que representaram o povo, decidiram onde o quadro poderia ou não ficar. Compreendemos as preocupações com a frágil condição do quadro mas, por favor, vivemos um tempo em que já enviamos um homem à Lua. Certamente, poderíamos trazer *Guernica* com cuidado para Gernika.[23]

O presidente Aznar, ao contrário do habitual, ficou do mesmo lado de Iñaki e usou todo o seu poder de liderança para fazer um acordo multipartidário nas Cortes de apoio ao pedido do Guggenheim na reunião marcada para 13 de maio, do patronato do Rainha Sofia.

O presidente do patronato, Valeriano Bozal, declarou agir de boa-fé e, como último guardião do quadro, proibiu que ele viajasse. Por trás, ele tinha o peso de um livro ainda inédito, de trezentas páginas, todo ilustrado e intitulado *Estudo sobre o estado de conservação de Guernica de Picasso*, editado pelo Departamento de Conservação do Rainha Sofia, que destacava cada fissura microscópica e o estado geral do quadro. Antes, nesse mesmo ano, Javier Tusell tinha chamado a atenção do público para a seguinte contradição: se, segundo os especialistas, *Guernica* chegou à Espanha em 1981, em perfeitas condições, como é que de repente o quadro estava em mau estado? A pergunta nunca foi respondida. Para Juan Ignácio Vidarte, a recusa era mais ou menos esperada mas, mesmo assim, teve o efeito de um soco. Para ele, "era tudo política, disfarçado por trás de exigências de conservação. E o pedido pelo quadro nunca foi devido à quantidade de visitantes, como alguns críticos se deram o direito de dizer, mas para comemorar "um belo momento".[24] Concluiu ele: "Muito ingenuamente, achamos que poderia até ser um gesto para normalizar a relação entre a Espanha e o País Basco."

Mais uma vez, o futuro de *Guernica* estava ligado com aquele outro grande símbolo da identidade cultural da Espanha, *A dama de Elche*, guardada no Museu Nacional de Arqueologia de Madri. Na última semana de junho, o vice-presidente Francisco Álvarez Cascos fez uma proposta de última hora, sem a intenção de lei, para facilitar que as duas obras de arte fossem temporariamente para seus respectivos domicílios espirituais de Gernika e Elche. "Não quero entrar em atrito com ninguém", disse ele, mas era óbvio que a resolução, se aprovada, não iria mudar o resultado.[25] Para qualquer oportunidade de dar um fim ao problema, o governo teria de mudar a lei e os poderes do patronato, o que muita gente disse que transformaria a Espanha em motivo de piada, no mundo do museus.

No verão de 1997, Antonio Saura também entrou na briga e, em seu estilo agressivo, questionou a legitimidade do pedido tão reiterado do Guggenheim.[26] Na opinião dele, era um mau começo para um novo museu fazer pressão política sobre o museu nacional, considerando que um teria de trabalhar com o outro no futuro. E, como Bernard Picasso e o patronato, ele também achava que o quadro não deveria mais sair de onde estava. O escultor basco Eduardo Chillida surpreendeu ao declarar que uma mudança seria "pura loucura" e o pintor hiper-realista Antonio López descreveu a pressão política latente como "um intolerável abuso de poder."[27] A recusa de Bozal parecia esperada. E sua finalidade parecia ser garantir que o quadro jamais saísse de Madri.

Mesmo considerando a situação e as exigências de conservação, é uma grande vergonha que Gernika e Bilbao ainda não tenham tido a oportunidade de conhecer essa totêmica obra, tão fundamental para a identidade e história das duas cidades. Perdeu-se uma oportunidade simbólica de reconciliação. Mas, aos poucos, à medida que as pessoas passam em frente ao quadro, este funciona como um memorial e um lembrete do que aquela cidade sofreu e se mantém como um forte grito contra a repressão e símbolo enorme do desejo de paz. Hoje, no Rainha Sofia, ele parece tão lancinante e poderoso como nunca. Ao percorrer os compridos e frios corredores acompanhado pelo bibliotecário do museu, Miguel Vallé Inclan, ele de repente virou-se para mim e disse: "Talvez, é difícil dizer isso, mas talvez sejamos a primeira geração que pode olhar *Guernica* apenas como um quadro."

Claro que continua sendo assunto para discussão se a "normalização" do quadro diminuiu seu impacto. A reação dos visitantes do Rainha Sofia no seu primeiro encontro com o quadro dá uma outra impressão. Todos os dias, milhares de pessoas ficam chocadas com a força e o tamanho da imagem, e arregalam os olhos para o doloroso drama que se passa na frente delas. Pasmas, olham com respeito. A capacidade de chocar de *Guernica*, apesar de suas milhares de reproduções, jamais diminuiu. A rejeição que essa obra faz à barbárie humana e seu grito por liberdade e paz continuam tão firmes hoje quanto no dia em que Picasso terminou o quadro e largou o pincel, em 1937.

Notas

1. *El País*, 31 de outubro de 1981.
2. Depois de ser curador do Museu Guggenheim de Nova York, Giménez fez uma volta triunfal à Espanha, dirigindo o Museu Picasso de Málaga.
3. Reuben Holo, S., p. 43.
4. À medida que as previsões loucas aparecem, para Henri-Cartier Bresson pelo menos, a decisão de dar o nome de Picasso até para um carro — uma máquina capaz de matar inocentes passantes —, o Citroën Picasso, é um nojento travesti da obra de seu caro amigo.
5. *El País*, 12 de março de 1991.
6. *El País*, 23 de outubro de 1991. Ver também *La Nación*, 29 de abril de 1997.
7. *El País*, 7 de maio de 1992.

8. Ibidem.
9. *El País,* 13 de maio de 1992.
10. *El País* 19 de maio de 1992. Para opiniões contra ver *El País,* 8 de maio de 1992 onde Parmelin e Pigon falam de suas reservas.
11. Entrevista com o autor, maio de 2003.
12. Ibidem.
13. *El País,* 27 de julho de 1992.
14. Descharnes, R., e Prévost, C., *Gaudí, the visionary* (Londres: Patrick Stephens, 1971), p. 5 a 8. As cinco perfídias ou crimes de Dali contra Gaudí são as seguintes: 1) aqueles que não viram sua visão militante; 2) aqueles que não tocaram na estruturas ósseas e na carne viva de seus enfeites delirantes; 3) aqueles que não ouviram a cromática e brilhante estridência de suas cores, a barulhenta polifonia de suas torres e a batida do seu mutante naturalismo decorativo; 4) aqueles que não provaram seu muito criativo mau gosto; 5) aqueles que não sentiram seu odor de santidade.
15. *El País,* 27 de julho de 1992 e *The Art Newspaper,* n. 21, outubro de 1992.
16. Entrevista com o autor, maio de 2003.
17. *Independent on Sunday,* 27 de setembro de 1992.
18. Entrevista com o autor, junho de 2003.
19. Ibidem.
20. *El País,* 27 de abril de 1997, e ver *Telegraph,* 28 de abril de 1997.
21. *New York Times,* 12 de maio de 1998.
22. *El País,* 25 de maio de 1997 e 28 de junho de 1997.
23. Discurso em *Cortes,* 6 de maio de 1992; ver *El País,* 7 de maio e também Martin, R., *Picasso's War* (Londres: Dutton, 2002) p. 246.
24. Entrevista com o autor.
25. *El País,* 21 de junho de 1997.
26. *El País,* 10 de julho de 1997.
27. *El País,* 26 de junho de 1997.

Agradecimentos

SÓ AGORA, VINTE ANOS DEPOIS, constato o quanto devo aos bons ensinamentos, no Instituto Courtauld, de Anthony Blunt, John Golding, Christopher Green e meu supervisor externo Tim Hilton. Meu amor pela arte americana foi incentivado depois por John Kasmin na Galeria Knoedler, por *sir* Anthony Caro e Clement Greenberg. Agradeço a Luke Piper e à família Piper a autorização para citar Myfanwy Evans. Generosamente, Marilyn McCully achou tempo para procurar material sobre *Guernica*, como também fez Elizabeth Cowling, sempre pronta a encorajar, ser gentil e a dar boas sugestões. Não preciso dizer que qualquer erro neste livro é exclusivamente meu.

Muitas instituições, bibliotecas e museus deram ótimas condições de trabalho e aconselhamento paciente. Sem dúvida, o lugar mais charmoso e menos conhecido foi o Museu Picasso, situado no porão da prefeitura de Buitrago de Lozoya. Agradeço também ao Museu da Paz de Gernika. Na Inglaterra, agradeço à Biblioteca da Universidade de Exeter, ao Instituto Courtauld, à Biblioteca Britânica, ao Instituto de Pesquisa Histórica, à Biblioteca Bridport e ao Departamento de Pesquisa e Conservação da Biblioteca Tate Britânica. Saber o percurso de *Guernica* na Inglaterra só foi possível com a ajuda de muitas bibliotecas, além de jornais, vários dos quais se dispuseram a publicar anúncios gratuitamente para conseguir dados que faltavam. Agradeço a Helen Drury do Centro de Estudo Oxfordianos, à equipe da John Rylands, à Biblioteca do Oriel College, ao *Manchester*

Evening News, à Galeria de Arte de Leeds, a Janeen Haythornthwaite, na Galeria de Arte Whitechapel e ao lorde Healey de Riddlesden. Em Edimburgo, Ann Simpson e Jane Furness, do Arquivo Roland Penrose na Galeria Nacional Escocesa de Arte Moderna, também ajudaram colocando as viagens de *Guernica* na ordem certa.

Como em todos os livros anteriores que escrevi, meu trabalho em Barcelona sempre recebeu ajuda da amizade e gentileza de Deborah Chambers. As bibliotecas e arquivos da cidade Condal foram abertos com a eficiência de sempre. Agradeço a Marguerita Cortadella, do Museu Picasso, a Lourdes Prades, do Pavilhão da Segunda República, à Biblioteca da Catalunha, ao arquivo do MNAC e, por último, mas também importante, a Sérgio Vila Sanjuan, Carles Salmurri e José Luís Garcia Abril, de *La Vanguardia*. A História só ganha vida com pessoas e, em Barcelona, agradeço a Jordi Gracía García, Jordi Solé Tura, ao falecido Manuel Vazquez Montalban, Lluis Permanyer, Manuel Pallares, Josep Palau i Fabre, Daniel Giralt-Miracle e Juan José Lahuerta por contarem suas lembranças e me darem ideias. Em Bilbao, no Museu Guggenheim, Juan Ignácio Vidarte foi igualmente generoso.

Qualquer pessoa que fizer um trabalho sobre *Guernica* e sua "volta" para a Espanha fica em dívida com Javier Tusell, cujos escritos sobre o tema me inspiraram a escrever este livro. Em Madri, meu centro de pesquisa foi, naturalmente, o Museu Rainha Sofia (MNCARS). Agradeço a Concha Iglesias, Elena Garrido, Soledad de Pablo e, particularmente, a Miguel Vallé Inclan e Juan Manuel Bonet, com um conhecimento enciclopédico sobre arte e vida literária na Espanha do século XX. Mesmo por alto, era difícil acompanhar a avalanche de ideias, caminhos, trilhas, desvios e longas digressões deles, que, não obstante, terminavam por encaixar-se no sentido geral. Na escadaria do Rainha Sofia, Saturnino Moreno Soria me deu uma apaixonante explicação sobre a relação de *Guernica* com Rubens. Agradeço também a Ian Gibson por seus gentis conselhos. A Biblioteca Nacional, o Departamento de Imprensa do Prado, o arquivo de *El País* e a eficiente equipe do Museu Esteban Vicente, na vizinha Segóvia, também me ajudaram a entender a cultura do exílio, da mesma forma como o fez a amizade com Harriet Vicente e seu falecido marido Esteban. Foi através deles que encontrei a *marchande* Elvira Gonzalez, de Madri, cujo apaixonado apoio a Picasso é mostrado neste livro e que se dispôs, generosamente, a evocar lembranças dolorosas. Tom Burns Marañon também deu ideias, contatos e bons conselhos. Todo o trabalho em Madri foi finalmente facilitado graças a Peter Wessel e Margarita Lucas com sua maravilhosa hospitalidade em Lavapies, acompanhada do bônus adicional de delícias gastronômicas.

Em Paris, agradeço a Nick e Josette Bray por me enviarem informação e, no Museu Picasso, a Anne Baldassari. Anos atrás, comecei a mexer nos Arquivos de Arte Americana em Washington e nos do MoMA em Nova York. Nunca pensei que demoraria tanto tempo a ver os frutos desse trabalho. Aos nomes dessas instituições exemplares acrescento os do Arquivo Sert na Biblioteca Frances Loeb da Escola de Desenho de Harvard, assim como o da Biblioteca Pública de Nova York e o do Instituto Clark em Williamstown.

De volta a Londres, fui ajudado outra vez pelo grande conhecimento que Michael Jacob tem da Espanha e pela grande gentileza, generosidade e erudição (que muitas vezes vinha na forma de cartas de cinco páginas datilografadas) do historiador da Guerra Civil Espanhola, Gerald Howson. Um bônus a mais foi o fato de meu lar em Londres ter sido a receptiva casa de sua filha, Rebecca Howson, com o marido Tom, aos quais dedico este livro. Xavier Bray sempre compartilhou suas ideias, como também Michael Barker, que me enviou um ensaio manuscrito sobre a Exposição de 1937. Meus colegas de trabalho Fiona Urquhart e Martin Randall me deram muitas oportunidades de tentar novas ideias e aqueles (são muitos para mencionar aqui) que viajaram comigo por toda a Espanha, vão identificar aqui, na página impressa, muitas observações que fizeram.

Os manuscritos só se transformam em livros com a ajuda de agentes literários e editores. Desde o começo, na Curtis Brown, tive a sorte de ter o apoio entusiasmado de Jane Bradish-Ellames e Euan Thorneycroft. O mesmo apoio recebi da minha editora espanhola Plaza y Janés, na Random House Mondadori, com o entusiasmo contagiante de Deborah Blackman. E este livro foi beneficiado em todas as etapas pela equipe editorial e gráfica em Bloomsbury. Desde o primeiro dia, Bill Swainson incentivou, insistiu, elogiou e apoiou o projeto. Devo a Pascal Cariss a avaliação que me fez mudar meu enfoque. Bill, junto com Sarah Marcus, Nicola Barr e o diagramador Nathan Burton conseguiram dar a impressão de que este era o único livro que eles estavam lançando naquele ano.

Em casa, claro, minha mulher Alex, e Driky, Rosa e Hetty viviam uma outra realidade. Agradeço a vocês por terem criado um abrigo tão feliz, quando minha cabeça estava longe nas guerras. Meu pai Piet faleceu quando eu estava no meio do texto deste livro. Ele chegou à Europa aos 14 anos, em 18 de julho de 1936. Quando o navio onde viajava passou pelo estreito de Gibraltar, viu que sua vida estava prestes a começar. E só agora percebo que a vida dele e a trajetória de *Guernica* ocorreram ao mesmo tempo, da guerra ao esquecimento e à reconciliação final. A última vez que o vi feliz, foi à mesa com nossos amigos espanhóis Loli e Peter. Foi muito importante para ele, que adorava a vida na Espanha. Toda vez que pego minha agenda de telefone, as páginas abrem em nomes espanhóis: Sevi, Calixto, Victor, Cristina. Nicolas, Sara, Marta, Javi, Martin, Nieves, Loles, Cruz, Avito, Vicky, Mercedes, Montsé e muitos, muitos mais. Vejo então que este livro é para vocês.

2004

Bibliografia

PICASSO

Ashton, D., *Picasso on Art* (Londres: Thames and Hudson, 1972).
Berger, J., *The Success and Failure of Picasso* (Londres: Penguin, 1966).
Blunt, A., *Picasso: The Formative Years* (com Phoebe Poll) (Londres: Studio Books, 1962).
Bonet Correa, A., *Picasso 1881-1981* (Madri: Taurus, 1981).
Brassaï, *Conversations with Picasso* (Chicago: University of Chicago Press, 1999).
Brown, J., *Picasso and the Spanish Tradition* (New Haven: Yale University Press, 1996).
Caws, M.A., *Picasso's Weeping Woman* (Boston: Little, Brown and Co., 2000).
Cowling, E., *Picasso: Style and Meaning* (Londres: Phaidon, 2002).
Cowling, E., *Interpreting Matisse Picasso* (Londres: Tate Publishing, 2002).
Daix, P. e Israel, A., *Pablo Picasso: Dossiers de la Préfecture de Police 1901-1940* (Paris: Éditions des catalogues raisonnés, 2003).
Fitzgerald, M., *Making Modernism: Picasso and the Creation of the Market for 20th Century Art* (Berkeley: University of California Press, 1996).
Gasman, L., *Mistery, Magic and Love in Picasso* (Ann Arbor: University Microfilms, 1981).
Gedo, M. M., *Picasso: Art as Autobiography* (Chicago: University of Chicago Press, 1980).
Gilot, F., *Life with Picasso* (Londres: Virago, 1990).
Golding, J., *Cubism* (Londres: Faber and Faber, 1998).
Gomez de la Serna, R., *Ismos* (Madri: Biblioteca Nueva, 1931).
Hilton, T., *Picasso* (Londres: Thames and Hudson, 1985).
Lord, J., *Picasso and Dora* (Nova York: Farrar Straus Giroux, 1993).
McCully, M. A., *Picasso Anthology* (Londres: Thames and Hudson, 1981).
O'Brien, P., *Picasso* (Londres: Collins, 1976).
d'Ors, E., *Pablo Picasso* (Barcelona: El Acantilado, 2001).

Olivier, F., *Loving Picasso* (Nova York: Harry N. Abrams, 2001).
Penrose, R., *Picasso: His Life and Work* (Londres: Granada, 1981).
Picasso, M., *Picasso, My Grandfather* (Londres: Jonathan Cape, 1991 e 1996).
Richardson, J., *A Life of Picasso*, 2 vols. (Londres: Jonathan Cape, 1991 e 1996).
Richardson, J., *The Sorcerer's Apprentice* (Londres: Jonathan Cape, 1999).
Sabartés, J., *Picasso, Portraits and Souvenirs* (Paris: Louis Carré, 1946).
Stein, G., *Picasso* (Boston: Beacon Press, 1938).
Utley, G. R., *Picasso: The Communist Years* (New Haven: Yale University Press, 2000).
Widmaier Picasso, O., *Picasso: The Real Family Story* (Munique: Prestel, 2004).

CATÁLOGOS DE EXPOSIÇÕES

El siglo de Picasso (Madri: Centro de Arte Reina Sofía, 1987).
De Picasso a Bacon (Segóvia: Museu Esteban Vicente, 1999).
Matisse Picasso (Londres: Tate Galley, 2003).
On Classic Ground (Londres: Tate Gallery, 1990).
Pablo Picasso (Nova York: Museu de Arte Moderna, 1980).
Picasso Alberti — La última tertúlia (València: IVAM, 2002).
Picasso and the War Years, ed. Stephen Nash (São Francisco: Museu de Belas Artes, 1998).
Picasso em Las Colecciones Españolas (Segóvia: Museu Esteban Vicente, 2000).
Picasso: Sculptor Painter (Londres: Tate Gallery, 1994).

GUERNICA

Arnheim, R., *The Genesis of a Painting: Picasso's Guernica* (Berkeley: University of California Press, 1962).
Blunt, A., *Guernica* (Londres: Oxford University Press, 1969).
Calvo Serraller, F., *El Guernica* (Madri: T. F. Editores, 1999).
Chipp, H. B., *Picasso's Guernica* (Londres: Thames and Hudson, 1989).
Doumanian Tankard, A., *Picasso's Guernica after Ruben's Horrors of War* (Filadélfia: The Art Alliance Press, 1984).
Larrea, J., *Guernica* (Nova York: Curt Valentin, 1947).
Fernández-Quintanilla, R., *Odisea del Guernica* (Barcelona: Planeta, 1981).
Fundación Marcelino Botín., *El Guernica y los Problemas Éticos y Técnicos de la Manipulación de Obras de Arte* (Santander: Botín, 2002).
Gerverau, L., *Autopsie d'um chef d'oeuvre* (Paris: Paris-Méditerranée, 1996).
Guernica-Legado (Madri: Museu do Prado, 1981).
Haim, P., *La Novela de Gernika* (San Sebastián: Artola, 1999).

Martin, R., *Picasso's War* (Nova York: Dutton, 2002).
Martín Martín, F., *El Pabellon Español* (Sevilha: Universidad de Sevilla, 1982).
Morgan-Witts, M. e Thomas, G., *The Day Guernica Died* (Londres: Hodder and Stroughton, 1976).
MNCARS, *Estudio sobre el Estado de Conservación* (Madri: Ministério da Educação e Cultura, 1998).
Oppler, E. C., *Picasso's Guernica* (Nova York: Norton, 1988).
Palau Fabre, J., *El Guernica de Picasso* (Barcelona: Blume, 1979).
Puente, J. de la., *Guernica: The Making of a Painting* (Madri: Silex, 1997).
Ramirez, J. A., *Guernica* (Madri: Electa, 1999).
Rankin, N., *Telegram from Guernica* (Montclair: Allanhel and Schram, 1980).
Rutledge, H. C., *The Guernica Bull* (Athens, Georgia: University of Georgia Press, 1989).
Southworth, H., *Guernica! Guernica! A study of Journalism, Diplomacy, Propaganda and History* (Berkeley: University of California Press, 1977).

GERAL

Adolf, S., *Spanje Achter de Schermen* (Amsterdã: Prometheus, 2001).
Alpert, M., *A New International History of the Spanish War* (Londres: Macmillan, 1998).
Anfam, D., *Abstract Expressionism* (Londres: Thames and Hudson, 1990).
Ashton, D., *The New York School* (Nova York: Viking Press, 1972).
Balfour, S., *Dictatorship, Workers and the City* (Oxford: Clarendon Press, 1989).
Barr, A. H., *Defining Modern Art* (Nova York: Harry N. Abrams, 1986).
Baxter, J., *Buñuel* (Londres: Fourh Estate, 1994).
Beevor, A., *The Spanish Civil War* (Londres: Cassel, 1999).
Beevor, A. e Cooper, A., *Paris: after the Liberation* (Londres: Penguin, 2004).
Bjelajac, D. *American art: A Cultural History* (Londres: Laurence King, 2000).
Bond, B., *War and Society in Europe* (Londres: Fontana, 1984).
Bonet, J. M., *Diccionário de las Vanguardias* (Madri: Alianza, 1999).
Bozal, V., *Pintura y Escultura Española del Siglo XX*, 2 vols. (Madri: Espasa Calpe, 1993).
Brihuega, J., *La Vanguardia y la República* (Madri: Cátedra, 1982).
Burns Marañon, T., *Hispanomanía* (Barcelona: Plaza y Janés, 2000).
Calvo Serraler, F., *Del Futuro al pasado: vanguardia y tradición em el arte española contemporánea* (Madri: Alianza, 1988).
Cambridge Company to Modern Spanish Culture, ed. Gies, D. T. (Cambridge: Cambridge University Press, 1999).
Carr, R., *The Republic and the Civil War in Spain* (Londres: Macmillan, 1971).

Carter, M., *Anthony Blunt* (Londres: Macmillan, 2001).
Cirici Pellicer, A., *La estética del Franquismo* (Barcelona: Gustavo Gili, 1977).
Cone, M., *Artists under Vichy* (Princeton: Princeton University Press, 1992).
Conn, S., *Museums and American Intellectual Life 1876-1926* (Chicago: University of Chicago Press, 1998).
Crow, T., *Modern Art in the Common Culture* (New Haven: Yale University Press, 1996).
Crusells, M., *La Guerra Civil Española: cine y propaganda* (Barcelona: Ariel, 2000).
Danto, A., *The State of the Art* (Nova York: Prentice Hall Press, 1987).
Doezama, M. e Milroy, E., *Reading American Art* (New Haven: Yale University Press, 1998).
Eterington-Smith, M., *Dalí* (Londres: Sinclair-Stevenson, 1992).
Evans, M., *The Painter's Object* (Londres: Curwen Press, 1937).
Feinstein, A., *Pablo Neruda* (Londres: Bloomsbury, 2004).
Fontana, J., *España Bajo el Franquismo* (Barcelona: Crítica, 2001).
Freedberg, C.B., *The Spanish Pavillion* (Nova York: Garland Press, 1986).
García Delgado, J. L., com ensaios de Juan Pablo Fusi, Santos Juliá, Stanley G. Paine, *Franquismo: El Juicio de la História* (Madri: Temas de Hoy, 2000).
Gibson, I., *Federico García Lorca* (Londres: Faber and Faber, 1997).
Giménez Caballero, E., *El Arte y el Estado* (Madri: Gráficas Universal, 1935).
Golan, R., *Modernity and Nostalgia* (New Haven: Yale University Press, 1995).
González Egido, L., *Miguel de Unamuno* (Valladolid: Junta de Castilla y León, 1997).
Gracía García, J. e Ruiz Carnicer, M., A. *La España de Franco: cultura y vida cotidiana* (Madri: Sintesis, 2001).
Green, C., *Cubism and Its Enemies* (New Haven: Yale University Press, 1987).
Greenberg, C., *Art and Culture* (Boston: Beacon Press, 1961).
Guilbaut, S., *How New York Stole the Idea of Modern Art* (Chicago: University of Chicago Press, 1983).
Herbert, J. D., *Paris 1937: Worlds on Exhibition* (Ithaca, New York: Cornell University Press, 1998).
Hererra, H., *Arshile Gorky* (Londres: Bloomsbury, 2003).
Hooper, J., *The New Spaniards* (Londres: Penguin, 1987).
Hoving, T., *Making the Mummies Dance* (Nova York: Simon and Schuster, 1993).
Howe, I., *A Margin of Hope* (Nova York: Harcourt Brace Jovanovich, 1982).
Howson, G., *Arms for Spain* (Nova York: St. Martin's Press, 1999).
Jackson, G., *The Spanish Republic and the Civil War* (Princeton: Princeton University Press, 1965).
Jardí, E., *Eugenio d'Ors* (Barcelona: Ayma, 1967).
Jauristi, J., *El Bucle Melancólico* (Madri: Espasa Calpe, 1997).

Johnson, P., *Modern Times* (Londres: Weidenfeld & Nicolson, 1983).
Jordan, B., *Writing and Politics in Franco's Spain* (Londres: Routledge, 1990).
Kazin, A., *New York Jew* (Nova York: Alfred A. Knopf, 1978).
Koestler, A., *Spanish Testament* (Londres: Gollancz, 1937).
Krauss, R., *The Originality of the Avant-Garde and Other Modernist Myths* (Cambdrige, Ma.: MIT Press, 1994).
Kurlansky, M., *The Basque History of the World* (Londres: Vintage, 2000).
Kuspit, D., *The Cult of the Avant-Garde Artist* (Cambridge: Cambridge University Press, 1993).
Legarreta, D., *The Guernica Generation* (Reno: University of Nevada Press, 1984).
Leja, M., *Jackson Pollock in Reading American Art* (New Haven: Yale University Press, 1998).
Lindqvist, S., *A History of Bombing* (Londres: Granta Books, 2001).
Llorente, A., *Arte e Ideologia em el Franquismo* (Madri: Visor, 1995).
Low, R., *La Pasionaria: The Spanish Firebrand* (Londres: Hutchinson, 1992).
Ludington, T., *Marsden Hartley* (Boston: Little, Brown and Co., 1992).
Manguel, A., *Reading Pictures* (Nova York: Random House, 2000).
Martín Casas, J. e Carvajal Urquijo, J., *El Exílio Español* (Barcelona: Planeta, 2002).
Matossian, N. *Black Angel: A Life of Arshile Gorky* (Londres: Pimlico, 2001).
McCullagh, F., *In Franco's Spain* (Londres: Burns Oates, 1993).
Miller, C., *American Iconology* (New Haven: Yale University Press, 1993).
Moffitt, J. F., *The Arts in Spain* (Londres: Thames and Hudson, 1999).
Monleón, B., *Del Franquismo a la Postmodernidad* (Madri: Akal, 1995).
Moradiellos, E., *La España de Franco: Política y Sociedad* (Madri: Síntesis, 2000).
Moreno Galván, J. M., *Introducción a la pintura española actual* (Madri: Publicaciones Españolas, 1960).
Naifeh, S e White Smith, G., *Jackson Pollock: An American Saga* (Londres: Pimlico, 1992).
Ortega y Gasset, J., *La deshumanización del arte* (Madri: Espasa Calpe, 1987).
Orwell, G., *Collected Essays* (Londres: Secker and Warburg, 1975).
Paxton, R., *Vichy France: Old Guard and New Order* (Nova York: Alfred A. Knopf, 1972).
Payne, S. G., *Basque Nationalism* (Reno: University of Nevada Press, 1975).
Peer, S., *France on Display* (Albany, Nova York: State University of New York Press, 1998).
Pérez Sanchez, A., *La pintura española*, 2 vols. (Madri: Electa, 1995).
Podhoretz, N., *Making It* (Nova York: Random House, 1967).
Polcari, S., *Abstract Expressionism and the Modern Experience* (Cambridge: Cambridge University Press, 1991).

Powell, C., *España en democracia, 1975-2000* (Barcelona: Plaza y Janés, 2001).
Preston, P., *Comrades* (Londres: Harper Collins, 1999).
Preston, P., *Franco* (Londres: Fontana Press, 1993).
Preston, P., *The Spanish Civil War* (Londres: Weidenfeld & Nicolson, 1986).
Reuben Holo, S., *Beyond the Prado* (Liverpool: Liverpool University Press, 1999).
Ridruejo, D., *Casi unas memórias* (Madri: Planeta, 1976).
Rose, B., *American Art since 1900* (Nova York: Praeger, 1967).
Rosenberg, H., *Gorky: the Man, the Time, the Idea* (Nova York: Horizon Press, 1962).
Sandler, I., *The Triumph of American Painting* (Nova York: Harper and Row, 1970).
Silva, U., *Arte e Ideologia del fascismo* (València: Fernando Torres, 1975).
Silver, K., *Esprit de Corps: The art of the Parisian Avant-Garde* (Princeton: Princeton Universitry Press, 1989).
Steer, G., *The Tree of Gernika* (Londres: Hodder and Stoughton, 1938).
Stewart-Murray, K., Duchess of Atholl, *Searchlight on Spain* (Londres: Penguin, 1938).
Stonor, Saunders, F., *Who Paid the Piper?* (Londres: Granta Books, 1999).
Talón, V., *Arde Guernica* (Madri: San Martin, 1970).
Tellitu, A., Esteban, I. e González Carrera, J. A., *El milagro* Guggenheim (Bilbao: Diário el Correo, 1997).
Thomas, H., *The Spanish Civil War* (Londres: Penguin, 1984).
Urbano, P., *Garzón* (Barcelona: Plaza y Janés, 2002).
Van Bruggen, C., *Frank O. Gehry Guggenheim Museum* (Nova York: Guggenheim Publications, 1998).
Van de Lemme, A., *Art-déco* (Londres: Appletree Press, 1992).
Weber, E., *The Hollow Years: France in the 1930s* (Londres: Sinclair Stevenson, 1995).
Whelan, A., *Alfred Stieglitz, a Biography* (Nova York: Da Capo Press, 1997).
WPA Guide to New York City (Nova York: Federal Writer's Project, 1939).
Yglesias, J., *The Franco Years* (Indianápolis: Bobbs-Merril, 1977).

CATÁLOGOS DE EXPOSIÇÕES

AIA: The Story of the Artist's International Association (Oxford: MoMA, 1983).
American Art in the 20th Century (Londres: Royal Academy, 1993).
Art and Power (Londres: Hayward Gallery, 1995).
Dada and Surrealism Reviewed (Londres: Hayward Gallery, 1978).
Equipo Cronica (València: IVAM, 1989).
Pabellón Español 1937 (Madri: Centro de Arte Reina Sofía, 1987).
The Spanish Civil War (Londres: Imperial War Museum, 2001).

Índice remissivo

Aalto, Alva. 63
Abaitua, Dionísio 277, 287
ABC (jornal) 214
Abetz, Otto 135
A casa (filme) 242
Acheson, Dean 189
Action Painting 154, 156
A dama do Elche 211-212, 311
ADLAN (Amigos das artes novas) 35
Agência Americana de Informação (USIA) 187
Aguilar, José 210
Aguirre, José Antonio 40-41, 43, 71
AIA (Associação Internacional de Artistas) 86-89
A idade do ouro (filme) 224
Ainaud de Lasarte, Juan 220
Aizpúrua, José Manuel 20, 21, 26
Alatriste, Gustavo 224
Alberti, Rafael 200, 209, 234, 236, 243, 278, 284; preocupação com a volta de *Guernica* para a Espanha 278, 284, 292
Alborch, Carmen 306-307
Aleixandre, Vicente 244
Alemanha: apoio aos nacionalistas 13, 29, 31; responsabilidade da força aérea pelo massacre de Gernika 43-44; formação da força aérea na década de 1930, 44, 47; crítica ao Pavilhão Espanhol 72; invasão da Polônia 120; e investigação sobre o bombardeio de Gernika 270; aceitação da responsabilidade pela tragédia de Gernika 309; *ver também* República Federal da Alemanha, e pelo nome de lugares
Alfonso XIII, rei 24, 211, 265
Aliança de Intelectuais Antifascistas em Defesa da Cultura 34
Allen, Woody 278
Alloway, Lawrence 174
Almade 69
Almadrabas (filme) 72
Almagro 279
Almodóvar, Pedro 294
Alonso Vega, Camilo 227
Alonso, Damaso 213
Altamira (grupo artístico) 238
Álvarez de Vayo, Júlio 275
Álvarez, Miguel 216
Alvarez Cascos, Francisco 311
Alvarez Coto, Soledad, 269
anarquismo/anarquistas 23, 28, 103, 146
Anasagastio, Iñaki 310
Andaluzia 23, 28, 29, 162
Anfam, David 167
Ángeles Ortiz, Manuel 234
Annan, Kofi 11

anticomunismo: aviso de Barr contra 34; caça americana às bruxas 175-177; ataques contra artistas 183-187, *ver também* McCarthismo
antissemitismo: a imprensa na Paris ocupada 132
Antonio (bailarino) 235
Apollinaire, Guillaume 154
Aragon, Louis 72, 87, 120, 129, 145, 146, 190, 191, 192; sentimentos antiamericanos 191, 192
Araquistáin, Finki 275
Araquistáin, Luis 35, 224, 274
Arendt, Hannah 175
Arensberg, Walter 119
Arias, Eugenio 234, 288
Arlequim (quadro de Picasso) 220
Arletty 135
Armada, general 283
armênios 109
Armero, José Maria 274, 277, 280
Arnheium, Rudolf 165
Arriba! 213
Arte Americana Avançada (exposição itinerante) 187
arte catalã 20, 68, 74
Arte Degenerada (*Entartete Kunst*) exposição em Munique 72, 114
Art of this Century, Nova York 167
Arte Fantástica, Dada e Surrealismo (exposição no MoMA) 115, 116
Artes Indignadas com a Guerra do Vietnã 260
Arte y Estado 21-22
Arteta, Aurélio 41
O artista contra o fascismo, exposição, Londres 87
Arzalluz, Xabier 310
As hordas (filme) 212
Ashton, Dore 305
Associação dos Escritores e Artistas Revolucionários 87, 90
Associação de Livreiros 258
Astúrias, levante de mineiros de 23
Ateliê (quadro de Picasso) 117

Atholl, Katherine Stewart-Muray, duquesa de 88, 92, 95
Atlantic 179
Atlantic Monthly 180, 182
Attlee, Clement 93, 95
Aub, Max 21, 34, 70, 243, 275
Auden, W. H. 87
Auric, Goerges 61
Auschwitz 16, 190
Austin, Chick 107, 116
Axis 75, 86
Azaña, Manuel 27, 29, 33, 67, 97, 102, 265
Azcarate, Justino 265, 287
Azéma, Léon 61
Aznar, dom Manuel 228
Aznar, José María 307, 309, 310

Bacon, Francis 95
Badosa, Enrique 254
Baez, Joan 226
Bagdá: bombardeio "choque e pavor" 12, bombardeio em 1920, 47
Balanchine, George 119
Baldwin, Stanley 30, 43, 83
Balé russo 121
Baleares, Ilhas 35
Ballerdi, Ruiz 270
Balzac, Honoré de 38, 39
Banco Atlântico, Barcelona 268
Bannard, Walter Darby 203
Baranik, Rudolf 259
Barcelona 48, 103; como baluarte republicano 15, 32; começo de vida e de trabalho de Picasso em 35, 146, 233; queda para os nacionalistas 97; volta de Miró para 130; exposição de Picasso na sala Gaspar 217, 220, 257; e Picasso na década de 60 218-221, 245; e a criação do Museu Picasso 219, 221-223, 259; protestos contra ataques da direita 258; Museu de Arte Contemporânea (MACBA) 269; pedidos por *Guernica* 277, 282, 299, 301; *ver também* Museu Picasso e no nome das instituições

ÍNDICE REMISSIVO

Barnes, dr., 101
Baroja, Pio 255
Barr, Alfred H. (Jr) 103-104, 107, 115, 119, 130, 147, 171, 182, 186, 199, 251; e exposição de Picasso no MoMA 119, 121, 130; oferece asilo para Picasso 131; afastado da direção do MoMA 171-172; defesa da liberdade de expressão 172, 183-187, 196, 200
Barr, Margaret 115
Barral, Emiliano 68
Barrault, Jean-Louis 39
Bartholdi, Fréderic-Auguste 104
bascos: acusados de bombardear a si mesmos 46; governo 72, 309; falta de entusiasmo por *Guernica* 71. crianças refugiadas apoiadas pela AIA 87; sob o governo de Franco 258; agravamento da situação na década de 1970, 270; planos de transformação de Gernika 285; pedidos por *Guernica* 293
Basquiat, Jean Michel 262
Bataille, Georges 39
Bauhaus 65, 111, 114, 116
Bawden, Edward 63
Baxter, John 224
Baziotes, William 97, 122, 158
Beauvoir, Simone de 138, 141
Bélgica: invasão da 130; reação a *Viridiana* de Buñuel 226
Bell, Vanessa 87
Bellmer, Hans 130
Bengoechea, Javier 279
Benjamin, Walter 21, 130, 131
Benton, Thomas Hart 113, 116, 163
Bergamin, José 33, 34, 78
Berlanga, Luis García 241
Berlim 277, 298
Bermeo: mural de Ucelay 35, 40, 42
Bernal, J. D. 86, 88
Bernstein, Leonard 197
Bertolucci, Bernardo 226
Bessie, Alvah 194
Biblioteca Nacional de Madri 221, 222, 257

Biblioteca Pública de Dallas 185
Biden, senador Joseph 274
Bienal de Veneza (1938) 210, 234
bienio negro 25, 28, 35
Bikini, atol de: testes atômicos 168
Bilbao 13, 32, 36; Museu de Belas Artes de 41, 68, 74, 279, 282; Galeria Grises 247; construção do Museu Guggenheim 302, 306
Birkenau 190
Black, Misha 89
Blix, Hans 12
Blum, Léon 30, 32
Blume, Peter 109
Blunt, Anthony 74, 75, 85, 90, 91, 95-96, 106
Boadella, Albert: prisão e fatos subsequentes 271-273
Boileau, Louis-Hippolyte 61
bombardeios: Segunda Guerra Mundial 15; história dos 47, pelo ETA 261
Bonet Castellana, Antonio 35, 65
Bonet, Juan Manuel 66, 316
Bonet, María del Mar 242, 271
Bores, Francisco 234
Borras, María Luisa 289
Bosé, Lúcia 236, 245
Boston Post 117
botas: preço da entrada na exposição da Whitechapel, 94
Boyer, Miguel 294
Bozal, Valeriano 310-311
Bozo, Dominique 275
braceros (camponeses sem terra): condição dos 12-13; anarquia 28
Braque, Georges 84, 114, 131, 140, 154
Brasil 199
Brassaï (Gyula Halasz) 74, 129, 133, 135, 140-142, 144-145, 149, 151, 155, 168
Brauner, Victor 237
Breker, Arno 65, 139
Brereton, Laurie 13
Bresdin, Jean-Denis 280
Breton, André: como amigo de Picasso 52, 119, 125, 126, 130, 244; exílio nos Esta-

dos Unidos 114, 131; tentativas de chamar Picasso de surrealista 179; ataque ao comunismo de Picasso 191
Brigada Internacional 33, 83, 87, 93
Brigada Lincoln 99, 194
Brindesi, Olympio 106
Britten, Benjamin 87
Brook, Peter 272-273
Brossa, Joan 272
Bruce, David K. 189
Budapeste: invasão soviética a 196
Buigas, Carlos 61
Bulgária 176
Buñuel, Luis 72, 224-226, 239, 243, 292; e *Viridiana* 224, 226, 230
Burgos 20, 44
Burke, Edmund 57, 109, 156

Cabanillas, Pío 270, 272
Cabanne, Pierre 195
Cabeça de mulher (quadro de Picasso) 67, 68
Cabeça de touro (escultura de Picasso) 20, 140
Cabrera, José Maria 279, 228
Cachin, Marcel 145
Cahiers d'Art 55, 73, 77, 78-81, 83, 132
Calder, Alexander 69
Calderón de la Barca 37, 70, 73
Calley, tenente William 260, 262
Calvo Serraller, Francisco 237, 240, 249, 287, 301, 320
Calvo Sotelo, José 28, 283
Calvo Sotelo, presidente Leopoldo 282, 289
Camboja 15
Camon Aznar, José 214, 228
Campanha de Ajuda aos Refugiados Espanhóis 36, 99-100; exposição itinerante para arrecadar fundos para 83-84; viagem de *Guernica* aos Estados Unidos 101, 105
campos de concentração: durante a Guerra Civil Espanhola 97, 101; durante a Ocupação da França 129, 144, *ver também* campos de trabalho

campos de trabalho 205-206; *ver também* campos de concentração
Camus, Albert 138
canções de protesto 242
Cannes: Festival de Cinema de 225; Villa La Californie 234-236; Picasso e Jacqueline em Notre-Dame-de-Vie 236
Carilllo, Santiago 265, 269, 277, 278
Carlistas 24, 30, 215
Carlu, Jacques 61
Carné, Marcel 39
Carpentier, Alejo 234
Carrero Blanco, almirante Luís 245-246, 256, 258, 261, 262
Carrilo, Santiago 269, 277
Casa da Cultura, Paris 87
Casado, coronel Segismundo 98
Casanova, Laurent 147, 191
Casares Quiroga, Santiago 29
Casas, Ramón 255
casas: mudanças de interiores na década de 1960, 226-227
Casón del Buen Retiro: abrigo temporário de *Guernica* na volta 286, 288-292, 294, 296-297, retirada de Guernica do 303, 305-306
Cassou, Jean 79, 191
Castro, América 24, 244
Catalunha 35; anseio separatista 25; vitória dos nacionalistas na 97; identificação crescente com Picasso 218-220, 222-223
Catalunha francesa 271
católicos 24, 30
Cavero, Iñigo 279, 284, 286-287, 289
Ce Soir 44-45, 58
Cela, Camilo José 241
Celaya, Gabriel 21
censura: na Paris ocupada 133; na Espanha de Franco 209, 223, 225-226, 227-229, 239-241, 268
Centro Georges Pompidou, Paris 307
Centro Internacional de Documentação sobre Armas Químicas Aerotransportadas 48

ÍNDICE REMISSIVO 329

Cercas, Javier 21
Céret, na Catalunha 71
Cernuda, Luis 205, 209, 243
Cervantes, Miguel de 70, 91, 210
Cézanne, Paul 110, 111, 116, 155, 300
Chamberlain, *lady* Ivy 92
Chamberlain, Neville 63
Chamberlain, *sir* Austen 92
Chambers, Whittaker 194
Chanel, Coco 135, 162
Chaplin, Charlie 177, 193
Chez, Heinz 270
Chicago Herald and Examiner 121
Chile: perseguição a Neruda 190
Chillida, Eduardo 239, 270, 285, 296, 311
China: tratado com a União Soviética 190
Chipp, Herschell B. 51, 54, 96, 266-267, 276-277
Christian Science Monitor 180
Chrysler, Walter 117
CIA (Agência Central de Inteligência) 12, 176, 196-197
Ciano, conde 83, 92
Cinema, *ver* filmes
Circle 86-87
Clarà, Josep 210
Clark, Kenneth 91
Clark, Stephen C. 107, 171-172
Close, Chuck 202
Clube de Artes de Chicago 121
Coalizão de operários de arte 260
cobla, música, 71
Cocteau, Jean 139, 141
Cohen, Elliot 192
Cohn, Roy 178, 193
colaboração com nazistas: Picasso acusado de 145; artistas e intelectuais 135; comitês de investigação 145
Coldstream, *sir* John 213
Coldstream, William 87
coleção Phillips, Washington 295
Colégio de Arquitetos de Barcelona 223
comércio de armas 99
Comitê Americano pela Liberdade Cultural 176

Comitê de Artistas de Cinema pelos órfãos espanhóis 119, 178
Comitê Nacional de Ajuda à Espanha 88-89
Comitê de Atividades Não Americanas 178, 193
Comoedia 139
Companys, Lluis 134
Composição com Minotauro (quadro de Picasso) 32
Composição com Minotauro 32. em *Guernica* 48-49, 58, 157
Comunidade Europeia/Mercado Comum 242, 281
Comunismo: e formação da Frente Popular 27; ameaça à Europa 105; no panorama político americano de pós-guerra 174-176; na Europa de pós-guerra 176; abstração ligada ao 183-187; envolvimento crescente de Picasso com o 191, 195, 197
Cone, irmãs 101
Confederação Espanhola de Direitos Autônomos (CEDA) 26
Confederação Nacional do Trabalho (CNT) 23
Conferência Mundial de Paz, Sheffield (1950) 189
Congresso Basco 310
Congresso de Artistas Americanos contra a Guerra e o Fascismo 108, 178
Congresso Internacional da Juventude pela Paz (1949) 191
Congresso Mundial pela Paz 199
Congresso Nacional francês 1931, 47
Congresso pela Liberdade Cultural (Paris); como arma da CIA 197
Conselho da Europa 271
construtivistas russos 111
Contra-Ataque 39
Cooper, Douglas 86, 89, 235, 293
Copenhague 223; Statens Museum for Kunst 84
Córdoba 288
Corman, Mathieu 44
Corral de comedias 70

Corral, María del 297, 303, 306, 308
Cortes, Juan 221, 223, 227
Cortissoz, Royal 117, 122
Côte d'Azur 107, 125, 129, 144, 235
Coventry 15, 48
Cowley, Malcolm 99, 108
Craven, Thomas 181-182
Crawford, Ralston 168
Craxton, John 95
Crianças do Paraíso (filme) 39
Cristo, *ver* crucificação
Crucificação (quadro de Picasso) 58
crucificação: em *Guernica* 48, 50-51, 157, 167, no quadro de Saura 240
Cruz y Raya (revista) 21
Cruz, Juan 227
Cubismo 131; estilo de Picasso 74, 90, 110, 117, 173, 202; pintores influenciados por Picasso 237
Cubismo e arte abstrata (exposição no MoMA) 116
Cuixart, Modesto 221, 239
Cukor, George 119
Culme-Seymour, Michael 42
cultura: reformas na Segunda República 25; no governo de Franco 207-210, 241, 296
Curdistão iraquiano 15
Cuttoli, *monsieur* 232

Daily Express 42, 45
Daily Telegraph 213
Daix, Pierre 134
Dale, Chester 101
Dalí, Salvador 41, 89, 222, 224, 244, 276, 296, 297, 305
Daqui a cem anos (filme) 48
Dau al Set (grupo de artistas) 239
Daumier, Honoré 120
David, Jacques-Louis 195
Davis, Bette 119
Davis, Stuart 188
de Kooning, Willem 152, 154, 158-160, 182

de Laszlo, dra. Violet Staub 164
De Stijl, artistas do 110, 267
defesa civil 47
Delacroix, Eugène 58, 160
Delaunay, Roberto e Sonia 64
Delibes, Miguel 243
Demoiselles d'Avignon (quadro de Picasso) 15, 93, 103, 117, 119, 168
depressão 112-113
Derain, André 33, 139, 145
Desejo pego pelo rabo (peça de Picasso) 125, 138
Desnos, Robert 141, 144
Destino 218, 221, 277
direita: 25, reportagem sobre Gernika 46; ataques do terror durante o governo de Franco 258; assassinatos terroristas durante a "semana negra" 265
Dix, Otto 120
Dobrée, Bonamy 91
Dominguez, Oscar 237
Dominguín, Luis Miguel 235-236, 245, 252
Dondero, George A. 184-186
Dongen, Kees van 139
Douhet, Giulio 48
Dreier, Katherine 110, 111
Dreiser, Theodore 99
Dresden 15, 48, 65
Dubois, André-Louis 139
Duchamp, Marcel 110-111, 167, 179, 184
Duclos, Jacques 145
Dudensing, Valentine 107, 163
Dufy, Raoul 63
Dumas, Roland 253-254, 267-268, 272-276, 280-281, 283-284
Durango 42
291 (galeria de arte), Nova York 110
291 (revista) 111

Eckhard, Fred 12
economia: autarquia fracassada de Franco 209, Espanha na década de 1960, 217; recessão da década de 1970 na Espanha

261, 264; recessão no início da década de 1980 na Espanha 282, 294
El Escorial y Felipe II (filme) 72
Eden, *sir* Anthony 30
Ehrenburg, Ilya 191
Eibar 42, 46
Einstein, Albert 100, 168
Eisenhower, presidente Dwight D. 191, 195
Eisenstein, Sergei 225
El Alcázar 246, 252, 278, 281

El Cruzado Español 220, 223
Palácio El Escorial 20, 206, 292
El Greco 67, 93, 100, 168, 184, 240, 248, 301
El Noticiero 254
El País 227, 269, 273, 275, 284, 287-290, 294, 305
El Paso (grupo de artistas) 238
Elf Aquitaine, escandalo 254
Eliot, T. S. 155
Elósegi, Joseba 257
Els Joglars, o caso 270-274, 281
Éluard, Nusch 90, 125
Éluard, Paul: como amigo de Picasso 36, 52, 125, 130, 140, 144, 146 poema *Vitória de Guernica* 78; atividades políticas 86, 122, 198
Encina, Juan del 72
Encounter 198
Equipo Cronica (coletivo de arte) 247-248
Ernst, Max 52, 75, 119, 130
Errázuriz, Eugenia 234
Escandinávia: exposição itinerante de *Guernica* pela 84
Escola de Nova York 197
Escola de Paris 74, 110
Escola de Vallecas (grupo de pintores) 238
esgrafiado 223
Espanha Central (região) 34
Espanha: *Guernica* vai para a 17, 262, 287-289; visita de Picasso em 1934 19-23, 26; sob o governo de Franco 205-207, 215-217; sentido de *Guernica* depois da guerra civil 208; após a Guerra Civil, relação de Picasso com a 231-237; comemoração dos 90 anos de Picasso 255; recessão econômica e inquietação na década de 1970, 262-264; transição para a democracia 264-266, 270, 292; importância do retorno de *Guernica*, 270, 284, 288-289 debate sobre a colocação de *Guernica* 276-279; recessão econômica a crise do petróleo no início da década de 80, 282; transformação em democracia plena 294, 304-306; *ver também* no nome de lugares, galerias e museus
Espert, Nuria 271
Esquadrões de terror 257
esquerda: formação da Frente Popular 27, 28; associações americanas 99; assassinatos terroristas 265
Estados Unidos: Picasso queria expor *Guernica* nos 94, 99, 101, 105; política de não intervenção na Guerra Civil Espanhola 95, 98, 105; reconhecem o governo de Franco 98; apoiadores da causa republicana 99-100, 106; amigos de Picasso nos 100; exposição itinerante de *Guernica* nos 101-103; chegada e primeira mostra de *Guernica* 105-108; reações a *Guernica* 108-110, 112-114, 116-122; crise de identidade da arte 110-115, 153-155; como nova capital da arte 148; artistas influenciados por *Guernica* 155, *passim*; panorama político pós-guerra 174; e a guerra da Coreia 174, 195-196; fama de Picasso no pós-guerra 179; considerados fascistas pelos comunistas franceses 191-192; empréstimos para a Espanha na década de 1950, 216; cultura na década de 1960, 227; protestos contra a guerra do Vietnã 259-260; decisão de mandar *Guernica* para a Espanha 289
Estátua da Liberdade 104
Estocolmo 84, 199
ETA (Euzkadi ta Askatasuna) 257

Etiópia: bombardeio por gás e químico da 46; invadida pela Itália 88

Europa: à beira da catástrofe em 1939, 105, 108; e a crise de identidade da arte americana 110-112, 114-115, 119, 155; a crescente influência dos Estados Unidos sobre a 148; fim da Segunda Guerra 148; visita de *Guernica* após a Segunda Guerra 198, 199

Evans, Myfanwy: reação a *Guernica* 75, 90, 108, 315

Evening News 45

Exército Francês Livre 146

exilados 131, 146-148, 160, 199, 211; significado de *Guernica* 237

Exposição Internacional de Artes e Técnicas da Vida Moderna *ver* Exposição Mundial de Paris (1937)

Exposição Mundial de Paris (1937) 62-66, 88; planejamento e adiamentos 59-61; Pavilhão Espanhol 59, 61-62, 65-74, 79, 105, 209, 274, 291, 296 Pavilhão Pontifical 63-65, 92, 210

Exposição Surrealista Internacional (1936) 89

expressionismo abstrato 160, 184, 240

Faber, Will 220

Fabre, Palau I. 57, 234, 316

Fadeyev, Alexander 190, 197

Falange 21-24, 213, 215-216, 239, 243; lutas com a Opus Dei 243, 246

Falla, Manuel de 24, 92

Fargue, Léon-Paul 141

Farrère, Claude 46

fascismo/fascistas: 24, 37, 104, 210; tentativas de agradar a vanguarda 20; apoio da Inglaterra 31; oposição na Inglaterra 85, 94-95; propaganda AIA contra 86; italiano 133; derrota do 174-175

FBI (Federal Bureau of Investigation) 176-178, 181, 186, 189, 199, 244

Feira Mundial de Nova York 105-106

feminismo: ativismo de Maya Picasso 280

Fenosa, Apelles 234

Fernández Lopez, tenente-coronel Javier 283

Fernández Ordóñez, Francisco 270

Fernándes-Quintanilla, Rafael 274

Fernández, Luis 234, 237

Fernando e Isabel de Castela 304

Ferrant, Ángel 238

Ferrer, Horácio 67

Ferro, Julio 279

filmes: exibidos no pavilhão espanhol 72; republicanos 147; durante o regime de Franco 210, 241-242

Fleischmann, Julius 198

folclore/canções: apresentadas no Pavilhão Espanhol 73

Força Nova 257

Forster, E. M. 89

Fortune, revista 168

fotos: registro de *Guernica* 14, 49, 51, 196

Fougeron, André 145

Fraga Iribarne, dom Manuel 228, 235, 242, 246, 256, 258

França: decisão da política sobre a guerra civil espanhola 30; xenofobia 32; fuga de refugiados para a 41; campos de internamento 97, 101; reconhecimento do governo de Franco 98; Pavilhão na Feira Mundial de Nova York 106; declaração de guerra à Alemanha 121; Ocupação da 129-144; Liberação 145-146; inquietação pós-guerra, 176; comemoração dos 90 anos de Picasso 255; *ver também* em nomes de lugares, galerias e museus

Franco, general Francisco: e o começo da Guerra Civil Espanhola 28-29, 31-32; exílio 28; em *Sonho e mentira de Franco*, de Picasso 37; política de "redenção moral" por bombardeio 42; responsabilidade pelo massacre de Gernika 44, 46, 47; como touro em *Guernica* 58, 210; propaganda contra os republicanos 73; esmagamento de qualquer possível re-

sistência 98, 134; visão de Picasso como inimigo 133-135; reabilitação no início da década de 1950 172, 191, 200; desejo de punir os prisioneiros republicanos 206; uso da arte como propaganda nacionalista 209; e volta dos tesouros artísticos do exílio 211; artigos contra os maçons 213; consolidação do poder 214-215; comportamento de Picasso após a Guerra Civil 245; no fim da vida 244-245, 261; e o escândalo Matesa 246; exposição de *Guernica* em Madri 247; tentativa de confiscar *Guernica* 251-252, 257-258; reação ao assassinato de Carrero Blanco 261; morte 264
Frank, Anne 16
Frankenthaler, Helen 172
Frazer, J. G., *The Golden Bough* 155
frente popular 27-28, 32, 59
Freundlich, Otto 130
Fry, Varian 130
Fuchs, Klaus 195
Fuentes, Carlos 244

Gabo, Naum 86
Galassi, Susan Grace 232
National Gallery of Art, Washington 184
Galeria Theo, Madri: e a agressão à *Suite Vollard* 255-256, 258-260
Gali, Beth 305
Gallatin, Albert 110
Gallego, Julián 228
Gaos, José 35, 41, 62, 65, 69, 71
Garaikoetxea, Carlos 287
García Escudero, José María 241
García Lorca, ver Lorca, Federico García
García Serrano, Rafael 281
Gascoyne, David 89
Gaspar, Joan e Miguel 217-221, 234
Gassol, Ventura 35, 62
GATEPAC (grupo de arquitetos) 21
Gaudí, Antonio 220, 269, 306
Gauguin, Paul 291

Gravas, Costa 273
Gehry, Frank 302, 308-309
Genauer, Emily 106
Genebra: arquivo republicano 274-275
George, Waldemar 132, 192
Gereño, Xabier 252
Gernika (Guernica): bombardeio de 13, 39, 42-48, 297; fatos anteriores ao bombardeio 42; investigação dos jornalistas e reportagens 44-47; significado de Guernica 70, 71, 208; o protesto de Elosegi 257-258; pedidos por Guernica 268, 277, 278, 285, 287, 293, 298, 301, 308; investigações e comissão de verdade 36, 83, 270-271, reação à ideia do governo alemão de uso em anúncios 298; pedido de desculpa da Alemanha à 309
Gernika Gogoratuz (Em memória de Guernica, em basco) 299
Giacometti, Alberto 52, 254
Gil Robles, José Maria 26
Gili, Gustavo 217, 234
Gill, Eric 87
Gilot, Françoise 52, 59, 127, 140-142, 147, 168, 180, 187, 198, 253; primeiro encontro com
Giménez Caballero, Ernesto 19, 21, 26, 38
Giménez, Carmen 295-296
Giral, Francisco 73
Giral, José 29
Giralt-Miracle, Daniel 288-289, 316
Giralt-Miracle, Ricard 269
Gironella, José Maria 278
Gogh, Vincent van ver Van Gogh, Vincent
Gollancz, Victor, 89
Golub, Leon 260
Goma y Tomas, cardeal Isidro (arcebispo de Toledo) 64
González, Elvira 244, 256, 258-259, 277, 317
González, Felipe 269, 293, 294
González, Julio 62, 65, 67, 141, 234, 237, 295
González Aller, Faustino 278
Göring, Hermann 30, 132

Gorky, Arshile 109, 153, 159, 163; influenciado por Picasso 109-110, 153-156, 159, 164
Gottlieb, Adolph 156, 157, 182, 187
governo Franco: censura 203, 209, 225-226, 228, 239-242, 268; cotidiano durante o 206-207; política cultural 207-210, 241, 296; reintegraçao da Espanha na comunidade internacional 216-217; desmoronar do 226-227, 257
governo republicano: relação de Picasso com 22; colapso do 29-30; uso do Pavilhão Espanhol na Exposição 66, 69; acusado de vender acervo da Espanha 100, 211
Goya (revista) 214
Goya, Francisco de 33, 37, 58, 59, 64, 78-79, 81, 162, 195, 301; obras 33-34, 195; Picasso ligado a 79, 80, 91, 195
Gracía García, Jordi 206-207
Graham, John 154-155, 163
Graham, Martha 151
Gran Via 218, 220-221, 229
Granada 31
Grant, Duncan 87
GRAPO (grupo terrorista de esquerda) 265
Grass, Günter 297-298
Gréber, Jacques 60
Grécia 176, 216, 264
Green, George 87
Greenberg, Clement 148, 149, 162, 172, 315; acabando com a lenda Picasso 172-174
Grigson, Geoffrey 86
Gris, Juan 296
grisaille 118, 148, 156, 159, 208, 237, 240, 254
Gropius, Walter 86
Grosz, George 114, 120
Grupo de Ação Arte e Guerrilha 260
Grupo de artistas de ajuda à Espanha 86
GU (clube cultural, Café Madrid) 20-21
Guarda Civil 22, 25, 264, 271, 283, 289, 303
Guernica (cidade) *ver* Gernika
Guernica (quadro): façanha e sentido duradouro 11-19, 47, 59, 148, 155, 195, 202, 270, 311-312; referência feita por Kofi Annan 11; cópia em tapeçaria no Conselho de Segurança da ONU 11-12, 202, 263; como ícone de fama mundial desde a morte de Franco 11, 291-293, 301; como reação de Picasso ao bombardeio de Gernika 12-13, 48-49, 79; descrição 14-15; processo de pintura 14, 49-51, 53, 107-108; formas, símbolos e história da arte em 54-55, 70, 105, 195, 236, 240; Franco satirizado como touro 55, 209; mostrada ao público pela primeira vez no pavilhão espanhol 59, 62, 67, 69-70; como um réquiem silencioso 70; reações à exposição no pavilhão espanhol 72-80; crítica de Blunt 74, 84, 91; como propaganda política 83-84, 121, 146, 171; planos para exposição em Londres 89-91; como estrela da exposição itinerante na Escandinária 84; chegada e exposição em Londres 89-91; exposta na Inglaterra 91-95; tournê americana 101, 104-106, 110, 118-121, 153; viagem aos Estados Unidos 101-103, 131, na retrospectiva de Picasso no MoMA 103, 105-107, 118, 121-122, 127, 130, 178; exposição na Galeria Valentine, Nova York 106-108; reações nos Estados Unidos a 107-110, 112-115, 117-119, 120-125, 152, 155, 203; significado de expor em Nova York 148; instalado no MoMA após a exposição intinerante 152, 153, 168; artistas americanos influenciados por 155-169 *passim*; saída do MoMA 168, 286; crítica de Greenburg a 172-173; e o medo americano do comunismo pós-guerra 184, 185; exposição em Milão (1953) 198; exposição na Alemanha e subsequente tournê, 199; reparo feito pela equipe de conservação do MoMA 200-203; mudança de visão sob Franco 207-208; publicidade recebida na Espanha 220-221; popularidade das gravuras e cartazes 226-227, 229, 245, 275; influência sobre artistas espanhóis 237, 239;

planos de mostra em Madri 246-247; e a série *Guernica* pelo Equipo Cronica 247-248; tentativa de Franco de expropriar 251-254, 257; posição como ícone no final da década de 260; exposição excessiva de 260, 263; volta para a Espanha 261, 286-288, vandalização de Shafrazi 262-263; planos de trazer para a Espanha 265-270, 284; negociação e luta pela custódia de 273-284; uso pelos herdeiros de Picasso como bandeira política 274, 280-282; como símbolo de paz na Espanha 288-289; e o novo Museu de Arte Contemporânea 295; proposta para remover do 299-302; decisão de abrigar no Rainha Sofia 301-302; viagem final para o Reina Sofía 303-304
Guernica (filme) 73
Guerra Civil Espanhola 28-32, 35, 79, 178; política inglesa de não intervenção 30-31, 84, 88-89, 95; horrores expostos no pavilhão espanhol 67-68, 73; opinião da comunidade artística inglesa sobre 84-85; ingleses indo para a 87; filmes sobre 94; política isolacionista americana 95, 98, 105, fim da 97-98, 205; apoio soviético à república 146; quadros de Motherwell 161; Vale dos Mortos, monumento aos mortos da 304
Guerra da Coreia 176
Guerra do Iraque 12-13
Guerra e Paz (murais) 198
guerra fria 107, 172, 175, 183, 197, 216
guerra total 44; previsão do ataque a Gernika 13, 44
guerra: visão de Marinetti sobre a 57, 93; *ver também* bombardeio; guerra total e no título das guerras
Guerrilheiros de Cristo Rei 256-258, 277
Guevara, Che 226, 276
Guggenheim, Peggy 109, 166, 179, 239
Guggenheim, sra. Simon 103
Guia WPA da cidade de Nova York (1939) 104

Guilbaut, Serge 168
Guillén, Jorge 209
Guinovart, Josep 252
Guirao, José 307
Guitry, Sacha 135
Gulag, arquipélago 5
Gutiérrez Mellado, Manuel 273
Gutiérrez Solana, José 68
Gutiérrez, José Luis 206
Guttuso, Renato 237

Hailé Selassié, imperador da Etiópia 47
Hamburgo 14, 48, 199
Hammet, Dashiell 197
Hardwick, Elizabeth 197
Haring, Keith 262
Harnoncourt, René d' 186
Harriman, Averell 107
Hart, Liddell 85
Hartley, Marsden 111
Hazen, Wendell 117
Healey, Denis 91
Hellman, Lillian 100, 193, 197
Hemingway, Ernest 19, 72, 87, 99, 105, 235
Henderson, dr. Joseph 163-164
Hendricks, Jon 262
Herald Express 119
Hermes, Gertrude 63
Hernandez, Miguel 208
Herzog, presidente (da Alemanha) 309
Hess, Thomas 173
Higueras, Modesto 22
Hill, Oliver 63
Hiroshima 14, 48, 168, 307
Hiss, Alger 194
história: uso que Franco fez da 211-212
historiadores: exilados 243-244
Hitler, Adolf 27, 29, 30-32, 36, 48, 85, 93, 114, 120-121, 135, 215
Hobsbawm, Eric 62
Holanda *ver* Roterdã; Stijl (de)
Holland, James 89
Hollywood Ten 119, 149, 194, 195, 227

Holme, Christopher 44-45
Holocausto 16, 148, 298
Homem com ovelha (escultura de Picasso) 144
Honneger, Arthur 61
Hood, Raymond 63
Hook, Sidney 197
Hoover, J. Edgar 176-177, 185
Hopewell, John 242
Horter, Earle 101
Hoving, Thomas 263
Howson, Gerald 27, 99, 317
Hughes, Langston 197
Hugnet, Georges 138, 141
Huidobro, Vicente 234
Hungria 196196
Hunt, William Holman 212
Hussein, Saddam 12

Ibarrola, Agustín 270, 277, 298
Ibárurri, Dolores (La Pasionaria) 29, 67, 191, 251, 289, 291
Ickes, Harold 99, 107
Igreja Católica 24, 207, 215, 257; e educação 24-25, oposição ao regime de Franco 257
Igreja, *ver* Igreja Católica
imprensa: testemunha e relata o bombardeio de Gernika 44-47; elogia Picasso, 86; reage a *Guernica* 117-118, 174; resenhas do pós-guerra sobre mostras de Picasso 218-219, 259; debates sobre a ida de *Guernica* para a Espanha 276-277
Inglaterra: política de não intervenção na Guerra Civil Espanhola 30-31, 84, 89; retirada de crianças de Gernika para a 43; visão da comunidade artística sobre a Guerra Civil Espanhola 17, 84-85; admiração dos artistas por Picasso 86, 95; reconhecimento do governo de Franco 98; declaração de guerra à Alemanha 121, 129; *ver também* Londres; Manchester e Sheffield
Iñiguez de Onzoño, José Luis 297
inquietação civil 25
Iofán, Boris 62

Irujo, Manuel de 71
Irún 20, 31, 42
Israel, Armand 134
Itália: apoio dos nacionalistas 13, 29, 31; força aérea 43, 47; pavilhão na Feira Mundial de Nova York 105; inquietação pós-guerra 176; reação a *Viridiana*, de Buñuel 226; *ver também* Milão, Turim
Iugoslávia 176
Ivens, Joris 72

Jacob, Max 133, 144, 148
Jacques Seligmann & Co. 103
James, Edward 89
Janis, Sidney 106
Japão 307
Je suis partout 132
Jeu de Paume, Paris 74
Jewell, Edwin Alden 117, 122
Jiménez, Juan Ramón 24, 209, 244
Jogos Olímpicos (Barcelona, 1992) 294
John, Augustus 87
Johnson, Hewlett, reitor de Canterbury 190
Joliot-Curie, Frédéric 73, 146
Joliot-Curie, Irene 73
Jordaens, Jacob 292, 306
Jornada 212-213, 229
Joseph, sra. Michael 212
Josselson, Michael 197
Joyce, James 161, 244
Juan Carlos, rei da Espanha 245, 264-265, 267, 304, 307; indicado como sucessor de Franco 245; juramento de rei 264; oferta de volta de *Guernica* 280; vê *Guernica* 293
Juan, dom (pai do rei Juan Carlos) 210, 264
judeus: acervos saqueados pelos nazistas 133; presos pelos nazistas 134
Junta de Cultura Espanhola 121

Kahnweiler, Daniel-Henry 84, 121, 130, 132, 147, 171, 187, 261
Kandinsky, Wassily 75

ÍNDICE REMISSIVO

Katz, Leo 108
Kauffer, Edward McKnight 63
Kazan, Elia 194
Kazin, Alfred 151-152, 193-194
Kennan, George F. 187
Kiev 277
Kindelan, general 215
Klein, Jerome 108
Knoedler, galeria, Paris 256, 259
Koestler, Arthur 89
Kollwitz, Kathe 120
Kooning, Willem de *ver* de Kooning, Willem
Kosovo 16
Kramer, Hilton 273
Krasner, Lee 163
Kreisberg, Louise 285
Krens, Thomas 310
Krushchev, Nikita 196
L'Ami du Peuple 32
L'Echo de Paris 46
L'Humanité 48, 137, 145, 196
La Barraca 22, 72-73
La Calle 277
La Nueva España 278
La Pasionaria *ver* Ibárurri, Dolores
La Rosa, Tristán 218
La Tarde 278
La Torna (peça): e a queda 270-271
La Vanguardia 220-223, 227-228, 230, 258, 277, 316
Labalette, irmãos 38
Labayru, Ramón 279
Labbé, Edmond 71
Lacasa, Luis 34-35, 38, 65-66, 70
Laforet, Carmen 241
Lahowska, Aga 92
Lake, Carlton 180
Lamba, Jacqueline 126, 129-130, 151; cartas de 126, 151
Lang, Fritz 119
Largo Caballero, Francisco 27, 35, 65
Larrea, Juan 34, 38, 40, 84, 95, 243; e a exposição de *Guernica* em Londres 84, 95; e

o fundo para refugiados espanhóis 101, 121, 148
Las Hurdes (perto de Salamanca) 24
Lasky, Melvin 197
Laurens, Henri 84
Law, Chris 190
L'Action Française 46
Le canard enchainé 46
Le Corbusier 21, 60, 72
Le Figaro 32
Le Jour 46
Lebrun, presidente Albert 60
Leeds, galeria de arte de 91
Lefevre, galeria, Londres 86
Left Review 86
Léger, Fernand 63, 75
Leiris, Louise 130, 139
Leiris, Michel 79, 138, 285
Leizola, José 41
Leningrado 277
Leonardo da Vinci: *Última ceia* 225, 226, 267, 276, 302
Lerroux, Alejandro 25
Les Bouffes du Nord (grupo teatral) 272
Les Lettres Françaises, 135
Lhote, André 139
Lichtenstein, Roy 202
Life (revista) 106, 179, 235
Liga Catalã 210
Liga das Nações 47, 64, 103
Liga de Estudantes de Arte (USA) 114
Liga Profissional dos Artistas Americanos 185
Lille: exposição de retratos de Picasso 285
Lindqvist, Sven: *História do bombardeio* 47
Lindstrom, Charles 120
Lipchitz, Jacques 183
Listener 86
literatura: durante o governo Franco 241-243
livrarias: ataques da direita contra 258-259
Llach, Lluís 242, 272
Llorens, Tomas 240, 296-297
London Bulletin 86, 91
London, galeria 86

Londres: planos para expor *Guernica* em 84, 89; galerias expondo a obra de Picasso 86; chegada e exposição de *Guernica* em 88-90; década de 1960 227; *ver também* em nomes de galerias e museus
"Lope de Vega" (avião jumbo) 286
Lope de Vega 70, 72
López, Antonio 311
López-Rey, José 273
Lorca, Federico García 21-22, 24, 31, 68, 73, 161, 234; execução de 31, 132; homenageado no pavilhão espanhol 68, 73, 78; como cultura marginal depois da Guerra Civil 208, 209
Lord, James 179
Los Angeles Examiner 119-120
Louis, Morris 172
Louvre, Paris 211, 255
Lowell, Robert 197
Lubitsch, Ernst 119
Luca de Tena, Torcuato 214
Ludendorff, general Erich 48
Luna, Roberto 305
Luna, Rodriquez 67

Maar, Dora 14, 32, 38, 139, 148; registro fotográfico de *Guernica* 14, 50-51, 143, 195; briga com Marie-Thérèse 52-53, 142; ajuda em *Guernica* 53; como *Mulher chorando* 92, 141-142; cartas para 125, 126; em *Pesca noturna em Antibes* 129; com Picasso na Paris ocupada 132, 133, 138, 140; na peça de Picasso 137-138, trocada por Françoise Gilot 140-143; importância do comunismo para 179
MacDonald, Dwight 197
Machado, Antonio 24, 68, 132, 208, 258
MacLeish, Archibald 99
Madri: como baluarte republicano 15, 31; marcha de Franco sobre 30-34, 44; *campus* da universidade 69, 216; tomada pelos nacionalistas 97-98; comemoração dos 90 anos de Picasso 255; assassinatos da "semana negra" 265; seminário na Universidade Autônoma 267-268; reivindica *Guernica* 277-300; como capital cultural da Europa 294; *ver também* em nomes de galerias e museus
Maillol, Aristide 61
Málaga 32, 203, 233, 245, 254, 276-277, 279, 285
Mallarmé, Stephane 161
Malraux, André 144, 147, 181
Manchester Evening News 94, 315-316
Manchester: exposição de *Guernica* 94
Manitas de Plata 235
Mann, Thomas 100
Maragall, Pascual 299-301
Marazuela, Agapito 73
Marín, Jorge 218
Marinetti, Filippo 21, 57, 92, 263
Marinha Real 42
Marowitz, Charles 254
Marquina 42, 44
Marrocos 25, 28; *ver também* Chechaouen
Martín Martín, Fernando 38
Martín, Luis 242
Martínez Barrio, Diego 29
Martínez-Novillo, Alvaro 282
marxismo/marxistas 85, 174
Masheck, Joseph 251, 263
Massacre na Coreia (quadro de Picasso) 195-196, 198
Masson, André 115, 160
Mateo, Francisco Pérez 68
Matesa, escândalo 245, 256
Mathiessen, F. O. 197s
Matisse, Henri 61, 84, 130, 154, 186, 212, 254
Matta (Roberto Matta Echaurren) 115, 160, 166
Mauclair, Camille 121, 132
Mayor, Freddy 86
McBride, Henry 118-119
McCain, John 16
McCarthy, Joseph R. / McCarthismo 176-178, 185, 192-198

ÍNDICE REMISSIVO

McCarthy, Mary 197
McCausland, Elizabeth 106-108, 118
McGovern, senador George 274
McMillen, Inc. 154
Mellon, Andrew W. 176
Melville, Herman: *Moby Dick* 155, 169
Menéndez Pidal, don Ramón 24, 227
Menina na frente do espelho (quadro de Picasso) 103, 119, 168
Mesens, E. L. T. 86, 89, 91
Messiaen, Olivier 61
Metropolitan Museum of Art, Nova York 93, 106, 182, 261, 263
México 41, 131
Miaja, general José 33
Michaux, Henri 151, 155, 168
Michelangelo Buonarroti 302, 306
Milão: exposição de *Guernica* em 198-199
Milay, massacre de, Vietnã 259-260, 262
Milhaud, Darius 61
Miller, Arthur 193, 197
Miller, Lee 126, 144
Millet, Jean-François 69
Minotaure revista 86, 256
Minotauro cego guiado por uma menina (quadro de Picasso) 23
Minotauro: na capa da revista *Minotaure* 20; em *Minotauromaquia* 26-27; em
Minotauromaquia (gravura de Picasso) 58, 218, 256; e a repercussão política 26-28
Miró, Joan 24, 129, 234, 238, 288, 295; como expositar no pavilhão espanhol 62, 65; *Camponês catalão na revolução* 69; fuga dos nazistas e clandestinidade em Barcelona 130, 238-239
missões pedagógicas 25, 37, 69
Mitgang, Herbert 177
Mitterand, presidente François 254, 294, 306
Milans de Bosch, general 283
modernismo 113, 183, 184
Moholy-Nagy, László 86
Mola, general 29, 31, 42, 44
monarquistas 215, 265

Mondrian, Piet 166
Moneo, Rafael 302
Monks, Nöel 44-45
Montand, Yves 273
Moore, Henry 52, 75, 84, 86-88
Moradiellos, Enrique 258
Moreno, Manuel 235
Morris, George L. K. 117-118, 122
Mosley, Oswald 85, 87
Motherwell, Robert 114, 160-162, 184, 239
movimento romântico 156
Mujina, Vera 62
Mulher chorando (quadro de Picasso) 92, 141, 142
Mulher com jarro (bronze de Picasso) 68, 261
mulheres: e a casa espanhola 226; mudança de situação na Espanha pós-Franco 281
Mumford, Lewis 99-100
Munique: exposição Arte Degenerada (*Entartete Kunst*) 72; crise 90; exposição de *Guernica* em 208
Muñoz, Lucio 239
Muñoz-Fontan, José 225
Munzenberg, Willi 197
Muriedas, Pio 278
Murphy, Gerald 107
Museu de Antibes 232
Museu de Arte Catalã, Barcelona 20
Museu de Arte Contemporânea de Madri 221, 246, 252, 293, 297
Museu de Arte de São Francisco: exposição de *Guernica* 120
Museu de Arte Moderna (MoMA), Nova York 11, 108, 114, 126; *Guernica* na retrospectiva de Picasso 103, 105-107, 118, 121-122, 127, 130, 178; compra de quadros de Picasso 104, 116, sob a direção de Barr, 104, 115-117; exposições 115, 117, 121-122, 162; *Guernica* após a viagem 152-153, 168-169; investimento em expressionistas abstratos 168; *Guernica* sai do 169, 286; afastamento de Barr da direção do 170-171; crítica anti-comunistas do pós-guerra 177; criticado por

promover a arte internacional 181-183; luta contra insultos anticomunistas 185-186; Picasso recusa apoio a 187-189; reparo de *Guernica* pela equipe de conservação 200-202; e planos para a volta de *Guernica* para a Espanha 253-254, 278-280, 284, 286; Picasso pede para tirar *Guernica* do 261; o vandalismo de Shafrazi contra *Guernica* 262-263; visitas de espanhóis a *Guernica* 269-270; exposição individual de Picasso 275
Museu de *Living Art* na Biblioteca da Universidade de Nova York 110
Museu Guggenheim, Bilbao 302, 308-310, 312, 316
Museu Nacional Centro de Arte Rainha Sofia *ver* Rainha Sofia
Museu Picasso, Buitrago de Lozoya, 234
Museu Picasso, Paris 39, 275
Museu Whitney, Nova York 106, 116
música: *ver* folclore/canções folclóricas; canções de protesto
música popular *ver* folclore canções folclóricas, canções de protesto
Mussolini, Benito 22, 48, 92, 94, 106, 209

Nabokov, Nicholas 197
nacionalistas: tentam dominar o País Basco 13; áreas controlados pelos 32; cerco de Madri 32, 33; Ocupação de Gernika depois do bombardeio 46; Sert passa a apoiar os 64; *Guernica* como propaganda contra 83; importância do quadro de Zuloaga 93; vitória e fim da Guerra Civil Espanhola 97-98
Nações Unidas (ONU) 11-13, 216; cópia de *Guernica* em tapeçaria no Conselho de Segurança 11-12, 202, 263
Nagasaki 15, 307
Naifeh, Steven 163
Napoleão Bonaparte 215
Nash, John 63
Navarro, Arias 262, 264-265, 267
Nazi-soviético, pacto de não agressão 120, 174

nazista/nazismo 28, 105, 114, 128, 277; máquina de guerra 65; campos de extermínio 147, 190
Negrín, Juan 41, 97-98, 102-104, 107, 224, 244
Negroponte, John 12
Neruda, Pablo 190
Nesjar, Carl 223-224
Neue Sachlichkeit, artistas da 114
Neutra, Richard 119
Ato de Neutralidade 105
New Burlington, galeria 86, 89; exposição de *Guernica* 88-91; exposição de Zuloaga 92-93
New Masses 128, 145, 153, 178, 188
New York Daily Press 274
New York Herald Tribune 117
New York Times 45, 117, 156, 186, 266, 267, 273, 275
New York Times Magazine 186
New York World Telegram 106
Newman, Barnett 114, 151, 156-157, 168, 172, 184, 185
Newsweek 179
Newton, Eric 94
Nicholson, Ben 87
Nieves Conde, José Antonio 242
Nixon, presidente Richard 262
Nizan, Paul 72
"noite de cristal" 114
Noland, Kenneth 172, 202
Normandie (transatlântico) 102-105, 122
Nova Pintura Americana (exposição no MoMA) 162
Nova York: arranha-céus de Hoods 63; Feira Mundial 104-106; exposições de arte europeia em 110-111; comunidade artística do Greenwich Village em 113, 116; afluxo de refugiados culturais 115; comemoração de Picasso 122; cartas de Jacqueline Lamba de 126, 151; repercussão da exposição de *Guernica* 148; clima após a Segunda Guerra 151-152; *ver também* ONU; nomes de galerias e museus

ÍNDICE REMISSIVO

novo cinema espanhol 242
Nuno, Gaya 228
O ossário (quadro de Picasso) 286
O'Brien, Conor Cruise 198
O'Keefe, Georgia 107
Ochandiano 42
Ochoa, Severo 24, 244
Ocupação da França: Picasso durante a 126, 130, 135, 147
Odets, Clifford 197
Oldenburg, Richard 263, 279
Olitski, Jules 172
Opus Dei 216-217, 243, 246-247
Ordóñez, Antonio 235
Orfeu Catalão (companhia de ópera) 227
Oriel College, Oxford 91
Orozco, José Clemente 120, 131
Orriols, Maria Dolors 218
d'Ors, Eugenio 221, 234, 241
Ortega y Gasset, José 208, 217
Ortega, José 234, 243, 279
Ortiz de Zárate, Manolo 233-234
Orwell, George 30, 102
Oslo 84
Ossorio y Gallardo, Ángel 71
OTAN (Organização do Tratado do Atlântico Norte) 195-196, 288
Oteiza, Jorge 278, 308
Otero, Roberto 233
Oxford 91
Oxford Times 91
Ozamiz, Antonio 42
Ozenfant, Amedée 61, 73, 75

Paalen, Wolfgang 115
Pach, Walter 108
pacto de Munique 89
País Basco 25; nacionalistas assumem o controle 13; desejo separatista 25; poder de Hitler no 30, 35; significado de *Guernica* 208, 268, 277, 282; no projeto Guggenheim 308
palácio Aguilar, Barcelona 219, 222, 223
palácio do Esporte, Barcelona 272
palácio de Chaillot, Paris 61, 62, 74
Palencia, Benjamin 238
Pallarès, Manuel 243
Pamplona 28-29, 235
Parade (balé) 121
Paris-Soir 45
Paris: primeira exposição de *Guernica* na Feira Mundial 15, 17; Picasso volta da visita à Espanha em 1934, 25-26; repercussão da notícia do bombardeio de Gernika 39-42; ligações da AIA com 87; versão da Estátua da Liberdade 104; visitas de Picasso durante a Phoney War 129-130; queda e Ocupação de 130; volta de Picasso durante a Ocupação 132-145; Liberação 145-146; deixa de ser centro artístico mundial 148; exposições de Picasso depois da Segunda Guerra 195; apoio para Boadella e Els Joglars 270; Museu Picasso 275; *ver também* Exposição Mundial de Paris (1937); em nomes de galerias e museus
Parker, Dorothy 100, 119
Pármelin, Hélène 284, 301
Partido Comunista americano 99, 112
Partido Comunista espanhol 65, 234, 255, 265, 269, 279
Partido Comunista francês 146, 191-192
Partido Comunista: arte na propaganda 113, Picasso acusado de pertencer ao, 119-121, 127; Picasso filia-se ao 145-146, 178, 181, 188; *ver também* Partido Comunista francês; Partido Comunista espanhol
Partido Nacionalista Basco 71, 257, 287
Partido Popular 294, 307, 309
Partido Socialista 27, 269, 293, 304
Partisan Review 114, 117, 174, 183, 197
Paulo VI, papa 256-257
Pearl Harbor 15
Peinado, Joaquín 234
Peiro, Juan 268
Penrose, Roland: na Rue des Grands-Augustins 52-53; grupo de 75, 86, 91; tradução do poema de Éluard 75; planos

para exposição de *Guernica* em Londres 84, 88; como ativista contra o fascismo 87-88; organização de exposições e eventos 89, 218, 255; desapontamento com as exposições de *Guernica* 90, 95; e a exposição de Picasso na Whitechapel 93, 94; como amigo de Picasso/comentários sobre Picasso 126, 146, 148; opinião sobre a peça de Picasso 137; sobre Picasso após a liberação 144; correspondência de Barr com 196; biografia de Picasso 228
pequenas revistas: debate artístico 112
Pérez Embid, Florentino 246, 251-252, 257
Permanyer, Lluís 156, 228, 306, 316
Perpignan, France 271
Pesca noturna em Antibes (quadro de Picasso) 129
Pétain, marechal Philippe 130, 133, 135, 211, 212
Phillips, William 197
Piacentini, Marcello 63
Picasso aos 75 anos (exposição) 172-173, resenha de Greenberg 172-174
Picasso e Dora 142; mora com Picasso 143, 233; *Minha vida com Picasso* 180; sobre as críticas a Picasso 186-188, 190; decide largar Picasso 198-199
Picasso y Lopez, Maria 125
Picasso, Claude 280, 284
Picasso, Jacqueline 233, 267, 28, 284
Picasso, Marina 232-233, 286
Picasso, Maya 38, 52, 126, 129, 132, 144, 268, 280-282, 284-285
Picasso, Museu, Barcelona: projeto para 219-222, 274, 277; inauguração 227-229
Picasso, Olga 19-21, 26-27, 38, 126, 142, 233-234
Picasso, Pablo: protesto indignado de *Guernica* 12-13, 118, 200; e os começos de *Guernica* 13-14, 40, 48-49 processo de *Guernica* 13-14, 40, 48-52; visita à Espanha no verão de 1934, 19-23, 25; visita à Espanha no verão de 1933, 25; em Paris depois da visita à Espanha em 1934, 26-27; pinta a cortina de *14 de Julho* 31-32; como diretor do Prado 32-33, 35, 231; uso da arte como propaganda 32-34, 83, 171, 195; aceita encomenda para o pavilhão republicano 34, 36, 39-40, 188; vida pessoal complicada 38; muda para o ateliê da Rue des Grandes-Augustins 17, 38-39; toma conhecimento do bombardeio de Gernika 40-41, 48; no almoço no ateliê 52-53; e a briga de Dora com Marie-Thérèse 52-54; quadros expostos no Pavilhão Espanhol 67, 68; primeiras obras produzidas em Céret 71; reação às críticas a *Guernica* 72; sobre a violência dos espanhóis 74; admirado entre os artistas ingleses 86; desejo de *Guernica* ser vista nos Estados Unidos 95, 99, 101, 105; morte da mãe 97, 125; mensagem ao congresso de artistas americanos 100; e os colecionadores americanos 111; comemoração em Nova York 122; vida sensual na Côte d'Azur 125-126; acusado de colaborar com os nazistas 127-128; em Paris durante a Ocupação 132-144; censurado na Paris ocupada 133-134; conhece Françoise Gilot 141-143; quadros de naturezas-mortas 141; festejado após a Liberação 144-146; exposição no Salão da Liberação 146, 148; filiação oficial ao Partido Comunista 146-147, 178, 181, 188; discute seu papel na Ocupação 146-147, opinião sobre arte e suas pinturas 171, 205; perseguido por anticomunistas 176-177, 184; fama pós-guerra nos Estados Unidos 178-179; relacionamento com a política 179-181; recusa de apoio ao MoMA 187-189; na Conferência pela Paz Mundial em Sheffield 1950, 189-190; ativismo pela paz no pós-guerra 190-191; envolvimento crescente com o comunismo 191, 195, 196; e mudando o ponto de vista sob Franco, 207-208, 212, 244; e as aspirações de Barcelona

218-221, 245; aprofundamento da relação com a Espanha após a Guerra Civil 222; reaproximação à Espanha 231-236; reelaboração de *As meninas*, de Velázquez 231-232; na velhice 244; planos de *Guernica* ir para a Espanha 251, 253-254; morte e enterro 260; pedido para tirar *Guernica* do MoMA 260, centenário de 275
Picasso, Paloma 190, 199, 253, 268, 272, 280-281, 288, 290, 293
Picasso, Paulo 19, 21, 26
Picasso: 40 anos de arte (exposição no MoMA) 115
Picasso, Bernard 280, 284, 309
Pietri, François 212
Pignon, Edouard 72, 285, 301
Pinal, Silvia 224, 242
Piñar, Blas 257
Pio XII, papa 98, 184
Piper, John 75, 87
Piranesi, Giovanni Battista 64
Pita Andrade, José María 273, 276, 287
plano Marshall 175, 198
Plaut, James 182-183
Playboy 226
PNV (Partido Nacionalista Basco) 71, 257, 287
Pol Pot 15
política: e a inquietação civil no verão de 1933, 25; debates sobre as ligações de Picasso 119-120, 146-147, 179-181; herdeiros de Picasso usam *Guernica* como instrumento 273, 280-282
Pollock, Jackson 148, 154, 160, 163-169, 172-173, 239, 262; promoção de Greenburg de 148, 173; influência de Picasso sobre 162-168, 179; promovido pelo MoMA 168, 182; influência sobre pintores espanhóis 239
Polônia 120, 176, 190; *ver também* Auschwitz
pomba: como símbolo de Picasso 178, 190
Pompidou, presidente Georges 307
Porcioles, José Maria de 219, 227

Portugal 265
Possibilities (publicação) 114, 160
POUM (Partido Operário de Unificação Marxista) 103
Powell, Colin 12
Pradas, Rafael 282
Prado, Museu do, Madri: Picasso como diretor 31, 33, 35, 134, 231; acervo levado para Valência 32-33, 67; Picasso busca abrigo para 100; e planos de *Guernica* ir para a Espanha 300-302, 67
Pravda 186
prêmio Lenin 191
Preston, Paul 24, 29
Prévert, Jacques 135
Prieto, Indalécio 27
Prieto, Miguel 67
Primeira Guerra Mundial 109, 155
primitivismo 154
Primo de Rivera, José Antonio 21-24, 26, 226
Primo de Rivera, Miguel 21, 24
Princeton Alumni Weekly 186
Pritchett, V.S. 192
Projeto Federal de Arte (FAP) 112
propaganda: Picasso usa a arte como 32-34, 171, 195; guerra da 46, 121; comunista 113, 195; soviéticos na conferência de Waldorf 197; Franco usa a arte como 209-210
Protesto de escritores e artistas 260
Proust, Marcel 161
Pruna, Pere 234
PSOE (Partido Socialista Operário Espanhol) 293; vitória na eleição em 1982 294-295; governo 302-305
Puente, Joaquín de la 37, 252
Puig, Antich Salvador 270
Puyol, Ramón 67

Queneau, Raymond 141
Quiepo de Llano, general 31
Quinn, John 101
Quintanilla, Luis 105, 274

Raça (filme) 209, 224
Radio Nacional 46, 276
Rahv, Philip 197
Raimón 242, 272
Rainha Sofía, (Museu Nacional Centro de Arte Rainha Sofia), Madri 295-296, 298-300, decisão de abrigar *Guernica* no 301-302, 308; última viagem de *Guernica* para 303-306, 312
Ravilious, Eric 63
Ray, Man 110, 126, 129
Rea, Betty 89
Read, Herbert 27, 74, 89-91, 94, 106; discussão com Blunt sobre *Guernica* 76, 91, 107
Real de Sarte, Maxime 133
realismo social 69, 113, 118, 120, 174, 180, 187
Rebatat, Lucien 121, 132
Reber, G. F. 101
refugiados: fogem para a França 41, 97; AIA apoia as crianças bascas 88; importância de *Guernica* para os 103; plano de levar para a África 134; apoio de Picasso aos 147
Reid, Alex 86
Reinhardt, Ad 260
Reissig, Herman 99
Rementaria, Antonio 73
Renau, José 33-35, 67, 288
República Federal da Alemanha: governo alemão quer *Guernica* como imagem de propaganda 268
republicanos: batalhas na Guerra Civil 32-33; apoio de Picasso 36, 147; oposição do arcebispo de Toledo aos 64; importância de *Guernica* para os 83, 103; queda e fim da Guerra Civil 98-99; eventual apoio dos americanos 99, 105; exilados 131, 147; apoio soviético durante a Guerra Civil 146; número de mortos e presos 205; ataques de direita contra os, durante o governo de Franco 258; arquivo depositado em Genebra 274
Resistência francesa 146

Resnick, Milton 155
Reuters, Agência 44-45
revistinhas *ver* revistas pequenas
La Révolution Surréaliste 225
Rey, Fernando 225
Richardson, John 233-235
Richthofen, tenente-coronel Wolfram von (Barão Vermelho) 44
Ridgway, general Matthew 196
Ridruejo, Dionísio 241
Ríos, Giner de los 209
Rivera, Diego 131
Robeson, Paul 88, 193
Robinson, Edward G. 119
Rockefeller, Blanchette 286
Rockefeller, Nelson 121, 130, 172, tapeçaria cópia de *Guernica* feita para 202, 263
Rodman, Selden 164
Rodriguez-Aguillera, Cesareo 221
Rogers, Claude 87
Rojo, coronel Vicente 33
Rolland, Romain: *14 de julho* (peça), 32
Romênia 176
Ronksley, Bill 190
Roosevelt, Eleanor 107
Roosevelt, presidente Franklin D. 95, 99, 105, 112
Roosevelt, salão 99
Ros y de Ramis, Joaquín de 221
Rosenberg, Alfred 132
Rosenberg, Julius e Ethel 195
Rosenberg, Harold 154, 156
Rosenberg, Paul 84, 101, 116, 131
Rosenblum, Robert 153
Roterdã 15, 48
Rothermere, lorde (Harold Harmsworth) 88
Rothko, Mark 149, 156-158, 160, 168, 172, 182, influência de Picasso sobre 156-158
Royan, França 126, 129-132
Ruanda 15
Rubin, William 27, 267, 274, 280, 284, 301
Ruedo Ibérico casa editora no exílio 268
Ruiz Carnicer, Miguel Ángel 207

ÍNDICE REMISSIVO

Sábado Gráfico 279
Sabartés, Jaime 126-127, 132, 136, 140, 143-145, 213, 219; retrato feito por Picasso 213; coleção para o Museu Picasso 219-220, 228, 258, 274; correspondência com Picasso 258
Saenz de Heredia, José Luís 278
Sáenz de Tejada, Carlos 21, 237
Sainz de Robles 273
Sakakura, Junzo 63
sala Gaspar, Barcelona: exposição Picasso 217, 220-221
sala Pleyel, Paris: Congresso da Paz (1949) 190
Salamanca: Dia da Raça (1936) 261
Salão da Liberação, Paris 145, 148
Salão de Maio, Paris 195
Salinas, Pedro 243
Salones de los Once (grupo de artistas) 238
San Francisco Chronicle 145
San Sebastián 20-21
Sánchez Albornoz, Claudio 244
Sánchez Mazas, Rafael 21
Sánchez Perez, Alberto: projeto do Pavilhão Espanhol 65-67
Sandler, Irving 113, 167, 183
Sanjurjo, general 25, 28-29, 216
Sartre, Jean-Paul 72, 138, 141, 273
Saúde na Arte, grupo 120
Saura, Antonio 238-240, 300, 305-306, 311
Saura, Carlos 242
Schapiro, Meyer 114, 160, 261
Schell, Walter 268
Schine, David 178, 193
Schlesinger, Arthur 197
Schwartz, Delmore 119, 152
Seckler, Jerome 128; entrevista com Picasso 128, 137, 153, 165
Segarra, José María de 221
Segonzac, Dunoyer de 139
Segunda Guerra Mundial 15-16, 29, 125
Segunda República 23-24, 316
"semana negra" 265
Semprun, Jorge 273
Sender, Ramón 244
Sempere, Eusebio 287
Serra, Narcis 277, 300
Serrano, Suñer, Ramón 65, 134
Sert, José Maria 26, 64; pintura no pavilhão pontifical 64-65, 210; passa a apoiar Franco 31
Sert, Josep Lluís 21, 26, 34-35, 64-65, 79, 269, 288; projeto do pavilhão espanhol 35, 38, 65-66, 70-71, 299; reencontra *Guernica* no Casón del Buen Retiro 291-292
setembro 2001, onze de: ataque às Torres Gêmeas 12
Setze Jutges, coletiva 242
Seurat, Georges 110
Sevilha 31, 302
Shafrazi, Tony 262-264
Shaftesbury, condessa de 213
Shahn, Ben 188
Sheffield: recebe Picasso durante a Conferência de Paz (1950) 189
Shostakovich, Dmitri 197
Sicília, José María 300
Siegel, Jeanne 260
Silone, Ignazio 171
Simon, A. P. 94
Sindicato dos Artistas Americanos 87, 112
sindicatos profissionais 24; *ver também* nomes/siglas de sindicatos profissionais
Siqueros, David 165
Smith, David 162
Smith, Gregory White 163
Sobrevila, Nemésio M.: *Gernika* (filme) 72
Soby, James Thrall 122, 186
sociedade anônima 110
Sociedade Artística de New Oxford 91
Sofia, rainha 239, 299-304, 316
Solbes, Rafael 247
Solé Tura, Jordi 297, 299-304, 316
Solis Ruiz, José 246
Solomon R. Guggenheim, Fundação, Nova York 310
Sonho e mentira de Franco (desenho de Picasso) 36-37, 58, 78, 90, 120, 134, 147, 164, 209, 228, 256

Sotelo, Calvo 28-29
Sotomayor, Álvarez de 210
Southworth, Herbert 267, 270
Souto, Arturo 67
Spectator 74, 86, 90
Speer, Albert 62-63, 65
Spencer, Stanley 87
Sperrle, general Hugo 43-44
Sprinchorn, Carl 111
Springfield Republican 106-107
Srebrenica 15
Stainton, Leslie 22
Stalin, Joseph 16, 27, 225, pacto com Hitler 120; revelações dos crimes de 196
Stalingrado 15, 146
Steer, George Lowther 44, 88; relato sobre o bombardeio de Gernika 45
Stein, Gertrude 26, 101, 135, 183, 234
Stendhal, Galeria de Arte, Los Angeles, exposição de *Guernica* 119
Stepney Trades Council's 93
Stern revista 279, 285
Stevens, Robert Mallet 63
Stieglitz, Alfred 110-111
Stil, André 196
Still, Clyfford 239
Stonor Saunders, Frances 181, 197
Suárez, Adolfo 265, 273, 275, 276
Subirachs, Josep María 220
Subirachs, Rosa María 276
sublime: opinião de Burke sobre o 57, 109, 156
Sudão 15
Suíça 100-101, 209, 211, 226
Suíte Vollard (série de gravuras de Picasso) 23, 58, 68, 259; vandalismo com 256, 259
Surcos (filme) 242
surrealismo/surrealistas 86, 115, 119, 157; inglês 87; exposição internacional (1936) 89; e Picasso 179; filmes 224, 241
Sweeney, James John 188
Sylvester, David 306

Taft, senador Robert A. 192
Tanguy, Yves 115
Tanning, Dorothea 109-110
Tarradellas, Josep 265
Tate Gallery 218
Taylor, Francis Henry 182-183
Tejero, tenente-coronel 283
Tele/Express 243
Tena, Joaquín 287
Tenet, George 12
Tériade, Michel 20
Terra Espanhola (filme) 72, 105
Téry, Simone: entrevista de Picasso com 136
Thannhauser, Heinrich 121
The New York Sun 118-119
The Times 44-46, 177, 213
Thomas, Dylan 89
Thomas, Hugh 226
Tiepolo, Giovanni Battista 64
Tierno, sr. 276
Time, revista 226
Toche, Jean 262-263
Torralbo, Antonio 271
Torrente Ballester, Gonzalo 241
Toulouse: hospital para feridos republicanos 147-148
tourada 20; em *Guernica* 49-50, 70, 157, 214
touros: tourada 20; em *Guernica* 57-58, 167, 214, 217; *ver também* Minotauro
Townsend, C. Harrison 93
Três dançarinas (quadro de Picasso) 58
Truman, presidente Harry S. 15, 175-176, 183-184, 189, 195
turcos otomanos: genocídio de armênios pelos 109
Turim 277
turismo 228, 235, 242
Tusell, Javier 251, 279-280, 282, 285-286, 288, 294, 316

UCD (Democratas Cristãos) 282
Ucelay, José Maria 35, 40-41, 62, 72
UGT (União Geral de Trabalhadores) 23

Último tango em Paris (filme) 226
Um cão andaluz (filme) 224
Umbral, Francisco 292
Unamuno, Miguel de 24, 27, 208, 261
União de Refugiados anti-Fascistas 195
União Soviética: viagem de Barr à 116; apoio à causa republicana 146; acordo com a China 175; crítica a Picasso 186, 190; propaganda na conferência de Waldorf 197; *ver também* Leningrado, Stalingrado, stalinismo
United Press International (UPI) 285
universidades: campanha da direita contra 258; protestos contra a Guerra do Vietnã nos Estados Unidos 260
Utley, Gertje 32, 192

Valdés, Manuel 247
Vallejo de Olejua, Eduardo 298, 307
Valencia: como baluarte republicano 15, 32; transferência do acervo do Prado para, 34, 67; conferência dos artistas revolucionários 87, 90; golpe militar 283; museu de arte contemporânea (IVAM) 296, 307
Valentine, galeria, Nova York: exposição de *Guernica* 107-108, 117, 119; simpósio 108-109
Valéry, Paul 61
Vall d'Hebron: Pavilhão republicano 300
Vallauris: Picasso se muda para 191; templo de paz de Picasso em 196, 198
Valle de los Caídos 206, 304
Vallé Inclan, Miguel 316
Vallé Inclan, Ramon del 92
Van Gogh, Vincent 69, 116
vanguarda: fascistas elogiando a 20-21; arte européia em Nova York 110; censura na Paris Ocupada 133; na Espanha no governo de Franco 237
Varsóvia 15, 190, 277
Vázquez de Castro, Antonio 297
Vázquez Montalban, Manuel 247, 278

Vega, Lope de, *ver* Lope de Vega
Velázquez, Diego 222, 231-232, 235, 240, 248, 269, 301
Velha Castela 31
Velo, Carlos 72
Ventalló, Joaquim 277
Veraart, Louise 285
Verdad (jornal) 34
Vertice (revista) 210
Vic, catedral de 65
Vicens, Francesc 272
Vicente, Edouardo 67
Vicente, Esteban 244
Victoria and Albert Museum 212
Vidal Ventosa, Juan 220
Vidal, Jaime 39
Vidarte, Juan Ignacio 308, 311, 316
Vietnã, Guerra do: protestos contra 259-260, 262
Vilá Reyes, Juan 245
Vilato família 125
Vilato, Javier 235
Vilato, Pablo e Lola 259
Viñas, Angel 46
Viridiana (filme) 224, 226, 241-242
Vitoria 44
Vizcaya 42
Vlaminck, Maurice de 139, 145
Vollard, Ambroise; morte em acidente de carro 128
Voltes, Pedro 222

Wadsworth Atheneum, Hartford, Conn. 107, 116-117
Waldorf, conferência de, Nova York 197
Walter, Marie-Thérèse 19, 126; retratos feitos por Picasso 39, 141; briga com Dora Maar 53, 142; em *Guernica* 53; em Royan 126, 129, 132; com Picasso após a Liberação 144
Washington: Escola de Pintura de 173; Galeria Nacional de 183; recusa pedido de visto de Picasso 189

Waugh, Evelyn 44
Wegener, Henning 309
Wells, H. G. 48
West, Nathanael 119
Whitechapel, galeria de arte, Londres: exposição de Picasso 93-95
Whitehill, Virginia 119
Whitney, Peter 140
Wilkinson, Norman 213
Wisner, Frank 197
Woolf, Virginia 89
Administração de Obras do Progresso 112

Yagüe, general 29
Youngman, Nan 89

Zambrano, María 209, 243
Zamora 257
Zayas, Marius de 111
Zervos, Christian 49, 77, 99, 126, 129, 131-132, 140, 245; *Cahiers d'Art* 77, 132; catálogo completo 131
Zervos, Yvonne 126, 129, 140, 245
Zhdanov, Andrei 180, 187
Zorach, William 187
Zuloaga, Ignacio 92-93, 210, 226, 237
Zurbarán, Francisco de 247
Zwemmers, Galeria 86

Este livro foi impresso nas oficinas da
Distribuidora Record de Serviços de Imprensa S.A.
Rua Argentina, 171 – Rio de Janeiro, RJ
para a Editora José Olympio Ltda.
em julho de 2009

*

77º aniversário desta Casa de livros, fundada em 29.11.1931